喜马拉雅深处

——陈塘夏尔巴的生活和仪式

Rhythms in a Himalayan Village

Life and Rituals of Sherpas in China

范久辉　著

中国藏学出版社

序：走进人类隐秘世界的老范

杨柳松（青木）

认识老范很多年了，藏漂界的一枚传奇人物。

但外界鲜为人知的是，老范与夏尔巴长达十数年的“零距离”接触。位于我国西藏境内的夏尔巴大部分集中居住在珠峰脚下的陈塘。陈塘被称为“最后的陆地孤岛”，山高路狭已不足以形容它的遥远和难以抵达，或正因此，一些弥足珍贵的事物被保留了下来，而非在全球化的趋势下汇入同质化的波涛。

老范突破时间与空间的限制，一次次艰难跋涉，探访着藏匿于深谷中的夏尔巴，逐渐消解了自己“外来者”的身份。他已然是夏尔巴日常生活中的一部分，是一个跨越了群体边界、不被区分的街坊邻居。如此，老范才能记录下夏尔巴生活中最真实的点滴。

本书以大量珍贵图片和丰富翔实的文字，不间断地记录下了这个少数群体，在自然屏障下，那仍艰难维系现实生活的古老传统。他们居住在简易的杆栏式木屋，沿用古老的酿酒技术及饮用方式，甚至连养猪方式也和早期人类无二样。支撑他们精神世界的，依然是部落式的法师和巫术。后期的一些交流，虽然接触到“更高级的宗教和文化”，但对大山深处的夏尔巴而言，对自然的崇拜、对万物皆有灵的认知，仍然是维系世界运转的最好方式。

传统并不意味着过时，文化或许也有它自身的周期属性。陈塘夏尔巴就像被时间遗忘的旅人，在他们身上，人类那些源于对周遭世界最初、最纯粹的表达与感动，依然鲜活地生长着。当有一天久居城里的旅人，经过艰苦的行程，深入人迹罕至的荒野，才能与他们相遇，才能看到人类和环境自然生长的原

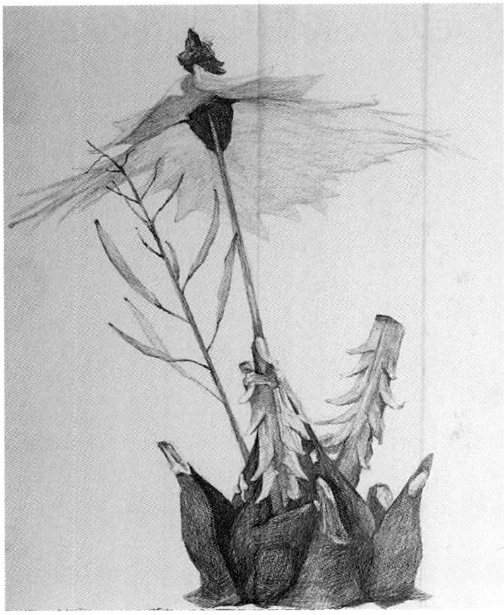

却炯（仝海明绘）

初状态。

老范不仅是一位出色的旅行者，更是人类学参与式田野调查方法的忠诚实践者。在时间的长河里，在一次次循环往复的翻山越岭中，在一次次悄无声息地站在夏尔巴身边的过程中，他也成了一名“夏尔巴”。他的记录已然无法用主客观定义，他的记录就是他本身。最优秀的人类学者不是一个精通所有技巧的高级观察者，而是融入所观察的群体中成为其一分子。因而，老范此书除了弥足珍贵的人类学价值外，我想，也是对他本人的一个长时段记录，必有恍然十年一梦之感。

随着全球化趋势，陈塘夏尔巴和那些亚马逊雨林里的部落，或早或晚都将汇入现代文化的大江大河。他们也会成为拥有手机的人，出现在猎奇的电视文化节目里，刷着和你我一样流行的短视频，甚至崇拜同一个体育明星。没有什么能永恒，时光或快或慢都要向前，而且总体上是匀速的，那些过慢的时光也会在某个时期过快地流淌。

庆幸，在陈塘夏尔巴即将进入时光快速道的时候，老范记录下了那近乎凝滞的过去，记录下了人类精神世界最为珍贵的一个个片段，这是所有人类共同拥有的宝藏。

我相信，走出夏尔巴隐秘世界的老范，必将带着这个梦走进下一个我们所不知的隐秘世界。因为，他是真正意义上的旅行者，向着远方，从不停歇，永怀梦想。

目　录

第一章　夏尔巴的秘境陈塘

在西藏自治区日喀则市中尼边境上的喜马拉雅秘境深处，生存着一个独特的人群——夏尔巴（ཤར་པ།）。他们世居深山老林，曾几乎与世隔绝，在漫长而复杂的历史进程中，始终顽强地保持着独具特色且又神秘的传统文化。

夏尔巴曾译为谢尔巴、舍尔巴等。1958 年的英国《人人百科》第四版的夏尔巴条目中是这样介绍的 ：“夏尔巴，Sherpa（女性称作夏尔巴里，Sherpari），蒙古血统的佛教部落，很早以前从西藏迁移到尼泊尔东北部的索卢昆布（Solo khombo）地区。这个词的意思是‘从东方来的人’。”[1] 日喀则市的定结县陈塘镇（འདྲེན་ཐང་།）、聂拉木县樟木镇的立新村与雪布岗村等地是中国境内夏尔巴主要定居地。这些定居地的地理位置都位于珠峰山脚下，大体介于西藏高原北边和尼泊尔南部山地平原之间，海拔较低，气候温暖，雨量充足，原始森林密布。

2013 年，樟木镇共有 502 户 1806 人，其中夏尔巴 1442 人 ；陈塘镇共有 476 户 2120 人，绝大部分为夏尔巴，是中国境内夏尔巴人口数最多的乡镇。夏尔巴在中国没有被识别为单一民族——在中华人民共和国居民身份证上，其民族一栏写的是“其他”。

发源于希夏邦玛峰的朋曲藏布（བོང་ཆུ་གཙང་པོ།）、珠峰东坡的嘎玛藏布（སྐར་མ་གཙང་པོ།）及从定结县日屋流淌而下的拿当曲（ནགས་ཐང་ཆུ།），是陈塘境内最主要的三条河流，其流域是为陈塘夏尔巴主要的生产劳作狩猎采集区域（“藏布”和“曲”在藏语中已含有“江河”之意，故本书在谈及河流名称时，直接使用藏语音译）。夏尔巴称朋曲藏布为“玛藏”，有母亲河之意，它分别于藏嘎村（གཙང་ཁ།）、那塘村（ནགས་ཐང་།）与嘎玛藏布及

陈塘镇　2018 年

拿当曲集结汇合后，流入尼泊尔境内，被称为瓦龙藏布（ཝ་ལུང་གཙང་པོ།），又称阿龙河，其流域也为夏尔巴的居住区，陈塘人称此地为斯巴瓦龙部玛（སིར་པ་ཝ་ལུང་ལྷུ་མ།）。

陈塘夏尔巴形容陈塘是绒果博秀（རོང་མགོ་བོད་མཇུག），意为介于尼泊尔王国农业区头部和西藏自治区尾部之间，他们也会自称为绒巴（རོང་པ།），陈塘以北的定结县曲当乡的藏族也以绒及绒巴来称呼陈塘及陈塘人，而尼泊尔人称陈塘为绒堆（རོང་སྟོད།）或龙堆，称陈塘人为绒堆巴。

在官方口径里，陈塘中的“陈”意为运输，“塘”意为路，陈塘即运输之路。发生在陈塘历史上最著名的事件应是 13 世纪修建萨迦南寺[2]时，从境内伐取了大量木材。陈塘夏尔巴认为南寺大殿拉康钦莫中四根名柱之一的野牦牛之柱就来自于陈塘的萨基塘（ས་ཆེ་ཐང་།），它位于珠峰东坡下嘎玛藏布中游，在当地语境中意为萨迦寺供奉资粮的坝子，指的即是它为萨迦寺供应木材的事。如何把重约数吨、长数十米、直径最粗达 1.5 米的大柱子运到萨迦寺，夏尔巴认为那不是凡人所能为，而是菩萨神仙用法力，令它在天上飞过去的。陈塘林密水险路陡，大规模的行进是极其困难的，更何况这些又重又粗又长的木柱子，所以运输这些大柱子的路线也可能没有经过陈塘。可靠的路线应是从萨基塘出发，过措拉、桑琼拉等山口（“拉”在藏语中已含有“山口”之意，故本

陈塘夏尔巴　2005 年

书直接采用藏语音译）再经定结县郭加乡，翻过种拉山到达萨迦。虽然这一路线海拔更高，但是地势相对平缓，更适合古代的生产力水平。

当地人对陈塘的解释多种多样，答案最多的是陈塘是一个平均的地方。夏尔巴谚语是这样说的：陈塘陈扎，即巴即将，意思为陈塘就是个一模一样的地方。他们说以前的陈塘就是一个平均主义社会，大家没有差别地在一起劳作、一起生活，穿的一样，吃的也一样，再努力再辛苦的劳作，所得到的收获也很少，都吃不饱穿不暖，除了贫穷，没有太大差别，这就是陈塘的意思。

从尼泊尔基玛塘卡望向陈塘（左上角），尼泊尔人称陈塘为“绒堆”，意为“沟谷的上方”　2015 年

洛苯(སློབ་དཔོན།)[3]法师多吉平措[4]、吉阿[5]及老乡长尕米[6]等人的说法大致相同，陈塘位于阿龙河流域夏尔巴的最上端，其地望居高临下，陈塘洛苯法师的法力是最强，陈塘人狩猎的本领也是最强的，故陈塘夏尔巴是整个阿龙河流域的领导者，陈塘被尊称为“陈塘却吉颇章”(འདྲེན་ཐང་ཆོས་ཀྱི་པོ་ཐང་།)，即为居住有尊贵法师的平坝子[7]，简称陈塘。尼泊尔人称呼陈塘为绒堆，也说明他们对陈塘地望最直观的感受——沟的上方。

《西藏地名》一书也给陈塘相似的解释：“乡名。属定结县。位于县驻地西南。意为引导坝、指引坝。汉字曾译陈堂，又曾写龙堆。”[8]

珠峰东坡陈塘夏尔巴传统地域卫星影像图（龙虎林制图，此图仅供本书示意说明，不做任何实地勘界之依据） 2017 年

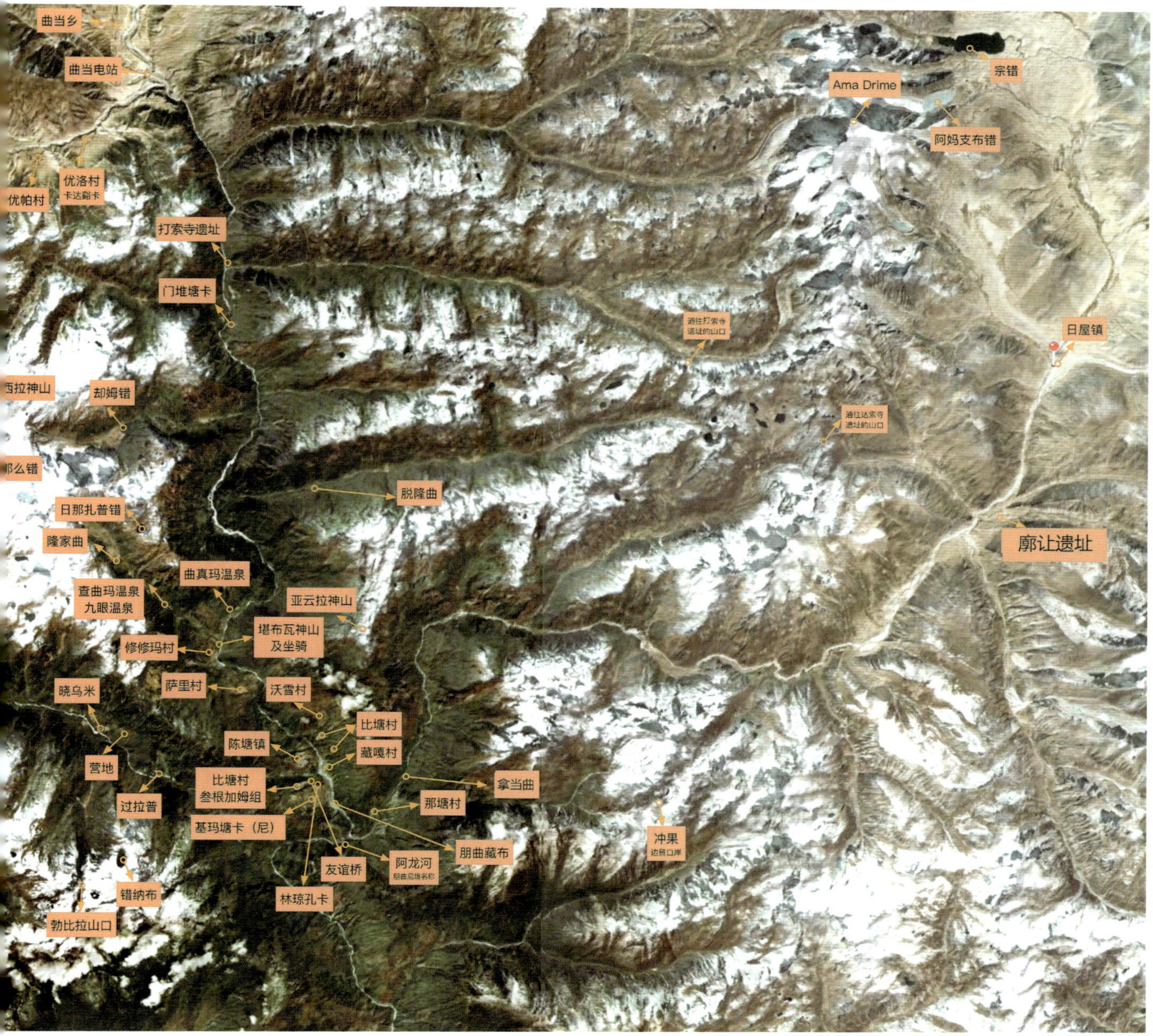

曲当乡
曲当电站
优帕村
优洛村
卡达豁卡
打索寺遗址
门堆塘卡
西拉神山
却姆错
么错
日那扎普错
隆家曲
查曲玛温泉
九眼温泉
曲真玛温泉
亚云拉神山
堪布瓦神山
及坐骑
修修玛村
萨里村
沃雪村
晓乌米
比塘村
陈塘镇
藏嘎村
营地
比塘村
叁根加姆组
拿当曲
过拉普
那塘村
基玛塘卡（尼）
朋曲藏布
冲果
边贸口岸
友谊桥
阿龙河
朋曲尼境名称
错纳布
林琼孔卡
勃比拉山口
宗错
Ama Drime
阿妈支布错
通往打索寺
遗址的山口
日屋镇
通往达索寺
遗址的山口
脱隆曲
廓让遗址

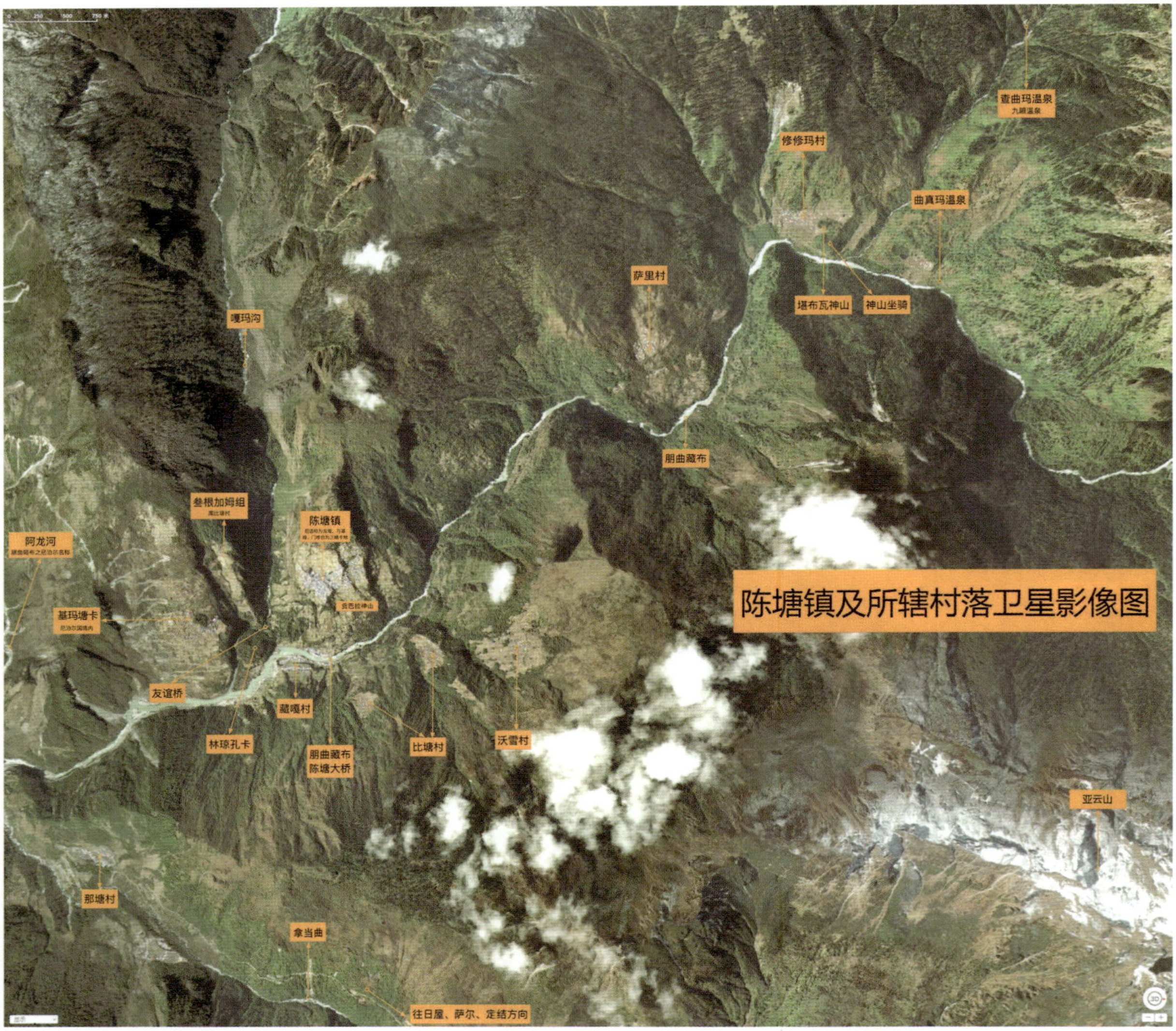

陈塘镇及所辖村落卫星影像图（龙虎林制图，此图仅供本书示意说明，不做任何实地勘界之依据） 2017 年

基本情况

陈塘镇位于西藏自治区的西南边陲，距拉萨市 738 公里，距日喀则市 382 公里，距定结县城 123 公里，镇政府所在地纬度 27.867971，经度 87.414512，海拔高度为 2522 米。它地处喜马拉雅山脉中段南坡，珠峰东南侧的原始森林地带里；东南与尼泊尔接壤，北接定结县日屋镇，西临定日县曲当乡。

全镇总面积为 254.55 平方公里，海拔在 2040 米到 5500 米之间，平均坡度 50 度以上。年最高气温 23℃，最低气温 −1℃。山谷陡峭，河流湍急，其地形为东西走向，主要为峡谷地貌。受印度洋暖湿气流影响，形成亚热带山地季风气候，无霜期年均在 200 天左右，雨量充足，年均降雨量在 1000 毫米以上，年温差相对小，年均气温 13.76℃，空气污染指数基本趋于 0。它是一个野生动植物的天然王国，有林地 22265.59 公顷，1989 年，被划入珠峰自然保护区并处于核心区内。境内有国家一级保护动物羚羊、鼠羚、喜马拉雅塔尔羊、盘羊、长尾叶猴、斑羚、雪豹、熊猴等；二级保护动物黑熊、小熊猫、金猫、林麝、喜马拉雅麝等；三级保护动物豹猫、赤鹿、岩羊等；还有水獭、旱獭、雪鸡、河鱼等。森林植被茂密，主要有冷杉、乔松、铁杉、喜马拉雅红杉、柏树、杜鹃等，另产胡黄连、冬虫夏草、天麻、贝母、三七、百合、雪莲花、石斛等珍贵药材。

陈塘镇下辖 6 个行政村，分别是那塘村（意为森林中的小平地）、藏嘎村（意为朋曲藏布边上的村落）、比塘村（བི་ཐང་།，意为小老鼠很多的地方）、沃雪村（འོག་ཤོད།）、萨里村（ས་ལི།）、修修玛村（ཤུ་ཤུ་མ།，意为野草疯长的地方）。它们大都位于朋曲藏布两岸的深山绝谷之中，地形复杂，又被原始森林层层包围着，可供耕作的土地十分有限，也很难获得大规模的新耕地。

陈塘镇　2010 年

陈塘镇　2005 年

藏嘎村　2010 年

萨里村　2010 年

1980 年，“全区共有居民 166 户，1008 人，均以种植业和牲畜饲养业为主要生活来源。共有耕地八百多藏克（一克相当于一市亩），出产鸡爪谷[9]、荞麦、玉米、马铃薯、豆类、南瓜等，饲养牛、羊 1600 多头（只）”。[10]

有资料说，1982 年有夏尔巴 804 人[11]。与上文的 1008 人数据有冲突。1992 年共有居民 221 户，1182 人。[12]

2000 年共有居民 310 户 1628 人，其中 4 人为藏族，人均纯收入 556.26 元，肉类总量 5.9 吨[13]；还有 1412 人[14]，共有 272 户，1566 人[15]等不一致的数据。“2000 年，粮食播种面积 53.33 公顷，粮油两季总产 367 吨，单产 458.7 斤，年底缺粮户达一半以上，大小牲畜 2094 头（只、匹），人均 2 头（只、匹）。”[16]

2001 年人均纯收入为 682.07 元。2002 年人均纯收入为 732.79 元，粮食播种面积 800 亩，粮油两季总产量共 73.4 万斤，粮油单产 458.7 斤。2003 年共有居民 326 户 1701 人，其中男 821 人、女 880 人，夏尔巴占总人口的 98.77%。

2010 年共有户数 422 户，2062 人，那塘村有 52 户，279 人；藏嘎村有 43 户人家，249 人；比塘村有 86 户，人口 422 名；沃雪村有 96 户，448

修修玛村　2010 年

比塘村　2013 年

沃雪村　2013 年

那塘村　2014 年

人；萨里村有 69 户，312 人；修修玛村有 76 户，352 人。当年的总耕地面积有 980 亩，而实际播种面积较少，人均不足半亩耕地。种植的农作物主要有鸡爪谷、青稞、小麦、玉米、土豆、荞麦以及其他少量蔬菜。种植量最大的是鸡爪谷和土豆，其次是青稞、玉米和小麦等作物。鸡爪谷总产量为 198325 斤；土豆产量为 376230 斤；玉米 36740 斤；小麦 26250 斤（那塘村当年并没有种植小麦）；青稞产量为 55400 斤；其他蔬菜产量为 66425 斤。

2013 年共有户数 476 户，2120 人。那塘村共有 60 户，280 人；藏嘎村为 52 户，247 人；比塘村 95 户，435 人；沃雪村 106 户，473 人；萨里村 75 户，311 人；修修玛村 88 户，374 人。

2015 年总人口数已经达到 2270 人。2016 年共有户数 513 户，2387 人。全镇经济总收入 1982 万元，人均纯收入 4732 元，同比增长 43%，其中现金收入 3549.07 元，同比增长 41.9%。

2017 年陈塘镇镇政府计划脱贫 212 户 914 人，人数多、情况复杂、任务繁重，但时任镇党委书记曹向阳还是信心满满。他介绍说："在国家'兴边富民'的好政策下，比如生态岗位补助、边民补助、草畜平衡的'草补'资金、林业补偿资金等直接惠民好政策；政府再抓好脱贫攻坚任务与国家对边境地区发展定位结合起来，与边贸发展结合起来，与旅游发展结合起来，与产业发展结合起来，与美丽乡村建设结合起来，坚持政府领导与农民自力更生相结合的原则，我们的脱贫任务是一定能完成的。"

若按 1980 年 1008 人测算，2016 年以前的陈塘人口年平均增长率约为2.5%，若按1982年804人的数据，其人口年平均增长率约为3.16%，其增长率是比较高的。这与当地“在边境农牧民的乡（区）夏尔巴中，不提倡生育指标”[17]的政策及强烈的生育愿望有关，但生活状态的极大好转及医疗条件的改善应是更大的原因，这些都是与国家对他们的关心照顾分不开的。

几十年时间，虽然在历史的长河中只是一瞬间，但却使夏尔巴从原始走向现代，从封闭步入开放，从贫困迈入富裕，跨越千年，甚至重新树立了他们的民族自信心。20世纪80年代初期，中国社会科学院民族所学者陈乃文与张国英在陈塘进行民族志调查时，绝大部分人都不承认自己是夏尔巴：“这里的居民，除一户自认为是夏尔巴的色尔巴氏族的后裔以外，余皆认自己是藏族。”[18]如今这种状况已经完全扭转了。

西藏和平解放前的管理方式

陈塘最早出现在英文文献上，可能是1922年出版的《珠峰考察》[19]（*Mount Everest the Reconnaissance* 1921）一书。作者、英国探险家C.K.霍华德－伯里先生（C. K. Howard-Bury）[20]记录了他们从卡达谿卡（ཁ་རྟ་ཞིང་ཁ）[21]经嘎玛沟到达陈塘的经历。只是作者一定想不到，他在此书中关于嘎玛沟[22]的描绘，现在已然成为它的宣传语：世界上最美的山谷。

书中是这样描绘陈塘的：“嘎玛藏布和阿龙河的汇合点附近，我们爬上了1200英尺以上的梯田，这里还有一个村庄叫绒堆（陈塘）。阿龙河上游的大悬崖变成了一个相当大的峡谷，往上走20

卡达谿卡的宗本与夫人（图片采自《珠峰考察》）

英里，可以直达卡达谿卡。阿龙河穿过一个窄窄的峡谷，但是在几英里处河谷变宽了，并有几个村庄。这里不远后又进入另一个悬崖……头人很友好，当地的政府官员刚从卡达过来，也在这里。”从此文可以看到，陈塘有头人，并且居住在陈塘；陈塘归卡达谿卡管理。

卡达谿卡位于定日县曲当乡优落村内，“至今已经有 130 年的历史”[23]。张国英先生也有相似的描述：“西藏民主改革以前，三个村落（陈塘及藏嘎、那塘村）都要给定日宗（县）的卡达谿卡（封建庄园）支付一定数量的劳役和实物差。”[24] 她也简单地介绍了和平解放前陈塘的管理方式：“‘帕错’（ཕ་ཚོ།）意为父系社团。这就是说，骨系是按父系划分的。上述两个骨系（即梯格巴 ཐིད་ཀོད་པ། 和冲巴 ཁྲོམ་པ།）现在各有三个帕错，每个帕错又有几个小家族，每个小家族各有十户左右的人家。每个帕错均有一名长者作首领，负责管理本帕错的各项公共事务，向卡达谿卡缴纳租税，摊派各户为卡达谿卡服务役差。耕地由帕错集体占有。各户的耕地是从帕错‘借’来的，只有使用权，每年向帕错交纳一定数量的实物，作为对帕错首领管理公共事务的报酬，1959 年以前，帕错首领从中拿出一部分，以租税形式缴纳给卡达谿

卡达谿卡遗址　2016 年

卡，这表明了西藏农奴制度对他们的统治和剥削，1959 年以后，对卡达谿卡的负担已废除了。”[25] 文中还认为，“在西藏封建农奴主的统治下，这种帕错组织是作为父系氏族的残迹保留下来的，在卫藏地区已无这种组织，只在西藏东部的三岩地方还能找到帕错组织”，而且“以血亲帕错为单位，情况很类似氏族公社末期”。[26]

喜达[27] 与老乡长尕米等老者介绍说，古时陈塘的管理方式比简单的帕错复杂。相传陈塘夏尔巴安定发展的最初状态是听屯刚除（ཐིམས་བདུན་ཀང་དྲུག），即七户房子六户人家，最早的帕错就在这六户人家中产生。其管理层设有根布（དགེན་སྤུ།）、却拉（ཇོ་ལགས།）、帕错、啊领巴（སྔོ་རིམ་པ།）等职

位。其中根布、却拉、帕错上任后为终身制，他们可从卡达谿卡领取极少量报酬，比如帕错职务一年可以领取雪冈（ཞོ་གང་།）[28] 3至5枚。

根布一职有两人，他们为陈塘最高的管理者。根布必须由卡达谿卡任命，先是在陈塘四村选出符合条件的六位候选人，然后把写有他们名字的纸条包在糌粑团里，由谿卡负责人随机挑出两个面团，再根据其中的名字进行任命。至西藏和平解放前，已产生八代根布，第一代根布是坚啊伦珠与普布，最后一任分别是贡布日松巴（དགོན་པ་རིགས་གསུམ་པ།）[29] 茹居（རུས་རྒྱུད།）[30] 的群培与龙牧马（ལོང་མོག་མ།）[31] 茹居的诺布，此两人都为洛苯法师。根布在陈塘的达谷玛地方有称为根薪（དགོན་ཞིང་།）的田地，每年每户需派1人为其义务耕作。如果猎获有麝香，猎人则需要向根布交纳10枚铜币的麝香税。

达谷玛附近的“根薪” 2018年

却拉一职有五人，由两位根布与三位德高望重的老者组成。它类似于管理委员会，遇重大事件时，大家一起协商处理。最后一任却拉分别为根布群培、根布诺布、向令诺布、彭多多吉、却古日能。

帕错既是职务也是组织，一共六人，其中梯格巴茹居与冲巴茹居各三人，各自管理的帕错组织由十户以上人家组成，根据户数的多少，每个帕错每年还需额外向卡达谿卡交纳3至4枚铜币。此职务类似于部落长老，负责具体事务的落实，处理帕错之间及帕错内部的各种利益纠纷，按户收取卡达谿卡税收，有时官员到达陈塘，也由帕错来负责招待。解放前的六位帕错分别为桑颠、洛桑、洛地、扎西顿珠、宗巴、江措。

啊领巴一职有两人，最后一任为多吉江措、吉拉，其职能类似于治安协管，任期为一年，经选举后产生，其有权力处理违反村规民约的小事，并向根布汇报民情动态。

陈塘纳入卡达谿卡管辖后，需要向谿卡缴纳五种税：土地税（ས་ཁྲལ།），大蒜税（སྒོག་ཁྲལ།），蜂蜜税（སྦྲང་རྩིའི་ཁྲལ།），耕作税（རྨོས་ཁྲལ།）及烟火税（མེ་ཁྲལ།）。由于交通不便，陈塘的税差主要是以货币形式交纳，其中，每户每年需向卡达谿卡缴纳土地税 10 枚特林贡姆（ཐི་ལིང་སྒོར་མོ།）[32] 铜币，其他均为 1 枚铜币，这样每户每年需交纳 14 枚铜币。每年鸡爪谷成熟时，卡达谿卡的收税官就会来到陈塘收取税差，他可以截流税收的 20% 作为自己的报酬。1960 年卡达谿卡的主人逃到尼泊尔境内的邦多（དཔང་རྫོག）地方后，再也没有收过陈塘税金。在以前，卡达谿卡是陈塘的上级管理部门，所以这两地之间的交流频繁程度，远甚于今；陈塘的一些老人在闲暇之余，讲述当年他们去那里支差甚至学习藏文的经历。

由于那塘、藏嘎的村民是晚期从其他地方迁移过来的藏族，故由比塘、沃雪、萨里及修修玛这四个村（以下简称陈塘四村）的“权力机构”管理；而且村民只能在指定的田地中耕种，不能随意上山狩猎、砍伐树木，必须定期定量向陈塘四村交纳差役税捐，在身份上低一等，也自然没有管理陈塘的权利了；所以陈塘的管理人员都在陈塘四村中产生。

仪式上的“行军打仗” 2018 年

陈塘虽然需要向卡达谿卡缴纳税收，但有时却不能享受西藏地方政府的保护。1914 年，来自距陈塘徒步 3 天路程的尼泊尔鲁当地区的肖容啊（ཤོ་རོང་ང་།）带着父亲、儿子及徒弟等人来到陈塘，强买强卖，奸淫妇女；借了他们高利贷的人若还不上，就会被吊起来，用大木头棒子往死里打。尼泊尔人的无法无天引起了众怒，陈塘夏尔巴悄悄地举行了名叫夏布卡德（ཤར་བུ་ཁ་སྡོམ།）的代表会议。在会上，有洛苯法师说，我们敬天祭地时也要杀鸡、杀羊，反抗尼泊尔人是天经地义的保护自己的行为，对于这样的杀戮，神灵是会保佑的。

于是，大家确定了周密的行动方案。因为肖容啊一行带有手枪，其中有两人还是密咒师，披有大围巾，不知道身上会暗藏什么武器，为了确保行动成功，夏尔巴把来自尼泊尔的最辣的辣椒“阿干巴日”（ཨར་ཁམ་པ་རི།）捣碎，制成大桶的辣椒水。当肖容啊一行走进暂住的位于伟萨确林寺（འོད་གསལ་ཆོས་གླིང་དགོན།）[33] 对面的向领诺布家时，藏在房内的某人用扫帚沾着辣椒水向他们泼去；在他们躲闪之时，用乌尔朵（ཨུར་རྡོ།）[34] 向他们抛石。肖容啊一行向尼泊尔方向逃窜，最终被杀于嘎玛藏布

讲述西藏和平解放前悲惨往事的彭琼老者　2018 年

河边。由于害怕肖容啊的儿子长大后报仇，就把他也一起杀了，传说他死前还求饶说：“我爸爸做的恶，你们已经血报了，我虽是他的儿子，但没有做任何坏事，罪不该死呀。”

虽然陈塘以前的土地都是私人拥有，但在和平解放前，夏尔巴绝大部分都很穷困，甚至喝不起砖茶[35]，只能熬煮青杠树皮来替代。大家在自己的田地中辛勤耕耘，在森林里努力狩猎，一起过着贫困的生活，一起为卡达谿卡支差。和平解放后，尤其改革开放后，夏尔巴的生活发生了翻天覆地的变化。笔者在陈塘的日子里，能深刻地感受到他们，尤其以老人为甚，对党和政府那种发自内心的感谢与拥护。

未改区陈塘

西藏和平解放后，“1960 年，设陈塘乡，1961 年，由定日县卡达区管辖划归定结。1962 年 1 月，西藏工委调整行政区划，将定日县卡达区龙堆（陈塘）划归定结。陈塘行政区划基本定格，隶属萨尔区管辖”。[36]

在陈塘划归定结县之前的 1957 年，发生了

一起“暴力抗税”事件[37]，正是民主改革前夕。当年的夏天，卡达谿卡的收税官强本（ཕྱག་དཔོན།）尼玛顿珠独自一人骑着马来到陈塘收税。他是一个脾气暴躁、态度蛮横的人，对夏尔巴说，陈塘的山是他的，水是他的，天下地上的物产都是他的，所以最好的土豆、鸡蛋，个头最大的鸡、牛、羊都要给他，现存的最好的猎获物如麝香、熊胆、猛兽皮毛也都要给他，并免费送到卡达谿卡。所有的借款也要按最高的利息在近期交清，若没交清，他就到借款人的家中，强取豪夺任何看得上的物品，稍有反抗，就用手中的皮鞭狠狠抽打。他的要求如此苛刻，与以前的收税方式及收税官完全不同。被他逼得没有办法的陈塘夏尔巴豁了出去，在帕错的组织下，大家在“差格卓姆”地方的大石头旁，又开了一次夏布卡德代表会议。最后用抽签的形式让村中六个身体强健，爱好武功的年轻人，在某个风高月黑的晚上，一起用刀把他杀了。

老乡长尕米为当年暴力抗税的亲历者　2018 年

强本尼玛顿珠的死并没有引起大的风波，胆战心惊的陈塘人没有迎来以前必然会发生的“报复”，几年过后，就听说他们划归定结县管辖了。由于陈塘贫富阶级分化不严重，定结县政府接管陈塘后，没有在居民中划阶级，也未重新分配土地：“1970 年至 1974 年，定结县所辖的乡（除陈塘乡外），先后改建为人民公社。至 1975 年，全县组建人民公社 15 个。陈塘只建区，没有建人民公社。”[38] 故陈塘是西藏日喀则市唯一没有经历真正意义上的民主改革和人民公社时期的边境地区。

1968 年 10 月，“县人民武装部针对陈塘地区出现的特别严重的敌情，向日喀则军分区就陈塘地区开展工作提出建议，改陈塘为特区，配备一个区的领导班子，在民主改革之后，长期留驻陈塘地区工作；派分队和由党、政、军、民组成的宣传队进驻陈塘；修复日屋至陈塘公路”。[39]

关于“派分队”进驻陈塘的过程，老边防刘

光福[40]写道："公元1971年11月8日（星期一、辛亥年农历九月二十一日），西藏军区长所步兵独立第十营（九二五部队）副部队长李明杰、二连连长陈明亮率该连三四排、电台、机要人员、干部、战士共五十多人；西藏定结县委一副书记暨公安局局长龚代富率工作队三十多人以及民工一百多人，总计二百多人，先后经过五至七天的跋山涉水，圆满顺利地完成党和人民赋予的进驻陈塘的光荣而艰巨的任务，连队从此安营扎寨[41]，从进驻陈塘之日起，开始履行保卫祖国边疆的神圣使命。陈塘区委区政府虽未挂牌，但从此开始履行其应尽的职能职责工作，为陈塘人民安居乐业翻开历史新篇章。我们工作队进驻陈塘后，发现当时的敌情特别复杂。陈塘的老百姓虽然不多，但叛匪回窜情况还是比较复杂。因为长期生活在偏僻的地区，与外国人经常来往，一直没有得到党的政策正确引导，觉悟较低。我们通过工作队发动群众，宣传党的政策，在几个月中查出陈塘参加叛匪活动的就有七十余人。他们帮叛匪组织搜集我方情况，叛匪组织每月给其报酬，相当于人民币柒拾元一个月。这些人通过（我们）耐心细致地做思想工作和党的政策教育后，大部分人员都金盆洗手不干了，仍有屡教不改者，但毕竟是个别人，时间长了，都被改过来了。有的人因很早逃到国外，家属住在境内，他们耳闻目睹地看到地方政策确实好，陈塘群众享受着开天辟地以来，从未有的很多优惠政策，都逐步从国外回到家里来了。"

《定结县志》一书记载，工作队进驻陈塘后，于1973年"增设中共陈塘区委"，1975年"陈塘只建区，不建人民公社"。1977年元月，陈塘区的13名代表，首次参加了定结县的"县、区、社、队"四级干部会议。

1980年夏至1981年秋，陈乃文与张国英先

1971年工作队进驻陈塘后的营房，如今已经废弃　2017年

生受中国社会科学院的委托，在陈塘进行民族学调查。据陈乃文先生[42]回忆，她们带着县里开具的介绍信，在向导的带领下，骑马、徒步走了近一个星期才到达陈塘，由于路窄地滑，山势险峻，骑马的时候并不多，大部分的行程都只能徒步。

到达陈塘后，区政府里有位藏族小伙子是“管事的”，为定结县政府派驻的“特派员”，虽然正准备回家休假，但对她们的来访还是十分热情，周到地安排食宿和调查等事宜。由于日屋上面的尼拉山每年冬季有三四个月会因大雪封山而断绝与县城的交通，所以小伙子每年的休假期长达半年。当时已经成立了陈塘区爱国生产委员会和生产互助组，民风淳朴，村民之间有纠纷基本上都能在内部解决，出了大事才会去找这位特派员。

如今陈塘镇已不是陈乃文先生看到的模样，她念念不忘的“琅觉”泉眼在左上的大树下　2015 年

那时的陈塘没有边防部队驻扎，是一个以泉水为主要生活水源、野狗成群的村庄。有一个泉眼叫“琅觉”(སླང་རྫོག)，藏在几棵葱郁的大树下，有棵白玉兰花正在盛开，香气馥郁。[43]很多陈塘人，包括女性法师，都在做倒卖来自印度、尼泊尔走私手表的生意。有次陈、张两位先生走在路上，被一个热情的女法师请到家中喝茶，喝着喝着，女法师撸起袖子，露出手臂上依次戴着的十多块走私手表，开始向她们推销，这让她们哭笑不得。

“1984 年 11 月，全区政社分开，建立乡政府时，增设藏嘎乡，隶属陈塘区，选举建立藏嘎乡人民政府。”[44]定结县宣传部提供了更为详细的资料：经西藏自治区人民政府藏政发（1984）82 号文件批准，新建立了陈塘乡人民政府。建乡工作是在地委、行署的关怀和县委的直接领导下进行的。1984 年 12 月 23 号县组派的建乡工作队进驻陈塘区，开展建乡工作。根据陈塘区的实际情况，历时 58 天，于 1985 年 2 月 23 号完成陈塘区建立乡人民政府的工作任务，达到了预期的目的。

当时的建乡工作分四个阶段：

第一阶段：培训骨干，制订计划，组织学习文件，宣传发动群众，大造声势，历时5天。

第二阶段：进一步宣传党的政策，教育发动群众，调查摸底，进行人口和选民登记，历时25天。

第三阶段：实施方案，建立乡政权，分别召开选民大会、人民代表大会、群众大会，历时15天。

第四阶段：全面总结建乡工作，整理建乡工作的实施方案，会议记录、各种表格和干部成员名单等分类立卷归档。妥善解决善后工作，历时8天。

之后，“1988年6月全区撤区时，保留陈塘区和陈塘乡，隶属陈塘区，下辖4个村民委员会；保留藏嘎乡，隶属陈塘区，下辖2个村民委员会。1999年5月20日全区行政区划调整时，撤销陈塘区，将原陈塘乡、藏嘎乡2个乡合并，设置陈塘镇，直属定结县，下辖6个村民委员会”。[45]

其间的1990年，首次在陈塘、藏嘎两乡建立党支部。至此，陈塘镇的行政规划终于定型。

比塘村的团组织开展活动　2015年

日屋口岸

从定结县出发沿萨陈公路开车去陈塘，若用心观察右侧的山体，就会看到很多片石砌成的残存碉堡。它们高高耸立在山梁上，或单个或结队，用高傲的俯视隐藏着它们如谜的身世。当远远地看到萨尔乡[46]的曲果德庆寺（ཆུ་མགོ་བདེ་ཆེན་དགོན།）遗址时，沿途碉堡又成浮云了。

曲果德庆寺由定结巴·益西嘉措[47]主持创建，信奉格鲁派。僧人介绍寺院曾三次遭到大规模的破坏，前两次是在尼泊尔廓尔喀（གོ་དགའ་ལ།）入侵西藏期间[48]，第三次是20世纪六七十年代。现存的遗址南北走向，规模庞大，残墙最高处有二层，高约 13 米，其西侧和南侧为崖壁，西南侧约 50 米处的山顶上有一西南朝东北走向的遗迹。遗址前面为一庭院，上面有二层高的房屋遗迹，东侧倒塌严重。1984 年僧俗信众在遗址半山腰上恢复的一部分殿堂和拉康，在灰白色废墟的衬托下更加醒目。

《珠峰考察》一书对 1921 年的曲果德庆寺有过精彩的描写："它很完美地坐落在一座多石又尖锐的山顶上，这座山很像一个放大版的 Michael 山。这个镇在大山脚下，但是有一个大寺庙（容纳 400 多僧人和无数的建筑）。寺庙在悬崖东面的半山腰上，其建筑是由石垒的墙和塔组成，在它们之上，又是由哥特式的小塔墙组成，其结构就像每天供奉在山顶上的香一样。"可见在 20 世纪 20 年代，寺院的建筑已经大部分恢复，香火兴旺，有 400 多僧人。

尼泊尔两次入侵西藏也波及了定结及萨尔，史书有相关的记载："因贼匪于十一月初一日由定结逃窜，……贼匪由色尔（萨尔）一带逃窜。"[49]

经过萨尔宗，翻过海拔 4912 米的尼拉山口，不一会儿就到了陈塘夏尔巴曾经最重要的物资交流口岸——日屋镇（རི་འོག）。它又称萨照、三

萨尔曲果德庆寺（图片采自《珠峰考察》）

照等，因从萨尔乡过来的牧民定居在此而得名。1959 年西藏和平解放时候，少数分裂分子经日屋逃往尼泊尔时顺路抢走了百姓的衣物、钱财及大量的牲畜，给百姓的生活带来了极大的困难。

日屋镇也曾经谍影重重："1965 年 5 月，三照乡（日屋）48 名尼商中，经调查发现有 13 名尼商与国外叛匪敌特机关关系密切，还有个别尼商领匪特机关的职业活动经费，以经商为名，利用关系收买拉拢群众，进行造谣破坏活动。针对政治嫌疑主要刺探军政情报，经西藏工委、外事处、筹委公安处的同意，根据日喀则工委意见进行了处理。"[50]

日屋镇　2010 年

到日屋镇贩卖木材的尼泊尔商人　2013 年

1986 年，日屋经国务院批准设日屋国家二类口岸，“是传统的边民互市贸易市场，与尼泊尔的哈提亚 · 巴金市场对应”[51]。现今，日屋几乎每家每户都在从事与边贸有关的生意，居民们用来自全国各地的商品与前来镇上的尼泊尔商人进行交易，同时许多尼泊尔产品也通过日屋镇输送到定结，转而销售到周边，甚至到达拉萨、内地。

每年的 6 月中旬到 9 月中旬的日屋是边民贸易的黄金季节。从尼泊尔过来的商人基本是夏尔巴，他们背过来的阿干巴日辣椒因为辣味足、香气浓郁受到特别的欢迎；粗加工的竹艺编织品、手工打制的铜器、蒸馏白酒的铝锅、精美的金银饰品、花椒、木料、酥油及各种药材都是交易的热门货；带回去的是采购或易货换来的青稞、大米、面粉、盐巴、青菜、奶粉、白糖、衣服、鞋类等日用生活品。近些年，在定结县会定期举办“夏尔巴民族文化节暨物资交流会”会上，各种日用百货琳琅满目应有尽有。因县里会给参与的尼泊尔商人一些礼品，比如棉被、过冬大衣等，个别尼泊尔人冲着赠品竟假冒为商人。再看 1970 年的资料，那时，来自尼泊尔的一个打火机竟然要换我国边民砖茶十块或两双大人的球鞋，不免感慨。

相传，旧时传统藏装上镶嵌的虎皮、豹皮等猛兽皮毛，有很大部分是陈塘及尼泊尔提供的，日屋即为其中的一个中转站。本世纪初，西藏自治区实施《中华人民共和国野生动物保护法》[52]之后，西藏进入了全民禁猎阶段，猎捕野生动物的事件大为减少。而尼泊尔因保护力度相对较弱，狩猎活动至今还仍在进行。为了暴利，有些尼泊尔人铤而走险，在两国边境上非法走私穿山甲、熊胆、麝香、熊掌、豹皮、虎皮、熊皮等动物皮毛及制品。2014 年 7 月 13 日新华社报道西藏查获走私国家二级保护动物穿山甲鳞片 25 公斤，按一只成年穿山甲可获鳞片 0.4 公斤计算，盗猎者至少猎杀了 60 多只穿山甲。此报道中的走私犯就是在日屋被抓获的。

陈塘虽然气候宜人，适合农作物生长，但山势险峻，能开发成农田的山地少之又少，所以当地生产的粮食一直不能自给自足。在西藏和平解放之前，很多陈塘人都有去尼泊尔打工讨食的经历。出生于 1940 年的老人吉阿的出国打工经历就比较有代表性："以前的陈塘很穷，粮食不够吃，生活不好过，所以就去尼泊尔的邦多、堪得巴日县（ཁ་རྫ་པ་རི།）等地打工赚点钱或者赚点吃的，再带回来给家人，一天零工的报酬，也只是装满军用红烧猪肉罐头的几把粮食。"

和平解放后，在公路未通到陈塘镇时，政府在日屋镇设立的供销社成了当时陈塘最重要的物资补给站。很多夏尔巴背着木材、竹制品、药材

在狭窄的山路上背负物资　2010 年

等土特产到日屋供销社或与私人换钱换粮食，再背回陈塘。上去的时候二三天，下来也一样，往返一次要一个星期到十天左右。当时的日屋镇是很多老人一生中所到过的最大"城市"，它在陈塘人心目中的位置由此可见。

拉旺[53]对第一次到日屋换粮食的经历记忆犹新："那是 1980 年 5 月，我 11 岁，与三个舅舅背木材去日屋。我们先在孔定玛（གུང་དིང་།）伐木，那里当时还是个木材交易市场，十分的热闹。我年纪小，背着 4 根长 1 米的木料、大家吃饭用的

碗及路上吃的糌粑，再拿着一把铁锹，走了三天才到日屋，一根木料 5 角钱，四根卖了 2 块钱，那时的青稞 100 斤才 12 元。到了 1985 年，我一次就可以背着 2 根长 3 米、厚 10 厘米、宽 20 厘米重约 50 斤的大木料到日屋镇，卖给要盖新房子的人，一根能卖 35 元。2 根 70 元的收入在当时的日屋可以买到 140 斤大米。再把换来的粮食用三天时间背到家里，一家人就能吃上一段时间饱饭了。”

这背着木料、药材、竹篓等特产，从陈塘徒步至日屋镇交换食品的经历，对于现在的年轻人来说，已经太过遥远了。20 世纪中后期，从日屋镇供销社及私人换来的青稞、大米等粮食，是现在每个陈塘中老年人都曾享用过的。虽然当时陈塘到日屋的山路险峻、崎岖不平，来回最慢的要十多天，但为了粮食，为了生存，穿梭在路上的夏尔巴还是络绎不绝。

2005 年这条补给线还是十分热闹，每几公里就能看到一些小卖部供行人打尖休憩。它们一般用横条花纹的塑料编织布为顶，出售一些简单的方便食品。小卖部最有特色的热饮就是一块钱无限供应的清茶（ཇ་ཐང་།）[54]。山路狭窄，最宽的地方也只能容纳二三人并行，当三三两两的陈塘人头顶或背着从外面采购来的物品迎面而来时，有时必须站在一旁侧身避让。笔者还在路上遇到一位去岳父家探访的女婿，背着一箱北京牌方便面就是见面礼了，可见那时陈塘商品的匮乏。有的山路铺着青石板，石板被磨光滑了，阳光一照，泛着青幽而暗淡的光。近 20 年前的一场火灾[55]所造成的破坏，在路上随处可见。

2001 年，陈塘夏尔巴盼望已久的日屋至陈塘的公路开工重建，公路修到哪里，日屋镇的一部分贸易也就伸展到哪里。随着公路的畅通，人们的物质补给点变成了定结县城、日喀则市甚至拉萨，日屋镇在陈塘的地位日益下降，对于陈塘人来说，如今它似乎只是作为一个交通节点的存在。

廓让遗址

廓让（ཀོ་རྣ།）遗址位于距日屋镇 3 公里的扎西惹嘎（བཀྲ་ཤིས་རབ་ཀ།།），拿当曲的南面，与萨陈公路隔河相望，被有关部门命名为“曲玛古战场遗址”，有指示牌与停车场，拿当曲上方还架有小木桥方便通行。院士李勃生在其《珠峰自然保护区的考察报告》一文中介绍说，它是西藏唯一的

廓让遗址　2010 年

“古长城”。

遗址在拿当曲旁的一处山体上，随着山势而盘旋起伏，它从山脚即西向东北方向分布，长约 3 公里，残墙最高为 3.7 米。西端有 3 座敌楼。东北约 1 公里处有 5 个敌楼，单个面积约 9 平方米，上面有“八”字形的孔眼。南侧挖有壕沟。遗址的布局与明长城十分相似，但其石墙垒砌方法有典型的藏族特色：为大小片石间杂草皮而成。石墙上铺有厚草皮，让墙头表面平整。如今部分保存完好的石墙上可供数人并排行走与快速奔跑，可见当年初建时，就是为了方便士兵在墙体上面跑马巡逻，而且三道石墙也因此而连成整体。遗址对面，两个山的山顶还能看到一些残存的四边形碉堡，应该都是“烽火台”。

关于廓让古遗址，日屋镇 83 岁（2010 年）的热丹老人回忆说，在很久以前，此地曾有过军队驻扎，那是爷爷再爷爷再爷爷之前的事了。在他小的时候，这遗址远比现在壮观，只是无人看管，风霜雨雪之下任其自生自灭，加之有些放羊娃在此放羊时，闲着无事，常以抛掷石墙的片石为乐，久而久之，遗址就更加破败不堪了。

在陈塘夏尔巴语境中，廓让意为防御尼泊尔廓尔喀人而修的工事，在西藏与尼泊尔交界的地方大都修筑有这种工事，其功用都是一样的。陈塘夏尔巴中也流传着中国与尼泊尔交战的故事，上文的吉阿老人说：“尼泊尔人从斯巴瓦龙部玛出发，分两路侵入我国。一路翻过赤得拉（ཏྲིལ་ཏ་ལ།）[56] 与马攸拉（མ་ཡུལ་ལ།），在廓让处交战；一路翻过勃地拉（སྦོ་ཏྲི་ལ།）[57] 山口，在嘎玛沟中段的萨基塘交战，然后在卡达豁卡也有过激战。当时与尼泊尔人进行激战的都是藏族官兵，没有大刀枪支，只能以乌尔朵抛石器为武器，用石块反击入侵者，战败后，陈塘、扎西惹嘎、日屋、萨基塘、卡达豁卡等一带都被尼泊尔占领了。之后，内地的大皇帝叫扎什伦布寺[58] 派了一个名叫催果笛巴的藏族玛本（དམག་དཔོན།）[59]，送给入侵的尼泊尔玛本藏嘎巴度一把有着太阳一样光焰的大刀，他们

仪式上的将军玛本　2014 年

成了朋友后，尼泊尔交还了从扎西惹嘎到基玛塘卡（སྐྱིད་མ་ཐང་ག།）之间的地方。这两个玛本都有出色的本领，催果笛巴刀枪不入，而藏嘎巴度不仅拥有威力巨大的火枪，还是个百发百中的神枪手。”

关于战争起因，有不同的版本。其中的一个版本是廓尔喀人只是想要一把最好的藏刀，由于翻译的问题，西藏人把他的要求搞错了，送上顶级的藏香（藏语中藏刀与藏香的发音极其相似），莫名其妙的廓尔喀人大怒，发动了战争。后来藏族人得知他们的真实诉求后，送了一把有着太阳光焰的大刀，误会得以澄清，于是双方和好了。另一个版本是，原先中国管辖的范围很大，从陈塘一直到尼泊尔堪得巴日县的下方，都是中国的领土，古时在堪得巴日县还立有中尼的界碑。尼泊尔人沿阿龙河流域往上入侵西藏，达赖喇嘛的军队打不过尼泊尔的军队，于是向内地的中央政府请求援助，中央派了两个官员来到西藏，与尼泊尔人议和，说不要再打仗了，大家交朋友，和平相处吧。最后，两国在勃地拉山山口立碑为界，相处和平。

陈塘有一些与中尼战争有关的遗址。如比塘村上方有个叫东雄浦（སྟོང་ཤོང་ཕུག，有能藏千人的山洞之意）的山洞。那是在战争时，有一千个战士藏在里面伺机而动，因而得名。有一个叫途日（ཏུ་རུད།）的地方，它得名于古时在此地战死很多的官兵，因无人安葬变成了野葬场。在廓让古遗址附近，有三个只剩塔基的曲登果加（མཆོད་རྟེན་མགོ་ཆག）佛塔[60]残存，中央没有被人拔出来的命

“曲登果加”佛塔遗迹　2013 年

霞乌拉山口的遗址　2016 年

木[61]系着风马旗，夏尔巴老人说它们是为超度战死的藏族战士而特意修筑的。

但是查找了很多史料，都没有找到修筑廓让防御工事的记载。行遍珠峰周边与战争有关的遗址：吉隆、樟木、卡达豁卡、定结、定日、嘎玛沟、珠峰东坡等地，还没有见到能与廓让这么大规模的遗存比肩的。比如霞乌拉[62]是《西招图略》所记的重要关隘，其《量敌篇》云：“廓尔喀本不耐寒，向者两次入寇皆在夏月，若至仲秋则无能为矣。故辛亥年伊之入寇者，遁回约有二千人。经过喀达（卡达）之霞乌拉山遇雪，冻死者千四五百，其得回巢者仅有数百。即此可知其冬春弗敢入也。果其深入，是定结最近，则江孜守各遣戴本同军功等，带兵由定结左路汪甸、小路。”[63]在此冻毙千余人的山口，如今能看到的防御工事只是一条长约 70 米、高约 1.5 米、宽不足 1 米的石墙，及附近两个长宽约 5 米的石头房子，相比廓让古遗址，这工事无疑太过简陋。而另一个重要的山口朗玛拉，甚至比霞乌拉的规模还小。

莫非廓让古遗址在古时比霞乌拉、朗玛拉还重要？而且勃地拉山的防御工事也是相对简陋。历史的真相究竟如何呢？

第一次中尼战争中，廓尔喀入侵西藏后，西藏以“赔款议合”换取撤军，并没有修筑大规模工事的必要。《定结县志》认为此遗址建于第三次中尼战争：“清咸丰五年（1855 年，藏历第十四饶迥木兔年）春，尼泊尔以西藏地方苛待尼泊尔官员和商民为借口，在英帝国主义的唆使下，第三次入侵西藏……廓尔喀侵扰西藏，滋扰定结时，藏军为抵御外来侵略，在位于日屋镇西南 3 公里外的陈塘道路那当藏布（拿当曲）东侧的曲玛山脊上修建曲玛工事，抵抗廓尔喀侵扰，发生战事四五次。”[64]但按廓让遗址的规模及风格，修筑时需要经年累月的时间、数量众多的汉藏工匠、数额巨大的金钱、极其出色的组织能力与强烈的修筑意愿等等，而第三次中尼战争发生时，清王朝正为镇压太平天国而焦头烂额，国库空虚，应没有力量来修筑这巨大的工事。

最有能力及意愿修筑这防御工事的时间应是第二次中尼战争后。时值乾隆盛世，国力强大，为了打败廓尔喀，甚至从内地调拨 17000 余名军人入藏。而且史书中说 ：“廓尔喀军队再次侵入聂拉木和济咙。廓军兵分两路，一路自济咙进攻宗喀 ；一路由从聂拉木进攻定日 ；另有一路绕过定日，经萨迦直趋日喀则。”这其中的“另有一路绕过定日，经萨迦直趋日喀则”是否就是指尼泊尔廓尔喀从定结入侵萨迦？廓尔喀翻过亦达拉及马攸拉，经扎西惹嘎、日屋，洗劫萨尔乡的萨尔曲果德庆寺后，再翻过种拉山抵达萨迦是一条最可能的路线，这也与《西招图略》中所说的“果其深入，是定结最近”相符 ；他们越勃地拉经萨基塘过霞乌拉至卡达豁卡，到定结县郭加乡，翻过种拉山抵萨迦也是可行的路线。这些路线全是适合骑兵的草原或平坦路面。而且，洗劫了萨迦寺及日喀则扎什伦布寺后的廓尔喀也没有急着撤退 ：“廓尔喀贼匪前于滋扰扎什伦布后并不窜回巢穴，仍在定结、兴萨等处逗留观望。”[65]其撤退的路线也极可能是经过定结、日屋的。《钦定廓尔喀纪略》卷二十四中载 ：“而定结另有一路可通喀尔达，既系廓尔喀地方，道路虽觉稍平，离阳布[66]甚远。去年贼匪前来抢掠后藏物件，即从此路潜回。”[67]“又，戴琫丹津那木吉带兵前来往定结地方守御。去年九月间营官寨、喇嘛寺两处均被贼匪占据，见丹津那木吉带兵前来，贼即出寨抵御。该戴琫督同滚布第巴彭错拉木结、定本索敦等带兵与贼接仗，各有伤亡。至十一月初一贼众在定结官寨潜逃，该戴琫与流兵罗治等追至热窝等处地方，维时贼匪由乌陇遁回，有行走落后之贼被汉、番官兵等先后拿获十一名，即行杀毙，割取首级十三颗，耳记十二个。”[68]文中的热窝是否日屋的异名呢？若是，说明了日屋及附近的扎西惹嘎是为当时重要的战场之一。又有 ：“定结一处虽现在并无贼匪，但系通绒辖、喀尔达、兴萨等处总路，现游击李之荣带领绿营兵一百名、唐古忒兵一百名在彼控制，亦无可虞。”[69]乾隆五十八年，驻藏大臣尚书和琳副都统成德的奏折中写道：“查阅帕克里、定结各卡隘情形。……又定结地方卡隘一处，名擢拉山，此处与廓尔喀、哲孟雄相通。……以上卡隘六处均归江孜，前后藏大道为总汇要隘。”[70]从《西藏图考》所附的地图[71]上看，擢拉山的地望与现今的尼拉山口完全重合。

从各地修筑的防御工事规模来分析，翻过赤达拉或马攸拉，经扎西惹嘎的这路廓尔喀军队推进神速，应为重创西藏的绝对主力，战后在此地修建的防御工事是规模最大的。陈塘镇由于林密水险路陡，可能不是主战场之所在。

虽然现在尚未找到廓让古遗址的直接资料，但综上所述，由于从定结方向入侵西藏的廓尔喀人洗劫了萨迦寺之后，又直趋日喀则，在扎什伦布寺大肆抢掠，犯下众多罪行，所造成的直接损失是其他边界地区所不能比拟的。为了防备廓尔喀军队的再次入侵，清王朝在尼泊尔军队进入定结的重要关隘扎西惹嘎修筑防御工事是最有必要的，规模也是最大的。因为是中央政府主导修筑，有汉族工匠参与，所以修筑成汉藏结合的“长城”样式，其建筑格局是其他地方所罕见的。

廓让古遗址是汉藏各民族同仇敌忾，抵抗外来侵略，捍卫边疆领土完整的见证。站在这巨大

廓让遗址左侧前方的雪山下，是通往尼泊尔的要道　2010 年

可能是驻军营地的遗址　2010 年

的废墟上，能感觉人类在历史上的渺小。历史的硝烟早已随风散去，只剩几堵破墙迎风而立，当年修筑者今何在？那三个佛塔真是战士们的归宿吗？陈塘夏尔巴在这场战争中，是偏安一隅还是男儿血性呢？

公路与教育

旧时到达陈塘主要有几条传统路线，一是从曲当乡出发，经错拉、桑琼拉山口，过萨基塘，再沿嘎玛藏布往下至陈塘，此路线道路相对平缓，约需三到四天的时间；二是从曲当优帕村出发，过散巴拉山口，经切姆措（ཇོ་མོ་མཚོ།），翻那贡扎西拉（སྣ་གོང་བཀྲ་ཤིས་ལ།）山口到达修修玛村，约需二到三天时间；三是从曲当乡出发，沿朋曲藏布往下，过打索寺[72]后到达比塘村，约需要二到三天的时间；四是过尼拉山口后，从日屋镇出发，沿拿当曲下溯，经木如塔瓦山口或那塘村，到达藏嘎村，需要三到四天的时间。无论沿哪条路线进出，到达陈塘都耗时费力，可见其交通的闭塞与不便。

在陈塘，现在还可以用“背中生活”“全民皆

从曲当乡经嘎玛沟到陈塘的山路　2016 年

未通公路之时，陈塘夏尔巴可谓“全民皆背”　2010 年

背”来形容当地人的生活方式。未通公路的地方，运输全靠人背牛驮，只靠一条绳、一只筐的背夫（妇）队伍是陈塘的一道独特的风景线。从五六岁的孩童到七八十岁的老妪老翁，都是这个队伍中的一员，其背负能力是惊人的，可背起与体重相当甚至大大超出自身体重的重量。

陈塘夏尔巴的负重习俗与喜马拉雅东南麓林区的其他少数民族类似：用一根绳子把货物捆好，留出一个绳套，负重时，将绳套套在额头上，重物附在后背。这种背负方式，是人们在喜马拉雅高山深壑崎岖难行的山路上由无数代人摸索出来的独特经验：山路险峻，有时甚至需要在悬崖上攀爬，如果将重物背挎在双肩，一旦失足，人货俱损，而用额头顶负重物，能释放出双手，方便作业，若发生危险，能快速地弃货保人。也因为这种背负习惯，很多夏尔巴的体型发生了变化：胸部肥厚并向前倾，比常人更明显的“凸”出。

交通的不便，也体现在陈塘镇小商品的价格上（2017 年）：一瓶拉萨啤酒 10 元（藏嘎村 5 元），一包紫云烟 15 元（藏嘎村 10 元），瓶装饮料 5 元（藏嘎村 3 元）。有人计算过，货物从藏嘎村背到陈塘镇的背夫费用比从日喀则用汽车拉到藏嘎村还贵，对于任何单位或政府工程，所有的背夫或驮牛的费用，都需用现金当场结算，这是条不成文的规矩。

艰难的公路

喜马拉雅高峰巨壑的重重阻隔与频仍的自然灾害让陈塘公路命运多舛，一波三折。萨迦大桥到陈塘的公路（以下简称为萨陈公路）始建于 1961 年，“1963 年初通，全程 248 公里……至陈塘新岗林区为终点，是一条军用边防公路”。[73] 但不到一年，公路就被洪水冲毁，无法通行：“9 月 21 日下午 2 时 45 分，桑卓乡（日屋镇）杰勒村对面雪山崩塌，湖水漫溢，形成特大洪水和泥石流灾害，冲走日喀则贸易公司、中国人民解放军汽车十六团和十一师的汽车 10 辆，部队官兵 20 名，地方人员 2 名，冲毁群众房屋 18 户。古都村村庄、牧场被沙石淹没，变成一片石滩，陈塘公路被毁”[74]。1970 年 8 月，定结“县革委会实地勘测陈塘公路，拟定公路走向和投资概算”。[75]“1976 年，修通日屋至陈塘孔定玛林区公路。因年久失修，路况极差。加之，受山洪、泥石流的影响，全路段损毁严重，无法保持通畅。截至 2000 年全路段中断不通车。”[76]

公路是如此的难以贯通，为了最快的改变交通状况，陈塘镇原政协委员洛苯法师吉加甚至提出了修筑直升机停机场，开通到陈塘直升机航班的议案。2001 年，国家再度投入巨资重修萨陈公路，由于地质情况复杂，施工困难，公路基本上是一寸一寸向前挪。同年开工建设的青藏铁路格尔木到拉萨段，于 2006 年 7 月 1 日建成通车运营，而直到 2010 年，萨陈公路才修到离陈塘镇三小时脚程的那塘村。

2011 年公路修到藏嘎村。因为泥石流与塌方经常把那塘村到藏嘎村的公路堵塞，在陈塘多雨的季节，为了以防万一，有些老司机会把车子停在那塘村，然后背着简单的行李，再徒步十公里到藏嘎村。

然而公路却止步于藏嘎村到陈塘镇的“最后一公里”上。国家在修筑萨陈公路时，做的规划是直通陈塘镇的，但在准备修筑藏嘎村至陈塘镇的公路时，受到了不少的阻力。有人提出公路会让几百年来一直耕耘的珍贵的田地减少；有人认为会破坏陈塘脆弱的生态；有人担心公路修通后赚不到背夫费[77]……所以公路止步于藏嘎村的水泥大桥。人们达成了个折中方案：公路不修了，把修路费用转投到藏嘎村到陈塘镇的水泥台阶路上。

藏嘎村新修的钢铁大桥让原先的铁索桥成了“摆设”。铁索桥利用朋曲藏布中央一块露出出水

公路修到那塘村　2010 年

在山路上背物资的夏尔巴　2010 年

面2米有余的巨石作为中心支点，两侧架以铁索以支撑桥面。在没有此桥的更早时候，夏尔巴也是在同一个位置，用木材及竹篾编成的竹桥，连通朋曲藏布。过了铁桥，就开始爬升被朋曲藏布冲刷后留下的巨大悬崖切面，从藏嘎到陈塘有近300米的落差，始终是横亘在陈塘夏尔巴面前的出行难题。在背负重物上山前，他们习惯在山脚下先休息，喝一点酒水饮料补充体力，喝烈性白酒用以提神，似乎是一些成年男子的习惯。如今上山的路为"之"字形水泥台阶，共有1700多级，盘旋而上。在2005年，它是简陋的便道，路面上布满大小不一的碎石，一不小心很容易摔跤。

藏嘎村到陈塘镇的铁索桥　2010年

在2015年4月25日尼泊尔大地震中，陈塘镇也受损不少，国家投巨资进行了灾后重建，但不通公路的现实让灾后重建充满了更多的艰难。或许是此原因，人们终于对通往陈塘镇的公路开了绿灯。为了节约巨额的背夫费用，2016年陈塘镇政府开始灾后重建时，特意搭建了从藏嘎村到陈塘镇的货运缆车。2017年3月，货运缆车开始正常"工作"了，工程完工后，它就会被拆除。

据介绍，现在萨尔乡到陈塘99公里"瓶颈"将升级为省道514线的一部分，路面将全部硬化，修成宽敞的柏油路。届时，陈塘的交通条件将大为改善。2017年，公路在大规模的建设中，运送各种物资的车辆与各种挖掘机醒目地点缀在喜马拉雅山脉翠绿的森林之中，热火朝天的场面，有种只争朝夕的紧迫感。藏嘎村到陈塘镇的公路也在争分夺秒的修建之中，2017年的1月4号，汽车第一次开到陈塘镇中心小学旁边。2018年6月23日，藏嘎村到陈塘的水泥路正式通车，萨陈公路全线通车的日子指日可待。

走向春天的陈塘教育

陈塘夏尔巴的教育曾长时间受制于交通与自然环境的重重阻隔。镇小学始建于1972年，只负

公路通往陈塘镇　2019 年

那塘村到陈塘镇上学的学生　2010 年

责 1 至 3 年级的教学工作，学生读到三年级后就只能辍学。1993 年以后，定结县在县小学为他们特别设立 4 至 6 年级班，第一批共有 21 名学生到定结县就读，最大的学生 17 岁，这么大的小伙子读小学四年级，在现在是不可思议的事，不过这却是当时的真实写照。

当年这 21 位学生，现在走出陈塘并成为国家公务员的有 10 位，他们分布在亚东、定日、拉孜、日喀则、定结、拉萨等县市。其名单和工作单位如下：益西，日喀则老干局；次旺，定结县财政局；拉巴顿珠，吉隆县林业局；边巴，教师；普布次仁，教师；顿珠多吉，日喀则公安警务站长；江真，导游；拉巴甲布，教师；尼玛，拉孜县交警；仁真，定日县广播电视局。

修修玛村的尼玛也是这 21 名学生之一，他 20 岁小学毕业后被林芝地区的武警部队招为内卫，三年期满复员后，在拉萨建设银行当保安，因不满足月工资 800 元的待遇，在 26 岁时辞职回了陈塘。兄弟分家时，尼玛分到的土地特别少，但他发挥退伍军人的能耐，与来自尼泊尔的爱人一起，不“等、靠、要”，而是自力更生——开小卖部、贩卖尼泊尔工艺品之外，还不辞辛劳地开

陈塘镇小学生　2005 年

穿校服的小学生　2018 年

垦荒地。几年下来，开垦的荒地逐渐增多，2016 年已经超过两亩，2019 年近三亩了。2016 年他成功脱贫，中共陈塘镇委员会、陈塘镇人民政府于当年 10 月给他家挂上“光荣脱贫户”的小牌匾。尼玛说，其实很多贫困户的条件比我好，但作为一名退伍军人，他认为：“用自己的劳动而吃上大米是最好吃的。政府每年会给贫困户发大米，但这大米吃起来没有意思。”

2000 年，“陈塘拥有中心小学一所，在校生 154 人，适龄儿童入学率 60%，镇中心小学只有 4 个年级，教师 4 名，其中代课老师 2 名，文化程度都在初中以下，全镇文盲率高达 50% 以上”。[78] 如今，全镇儿童入学率已达 100%，据不完全统计，陈塘夏尔巴中已经产生了 23 个大学生，占总人口比例约为 1%，这是一个还在继续上升的数字。

由于陈塘海拔较低，而定结县海拔超过 4000 米，很多中学生在定结县城上学时，常出现与高原反应相关的不适现象。2016 年底，自治区党委书记吴英杰到访陈塘之后，明确表示将在陈塘镇修建中学及幼儿园等教育设施。当地干部介绍说：“在镇内建中学，学生在家门口读书，不仅有利于学生的身体健康，家人也能对学生进行更多的关爱。幼儿园建起来后，不但能让小朋友们健康成长，还能解放出妇女抱养孩子们的双手，为他们的脱贫致富多出一份力。这是党和政府给陈塘、给夏尔巴实实在在的惠民政策。”

2018 年 8 月竣工的幼儿园在陈塘镇中心小学的西边，开始招生。陈塘中心小学巴桑老师介绍说 :“我小时候没有幼儿园，只能在田地里野玩、乱玩，与泥土为伴。如今，我的两个孩子可在幼儿园里从小接受正规的教育了。”2010 年毕业于河北师范大学的巴桑老师十分清楚教育的重要性。他毕业后，并没有如愿分配到陈塘，为了更好地向故乡的教育事业奉献自己的力量，在他的努力之下，终于调回故乡。

这些走出大山的夏尔巴所接触的新鲜事物与观念，对相对封闭的陈塘来说，是一次次的冲击波。他们所带来的“变革”，在很长时间内都将影响并推动着陈塘的社会进步。

边境陈塘

陈塘位于中尼边境，边境线长 12 公里，有

等待免费午餐的学生　2015 年

21 个国界界桩，5 个山口通尼泊尔，边民之间的“摩擦”也时有发生。老人们说，在和平解放前，尼泊尔的土匪小偷经常光顾陈塘，掠夺粮食财物或偷窃牛羊等牲畜，比如上文提及的“肖容啊”，而当时的西藏地方政府对此完全无能为力，解放后，类似的事情就再也没有发生了。

1962 年，由“中国—尼泊尔联合划界团”厘定了有争议的地段，中尼边境被正式确定。

1965 年 5 月，“陈塘边界发生边民冲突，11 名群众反映中尼边境被人破坏。尼（泊尔）边民越境伐木、放牧，定日县卡达区征收了陈塘管辖草场的草税”。[79]

1967 年 6 月 12 日，依据《关于修界桩一事的紧急通知》，由定结县驻军的负责人、县委干部和警卫队共 90 人组成的修复界桩组：“6 月 20 日在日屋边防部队集中，6 月 29 日到达陈塘，7 月 26 日与尼（泊尔）方会晤，8 月 3 日完成中尼边境重树界桩 12 个，8 月 5 日，签署纪要，8 月 7 日撤离陈塘。”[80]

据老边防刘光福的回忆，1972 年 8、9 月份，西藏军区原长所独立第十营有关领导和作训参谋，率春拉一连干部战士全副武装前往陈塘勘察边界，邓平细、张克功、梅廷礼等三名战士乘一只橡皮船前往河滩勘察界碑是否发生异常情况时，橡皮船倾翻，他们不幸牺牲于此。为了缅怀烈士，有关方面在藏嘎铁索桥桥头一旁的巨石上凿刻的“烈士纪念碑”，至今仍保存完好。

为纪念因勘察界碑而牺牲的三位烈士的“烈士纪念碑” 2018 年

1973 年，中尼两国达成“过境放牧”[81] 协定：“9 月 11 日，中尼两国地方官员举行会晤并达成边境过牧协定，尼方边民在中国境内过牧，每头牛收 8 两酥油，1 只绵羊收 2 两酥油，3 只山羊折 2 只绵羊，均出实物不收钱；过牧范围为塘斯拉嘎以东至沙吉塘（萨基塘）以南的 18 处草场，牲畜定为 1000 头（只、匹）。”[82]

陈塘镇山脚下的嘎玛藏布是中尼边境上的一条天然分界线，其上简易的乌布其（ཟམ་པོ་ཆེ།）桥被誉为“中尼友谊桥”。虽说是两国之间的通道，可是在以前却十分简陋，桥面宽不到 1 米，几根粗木材架在嘎玛藏布上，再铺上些木板，就是“国际通道”了。每年的五六月份，都会有尼泊尔

比塘村的“参根加姆”组　2017 年

嘎玛沟里的中国与尼泊尔边民　2016 年

人给桥加上护栏，为即将到来的过境放牧做准备。嘎玛藏布两岸河谷山间的一些零星的草地，为每年尼泊尔牧民过境放牧的场所，他们主要是陈塘镇对面的基玛塘卡村的居民，2009 年，有近 50 人，总数 1000 多头的牲畜在嘎玛藏布两岸跨国放牧，当时，陈塘镇向放牧者征收牲畜食草费：一头牛 10 元，一只羊 2 元。2019 年，这个收费标准仍然延续旧例。

大多数尼泊尔人都是经过乌布其桥通关后，再到达陈塘的。但乌布其桥并不是真正意义上的两国边境，过桥之后，是比塘村的参根加姆组（བཟང་སྣོམ་སྐྱོག་སོ།），它与尼泊尔基玛塘卡之间

修缮乌布其桥的尼泊尔人　2010 年

的一条小溪涧，有界碑 68 号，这才是真正的中尼边境。

除了少数探亲访友与过境放牧者外，更多的尼泊尔人是来陈塘进行边境贸易的。尼泊尔基玛塘卡镇的四个村子到他们所属的堪得巴日县城至今还不通公路，要走五至六天的路程，尼泊尔的邦多镇也不通公路，所以一水相隔，物资丰富的陈塘自然是他们首选的采购地。然而曾几何时，堪得巴日县不但是陈塘夏尔巴的采购点及打零工的地方，甚至日屋镇的藏族人也会赶着牛羊，到那里去换粮食及打工。

尼泊尔商人人背畜驮，把尼泊尔的辣椒、花椒、天麻、贝母等食材药材、手工打制的工艺品及生活生产器皿、手工缝制的服装、老珠饰及黄

来陈塘做生意的尼泊尔妇女　2014 年

来陈塘采购的尼泊尔商人　2010 年

牛犏牛等带到陈塘出售，背回去的是大米、食盐、方便面、拉萨啤酒、服装、五金制品等。尼泊尔法定货币卢比[83]在陈塘也通用，虽然地处偏远，商人却都知晓当下的汇率。现在越来越多的尼泊尔人来陈塘打工，他们的报酬是用人民币来结算的，人民币也是尼泊尔人的“硬通货”。

据统计，从2001年至2015年，陈塘的中尼进出口商品总额由715万元增加到1865万元，贸易量由485吨增加到1265吨，出入境人员由2953人次增加到7700人次。西藏自治区计划将陈塘口岸与日屋口岸统筹规划建设，形成“一口岸两通道”的发展模式。据介绍，与日屋－陈塘口岸接壤的是尼泊尔东部发展区，占尼泊尔国土面积和人口各约1/5，其中，与日屋通道接壤的面积为8196平方公里，人口约160万；与陈塘通道接壤的面积为9669平方公里，人口约260万人。专家称，随着互联互通条件的改善，在保护自然环境的前提下，在更远的将来，陈塘可能形成一条中尼印（度）孟（加拉）的贸易新通道。

陈塘通商口岸设在朋曲藏布的林琼塘嘎地方，与藏嘎村隔河相望，一座水泥钢筋混凝土大桥横跨两岸，各式车辆正源源不断地为口岸各项设施的建设提供各种材料，其建成与使用指日可待。陈塘也将抓住边境贸易、旅游及建设南亚大通道的契机，转型谋求更大的发展，这意味着它将告别“与世隔绝”，开始与全世界联通起来。

嘎玛沟上的露营　2005年

【田野纪实：拉萨普布与陈塘益西】

那是 2005 年，我虽然嘴上立志“背着青春到处走”，身体一直却很实诚地混在拉萨。那时是西藏户外的发展阶段，来西藏的户外人还被称为背包客——由于他们的背包太大，身躯被挡住，所以从背后看，就好像一个长着两条腿的背包怪物在行走；走到前面，他们十有八九会拿着一本《藏地牛皮书》，而另一只手提着装满食品的塑料袋，行色匆匆。

在嘎玛沟穿越的雪地　2005 年

很多背包客的故事充满“传奇”色彩，常听“大侠”们讲路上的经历与奇遇就会热血沸腾——于是头脑发热，无产无业的我，设计了一条横穿珠峰自然保护区的二千多公里的骑行路线：从拉萨出发，经日喀则过拉孜县至昂仁县桑桑镇，穿佩枯错至吉隆县，再骑到珠峰北坡，然后经珠峰东坡下的曲当乡穿越嘎玛沟到陈塘，最后从岗巴县绕亚东再环羊湖，回到拉萨。

虽然疲惫不堪，但是在穿越嘎玛沟之前，整个骑行都比较顺利。从曲当乡沿着嘎玛沟到陈塘，如今依旧是不通公路的崎岖山道，适合背包徒步，这时自行车就成为一个累赘，在狭窄、陡峭或树木野草疯长的原始森林中，常需要分两次通过：先把行装搬到前面，再回头扛自行车，这种行进方式让我体力消耗巨大，行进速度还非常慢。

穿行中，有各种比想象还瑰丽的冰川、雪山、湖泊、原始森林，还有暗中伺机的蚂蟥及在无人旷野中暗自怒放的绿绒蒿与黄杜鹃。经历了迷路、与马帮同行、在嘎玛沟放牧的尼泊尔夏尔巴的款待、糌粑丢失后顶着饥饿赶路等各种有趣事件，如今回想，都能让喝着咖啡听着音乐抱着电脑打字的我感慨唏嘘一番。

还记得迷路时的惊慌。那天是 6 月 18 号，

在嘎玛沟穿越　2005 年

翻越措拉山口后，已经是下午六点，时间完全超出预计。从措拉山口下来的小路在悬崖峭壁间，积雪很厚，裸露出来的只有一块块巨石，让我找不到扎营的地方。天色渐暗，淅沥的雪变成了冰雹。可是走着走着，我发现前面没有路了。

换种说法就是，我迷路了。最担心要命的事终于来了！

天慢慢地黑了，打开头灯，在一块块的巨石上爬上爬下，背包越来越重，脚也越来越重，体温越来越低，心中也越来越绝望了，第一次起了把自行车扔掉的念头。在北京时间 22 点 15 分的时候，微弱的头灯照出前方有个庞大的动物，再仔细看，是牦牛，还是两只，一只黑色，一只黑色带白点。有牦牛，就意味着有人家，所以跟着它，就会找到人家，心中升起了得救的希望。

力气来了，跟着两只可爱的牦牛同志不紧不慢地走，过了半个小时，出现了一个小石屋，我的意料中的露营地到了。兴奋中，没有对两只可爱的牦牛同志的去向做更多的关爱。

想不到这是最后一次见面。在接下来的行程中，这两只牦牛再也没有出现。回来后，一直在想，沿途没有见到牧民，这牦牛是从哪里跑出来的呢？一个学佛的师兄开玩笑说，是不是土地公公显灵了？

小石屋的外墙长满了青苔，有一些年龄了，像个驿站，供来往的商人、行者休息。可惜年久失修，已倒的一半堆着积雪，没倒的另一半地上还是干的。实在太累，竟然没有一丝胃口。全身已湿透，于防潮垫一铺，赤身裸体往睡袋里一躺，睡了。

如今想起那一天的经历，还是惊魂未定。如果没有这两只牦牛，那我这个美丽世界的丑陋孤儿，就有可能自然“天葬”，也不知秃鹫会不会喜欢我这臭不可闻的身体？这两只牦牛是从哪来的？见到它们之前都没见到任何人，小石屋外也不见人影，难道是佛祖知道我是个好人，特意派它们来指路？对佛教虔诚的藏族人是不是也经历过太多的此类事件呢？

意外总是很多。第二天，发现挂在背包上的糌粑袋不知何时丢失了，里面装的几斤糌粑是接下来穿越的后盾，脸色苍白发青的我在周边数次寻找也没有发现它的踪影。在“无人区”丢失粮食，无助与自责充斥着内心。省吃俭用抠着粮食继续向前走，所幸遇到一个人的“马帮”索朗旺加，他赶着两只驮着日用品的牦牛，与嘎玛沟两岸的尼泊尔夏尔巴牧民进行以货易货的“边贸交易”。与他同行后，不仅背包给牦牛驮了，晚上在尼泊尔牧民的帐篷中吃到此次嘎玛沟穿越中唯一的饱饭。

与索朗旺加分手后，在饥饿与疲惫的双重折磨下，我最终丢下了自行车，跌跌撞撞地向前走，突然一畦畦的农田跳入眼中，到村落了！快步走到田中，想找出一点吃的，发现了一些小红薯，捡了一把，用衣服擦擦，就往嘴里塞。好清甜！一口气吃完，再继续去田里扒拉扒拉。后来才知道，这小红薯是陈塘夏尔巴看不上的红皮土豆，

嘎玛沟经商的“一个人的马帮”索朗旺加　2005 年

相传 20 世纪 50 年代传入陈塘，由于产量高，深受欢迎。

肚子饱了，也意味着我重回人间，终于放下心中对死亡的恐惧与饥饿的噩梦，终于走出嘎玛沟，来到陈塘了。在以后的日子里，我再也没有生吃过小土豆，而且在陈塘田野调查的时间长了，很多时候都是以土豆当主食，如今想到土豆，就会下意识地产生胃酸增多的感觉。

顺着田间的小路往上走，翻到山的另一面，陈塘镇慢慢地呈现在眼前了。它是一个挂在山坡

上的“大村子”，左边是朋曲藏布，右边是艰辛穿越两国的界河嘎玛藏布，其流域人称嘎玛沟。

陈塘镇气候温暖，雨量充沛，正如夏尔巴自己所说，他们居住的地方既不在高处，也不在低处，而是在中间森林地带，镇中的居民几乎全是夏尔巴，是为西藏夏尔巴最大的聚集地。

应是地处中尼边境的原因，当我背着大包还没有进村的时候，大家就连比带画地告诉我，要去镇政府报道。村中的小孩子可能从来没有见到背着大包的“怪物”，不是在前面带路，就是在后面起哄，倒也热闹。

镇政府建在靠近朋曲藏布的台地上，下面就是层层的梯田，由于正在翻修重建，所有的办公用品都堆在一个老房子里。一个二十多岁的小伙子在看守着，后来才知道，他叫边巴扎西，副镇长兼武装部部长。

他汉语不错，检查了我的边防证与身份证后，容许我用镇里唯一的卫星电话给亲朋报平安。了解我的情况后，他抓了一碗糌粑，倒了一杯青稞酒给我，并允许我在陈塘期间，可以在办公室里睡，与他们同吃同喝。

太好了，陈塘是个好地方。

酒足饭饱，尘埃落定之后，我割舍不下被丢弃于荒野的自行车，于是原路返回，去取车。体力有点恢复，所以步伐也比较快。推着自行车走到陈塘山脚下时，发现我的自行车是个大明星。在田地里劳作的大人看到它，都会停下来，对它行“注目礼”。三个小朋友不知从哪里冲了出来，强烈要帮我推自行车，我乐见其成。可能是他们第一次推自行车，所以不知道方法，一路上跌跌撞撞，摔了好几次。

我走在后面，背着手，乐呵呵地看着他们笨拙地推车。

对自行车好奇的小学生　2005 年

一路上，聚集的小朋友越来越多，他们都围着自行车，像欢迎英雄一样欢迎它，触摸它的各个部位——能看出他们的亢奋与激动。看到我在拍照，小朋友们有的会摆出各种表情，当相机的闪光灯闪烁时，认为拍到自己的小朋友都雀跃地欢呼起来。

这是很多陈塘夏尔巴第一次见到并真实地触摸自行车。在很长一段时间里，这辆自行车成为他们津津乐道的话题。直至现在，很多陈塘人还对它有深刻的印象。

回到乡政府，围观自行车的小朋友并不愿意散去。于是在小朋友们“研究”自行车的吵闹背景声中，我坐在乡政府的后门，喝着边巴扎西泡给我的久违了的热茶，看着山下的梯田与对面的两条瀑布，有恍如隔世的感觉。那两条瀑布“飞流直下三千尺”，十分壮美，夏尔巴想必也有如此的体会，把它们都纳入他们的神灵体系，在法会中进行祭祀，当然这是后来才知道的。

在镇中闲逛休整时，大家看到我，都怯怯地微笑着与我打招呼。大家都想与对方交流，只是我懂的藏语与他们知道的汉语一样多，手脚并用，最后也只能相视而笑，各自离去。镇子的边上有一块用水泥打好的平地，据镇子的人说，那是直升机停机坪。自从前几年一架尼泊尔的直升机在这里降落后，再也没有飞机来过。于是，这就成了村民的晒谷场。有事没事，在这里坐坐，晒晒太阳，看看对面一河（嘎玛藏布）之隔的尼泊尔，似乎成为一部分人的习惯了。为发挥这个“机场”的功能，某一年定结县的两会上，陈塘的夏尔巴委员还提交了直升机通航陈塘镇的提案。

在镇里，有超乎寻常数量的小卖部，卖些日用百货、酒水饮料、针头线脑。这些商品不单是供应陈塘人的日常消费，也有不少尼泊尔人过来采购。尼泊尔的小商品，尼泊尔的卢比（当地人称峡谷钱）也非常流行。不要小看小卖部，它们都是活生生的中国与尼泊尔边民进行物资交易的跨国“边贸市场”。

中午走在路上，被一个夏尔巴请去他家做客。他的家比较小，分隔成厨房、储藏室，储藏室在外面，厨房在里面，有酥油桶、铝锅和各种炊具，还有用石板靠墙砌垫而成的火塘，是为灶具。没有凳子，大家席地而坐。主人家有五口人，父，母，妻，还有刚出生的小孩子。他是中国夏尔巴，妻子是尼泊尔人，也是夏尔巴。晚上吃的是咖喱土豆盖浇饭，盛装在盘子里，人手一盘，不用筷子，而是用右手抓来吃。围着火塘吃完饭，来了一些客人，主人又抱出一桶鸡爪谷酒，大家轮流吸。酒热情浓，喝到半晌，主人就有点喝多了，他说他有两个国籍，中国的与尼泊尔的，并给我看相关证件，还说，中国政府对夏尔巴十分优待，又盖房子又给补助，所以尼泊尔的证件从来没有用过，他也不想回尼泊尔。

在陈塘镇每个与世隔绝的静谧的夜晚，鸡爪谷酒永远是照亮孤独的火把。

照亮孤独的火把还有录像厅，2005 年时陈塘还不通电，头脑精明的人就背来发电机，晚上发电放录像，五毛钱一位随便看。

那时镇上有好几家这样的录像厅，相互比较谁的声音大，以招揽更多的顾客。于是成龙的《醉拳》，李连杰的《少林寺》，刘德华的《天若有情》，还有古龙的《流星·蝴蝶·剑》，一起在空中回荡，根本分不清谁是谁的音乐了。

出陈塘第一天，在木如塔瓦山口的露营地　2005 年

在出陈塘的头天晚上，我向收留我的副镇长告别，感谢他的款待，也请他放心，我只是个被好奇心害死的猫儿，只是路过的“小老头”，明天我将起程离开陈塘。

出陈塘的山路在山腰的东侧，正对着那两条瀑布，以“之”字穿行在田地中。路况很差，坡度大，路面上全是沙土碎石。我推着自行车往下走，比扛车往上爬还困难，不小心自行车还会不客气地摔到身上，只能老老实实地小心往下探。经木如塔瓦山口往伐木工人定居点孔定玛走后不久，就是热火朝天的修路工地，公路修得十分艰难，可谓是一寸寸地向前。当时认为三年就能修到陈塘，可直到五年后，还只修到离陈塘十多公里的那塘村。七年后，修到了陈塘山脚下的藏嘎村。十一年后的2016年，公路还是没有修到陈塘，所以上到陈塘，还是需要爬1670个台阶。据说2017年公路最终能通到陈塘，但直到2019年的上半年，公路还在施工中。

工地里有个治安点，一个警察模样的人看到我，十分吃惊，再看到我推的自行车，更加惊诧了。他不仅查看了证件，还盘问了许久。最后，他与治安点的另一个警察商量后，走出来与我谈话。

“老人家，这一路上不容易，也辛苦了，要不，您在我们这里休整一天吧。我们包您吃与住，好不好？”事后他坦言，我的边防证没有写上定结县，可看我又像好人，但是推着自行车又像怪人，虽然把刚过而立之年的我看成六十岁了。当时尼泊尔局势不太稳定，他想向镇领导请示如何处置我，所以用包吃住的方式来稳住我。

我当然不客气，正是晚饭的点，警察指着高压锅里的米饭和一大盘腊肉炖冬瓜说，“你先吃吧，要吃饱！”，说完两个人就出去了。腊肉炖冬瓜，咸鲜中带着猪肉的浓香，高压锅做的米饭熟透透，入口绵软，近四十天没有吃到这样的美味了。何况自拉萨后，就一直处于饥饿的状态，多种因素加之又无人在场，让我放下所有的顾忌，敞开肚皮，痛快淋漓地大吃起来。二十分钟后，半高压锅与一大盘汤都被我消灭了。这顿饭，一家五口也吃不完，可是当时就这样轻松地被我吞到肚子里。

警察走了进来，看到饭菜都被吃完后，笑了一下，说“吃饱了吗，若不够，我们再煮一点”。我在肚子上比画了一下，示意“饱了”。他倒出一杯江津白酒，说“喝点酒，解解乏”。我一口干了，突然感到一阵反胃，连忙跑到别人看不到的地方把刚才吃下的全吐出来了。可能是吃太多了，这口酒成为压倒骆驼的最后稻草。一只狗钻了出来，把我吐的全吃了。

晚上睡着警察的帐篷，干燥的，温暖如春，倒头就睡到天亮。想不到在 2013 年 7 月又享受了这种“待遇”。当时要去陈塘做田野调查，搭不到顺风车，只好徒步向前走。当天走到廓让遗址，在其下方的大草原安营扎寨。半夜睡得正酣时，被边防部队的官兵当敌特分子叫起来盘查。事因很简单，当地牧民见我独自扎帐篷而不向他们借宿，认为行动诡异不合常理而向边防报告，之后，一群牧民开着十多辆摩托车领着两辆边防巡逻车来到帐篷旁，看“抓捕敌特分子”的好戏。最终虚惊一场，牧民也轰鸣着各自散去。

在“廓让”遗址下的露营　2013 年

历尽波折回到拉萨，坐在大昭寺前宛如隔世，那时还想不到，这次户外旅行在冥冥中替我规划着人生轨迹，与夏尔巴的缘分才刚刚开始。

2005 年，当陈塘夏尔巴第一眼见到我的时候，是一个推着自行车“从天而降”的小老头。这自行车想必给了他们极大的震撼，在以后的田野调查中，需要表明我的身份时，最简单的语言就是“那个从嘎玛沟推自行车进来的”，人们就会张大嘴巴：“啊，原来就是他呀！”很多人当年看到过这个自行车，也摸过它，于是，下面的采访就变得顺畅多了。

但是如何称呼我呢？对于普通话标准的北方人来说，生在福建的我是连自己的名字都念不清楚的；对于陈塘夏尔巴来说，能准确地念出“范久”这两个字就很不错了，“辉”常被念成“胚”，于是我常被叫成“范儿胚”，发现这个事实后，我给自己瞎取了个名字：“拉萨普布”，有人说普布有“出生于星期四”及“男子汉”之意，但对我而言只是个代号，能让夏尔巴兄弟姐妹顺利地叫出我的名字，进而拉近距离。所以自从 2011 年后，我就顶着这个名字混迹于陈塘。

若赶巧遇见婚礼，我都会呈上一百元的小礼及献给新娘的哈达，以示对新人的祝福，现金交给司仪后都会得到他们的祝福，比如司仪会举起这现金，并摇动着它说："来自拉萨普布，给新娘礼金一百元，祝贺新娘与新郎百年和好，生活愉快；大方慷慨的普布，我们感谢您的好意，祝您身体健康，万事如意，在陈塘玩得开心（并没有几个陈塘夏尔巴知道我在写他们的民族志）。"然后新娘的亲人会给我献上哈达，并请我饮吸只有新娘直系亲属才能享用的"拉卜羌"酒，旁人对我说这是婚礼上待客的极高礼节，说明他们把你当作新娘的长辈的。

在每次参与大的仪式尤其是堆垛仪式时，因所有费用都由仪式举办方负担，也会尽心尽力地给他们一点小心意，一是对我的拍摄对他们产生的不便进行补偿，二是希望我可以全程无干扰地按照仪式的进程拍摄，三是对在仪式过程中他们给我的照顾表达谢意。如此，一到仪式现场，就会有主妇给我满上鸡爪谷酒，有人用夏尔巴语跟我打招呼，"普布，过来吸酒"，"普布，换桶酒"，"普布，请吃 ×××（仪式上的食物以鸡爪谷面糊为主，经常有人在百忙中特意给我准备大米饭）"，"普布，给我拍张照"，"普布，过来合影"

作者（左）与修修玛村的益西　2019 年

等等。在仪式中就会常有适合拍摄的"拉萨普布"的"专座"，他人坐上后，就会有人提示，"这是普布的位子"。

我在夏尔巴中的"人设"从骑自行车的游客，到猎奇的内地人，到摄影师，再到如今的喜欢夏尔巴文化的拉萨人。他们对我的称呼也发生变化，从游客、那个汉族，到拉萨普布、普布，有些亲近的兄弟叫范哥、范师等等，甚至有的父母让小孩叫我"爸爸诺布"，这让我受宠若惊：诺布是宝贝之意，这称呼就是像珍宝一样的父辈。

2019年，我始料未及地得到了一个外号——陈塘益西，有夏尔巴认为我作为一个远在5000公里之外的福建人，如此喜欢夏尔巴的传统文化，不辞辛劳跑到陈塘做调查，我极可能在某一世的轮回中是夏尔巴，只是投胎过程中发生错误，转世到福建变成汉族了，而修修玛村的益西与我面貌十分相似，我在上辈子极有可能与他是兄弟，所以开玩笑地把我叫做陈塘益西。

想见益西本尊的真容，但去他家探访几次无果。一天深夜，我与朋友打着手电走在陈塘那漆黑的巷道上，迎面而来一男子，朋友见他说道："益西来了。"他也戴着与我相似的帽子，脸色比较黑瘦，虽是第一次见面，却感觉无比熟悉。在手电光中，他显得腼腆与拘谨。回到住处，翻看与他的合影，真的有九分相似，莫非我上辈子真的是陈塘夏尔巴？与益西真的是兄弟？而且他的茹居是梯格巴下的差巴江玛，若是这样，我是否也可以去拜某个洛苯为师，去修炼成为洛苯法师呢？

第二章　族源与茹居

境外的夏尔巴主要分布在尼泊尔的北部和东部山区一带，有 11.5 万人，不足尼泊尔人口的 1%。[84]

在国际上，夏尔巴以体质好、抗缺氧能力强、吃苦耐劳等特点为登山者充当向导和背夫而闻名。1953 年，尼泊尔夏尔巴丹津·诺杰（Tenzing

加快现代化脚步的陈塘镇　2018 年

Norgay）登顶珠穆朗玛峰后，越来越多的登山及探险活动让世界认识了夏尔巴；很多夏尔巴也因为登山队征募背夫而移居到印度的大吉岭、尼泊尔的加德满都附近。

但陈塘夏尔巴深居深山老林，偏安一隅，过去几乎与世隔绝，没有贴着“珠峰向导、珠峰背夫”的标签。2009年，沃雪村的村民次仁被西藏登山协会聘为高山协作，是为陈塘第一个从事与登山有关工作的夏尔巴。

在老人们的讲述中，他们与尼泊尔夏尔巴有着千丝万缕的联系。

尼泊尔夏尔巴的族源

目前对尼泊尔夏尔巴族源的考证，夏尔巴高僧桑结甸增根据族谱及多方面调查考证而撰写的《夏尔巴先祖世系》无疑是最权威、最翔实，在没有更令人信服的资料出现之前，关于尼泊尔夏尔巴的论述将以此书为主要资料。它成书于1970年的加德满都，作者桑结甸增出生于尼泊尔夏尔巴地区的雄隆，为木雅董族中的米钦家族，他云游四方，博览经典：“在23岁至33岁这10年时间云游于拉萨、昌都、德格、八邦、宗萨、佐钦等地及众多寺院，曾先后随15位西藏堪布和学者学习各种经典。”[85]

这部藏文专著中记载夏尔巴的祖先由观世音加持的猕猴和度母化身的罗刹女结合繁衍而来，是为藏族六氏族[86]中的董[87]族。其后祖先格尔杰王及其官、仆及眷属人等迁到康地多康六岗中的塞莫岗；因塞莫岗的谷底叫木雅日芒，衍传的子孙多被称为木雅巴。后因岭·格萨尔王[88]率军进攻，战事不断，于是出自木雅、洛扎查阿、夏莫堆冬、冈托克或色达、聂东及乌尼的大部分康地人便开始逃亡漂泊：“他们经羌塘前往西藏上部地区，并在定日的朗阔等地居住了一些年代。但是原来的土著人和突然到来的康巴人，两者在族系、心理状态和生活习惯等方面均有稍许不同，于是这些康巴人随即寻找新的住地。他们了解到雪山那一面是一处空地无人区。这样，那时的康巴人中不仅普遍流传着所谓已经了解到的那个新住地，而且还为新住地命名为昆贝乃(意为已了解的地区)。再者，现在世界上已经谈论了关于西藏人的一个分支并起名为夏尔巴的种种情况。夏尔巴的情况是这样的，(康巴人）从定日出发，经历了极大的艰难越过了雪山，米钦查巴等迅速地来到了尼泊尔东部无人空谷隐蔽之地——昆贝地区，并居住下来，由是，即称这些居住者为夏尔巴，在廓尔喀语中就是尼泊尔人所称的布尔瓦利。所谓的昆布，就是因为了解到了无人空地，并且在这里形成了康巴人的后裔，所以便起名为昆布。或者说，由于这里已经变成了康巴后裔的地区，所以这里又称作‘夏尔昆布’[89]，这种说法也是妥当的。”[90]从此，这些族群被称为夏尔巴，也包括中尼边境的夏尔巴，至今犹然。

《夏尔巴先祖世系》中夏尔巴的迁徙路线大致为：西藏藏族的董族→康地塞莫岗的木雅巴→西藏定日朗阔→尼泊尔的夏尔巴。虽然迁徙的时间久远，但如今尼泊尔夏尔巴还与西藏保持着千丝万缕的联系，桑结甸增也曾云游众多藏地，求经学法，所以他在《夏尔巴先祖世系》中还说“我们原本出自西藏，如今却沦为尼泊尔国王属下”，流露出对故乡深深的眷恋。

来自尼泊尔塘木区的冲巴茹居姐妹 2013 年

黄颢先生考证多康六岗是对多康地区六个高地的总称，岗在藏语中意指两大河流中间形成的高地或高原。多康六岗中的第一岗就是塞莫岗，它的地理位置指的是金沙江和雅砻江的中间地带，也即今天四川甘孜藏族自治州的石渠、邓柯[91]、德格和白玉等县。而临近青海康区北部的称作“上康区”[92]。先生还认为，在塞莫岗的董氏家族因其“后裔绝大多数都住在木雅日芒，所以他们总称为‘木雅巴’，也称‘木雅族’。……这里需要指出的是，此处的‘木雅族’或‘木雅巴’是指生活在塞莫岗木雅日芒地方的董族后裔，与住在其东部木雅热甫岗即今康定县折多山以西，乾宁以东地区的西夏后裔木雅人不同。”[93]

而陈乃文先生以《夏尔巴先祖世系》中的木雅日芒及木雅巴为线索，从木雅巴（先生写为弭药巴）的词源、历史传说、风俗习惯、语言等方面进行深入分析，推断夏尔巴与藏族同源，祖先弭药巴（木雅巴）是党项羌的一支，源于西羌，有猕猴种之传说，并认为“可见弭药一词，是从某一地方的称呼（如弭药日芒）变成了形成于该地的某种人称呼——‘弭药巴’，然后又引申为国名——西夏国，及地方名——‘河西’等等”。[94] 西夏政权的党项羌人的后裔，在西夏被蒙古灭亡后逃回木雅，后又逃往西藏，再迁至尼泊尔。他们先是西迁至后藏，再辗转越过喜马拉雅山口，进入尼泊尔的索卢、昆布后称为夏尔巴。陈乃文先生设定的路线是：西藏藏族的董氏族→西夏木雅族→康地塞莫岗的木雅族→定日朗阔→尼泊尔的夏尔巴。

但第一是以“木雅”这个名词去溯源一个民族甚至一个国度是否会以偏概全？木雅藏族是由康区的藏族为主体，同时融入了一部分西夏遗民等其他民族的说法，可能更符合历史事实。

二是西夏王室在西夏国灭亡时，已经与西藏有密切的联系了。藏学家王森先生认为昂仁拉堆绛的地方士族是“西夏王室的后裔，成吉思汗灭西夏时自西夏来投靠萨迦，定居昂仁的。从元初直到明末，这一族一直是那一带的一个地方掌权者。他们和萨迦昆氏家族有密切的关系，从 13 世纪晚期到 14 世纪屡受元朝封赐的大司徒、国公、大元国师等号”。[95] 五世达赖喇嘛的《西藏王臣记》也说，在西夏灭亡前就有西夏贵族到达西藏昂仁，并建有昂仁大寺，即今昂仁寺。所以说其部分皇族人员在西夏灭亡之前就进入西藏并受到萨迦派的庇护从而在昂仁定居下来，是完全有可能的。若木雅巴是西夏人的后裔，在逃亡之时，在西夏王族的势力范围昂仁等地落脚则更有可能，而不是受迫迁徙到尼泊尔地方。从地缘上来说，昂仁寺距定日不足二百公里，即便当时，也并不遥远。

第三点，也是最重要的，陈乃文先生引用的桑结旬增《夏尔巴先祖世系》一书中，少有与西夏、党项、羌族及昂仁地方的有关记载。若夏尔巴与西夏后裔有关，对于王室后裔修建的显赫一时的昂仁大寺及地方士族，在 1970 年已经“岁月静好”的年代，博览群书的桑结旬结没有必要也不会忽略不视。桑杰旬增在此书中说，尼泊尔的夏尔巴中有出自康地木雅的米钦查巴所有亲属、出自康地洛扎查阿的喇嘛衮巴贡玛的所有亲属、出自康地冈托古亢木色达的喇嘛斯巴的所有亲属，以及出自康地乌尼的塔梅的所有亲属等。其中，木雅巴米钦查巴是最主要的，他们首先来到上昆布地区，随后康聂东巴嘉哇、萨拉嘎、康巴坚和果帕玛等其他兄弟也依次逐渐前来——没有西夏王族后裔及昂仁地方的记载。

如此看来，简单地说夏尔巴是木雅人的后裔，或说是曾经建立过西夏政权的党项羌人的后裔，都是不准确的。应该说夏尔巴是由几部分族群陆续迁徙而来形成的。历史上，他们为了躲避战乱，寻找生存之地，逐渐形成了这样一条习惯性的迁徙路线。

2016 年陈乃文先生介绍说，1980 年她们在萨迦寺发现一个与夏尔巴有关的手抄本，这抄本比《夏尔巴先祖世系》的成书年代要早很多，可惜当时没有抄誊下来。而且当时先生去陈塘采访时，陈塘只有一户人家称自己为夏尔巴，其他的都自认为是藏族，这是一个大的遗憾。先生的主要调查对象为樟木的夏尔巴，不过她的见解也为陈塘夏尔巴的族源提供了一种开放式的说法。

《夏尔巴先祖世系》一书中说，夏尔巴是因

尼泊尔基玛塘卡村的夏尔巴　2015 年

岭·格萨尔王发动战争，为躲避战乱才到达尼泊尔的。岭·格萨尔王是藏族口述文学中一位传说中的著名英雄，他是否真实存在及生平时间也是个谜，是一个争议性的话题。书中还介绍有高僧：“是继承了康地冈托巴的教法传承”，而康地冈托寺（嘎陀寺）位于白玉县境内，始建于 12 世纪，那么夏尔巴西迁的上限是 12 世纪。《夏尔巴先祖世系》说夏尔巴在定日的朗阔等地居住了一些年代，但又说有祖先在定日拉堆日绛日卧切[96]见到了高僧唐东杰布（ཐང་སྟོང་རྒྱལ་པོ།）[97]，而其生卒为 1385—1464 年，那迁徙到尼泊尔的夏尔巴应是 15 世纪左右或以后。

谢丽·奥特纳（Sherry B. Ortner）在《高地宗教》（High Religion）一书中进行了更详细的分析，她认为：“夏尔巴人来自康区的塞莫岗地区，外迁分为两次。第一次是从 1480 年至 1500 年间，导致迁徙的原因有三种可能：一是明朝时，蒙古人在藏东地区持续不断的混战；二是因为改革的藏传佛教派别推行的宗教迫害；三是康区封建社会结构内部发生动乱。夏尔巴的先祖在当时的动乱中处于劣势，为了保留其政治势力，不得已进行迁徙。锡金王室的先祖也在同一时期离开康区。夏尔巴人先祖本打算在藏南中部的定结（Tinkye）定居，但传言从藏西又将有一股势力入侵，所以从 1553 年开始继续迁徙，进入贡布（昆布），1553 年定居索卢。在夏尔巴人定居索卢－贡布地区之前，人们认为该地区是荒芜之地，到此地的人皆为避世修行。夏尔巴有一个民间传说可以佐证此事：一个猎人跟着他的猎狗追捕一只蓝色的羊，无意之中穿过了囊巴山[98]口，发现了一个世外桃源——贡布，他将此事告诉了许多人，慢慢的许多人开始迁徙到这里定居。由于迁徙的距离遥远，道路险阻，气候恶劣，大部分人在迁徙途中死去。据推测，只有 25 到 50 人最终到达尼泊尔境内。”[99]

英国人类学家克·冯·菲雷尔—海门道夫经过实地调查，认为昆布可能并不是夏尔巴到达尼泊尔的第一个驿站：“这地区大多数夏尔巴认为，他们的祖先是沿着罗瓦林·希马尔（RolwalingHimal）[100]以西的绒辖河南下，而后转向东，挤跑了原先住在索卢的基兰蒂人，定居在那里，然后再从索卢向北进入昆布。另一种相反的传说认为，他们祖先的某些氏族是从西藏翻越囊巴拉山口，沿着现在定日到昆布之间的主要商道，直接抵达昆布。这种说法认为门德氏族的祖先从西藏的卡达（可能为卡达豁卡）附近，翻越囊巴拉之后，首先住在位于现在塔米村和昆宗村之间、地名为门德的上面的一个洞穴里。他们相当一致地认为，所有夏尔巴人氏族的祖先，差不多在同一时期到达这个地区，直到现在他们主要氏族的数目仍保持不变。这些氏族之间，也没有因为谁最先到达索卢、昆布，而自认为资格老、地位高些；某特定地区一个或另一些氏族人数多，也不能认为它的成员是最早移民的重要象征。有些村子流传着一种含糊的传说，认为某些氏族成员是某个地方最早的移民。但这种说法在礼仪和社会习俗中竟找不到痕迹。”[101]

定居后的夏尔巴在尼泊尔境内生息和繁衍，“随着人口的发展，夏尔巴又从索卢、昆布逐渐向东扩展，迁徙到尼泊尔的阿龙河流域、印度的大吉岭、噶伦塔和锡金等地，向西迁移至耶尔穆巴康和博卡拉及我国的樟木口岸”。[102]

陈塘就位于阿龙河流域的上游，其毗邻的尼泊尔基玛塘卡也为夏尔巴村庄，它们想必就是上文陈乃文先生所说的随着人口发展，从索卢、昆布逐渐向东扩展迁徙中的“阿龙河流域”这一支系。

那在陈塘夏尔巴的语境中，它们的族源与迁徙时间又有何种传说与故事呢?

阿龙河是陈塘最重要的水汽通道　2015 年

与陈塘一水相隔的尼泊尔基玛塘卡村　2019 年

陈塘夏尔巴的族源

在陈塘，涉及夏尔巴的迁徙路线与时间等话题，总是很困难的。目前尚未在陈塘发现与之有关的任何书籍、石碑等文字记录，只能依靠老人们那并不精确的口述，以及有时甚至充满矛盾的传说故事来进行粗浅的勾勒。

如上文所述，陈乃文先生认为阿龙河流域的夏尔巴是从“索卢、昆布”等地迁徙过来的，海门多夫也认为：“阿龙河两岸有一些偏僻分散的夏尔巴村子，他们的祖先是三四代以前从帕拉克和索卢迁移过去的。”[103] 陈塘夏尔巴都认为梯格巴（ཐིད་ཀོད་པ།）茹居是从夏尔昆布（ཤར་ཀུར་བུ།）迁徙到阿龙河流域，然后再上溯迁徙到陈塘，不过迁移的时间比三四代还长。他们说“爷爷”甲本嘎玛（རྒྱབ་དཔོན་སྐར་མ།）是因狩猎而偶然发现陈塘这个风水宝地的。之后，在他的带领下，一群人从夏尔昆布出发，沿阿龙河上溯，披荆斩棘，穿过猛兽出没与黑暗的原始森林，最终在陈塘定居下来——他们是陈塘的开拓者，并形成了梯格巴茹居，从此之后陈塘就此成为整个阿龙河流域夏尔巴分布的最顶端。

陈塘周边的未开发之地　2016 年

梯格巴定居在陈塘后，虽然地处密林深处，但有不测风云。在陈塘夏尔巴中流传着一些主线大致相同的传说道出了梯格巴们定居陈塘的艰辛与动荡。在传说里，梯格巴的死敌，一支以班学瓦（སྤོང་ཞུ་བ།）[104] 为首领的匪帮攻进陈塘，烧杀掳掠，杀了所有的人，除了一少妇因貌美而被班学瓦收为压寨夫人外。少妇为了保护遗腹子，委曲求全，遗腹子生下后，班学瓦看在少妇的面子上，没有杀他，但要求遗腹子只能吃猎狗的食物。少妇就暗中把平时节省或隐藏的好食物放在狗食的底下，这样从表面上看，狗食清淡如水，但底下“干货”十足，被叫成水中美食。之后遗腹子伺机逃往阿龙河下游的斯巴瓦龙部玛，并在这里卧薪尝胆、苦练十八般武艺，最后他历经重重艰难，血刃班学瓦，报仇雪恨。

另外一个版本是班学瓦的随从中有一个叫普布巴觉巴的人，对梯格巴的境遇心生怜悯，当班学瓦要他把最后一个梯格巴小男孩杀掉时，他将一个装满石头的袋子从悬崖上扔下去，并谎称男孩装在袋子里面，这样应付了班学瓦的命令。之后，男孩被暗中送到斯巴瓦龙部玛，长大后，虽然已经娶妻生子生活安定，但还是怀着报仇雪恨的志向在尼泊尔的当塘玛姆（གདམ་ཐང་དམར་མོ།）蛰伏着。最终他等到了机会，有一天班学瓦在当地的酒馆里喝醉了，趁此良机他终于报仇雪恨。

传说中的结局都是大同小异的，比如班学瓦被杀时，正睡在一张木床上，不久被他鲜血浸泡过的木头长出一种叫“哦学玛”(ཨུར་ཤུ་མ།)[105]的树，其树皮与树干之间的膜皮是血红的，就是他的血染红的。还有，报仇雪恨的少年生有三个儿子，其中大儿子为洛苯法师，定居在陈塘，陈塘成为洛苯中心，法师法力最强，被尊称为陈塘却吉颇章；二儿子定居在距陈塘步行一日之遥的尼泊尔邦多，为当地的行政官；三儿子定居在距邦多三日之遥的当塘玛姆，以铁匠及手工艺为生。三个儿子在三地安居乐业，人丁兴旺，是以形成了梯格巴茹居。另一个版本是有五个儿子，老大定居陈塘，老二定居邦多，老三定居当塘玛姆，老四在鲁当，老五定居在位于纳·堪得巴省境内的瓦龙，除了陈塘，其他的四个地方全部位于尼泊尔境内。

有个猎人的传说，可能是兄弟安家立业的变体。以前有打猎的三兄弟，有一次他们到当塘玛姆那边最大的山上打猎时，三个兄弟分开后就失去联系了。身为洛苯法师的大哥追着猎物走得最远，他走到陈塘，最终定居于此；二哥来到了邦多，成为当地的领导者；弟弟回到当塘玛姆，最终在那里定居了。在这则传说中，少了恶棍班学瓦方面的情节，但在三兄弟的安居地上，这两个传说高度相似。

对于梯格巴何时在陈塘定居，老人们都说那是一段很长的时间，问及具体时间时，却语焉不详，或说五百年，或说三百年。这对于没有文字记载历史的的夏尔巴来说，混乱也是必然的。只有梯格巴身份者才能担任的居必堪卓玛（བརྒྱུད་པའི་མཁའ་འགྲོ།）说她们已经传承十三代（包括现在的），若按一代二十年来计算，最早的居必堪卓玛距今已经二百六十年了。由于她们并不是最早到达陈

处于森林之中的陈塘　2015 年

喇嘛拉巴丹增　2017 年

塘的，如此估算，梯格巴到达陈塘的时间可能更早，可能距今三百多年或更早。但如上文所述，夏尔巴迁移到夏尔昆布的时间是 16 世纪前后，所以他们再迁移到陈塘的时间不超过 500 年。

有来自康德格（ཁམས་སྡེ་དགེ，为如今四川省甘孜藏族自治州德格县及其周边的一些地方）地区的一群人，因为种种原因，在头人多吉玉登（རྡོ་རྗེ་ཡོན་ལྡན།）的带领下，经拉萨、日喀则、定日等地长途跋涉，经历千难万苦来到陈塘，并在此定居，形成了冲巴（ཚོང་པ།）茹居。冲巴在藏语中，有做生意的人之意。问及具体地址，有人认为是昌都地区，有人说是德格地区，喜达老人甚至精确到德格江若地方。张国英先生认为冲巴茹居极有可能是从德格迁徙过来的 ：“为什么陈塘同远在贡觉县的三岩竟有相同的帕错组织呢？根据传说，该村充巴（冲巴）骨系的祖先是从德格迁来，因此，陈塘村的帕错组织很可能是充巴骨系的祖先由三岩地方传来的。”[106]

关于迁徙时间，有人认为冲巴是后来者，也有人认为是最早到达陈塘的 ；还有人说，不管哪

两族人不分彼此，在陈塘和睦相处　2014 年

个茹居先在陈塘定居，因要找茹居不同的结婚对象，所以必须“引”进其他茹居的人，这样两个茹居共同定居在陈塘的时间应不会相差太多。

冲巴茹居的喇嘛拉巴丹增[107]认为冲巴是在220年前从康德格迁徙过来的，这是调查族源问题时，得到的最精确的答案，虽然拉巴丹增声称说只是转述老人的说法。若这种说法成立，那反过来说明了梯格巴应是最早到达陈塘的。这种情况与《佛教在尼泊尔夏尔巴人地区的出现》一文高度相似：“根据当地的口头传说，当夏尔巴人的祖先在400多年前由西藏越过囊巴雪山时，……山北面‘羌’地方的人都知道夏尔巴人在昆布定居的情况；于是‘卫’及‘羌’地的人也开始迁过来并在昆布定居了。……一些西藏移民返回了西藏，少数康巴人继续留下来和夏尔巴人住在一起。”[108]那在陈塘定居的康巴人——冲巴，有没有可能就是这些少数康巴人的一部分呢？或者是另一支康巴人知晓陈塘后，迁徙过来的呢？

因为是从康巴地区迁徙过来的，在面貌上，冲巴的男子胡子多且茂密，而梯格巴的男人胡子相对稀少。有的梯格巴老人认为从严格意义上来说，陈塘真正的夏尔巴只有梯格巴——他们是从夏尔昆布地方迁徙到陈塘的，是为正统的夏尔巴，冲巴不是从夏尔昆布而是从康巴过来的，所以不属于夏尔巴，而是藏族。

陈塘古道　2015 年

《尼泊尔夏尔巴人的氏族及其功能》一文中列举了尼泊尔夏尔巴人的氏族种类："另外还流传着一种说法，即构成索卢、帕拉克、昆布夏尔巴社会的是 18 个氏族或骨系（茹居）。并不是所有的夏尔巴人都能立即数出 18 个氏族，但这个地区各村陈述的名单却包括下列 21 个氏族，它们的名称按英文字母顺序是：佳瓦（Chiawa）、曲色瓦（Chu-sherwa）、嘎尔扎（Gardza）、果莱（Go-le）、果帕尔玛（Goparma）、琼东巴（Jondomba）、康巴泽（Khambadze）、拉克欣都（Lakshindu）、拉玛（Lama）、卢克帕（LhukPa）、门德（Mende）、蒙明（Munming）、纳瓦（Nawa）、帕尔多吉（Paldorje）、潘卡玛（Pankarma）、贝内萨（Pinasa）、萨拉嘎（Salaka）、香古普（Shangup）、色尔瓦（Sherwa）、希雷（Shire）、查多（Thaktu）。"[109]陈塘的两个大茹居——梯格巴与冲巴难以与之一一对应，而且这两个茹居也在阿龙河流域有着广泛的分布。"有的夏尔巴人解释说，传说中的 18 个氏族和现在实际存在的氏族数目不相符，是因为有些氏族在不同地区有不同的名称，而实际上是同一个氏族。"[110]这或许也能解释陈塘的两个茹居（氏族）与上面的氏族名字对应不上的问题。

若脑洞大开，1788 年与 1791 年，尼泊尔廓尔喀两次入侵西藏后，清中央政府在扎西惹嘎修筑了宏伟的防御工事，那恶棍班学瓦有没有可能与这两次战争有关？留在陈塘的康巴人有没有可能是那场战争中的勇士？或是老弱伤残？而且似乎梯格巴与冲巴在陈塘安居乐业之前有过一场严重的争执与血斗，平息之后，有七幢房子六户人家的一说，房子比人多，想必有人不幸故去，这场血斗与廓尔喀有关吗？争执过后，梯格巴与冲巴和睦相处、相互尊重，一起烧山开荒，刀耕火种，神化了山山水水，“创造”出各种各样具有陈塘特色的神灵，逐渐形成比塘村、沃雪村、萨里村及修修玛村等村落，随着周边藏族的迁入，又发展出藏嘎、那塘两村。

乐观的夏尔巴也为他们独特的方言找到了解释：因为陈塘的语言融合了康巴、卫藏及尼泊尔人的方言，所以不一样。好一个因为融合，所以不同！

在每年 5 月，嘎玛藏布两岸会长着两种圆圆的都属于邦锦梅朵（སྤང་རྒྱན་མེ་ཏོག）的花儿，被称之为梯格巴花与冲巴花，梯格巴花的花瓣比冲巴长且宽，数量比冲巴花多一点。它们是陈塘夏尔巴先祖特意取的名字，象征着两族人和睦相处，相互礼敬，丰衣足食！

夏尔巴定居陈塘后，有周边的藏族迁徙过来，形成了那塘与藏嘎两村。图中为藏嘎村 2015 年

陈塘夏尔巴的茹居与功能

相对于陈塘四村而言，藏嘎与那塘村的村民更多被认为是藏族，并不受陈塘夏尔巴某些规则的约束。故本文所述的陈塘夏尔巴族源及茹居等内容，特以陈塘四村为例，相关的调查也是在四村进行的。在陈塘四村中，沃雪村中有一户被称为果塘啊（བཟང་སློམ་སྐྱག་སོ།）[111] 的村民，他们人数少，又被视为藏族，故不在本文论述之内。

陈塘夏尔巴认为他们区别于藏族的关键标志

在日常生活中，梯格巴与冲巴和睦相处　2010 年

是“茹居”不同。所谓茹居，指的是拥有同一个祖先的父系的后裔，父系祖先的后裔所形成的特殊群体，“茹”（རུས།）的观念与汉族的血缘纽带观念相似，可以理解为骨头，在陈塘夏尔巴的语境里，“茹”是一种特殊的重要的遗传物质，是由父亲在交媾中传递给胎儿的，然后儿女继承了父亲的骨头，这样遥远的祖先通过这种方式就与他们现在的后裔连接了起来。

陈塘夏尔巴的两大茹居梯格巴与冲巴，其成员最大的区别是颇拉（ཕོ་ལྷ།）[112]不同。梯格巴成员的颇拉叫“思列多多”（སི་རི་ཐོག་ཐོག），有站在金山上的绵羊之意，其象征或标志为绵羊；冲巴的颇拉叫“藏列颇堆”（གཙང་ལྷ་ཕྱུད་སྟོད།），有立于大河上游的牦牛之意，其象征或标志为公牦牛。平时，并不忌食这些动物，也可把它们当作役兽。牦牛与绵羊都是游牧民族的牧畜，处在原始森林深处的夏尔巴以它们为族群象征，似乎模糊地反映了其先祖的来源。在举行众多仪式（མཛད་སྒོ།）[113]时，

出行的男子，左为梯格巴的贡布日松巴小茹居，右为冲巴的优领巴小茹居　2011 年

分属于梯格巴茹居与冲巴茹居的两位铜钹手在仪式上　2017 年

需要竖立一支代表茹居的称为塔觉（དར་ལྕོག）的旗子，其旗杆长约 3 至 5 米，旗面为一块方形白布；如在洛苯举行的大部分宗教仪式中，需先在祭坛的中央或祭坛后面的中心位置竖塔觉旗，才能开始仪式。

梯格巴茹居与冲巴茹居在陈塘定居后，随着人口的繁衍，大家庭兄弟间分家，自立门户；之后各支系人口增多，慢慢地形成了小茹居。小茹居与由它组成的大茹居的颇拉是一致的，在与其他大茹居交往时，也要遵循两大茹居之间的社会规则。大茹居下的所有成员都有或近或远的血缘关系，而小茹居内部的血缘关系更近。在古代，小茹居内部成员若有婚丧嫁娶、建房起室等大事时，其他的家庭都有义务施以援手。有些小茹居由于先祖是兄弟，它们之间的关系会更加密切复杂。

梯格巴茹居有贡布日松巴、龙牧马、差巴江玛（ཚོད་པ་ཅན་མ།）、向令啊（ཤར་ལིང་ང་།）、孔玛（གོང་མ།）、切星借玛（བྱེད་ཤིང་ཅན་མ།）等 6 个小茹居。其中，贡布日松巴与龙牧马的先祖是两兄弟。贡布日松巴的名称来源于先祖。其先祖为陈塘第一代洛苯，主持仪式灵异，在仪式上常使用称为“日松贡布”的雪域三怙主[114]唐卡，所以这支茹居被

陈塘夏尔巴的传统婚礼，新娘与新郎必须分属不同的大茹居 2015 年

称为贡布日松巴；龙牧马茹居因为房子建在陈塘中心广场附近的一个泉眼旁而得名。孔玛与切星借玛的先祖是两兄弟。孔玛因为房子建得最高而得名，切星借玛则是因为房子旁有棵叫切星的大树得名。差巴江玛与向令啊的先祖是两兄弟。差巴江玛因房子旁有块巨石，石头旁长着一棵差巴树而得名，向令啊因房子建在最东边而得名。

冲巴茹居有楚鲁塘卡（གྲུ་ལུ་ཐང་ཁ།）、优领巴（གཡུ་རིན་པ།）、嘛呢崩巴（མ་ནེ་བུམ་པ།）、基姆参玛（སྐྱིད་མོ་ཚང་མ།）、哒咕瓦（སྟར་ཀུ་བ།）等五个小茹居。其中，楚鲁塘卡、优领巴、嘛呢崩巴的先祖为三

梯格巴茹居男子与其冲巴茹居妻子 2018 年

兄弟；楚鲁塘卡是大哥，因分到的土地最平整最好而得名；老三嘛呢崩巴因分到的地最不平整，石头很多而得名；老二优领巴因分到的地平整度处于老大与老三之间而得名。基姆参玛与哒咕瓦的先祖为兄弟。哒咕瓦因为房屋边有一棵桃树而

得名，而基姆参玛的亲戚多，当房子修好后，亲戚来祝贺，说“基布切，基不切”，意思为“房子修好了，好日子来了，以后要开开心心的呀”，因此而得名。

陈塘夏尔巴茹居的最主要功能是确定非婚关系与通婚范围，承担族群外婚的甄别工作。同一茹居的所有夏尔巴，尽管住的村子相距很远，也可能无法追溯世系家谱，只要他们茹居相同就禁止通婚。相同茹居成员间的性关系被认为乱伦，违反天道，不仅众叛亲离，而且生下的后代会成为低等级贱民，只能从事屠夫、铁匠[115]等人做的低贱的活儿，家人也会因此而得到报应，所以在陈塘尚未听说过有谁触犯过这规定。

两大茹居之间的两个家庭因婚姻而确定了姻亲关系，此后他们的后代虽然属于不同的茹居集团，但须三代后，才能相恋、结婚生子。

陈塘夏尔巴也会与藏嘎村那塘村的村民通婚，不过只娶不嫁似乎是旧时的一个惯例。

茹居的另一个主要功能，是区分夏尔巴参与宗教活动的类型、影响宗教人士的产生及他们的宗教信仰。陈塘有三种民间信仰，当地人称之为洛苯、喇嘛（བླ་མ།）[116]及堪卓玛（མཁའ་འགྲོ་མ།）[117]，其中信奉洛苯与堪卓玛的群众以梯格巴为主，冲巴

梯格巴茹居的洛苯法师　2017 年

的群众以信奉喇嘛为主。在陈塘，没有因信仰不同而产生的争斗，喇嘛的法事中能看到梯格巴群众，冲巴群众的家中也会听到洛苯狂暴的鼓点，在某些仪式上还能看到堪卓玛轻吟、洛苯狂舞与喇嘛的梵呗依次上演，三者相安无事，相容不悖。这种情况大概是两个茹居定居陈塘后世代互相通婚，建立了不可分离的亲属关系，从而使得信仰上的差异不得不服从于亲属关系；也是因为在长期发展中都相互从对方的信仰中吸收了对自己有用的部分，渐渐消弥了彼此之间的差别。但在一

梯格巴向令啊小茹居的咕汝堪卓玛次仁　2010 年

些方面也各有忌讳，比如有喇嘛不能去洛苯的闭关修行地，否则容易患皮肤病等等说法。

在宗教人士的产生上，洛苯与堪卓玛法师都只能由茹居为梯格巴的人担任，冲巴茹居的不能经过任何方式而成为其中之一；喇嘛法师以冲巴茹居的男性为主，但梯格巴茹居的男性也能成为喇嘛，这是一个共识。陈塘夏尔巴认为梯格巴茹居与冲巴茹居的颇拉不一样，梯格巴的颇拉有一种特性，神灵可以通过它附于体内，这样梯格巴不仅可以成为洛苯、堪卓玛，还可当喇嘛；冲巴的颇拉没有这种特性，所以不能成为洛苯或堪卓玛。而且在梯格巴中，因其祖先为陈塘第一代洛苯法师，所以贡布日松巴小茹居的法师做法事是最灵验的，洛苯与堪卓玛都如此。

在宗教崇拜上，因茹居的不同，也产生了一些细微的区别。如梯格巴与冲巴的哒咕瓦小茹居都因体内自带有神灵夏本（ཤར་དཔོན།）[118] 的某种特性，在仪式上只需要制作相关的供品，不需要进行相关的仪式；冲巴的其他小茹居则需要在仪式中制作全部供品与完成相关环节。如梯格巴崇拜保护儿女的格隆神（དཀའ་སྲུང་།），在仪式中要制作此神的“祭品”，并完成相关仪式环节；冲巴则不需要制作此供品并可在仪式上“跳过”此环节。

茹居还有一个功能，就是确认茹居成员内部的关系，其中以阿亚（ཨ་ཡ།）最为突出，它是茹居间一种特殊的“帮扶”关系，只在大茹居下特定小茹居内部成员间产生，梯格巴与冲巴茹居之间不能成为彼此的阿亚，而且只有男性才有阿亚关系，女性没有这种关系。

各大茹居之下的小茹居，除了内部成员之间能互为阿亚之外，先祖是兄弟的小茹居之间也可相互成为阿亚。如贡布日松巴与龙牧马的先祖是兄弟，所以这两个小茹居成员之间就可互为阿亚。换句话说，贡布日松巴茹居的阿亚，可以是本小茹居的男性成员，也可以是龙牧马的男性成员。根据上文，陈塘夏尔巴能互相成为阿亚的共有五组；梯格巴三组，分别为贡布日松巴与龙牧马，孔玛与切星借玛，差巴江玛与向令啊；冲巴两组，为楚鲁塘卡、优领巴与嘛呢崩巴，基姆参玛与哒咕瓦。

小茹居的男性成员出生后，其父母一般会给他挑选二到五名[119]符合茹居条件的男性作他的阿亚，而对方只要应允，就可以成为他的阿亚。别人可以成为你的阿亚，你也可以成为他人的阿亚。若阿亚去世了，征得双方的同意，阿亚的儿子也能成为当事人的阿亚，一般情况是小儿子来“继承”。所以阿亚与当事人之间，有时并没有年龄上的绝对差别——阿亚的年纪不一定比当事人年长。在一般情况下，阿亚关系将不离不弃，持续到生命的终结，若当事人不听阿亚的劝阻与意见，一意孤行，造成较大的不好的事情或影响时，阿亚也可以中止双方的阿亚关系。

根据与当事人的血缘的远近，阿亚又分阿亚楠玛（ཨ་ཡ་ནང་མ།）与阿亚琦玛（ཨ་ཡ་ཕྱི་མ།）两种。其中，阿亚楠玛只有一个，与当事人为叔侄关系，其权力与责任最大，主要协调各种关系，在重要的仪式上，他必须在现场；阿亚琦玛可以有多人，主管吃喝用度等细节。根据举办仪式的隆重程度，到达现场的阿亚人数可以有不同，如当事人的婚

阿亚代表主人向帮工致谢　2015 年

礼与葬礼，所有阿亚必须全程参与；在夏呀（ཤ་ཡ།）、拉领呗（ལྷ་ལེན་པ།）、哈玛（འ་མྣ།）、堆垛（དུས་སྟོར།）等重大仪式上，阿亚楠玛必须到现场；举行堪卓玛的“桑”仪式时，因为仪式较小，阿亚楠玛就可以不到现场。仪式中的恭请法师，准备法器用品，通知人员参加仪式，记录仪式收支明细账等等，都是阿亚们来进行。笔者在陈塘拍摄、记录、采访各种仪式时，若能与主事的阿亚楠玛沟通好，能达到事半功倍；有时主人同意，阿亚不同意，也只能无奈地退出。

在夏尔巴的多罗洛萨新年的各个环节上，其组织者也被称为阿亚，也分主管的阿亚楠玛与分管的阿亚琦玛。神灵之间也存在阿亚关系，沃雪

与比塘村后面的亚云巴（གཡུ་ཡོན་པ།）山，就是陈塘境内所有地域神灵的阿亚楠玛。

从某种意义上来说，阿亚是一种帮扶关系，茹居之间的权利与义务通过这种关系而落到实处。很多陈塘夏尔巴把阿亚戏谑为“总管”：假如当事人要建新房，他会先与阿亚楠玛及阿亚琦玛沟通商量，然后大家对建房事务进行分工，有的阿亚负责找帮工，有的负责建房所需要的各种材料，有的负责管理账务，有的张罗帮忙的人的吃喝等等。期间，如当事人离家外出联系不上，他家中的一切事宜，也可由他的阿亚商量决定。如此这般建房这一劳神费力的事便井井有条展开了。

阿亚还有一种功能，既为当事人的协调者及见证者。在一些涉及当事人利益的事务上，当事人并不出面，而是先由阿亚帮助协调，再与当事人商量，最后进行处理。如在夏尔巴的婚俗中，提亲时需要男方派出阿亚楠玛、途布（ཚོང་པོ།）[120]、相布（ཞང་པོ།）[121]、玛巴（མག་པ།）[122]等人带着一瓶白酒和哈达（ཁ་བཏགས།）去女方家提亲，这时阿亚是协调者，之后有一方反悔，也需阿亚来协调；在婚礼上，所有的阿亚都要作为见证人参与。有的场合虽然阿亚不主事，但是他作为“见证者”必须出席，若他不能出场，则可以由他的儿子来替代，这种事情经常发生在各种宗教仪式上。当阿亚有困难的时候，当事人也要出钱出力，尽可能地给予帮助，比如一个朋友的阿亚生病了，他送去二千元，不久阿亚病故，这钱及阿亚以前赊走的一只黄牛就只能不了了之。

阿亚本质上是“血亲”关系，遥远的血脉通过这个“纽带”而得到紧密的联系，它在特定的茹居范围内，为其成员多了一份除“亲属”关系之外的另一份支持，而且这份支持是以相互帮助为基础的，它为陈塘夏尔巴在面对喜马拉雅恶劣环境中的各种无常及困顿的时，多了一份信心与底气。

附：藏嘎村有两种茹居，分别叫做果塘啊与折归巴（འབྲས་སྤུད་པ།），其中果塘啊的祖先是从定结县琼孜乡果塘地方迁徙过来的藏族，折归巴的祖先是从定结县琼孜乡折归地方迁徙过来的藏族。那塘村有那巴（ནགས་པ།）及陂加巴（བོད་སྐྱ་པ།）两种茹居，那巴的祖先是从定日县卡达谿卡迁徙过来的藏族；陂加巴是古时从尼泊尔基玛塘卡迁徙过来的尼泊尔人。这两个村的村民若同属一个茹居，其直系亲属经过五代后，方可成婚。

行走在嘎玛沟的拉巴 2016年

【田野纪实："背夫"拉巴】

拉巴很早就知道我，见过我多次，听了不少故事，也可以说他早就"认识"我了。而我直到2016年9月15日，在出发去嘎玛沟徒步的前一天晚上，才认识了他。为了这次嘎玛沟徒步，我请了尼玛陪同，并让他再给我找一个背夫，于是尼玛向我推荐了他。

他是尼玛为这次徒步而请的"大神"。年轻，体力好，路线熟，曾经的狩猎高手，为人随和，好说话等等，这样的标签让拉巴的形象高大不少，当然其他标签：嗜酒、孤儿、无依无靠、是尼玛的近亲……都是以后才慢慢了解的。他身材矮小结实，身着小一号的夹克，短而直筒修身的裤子，这跟随潮流的装扮，让他比实际年龄看起来小不少。厚实的肩膀向前"凸"出，那是背负着重物，长年累月在喜马拉雅山岭之间穿行造成的。

对于这位长年在喜马拉雅秘境中讨生活的"大神"来说，我想与他交流徒步中的物资补给和装备要求等等都是不必要的，我只需要把为这次行程而准备的炉头、气罐、帐篷、食物等给他看，他只要带我遗漏的就可以了，一切以轻装为主。为了减轻负重，我给尼玛和拉巴各准备了一条睡袋。

拉巴不会太多汉语，把我叫成“老板”后，几句“好的”“没有问题”“老板放心”“老板干杯”，似乎就耗费了他所有的词汇了。按照约定，出发之前，我给了拉巴少许预付款，他收下后，想了一下，掏出身份证给我，要我收下。尼玛翻译说，拉巴怕我不相信，所以想把身份证押给我，让我放心。我没有收他的身份证，只是要求他按约定的时间来尼玛家，打包行李，早点出发。看到他已经喝得二麻二麻的，我有点担心。

担心不是多余的，第二天过了约定的时间好几个小时，拉巴也没有出现。在众人翻遍陈塘小镇的过程中，人没有找到，与我们告别后的轨迹却清晰起来了：他先去一家商店，用现金买了一口尼泊尔高压锅，又去了另一家商店，还完欠账，请店里的人喝酒，他喝了两小瓶劲酒，之后趁着酒意，去了朗玛厅，还了欠账，请朗玛厅里所有人喝酒后，又欠了更多的钱，然后，没有回家，不知所踪了。

尼玛说，“他好久没有大笔现金了，昨天晚上估计潇洒了一把，把钱花光了”。下午一点，大家终于在陈塘镇游客中心下面的阴沟旁找到了他，推醒后，所幸还记得今天要去徒步。

没时间检查他的行李了，进行简单分配后，大家出发。背着行装，拉巴的脚步有些踉跄，说着“老板，对不起”的时候，还有浓浓的酒味。

雨后的下午阳光直射，闷热无比，还要手急眼快不停地与无穷尽的暗黑处的蚂蟥进行不屈不挠的躲猫猫游戏，行程变得很慢。我穿着高帮登山鞋，比较容易防备蚂蟥，对蚂蟥也没有心里阴影，看着登山杖上爬满了小蚂蟥，还有心情去拍照，所以比较享受，没有崩溃，直到晚上。

原定的行程严重滞后，所以当天晚上的露营点，只能是在嘎玛藏布河边一片蒿草丛生的小平地。放下行李，细看蒿草丛，只见一只只贴在蒿

嘎玛沟的蚂蟥　2016 年

叶上的蚂蟥，密密麻麻，心中打个冷战：这晚上要在蚂蟥上睡觉？

正想着，放下行李的我感官变得敏锐了，发现身上有异物，腹部和足踝外都有血渗出，赶忙跑到河边的一块裸露的石头旁，脱下所有衣物，惨叫着在身上抓蚂蟥，当然，战果辉煌，也伤痕累累。

这囧样，让拉巴指着我对尼玛说着听不懂的话，脸上都是笑意。休息片刻，拉巴似乎找回了一点体力，他拿着弯刀，对“蚂蟥丛林”中的蒿草下手了。砍掉蒿草，踩平，拾得干草，点燃，火烧，动作干练又迅速。不一会儿，就整出一块可以搭帐篷的安全的平台。

提起拉巴带的行装，发现其沉重无比，难怪他走得慢且步伐不稳。问他背了什么过来，笑而不语，只能打开，看能不能进行合理的减重。三包一斤重的盐，一斤清油，十斤多大米，十斤面条，二十根蜡烛，一口他昨晚上刚买的高压锅，一口尼泊尔束口锅，一个煮饭的勺子，二个碗。

看着他带的物品，我在想我们是去逃荒还是去狩猎？我的天哪，只差一床被子，就能走到北大荒了，只差一副弓箭，就能捕到嘎玛沟里所有的猎物了。最后，拉巴同意只带上束口锅与大勺子。三包盐被我悉数洒在帐篷周边，以确保能死守住蚂蟥的入侵。其他的物品被他装到大塑料袋中，藏在密林深处的某地，等我们回来的时候，再过来取。

还有让人想不到的是，他还背了五升用鸡爪谷酿制的上等白酒，这是一个大惊喜，自然也被我愉快地收下。晚上躺在帐篷中，想与他一起享用美酒，被拒绝了，他要早睡。尼玛说他还在宿醉中，喝不下了。

可能是前天晚上的酒透支了拉巴太多体力，第二天的徒步他的表现还是与我们差很多。中午，他与尼玛用束口锅煮了野菜汤，滑滑的，很好吃。下午，一群去嘎玛沟放牧的尼泊尔夏尔巴赶上了我们，拉巴与其中的一个妇女很熟，于是就跟着他们一起往前走了，说在今天的终点等我，他先去做饭。终点是一个小房子，据说是珠峰自然保护区管理局为了方便野生动物保护员巡逻修的小小工作站，不大，但足够容下所有人。

柴火已堆起，火苗蹿着，采到的野蘑菇已经在拉巴的束口锅里翻滚，这些都让小屋温暖无比。中尼两国人民交换着各自的食物：我方是方便面与猪肉罐头，尼泊尔方是各种口味的手抓饭。在翻译尼玛的努力下，中尼两国之间的民间交流和

嘎玛沟中偶遇的尼泊尔牧民　2016 年

正在野炊的拉巴　2016 年

人文交流呈现快速发展态势，其内容丰富、形式多样。为了加深两国人民之间的感情，双方又共享美酒，载歌载舞，不断加深理解，增进友谊。

为了表现我国的热情好客与男子气概，拉巴端着那五升的大酒桶，不停地穿梭在每个人边上，倒酒，干杯。这场国际交流，在我喝醉断片后，还如火如荼地进行着。早晨被摇醒，头痛欲裂。尼泊尔人早已出发，昨晚的战场已被清理一空，想喝口回魂酒，发现拉巴的五升美酒已然一空，滴酒无存。

拉巴的状态很好，两眼清透，脸上洗得很干净，足可以反光。吃早饭的时候，看着饭量惊人的拉巴，尼玛不时露出暧昧的笑容。状态很好的拉巴背着行装霸气侧漏，一骑绝尘，望尘莫及。与尼玛感叹拉巴的变化之大，尼玛又露出暧昧的笑容。

尼玛似乎藏着一个大秘密，在我的再三追问下，他终于坦白了：那尼泊尔妇人是拉巴的老情人，昨晚拉巴用酒把所有人灌醉，然后他们独处了一夜。

在“爱的滋润”下，昨晚的酒终成灵药，尼玛所描述的“大神”终于回来，不仅给我采集吃不完的“喜马拉雅蓝莓”，还指点我哪里有什么动物走过的痕迹，如何捕杀。虽然经常没有尼玛的翻译，但根据他的声音、模仿的动作形态，依稀能猜测出一些，比如雪豹、獐子、雪鸡、狗熊、岩羊……风景绝美的森林，草地，看似平静，其实处处充满生机与凶险。

狩猎是一个充满运气的事，再好的猎手，也有一无所获的时候。拉巴告诉我一个传闻：禁猎之前，有几个猎人上山打猎，在大山中兜兜转转好几天，却颗粒无收，饥饿无比的人们在河边发

背负行李的拉巴　2016 年

现了一只走散的牛犊，大家一合计，把牛给杀了，几百斤牛肉，在一天之内全吃了，剩下的牛皮、内脏、蹄子、牛头、啃过的牛骨头全部扔到河里，借助这饱餐一顿的力量，他们得以回到陈塘。

直到今天，也没有听说周边村庄有人丢牛的事。很多人认为是神灵的显灵，尼玛直说，“这就是猎人们把别人家的牛偷来吃掉，要不为什么要把剩下的全丢到河里，让别人发现不了”。是不是拉巴在年少轻狂时的杰作？我想。

徒步中经过的“大城市”曲当乡，有超市，有服装店，有ATM取款机，还有热闹的朗玛厅。住下后，拉巴把我拉到ATM机旁，取出一张银行卡，让我帮他把里面的钱全部取出来，他不会操作。想不到这银行卡里居然有钱，拿到几千元后，拉巴拉着尼玛消失了，直到第二天早上才回来。此时的拉巴从头到脚，包括鞋子，袜子，都焕然一新。尼玛悄悄地说，“拉巴把剩下的钱请朗玛厅里认识与不认识的人喝酒了，如今又是身无分文了”。

想劝拉巴有钱省着花，却发现他率性洒脱，认定“千金散尽还复来，今朝有酒今朝醉”，这种快乐似乎只在童年的记忆中，如今也难以寻觅了。

回到陈塘，他向我要了一顶帐篷，说是有帐篷后，好“泡妞”。不知是否是此帐篷发挥了奇效，再到陈塘时，尼玛告诉我拉巴找到老婆了，每天在田间劳作，还一起开了个小卖部。晚上，拉巴过来，兄弟几个喝酒，酒过半巡，他说老婆在家，只能喝到这里，要回去。过几天我看藏戏的时候，偶见拉巴，他从怀中掏出了一瓶“小二”给我，示意我喝了，然后走开了。

这酒带着他的体温，可能是他藏起来自己喝的吧。

第三章 村落、民居及生产劳作

如今陈塘四村的村民几乎都有两所房子，聚集在陈塘镇政府所在地的房子是主要居住场所，可以叫冬营地，夏尔巴称其为“贡萨”（དགུན་ས།），它是享受安逸生活的主要所在，生老病死、婚丧嫁娶都在这里展开，家中大部分家具、财物及收成也大都贮藏在这个房子里；另一所房子位于村民所属的村内，叫“耶萨”（དབྱར་ས།），可称之夏营地，即为夏天的营地，居住时间相对较短，房间布局也相对简陋。每年的 8 月至 11 月陈塘天气较热，此时村民都会搬到较为凉快清爽的夏营地居住，家中的各种牲畜也会带到夏营地里牧放，其余的 8 个月时间大都住在陈塘镇。这有点像游牧民族的转场，只是牧民转场迁徙的是牛羊，而陈塘夏尔巴是根据天气与劳作，让自己游走在冬营地与夏营地之间。对于很多村民来说，这种习惯是近年来才形成的，他们以前只有夏营地一个居所。在 20 世纪 80 年代，陈塘镇只有不超过 60 户的民居，在镇政府的“虹吸效应”下，越来越多的人在镇里建冬营地，于是有了在冬营地与夏营地之间“迁徙”的习俗。

在国家大力实施的兴边富民政策及政府的无私帮助下，陈塘夏尔巴的居住条件大为改善。尤其是 2015 年 4 月 25 日尼泊尔大地震后，政府斥巨资对受灾群众的住房进行了重建，很多人的住房条件因此得到了更好地改善。由于是原址重建，陈塘镇的村落布局没有太大的改变，只是房子数量增添了不少。2017 年 3 月听闻政府将为陈塘民居进行统一的外墙改造，藏嘎村贴着许多外墙改造的效果图，图中唯一一行汉字是：陈塘镇民房建设样本图。藏嘎村将成为藏嘎新区，还会耸立着方块形的“陈塘标志塔”。假以时日，陈塘镇将以整齐规范的“古镇风貌区”面貌出现在世人面前。

冬营地陈塘镇和东北面的夏营地比塘村与沃雪村　2015 年

夏营地沃雪村　2015 年

如今的陈塘镇，可以说是以镇政府为中心，向两侧延展的布局，若爬到高处向下俯视，会发现陈塘像一个展翅而飞的巨大雄鹰，镇政府就在鹰眼的位置。

贡巴拉神山

陈塘镇坐落在朋曲藏布西岸落差逾三百米的崖壁之上，就像挂在半山腰上的明珠，正如夏尔巴所说，陈塘镇被贡巴拉（དགོན་པ་ལ།）神山像珍宝般抱在怀中细心呵护。这神山有人说是坐着的神仙甲嘎日（རྒྱ་ག་ར།）[123]，而信喇嘛的人则认为，神山是赤巴美（ཚེ་དཔག་མེད།）[124]，即无量寿佛的化现。

在神山贡巴拉怀抱中的陈塘镇（摄于木如塔瓦山口） 2018 年

站在木如塔瓦（མུ་རུ་ཐ་བ།）[125] 山口，望向陈塘镇所在的甲嘎日神山，不得不信服传说对它的惟妙惟肖的描述：甲嘎日坐北朝南，它的左脚是强曲玛（བྱམས་ཆུ་མ།），一直伸入到阿龙河的上端；右脚为嘎玛藏布下游的乔木所嘎（བྱ་ཐོ་ཟུར་ཁ།）；陈塘镇坐落在甲嘎日的腹部，正是山体中间的平坦之处。准觉玛（འདྲེན་ཆེན་མ།）是为神仙的左肩膀，堪隆玛（མཁན་ལུང་མ།）是右肩；胸部是邦给巴（སྤང་སྙིད་པ།），那是陈塘人传统的火葬（མེ་སྲེག）点；头部是高处的必朵（སྤྱིར་ཏོག）山，其山形神似人的头部。贡巴拉两侧的两道山脊，为其左右手，左手有喇嘛的闭关修行地，右手有洛苯的闭关修行地。

传说又称，甲嘎日戴的圆皮帽子好似放在它的脚边，是一座叫林琼孔（ལིང་ཆུང་གོང་།）的小山，位于嘎玛藏布与朋曲藏布的汇合点，乌布其桥的下游。甲嘎日的生殖器位于陈塘镇下方的石隆（ཧྲི་ལུང་།），一年四季有股甘泉流出。

而无量寿佛化现的传说源自陈塘唯一的寺

“石隆”甘泉　2010 年

院——伟萨确林寺。朗章喇嘛（གནམ་བྲང་བླ་མ།）因传教受到极大的阻碍，最后心灰意冷而转道尼泊尔前往印度。他在去尼泊尔之前，在主康拉（སྒྲུག་ཁང་ལ།）[126]修了个小木房，时常恋恋不舍地望向伟萨确林寺。有一天，他发现陈塘的地形为无量寿佛的化现：佛首是最高的必垛山，心脏位于火葬点邦给巴；准觉玛是无量寿佛的左肩，堪隆玛是其右肩；佛在腹前施禅定印，两手捧着的地方就是陈塘镇。佛为游戏坐姿，左脚弯曲，膝部位于陈塘镇最东面的强曲玛，右脚下伸，从达谷玛（རྫིག་དགོང་མ།）到乔木所嘎至林琼。陈塘镇下方的层层梯田，是为无量寿佛的莲座。再往下，藏嘎大桥西侧散落的大石头，为天然形成的供品，它们形成了无数供奉给无量寿佛的曼扎[127]。小山林琼孔，是为供奉伟萨确林寺及无量寿佛的酥油灯，逶迤的嘎玛藏布也是献给寺庙和无量寿佛的哈达。石隆泉水是天然形成的供佛水。因为所居地是无量寿佛的化现，所以不管任何的艰难困苦，陈塘夏尔巴都比周边的人长寿。

无论哪种解释，陈塘镇位于神山贡巴拉的中心，这是所有陈塘夏尔巴的共识。贡巴拉四面都被密密麻麻的大山所围绕，东面是亚云山，沃雪与比塘村就在它的山体内；南面为达喇拉雪山，是中尼两国的界山；西是勃地拉，也是中尼两国的界山；北面是那贡扎西拉，山下有神湖切姆措。这四座大山如层层层叠叠的莲花花瓣，而贡巴拉就是莲花的花蕊，它既享受着大山的呵护，又承受着大山带来的种种闭塞。

从贡巴拉的火葬点邦给巴往下，直到藏嘎村，山高坡陡，石多土少，但就是在这样的地势上，夏尔巴开出的大大小小的田地，满目皆是。它们不拘长短方正，大的不过二三十平方米，小的如桌面，或挂在陡坡上，或嵌在石头间。有时为了区分即使巴掌大田地的归属，还会垒石埂以为田界。

笔者沿途所见，感叹之余，对夏尔巴的垦荒精神和对土地的珍视，不禁心生敬意。

陈塘镇村落

从藏嘎村顺着水泥台阶拾级前往陈塘镇，会经过由六个村庄分别打理的六个汉式木亭子，它们的顺序是：藏嘎、比塘、沃雪、萨里、修修玛及那塘。最后一个木亭子的北面为陈塘镇，视线受阻，其他三面空阔，正是居高临下观赏朋曲藏布、嘎玛藏布峡谷及尼泊尔基玛塘卡村等壮美风光的绝佳地点。

亭子所在地达谷玛是一个宗教重地。洛苯法师进行某些仪式如堆垛仪式时，要把邪灵恶鬼赶到这里，对它们进行各种调伏、驱赶、镇压等，也是倾倒摧灭焚烧各种法物的场地。其北面有块名为古日加机杰布（སྐོ་ར་སྐྱ་རྗེ་རྒྱལ་པོ།）的长方形大石头，高约 4 米，长约 6.5 米，平整竖直地一面刻着藏传佛教神明的经咒，有四臂观音（སྤྱན་རས་གཟིགས་ཕྱག་བཞི་པ།）的“嗡、嘛、呢、叭、咪、吽”

通往陈塘镇的台阶路 2015 年

大石“古日加机杰布”刻着经咒的石面 2013 年

六字真言，有文殊菩萨（འཇམ་དཔལ་དབྱངས།）心咒，有莲花生大师（གུ་རུ་རིན་པོ་ཆེ།）[128] 心咒等。相传这是朗章喇嘛在陈塘传教时刻的，也有村民说是以前的一位无名高僧所为。

达谷玛与古日加机杰布巨石都为陈塘民间信仰中的重要神灵，在一些宗教仪式上要单独供奉特制的朵玛（ཏོར་མ།）[129]。它们都处在陈塘镇的最南端及南面入口处，夏尔巴认为，它们能挡住从镇外传来的麻风、天花及各种传染病，代表着村庄的精神或信仰上的“安全”界限。

进入陈塘镇后，会发现进入了一个大迷宫，里面所有的建筑物依地势而建，没有规则，巷道狭窄曲折，却也四通八达。2005 年陈塘镇内的巷道泥泞不堪，遍布牲畜粪便，如今虽已全修成水泥路，但那理不清走不明的蛛网似布局还是没有太大的变化。田地与民居及村落没有距离，住所之外就是沟沟坎坎。为了有效地避免牲畜、人类对农作物的破坏，在陈塘镇内所有人畜通行的山路上，都编有竹篱笆，现在越来越多易损的竹篱笆被相对坚固的铁丝网所取代。竹篱笆与民居的墙壁交叉而过，很容易产生不知是身处农田还是村镇的错觉。夏天，有些竹篱笆会爬满各种各样

陈塘镇的田地与民居之间没有距离　2013 年

陈塘镇的田地与民居　2010 年

的豆类或郭觉玛（སྒོ་ལྕུག་མ།）[130] 的枝蔓，竹篱笆因此完全淹没了，变成了一道绿色的墙。

由于陈塘四村的村民混居在陈塘镇内，给外来者造成了辨识上的困难。于是按照村籍，在人字形的屋顶上铺上不同颜色的铁皮瓦：比塘村为蓝色，沃雪村为红色，萨里村是灰白色，修修玛村为棕红色，这样只需观察屋顶铁皮的颜色，就能知道房主的村籍了。

除了国旗，陈塘夏尔巴的屋前还立着几根经杆，一是为屋内的人丁牲畜粮食祈福的叫隆达（རླུང་རྟ།）的经杆，其杆头绑着系有白色或五色经幡[131] 的竹枝，其数量是屋内人口数加上为祈愿牲畜兴旺与粮食丰收的两支；为人丁祈福的经幡一人一支，上面要分别写上各自的名字及所属的生肖；每一支竹枝先绑在横木中，再一起绑在经杆上，在房前固定好。有的人家一连几年的隆达经杆都没有取掉，所以观察经杆上的竹枝数目就能知道这家的人丁数及近年添丁或减员的情况。竖隆达经杆的时间以每年的藏历新年为多，隆重时需要请喇嘛或洛苯法师举行相关的仪式，此时会请隔壁邻居过来一起喝称为隆羌累曲（རླུང་ཆང་ལ་མཆོད།）的酒。

若家里藏有经书、佛龛内供有朵玛，要竖立

竖隆达经杠　2015 年

叫“将参彭琼”（རྒྱལ་མཚན་སྤུང་ཆུང་།）的经杆。这是一根去除枝叶只保留树冠的杉木杆，树冠下挂上白色的经咒印刷品，有祛病防灾的功能，竖立的时间没有太多规定，需要由喇嘛或洛苯法师举行相关仪式。

垛令石碑　2015 年

另一种常竖立在大门前的经杆叫“塔钦”(དར་ཆེན།)，其与西藏小寺院前竖立的旗幡[132]没有多大区别。杆头最上端是木雕的长矛，下方是圆日与弯月，再下面缠着黑牛皮，杆上绑着风马旗。立塔钦仪式只能由喇嘛来主持，一般在后藏新年与前藏新年期间竖立，此时需要请阿亚、舅舅相布、途布、明沃（མི་ངོ་།）[133]等特定人士一起来参与。塔钦需要固定在一块夏尔巴称为垛令（རྡོ་རིང་།）的石碑上。它在陈塘的数量约有三十多块，所以能竖塔钦的人家也只有三十多家。垛令都是祖辈传下来的，不代表拥有者的宗教身份与茹居情况。石碑一头深埋在地里，在地上的一头像嘛呢石刻（མ་ཎི་རྡོ་བཀོད།）[134]般刻着藏文经咒，以“嗡、啊、吽”三字明[135]经咒为多。最复杂的一块，其三面都刻着藏文经咒：一面是莲花生大师的心咒；一面为四臂观音的六字真言；另一面为三字明经咒。在以前，竖有塔钦的人家一般会养只腹下有白毛的黑狗，这狗汪汪的叫声，就如在念诵观世音菩萨的六字心咒，能增加家中的福报及塔钦的加持力。这种房前竖旗幢的方式在我国喜马拉雅南麓边境地方的民居中比较常见，如日屋镇、亚东县的下司马镇及樟木口岸等地。

从达谷玛进入陈塘后，往西北方向，穿过几块田地与数个小卖部，就到了夏尔巴心目中的陈塘镇的中心——一块不到二十平方米的小广场达嘎热索（སྟར་ཁ་དྭག་ཟོད།），它因有棵大核桃树而得名，“达嘎”即核桃，如今核桃树已无存。它是陈塘藏戏团的唯一表演场所及多罗洛萨等节日的聚集地，也是包括尼泊尔在内的商人摆摊出售小商品[136]的地方。天气好的时候，老人们会不约而同地来这里晒太阳，有上句没下句地闲聊；带小孩的妇人也会过来凑热闹，小屁孩则在广场内疯跑。小孩呼啸而过的尖叫、大人大声的训斥声、老人嘴角的微笑，是为它的日常。

广场达嘎热索旁曾经有着大规模的佛塔群及众多的嘛呢石刻，其形制与尼泊尔基玛塘卡村中心的嘛呢石墙群很相似：两头是石制佛塔，中间为贴着嘛呢石刻的石墙。如今佛塔群只剩下广场东侧的两座，其中一座佛塔下堆着几块刻有经文、长着青苔的大石头，塔顶堆着一些刻着经咒的嘛呢石刻；另一座佛塔上部被破坏，只剩下高一米有余的四方形塔基，野草疯长的顶部堆着一堆嘛呢石刻，其中有两片为减底线刻的佛祖释迦牟尼与四臂观音，它们线条粗拙，身体比例也不尽协调，有可能是清晚期的作品。喇嘛拉巴丹增介绍说，这佛塔及嘛呢石刻是喇嘛恰当啊（བླ་མ་ཆ་བདང་ངག）出资请工匠刻的，但除了他是卡达豁卡过来的僧人外，其生平、所属教派、雕刻目的、时间等问题都未知。也有老人说是来陈塘经商的不丹（འབྲུག）商人为了替代税差而修建的。

从佛塔北侧的巷道往东北数米处，有一座外表崭新的寺院，2015 年安装的金碧辉煌的镀金铜

即将举行仪式的中心小广场（任传龙摄） 2017 年

达嘎热索广场的日常 2017 年

佛塔遗址幸存的释迦牟尼石刻　2017 年

皮瓦顶，让它在一片铁皮屋顶里，显得鹤立鸡群，同年在寺院外墙装上一圈转经筒。这寺院就是喇嘛们的道场——伟萨确林寺。它坐北朝南，寺门正对着尼泊尔，寺前有个十多平方米的小广场。寺前右侧有块刻有藏文三字明经咒的石碑，一面大旗幡绑在上面；寺前左侧靠镇政府处有块高一米有余的称为“赤巴查垛”（ཚ་པ་དྲག་རྫོག）的大石头。“它是朗章喇嘛送给陈塘人保命大的礼物，有它的加持，陈塘夏尔巴都比较长寿”，喇嘛拉巴丹增如是说。

大石头与寺前小广场连在一起，是个高台，下面为巷道，为了防止人们摔下去，搭有简易的木栏杆。每年藏历六月初四的主巴次喜（དྲུག་པ་ཚེས་བཞི།）转山节，这里是最热闹的，当天信徒会在寺前小广场举行歌舞荟供 [137]，以纪念佛祖初转法轮 [138]。

在 2010 年，穿过赤巴查垛大石旁的杜鹃花香朗玛厅就到了低调朴素的陈塘镇镇政府，围墙对着从伟萨确林寺过来的巷道开了扇木制门，一旁挂着三块牌匾，分别为白底黑字的陈塘镇政府、白底红字的陈塘镇党委与定结县陈塘人大，是为镇政府的大门了。从木牌的字体及颜色上分析，这些招牌是在不同时间挂上去的。如今镇政府正在重建，其东边是三十多米的绝壁，下面是一直延伸到朋曲藏布的层层田地。这些田地正对着从比塘村流下来的两条大瀑布——巴沃钦布（སྦ་འོག་ཆུ་སྦུག།）与喇嘛钦布（བླ་མ་ཆུ་སྦུག།），它们也都是陈塘民间信仰的重要神灵，有人说这两条瀑布是父子关系，而有人认为是夫妻关系。

经过伟萨确林寺的老妪　2018 年

拥挤的自来水出水口　2015 年

陈塘镇东边的巴沃钦布瀑布　2017 年

镇政府的北面是边防派出所与陈塘镇游客中心（如今重建成停车场），它们都比镇政府低十多米。与边防派出所毗连的是镇中心小学，它在经历种种意想不到的困难后，终于在 2015 年落成。与小学相隔的田地的上方，是陈乃文先生念念不忘的泉眼琅觉。从此往西经过一大片民居后向上，再穿过梯田就是火葬点邦给巴，再往上，为洛苯的修行地赤烈林（ཁྲི་ལན་རྫིང་།）、角嘎拉（རྒྱ་ག་ར།）与玛贡（མ་དགོན）。

若往东北方向，沿着水泥巷道的台阶一直向上，经过田地与民居来到田地的最高处及台阶的终点后，有个贮水池，它贮存的水通过管道供给陈塘镇的各个给水点。通过一条盘旋在朋曲藏布上方的崎岖羊肠山道，可到达陈塘镇自来水的取水地：悬崖绝壁中的一条山涧。山涧旁也修有贮水池，由于落叶朽木等杂物的堵塞，需要时常清理。其通到陈塘镇的管道因杂物特别在冬天常因结冰而堵塞，还有人故意破坏管道而泄愤，这些都影响到陈塘镇的供水。从取水点再往前，是通往修修玛村、萨里村及两个温泉——查曲玛（ཚ་ཆུ།）与曲真玛（ཆུ་ཚན་མ།）的羊肠小道。

贮水池往前有座高度超过两米、长方柱形的片石垒成的简易藏式佛塔，能依稀分辨出佛塔的塔基、塔腹及相轮。塔基较高，相轮十分简单，为一块向上的尖锥石头。佛塔已经有一定的年代了，上面的片石上长满了青苔。它除了修建佛塔所带来的功德之外，还与上文所述的古E加机杰布大石头上的经咒一样，有种“阻挡”的功能。它利用佛塔是佛祖“身、语、意”化身的强大力量，阻挡着从此处进入陈塘的邪灵恶魔异鬼等不洁不祥之物，也代表了村庄的精神或信仰上的“安全”界限。在修修玛村、比塘村、尼泊尔的基玛塘卡村，都能看到这种佛塔。佛塔的上方是准觉玛，为甲嘎日或无量寿佛的左肩，是夭亡的婴幼儿的岩葬（བྲག་ཕུག）点，也修有佛塔。

山洪指示牌 2013 年

若从陈塘中心广场达嘎热索往西走，穿过房屋与田地，经过一个泉眼后，就能来到嘎玛藏布上方的堪隆玛。它位于悬崖上方，也是一个夭亡的婴幼儿的岩葬点。

走在陈塘的巷道里，不时能看到用藏汉两种文字写的一些铁皮招牌：“防御山洪、迅速转

陈塘夜景 2015 年

移”“安全区”等，这些都是蓝色的底子；红色底子的是“山洪威胁区”。每户人家都贴有由定结县防汛抗旱指挥部分发的藏汉双语的《山洪灾害防灾避险明白卡》，上面列有防御山洪“十要十不要”，明白地指示人们在山洪暴发时的应对措施。

最老的民居

如今主营地大多数的房子都为二层宽敞而牢固的石墙房屋，用石块在地基上垒成厚墙，然后在墙上用木头架梁造楼，楼下堆放零杂物什或圈养牛羊，楼上住人。有的房子因为宅基地的坡度太大，底层后面着地，前面就须支起一层楼的高度。房屋房间很大，都开有窗户，使用木料的地方相对较多，房间里铺有木质地板，通常被火塘的柴火烟熏得黑乎乎的。有的人家装饰考究，多以藏式风格为主，虔诚的人还会在家中摆设一个佛龛。2015 年 4 · 25 尼泊尔大地震后，国家斥巨资为重灾户重筑了钢筋水泥框架的新房，因为外墙的水泥框架被涂成醒目的红色，而且底下一层多被改造成商铺或住房，不再用来关牲畜，与原先的结构不一样，所以一眼就能分辨出来。在以

灾后重建的新房其水泥框架被涂成醒目的红色　2018 年

前，全木结构的木板房是他们最具代表性的居所。这木板房一般是干栏式的，房屋底层架空，使空气流通，减少潮湿；墙壁较薄，用木板代替石墙、土墙；屋顶为人字形顶，上盖鱼鳞板；有的人家设有天花板，可挡尘及放置物品。目前陈塘镇保存最好、年代最久远的民居，是那塘村白玛加布的祖屋，至今已有八十多年的历史。虽然那塘村不属于陈塘四村，但房屋结构布局与夏尔巴冬营地的民居是一样的。

白玛加布已是耄耋老人，出生于 1929 年。老房子在他年仅一岁时修建完工，它建在一块凸起的平台上，与周边的田地没有任何距离。老房子有个

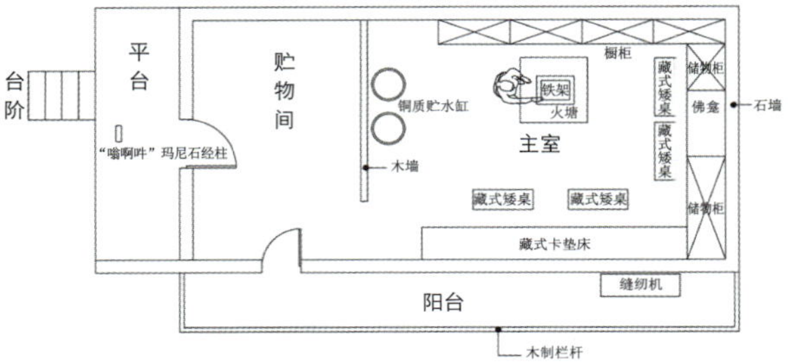

陈塘冬营地多吉平措家主室平面图（郭虹制图）

前院，老母鸡带着小鸡在院子内觅食。船形的储存室在前院边上，它用木板筑成，并用竹篾编成中间高两旁低的半圆形房顶。

从第一道门进入老房子，是间侧室，养着两条狂吠不止的黄黑色陈塘猎狗。这种侧室在陈塘镇的其他村落中的老房子里也能看到，其用途是关猪、羊等小型牲畜的。侧室进入主室的门上方安放着四个牛头，下面挂着十多个由陈塘法师制作的缠有五彩丝线叫雄啊（སྲུང་ང་།）[139] 的护身符，仔细观察还有一个乌龟壳。大门右边的墙壁，贴满了各种图案的称为“巴尔嘎”（སྤར་ཁ།）[140] 的符咒，它有避免恶鬼、精灵或对人有害的污秽进入房内的功能。

主室只有一间，是集厨房、餐厅、卧室、客厅、储藏室、佛堂等诸多重要功能为一体的场所。它像一个木盒子，连地板也是用粗加工的木板一

老房子的厨柜与火塘　2017 年

块一块地拼合而成。在长时间的烟熏火燎下，墙壁、承重的柱子、大梁等都漆成黑色。正对门的内墙有一个木制佛龛，上面供有经书、酥油灯、唐卡、哈达等物。一排木制储物柜挨着佛龛，里

洛苯多吉平措在陈塘镇冬营地的佛龛　2010 年

面放着衣物被褥等物。

在以前，有些夏尔巴家里经书直接放在高处的房梁上，这样不仅表示对经书的敬意，更重要的还可以利用经书所代表的神秘力量，加持房梁，让整个房子更加坚固。这一陈乃文先生在 1980 年时常见的景象，如今已难见到。

在对门墙壁的中央，挂着一排排在冬季缺粮时食用的玉米穗，还放着近几年更换下来的经幡经杆。右边墙壁上安置着房内唯一的窗户，这种布局让整个房子光线昏暗。窗户没有窗扇，开窗时取下窗板，关窗时，要把取下的窗板一片片地安上去。窗外，种着几棵苹果树，似乎伸出手就能摘到红艳艳的苹果。

右侧的墙边摆着藏式矮床，前面成一字形摆着一张或几张藏式小矮柜。户主的传统座位是离佛龛最近的位置。在招待来客时，依照年龄辈位、职务高低先后依次入座，妇女们从来不坐在板凳上，都是围着火塘盘腿坐在地毯、卡垫或直接坐在木板上。

火塘是敞开式的，在地板下挖出一个一米见方的凹地，底部用石板与楼板隔开，略低于地板，以防火灰外溅。用扁铁焊成三角或四角的可动式的锅架，高出地面约三十厘米，放在火塘中央，

如今很多人把火塘与主屋分开，设在单独的侧室里，比过去更干净卫生　2018 年

就成为炉灶了，古时的穷人只能用三块石头做锅架。火塘约一米的上方有个从房顶垂吊下来的叫“热布”（རབ།）的方形木烤架，平时一般用来烘干鸡爪谷、玉米等物。吃不完的牛、羊及猪肉也会

挂在火塘周边的竹竿上，以减缓它们的腐败速度。在年节将至的时候会挂更多的牛羊肉，那是用来制作干肉的。有时在烤架上放一些引火用的松明和用于夜间照明的小竹竿，因陈塘相对潮湿，把它们置于火塘上方熏烤干燥可备急需。

白玛加布家的火塘后面左侧的墙壁放着一个木质的橱柜，摆放着锅、碗、勺、盆等炊具、调料及热水瓶。在很多夏尔巴家中都会在橱柜里摆放一排排擦得发亮的尼泊尔制作的黄铜和铝制器皿，它们主要是当作陈设及财富的象征。除了少数器皿，其他的很少被使用。这几年他们又多了一件舍不得使用的器皿，那就是在西藏和平解放六十周年时，习近平主席送给每家每户的礼品——不锈钢高压锅。

原先房顶都是用上等松木劈开的鱼鳞板一层层苫盖而成，房架梁木在旧时多以竹篾扎固，很

陈塘镇内简陋的船形屋　2010 年

少用钉子、抓钉之类。斧头劈开的鱼鳞板一般长一米，宽十至二十厘米，下雨时，雨水沿着木板上的沟纹下流。为了防大风，房顶的鱼鳞板横压着几道六七厘米见方、长约两米的方木，上面再压上石块。鱼鳞板在风吹日晒雨打下，会自然腐烂，所以每隔几年都要进行更换，费工耗钱不说，还不环保。近些年在政策的扶持下，这些鱼鳞板屋顶大都换成了铁皮屋顶。

白玛加布的房子除了房顶换成铁皮屋顶之外，房子的结构基本上与初建时没有大的改变。他在这房子生活了 83 年，老房子承载了他一辈子的记忆。现在行动不便的他绝大部分时间都是在窗户旁边度过的，坐看远处青山上的云卷云舒。2011 年“9 · 18”印度锡金邦 6.8 级大地震及 2015 年 4 · 25 尼泊尔大地震波及陈塘时，房子与老人一起安然无恙。

老人家的长辈在陈塘境内算得上富有的，在其房屋上方，隔着一条马路的半山腰上，可以看到以前陈塘贫穷人家的模样。它是用竹木搭成的简易窝棚：用竹篾编成竹席圈成半圆形，是为房顶；墙壁用薄木板与房顶竹席相连而成，开有小窗户一扇；地板用没有经过精细加工的木板拼成，缝隙很大。房子分为两部分，一半用来关小牧畜和鸡等，另一半住人，中间是火塘。从可容纳一头牛或几只羊的前室进入，立即就进入了简陋的生存空间。2013 年的时候，还有位老人住在这房里。如今这种简易的船形房已经成为历史，类似形制的搭在树上的“谷仓”，陈塘还有多处。

席地而睡　2017 年

虽然居住条件有了很大的改善，但至今还有很多陈塘人习惯席地而坐，地板为床。为了改变这种不良习惯，陈塘镇政府进行了不厌其烦地宣传，有的驻村工作队甚至给村民们免费发放桌椅、床铺、藏柜等用品，虽然达不到立竿见影的成效，也让这种习惯在慢慢地扭转、改变。很多在外地读书打工的青年人，已习惯睡在床上，他们回到陈塘后，大多会添置一张供自己安寝的床，这些都在潜移默化地改变着陈塘夏尔巴的坐卧习惯。

夏营地修修玛村

陈塘四村的夏营地里都有各自不同的神山：修修玛村为堪布瓦（གིན་སྤུ་བ།），沃雪村的神山为亚云巴山；比塘村为巴沃桑贝咕汝（སྤྱ་འོག་ཚངས་པའི་དགུ་རུ།）；萨里村为达巴甲布（སྟག་སྔོར་རྒྱལ་སྤུ།）。在每年的藏历十月份，各村的男性成员要一起去各自的神山上挂隆达经幡，一起祈请神山保护，以期福运好、伤病少。

由于陈塘四村的村民在夏营地的土地分布散落，所以有的夏营地为孤房独处，有的是几户人家的小聚落，有的则是较大的村落。这几种形式，在去修修玛村的途中都能看到。

通往萨里村与修修玛村的羊肠小道沿着山形，

修修玛村内神山堪布瓦的竹竿经幡　2015 年

修修玛村的悬崖路　2010 年

顽强地在朋曲藏布冲刷出来的深沟绝壑如过山车式地穿行。在夏季，山路上杂草丛生，要注意会"蜇"人的撒却（ཟ་ཚོད།）[141] 荨麻草。令人防不胜防的旱蚂蟥，必须蹚水而过的暴涨山涧。在冬季，只要不下雪，就好走多了。在山路上能遇见砍柴、扒树肥、背木板等劳作人员，他们也可能是来往于两村与镇里的村民。在沿途，有好几个用木头或石头做成的简易凳子、栏杆，是为休息点，其打理都是由热心的夏尔巴义务进行的。

半途上最难走的是一段悬崖路：头上是万丈绝壁，底下是奔腾的朋曲藏布，路面坑坑洼洼，有时需直上直下的在岩石上跳跃。2013 年路况有了明显的好转，相传是一个信奉喇嘛的夏尔巴去世后，其亲朋好友对此段路进行修缮，以此积攒他的功德。2015 年，政府对此段路进行了整改，加了铁栏杆，路况变得更好了。2016 年，藏嘎到修修玛的公路开始施工，公路从悬崖下面穿过，机器的轰鸣声不绝于耳。2018 年，简易公路已修到修修玛村。

快到修修玛村时，有一排石阶休息点，当地人进出时，常在此歇脚。石阶边上有一个大石头，爬上去后，视线很好，修修玛村一览无余。石阶的上方，有一座靠山而建、夏尔巴语称为"拉卜则"（ལབ་རྩེ།）的建筑，底部用片石垒成小龛，龛内石板及两旁外侧都贴有藏文经咒。龛前与龛顶堆放着信众供奉的开着白色小花叫"坎巴"（ཁེན་པག）的白叶蒿，有些十分的新鲜，似乎是刚刚采下来放上去的。石龛的后方插着二十多支顶端留

快到修修玛村的"拉卜则" 2017 年

着竹枝的竹竿及几枝叶子已经枯黄的树枝，它们的上面系着哈达、经幡等。还有一根木制长矛，矛上还贴着三片酥油。

拉卜则从字面上可以解释为神灵“拉”（ལྷ།）[142]的居所。正如藏文典籍《“拉则”建立仪轨 · 如愿随意》中所言：“这十三座石堆拉则，就是守护神的宫殿，阳神战神的驻锡地，土地、鲁、年神[143]之依附处。”这拉卜则所在的位置正是修修玛村与萨里村的村界。它修筑于2016年，从某种意义来说，它具有驱魔镇敌，抵挡灾害、恶灵秽祟进入修修玛村等功能。

修修玛村在当地夏尔巴语中，意为“蒿草丛生之地”；纬度27.90225，经度87.3790，海拔2582米，距陈塘镇直线距离为5公里；2010年有76户，分为修修玛村与皮子参组两个聚落。朋曲藏布在修修玛村附近形成U字形的拐弯，有着富饶肥沃的冲积地，村民沿着山形，自下而上地开垦出一块块的小田地，而古朴的民居就散落在田地里。

现在在进入修修玛村之前的村头，村民修了一个叫“塔多”（ཐབ་རྡོག）的木门框。据介绍，因为2016年上半年村中死亡的村民远超往年，加之2015年4 · 25尼泊尔大地震，所以村民们商议后，

修修玛村　2010年

“塔多”木门上面的弓箭、长矛及男根都对着村外　2017年

在2016年8月修了这个门框。门框的中央绑着两把交叉的木刀，木刀下面悬空挂着构成十字形的两男根与一张搭箭张开的弓，再下方挂着一块画有女阴的木板。门框的两侧也绑有类似的器物，还辅以黑色牛毛、哈达、白蒿等。

塔多门框象征性的防御及所具有的安全界线的功能，不需要实质的木门来加以强调，而是通过门框上的各种器物体现的。引起祸害、破坏及邪祟的恶魔异鬼是无形的；弓、箭、矛、男女生殖器及蒿草经过仪式加持后，有着神秘无形的力量，能有效地阻止它们，让它们不能越过门框这条界线，而止步于修修玛村前。可以说，弓、箭、矛都是护法神的武器，代表着神灵的威力；也有可能是利用它们作为武器所与生俱来的力量。此处的男女生殖器并不是对生物界繁殖能力的一种赞美或向往祈求多繁衍子孙后代，而是用生殖器能繁衍后代所拥有的神秘力量来防御及划定邪灵的“红线”。上文位于村界上的拉卜则也拥有这种功能。在林芝地区巴松错扎拉村的村前也有这种性质的门框。巴松错的门框正前方刻有藏文经咒，然后在其旁边放置的是涂上红色的木制的刀与剑；刀与剑的大小不是太讲究，最长的逾二米，最短的只有四十厘米。在放置刀剑时，要念诵经文，

修修玛村的村口及左侧佛塔　2015年

修修玛村村民　2010年

大意是祈求战神扎拉为村庄挡住妖魔鬼怪、免受困苦灾难，带来幸福快乐。

在塔多门框一旁，有一座与陈塘镇东北处那座佛塔一样古老的佛塔，其功能也应是一样的。修修玛村的村落布局与陈塘镇很相似：田地与住房没有任何的间隔，村子中的道路包括户与户之间小道的两旁，也都用竹篱围起，以保护田里的庄稼。

村里没有陈塘镇的喧嚣，没有小卖部，没有台球桌，没有朗玛厅，尤其少了那“铺天盖地”的适龄学童，显得悠闲清静。老人们晒着太阳，妇女看守屋外的庄稼，男人们在田地里劳作，匠人们在编着竹篓，微风吹过，是如此的赏心悦目。

村中的主道用石头垒起，两旁长满了杂草，房屋前也插着有隆达经杆，它是人们搬到夏营地的时候挂上去的。房屋以单层为主，即使是上下二层，下层都很矮，基本上起的是防潮和纠正地基不平的功用，上层供人与牲畜居住。里面的面积都不大，墙体多用木板制成，长年的烟熏让它变得黝黑。房顶是鱼鳞板式的——闲时人们坐在房顶上，观景看人，任何人经过时都会大声地打招呼。

跨过房前的几个台阶，是为前屋，约两三平方米，是关猪、羊、鸡等小牲畜的区域。前屋用

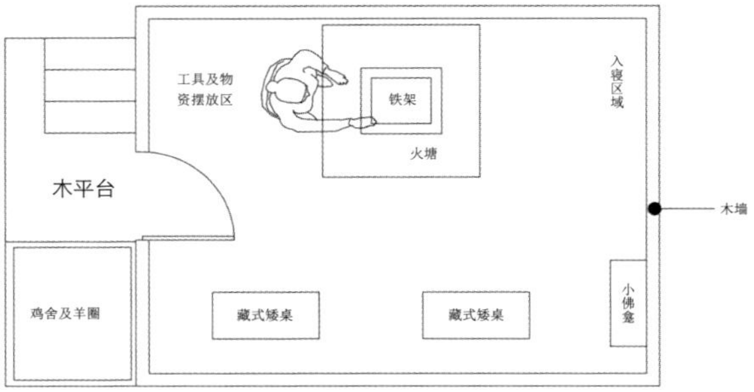

夏营地房屋主室平面图（郭虹制图）

竹篾编成的竹席为顶，以节约木材与人工；前屋的左侧，是进入里屋的木门，门框上也贴着数张经咒。里屋依靠木墙上的小窗户采光，比较昏暗，贸然从外面进入，眼睛需要几秒钟来适应。屋内十分的简陋，正对着窗户的里墙脚下，是火塘；正中放着铁条焊成的三脚灶，上面放着铁锅，是为灶具；边上摆着简易的锅碗瓢盆。正对着门的墙边堆放着几袋粮食、些许衣服、被褥，有时还有一个小小的简易佛堂。夏尔巴天性喜欢席地而坐，席地而睡，席地而餐，在夏营地里，这些家具寝具更是少见。

修修玛村三面环山，其北面有两座相连的小山，不起眼，是修修玛村的神山，西侧的叫堪布瓦，东边的叫达多萨（རྟ་རྡོག་ས།），意为神马山。村民这样介绍说：“堪布瓦神住在堪布瓦山里面，

坐骑达多山就在旁边，所以他要出去行善除恶时，很方便。”堪布瓦山对着修修玛村的一侧是个绝壁，要到达它的山头并不容易。在绝壁的顶端，有块小平台，插着几十支顶端留着竹枝的竹竿，上面绑着哈达或经幡，那是每年藏历十月修修玛村的男性村民一起前来祈福时竖立的。竹竿呈单排，对着修修玛村，由于平台的浮土不深，所以竹竿间绑有横木，两端再固定在两棵长势良好的树木之上。

修修玛村的皮子参组（པི་ཙེ་ཚང་།）只有十多户人家，位于堪布瓦神山的后面。到达皮子参村须经过隆家曲（ལུང་ཀྱི་ཆུ།）的木桥，有时在桥头中央的桥面上，有中间压着植物叶子及花的两堆块石头，陈塘夏尔巴称之为“那鲁”（ན་ལོ།），它能挡住跟在行人后面的鬼邪，防止它们从桥上进入皮子参组，压在石头中间的植物，可为竹子、青草或各种树叶。过桥后，又有一个小型的拉卜则，石头佛龛的正面贴着符咒，同样供奉着白叶蒿；后面插着三根竹竿，上面系着哈达，再后面，一杆五星红旗在迎风飘扬。

神山堪布瓦（左侧）与坐骑“达多”山（右侧） 2015 年

皮子参组的夏营地的房子普遍比修修玛村大，房内格局没有太大的差异。走在村内很有历史的石头路上，能听到狗吠声，然后马上就有人走到房门或从窗户里探出头来，看来者是何方神圣。

在村中能看到很多杂草丛生的田地，那是轮耕的田地——为了让田地蓄积肥力，有些田地在耕作后，会让它“休息”一下，来年再耕作。很多田地里插着披着破旧衣服的稻草人，用来恐吓破坏庄稼的鸟兽。村里还有一个老水磨坊，如今还使用着。在水磨坊里研磨的作物一般是荞麦、鸡爪谷，还有青稞。

皮子参组还有一座横跨朋曲藏布的铁索桥，它利用朋曲藏布两岸的大树制成桥台，两根钢缆做桥索，在桥索下方缠着铁丝，放有宽约二十厘米的木板，是为桥面。桥底下的朋曲藏布轰鸣咆哮，浪花四溅，让人胆战心惊。村民说，以前的桥就是这种形制，那时没有钢缆，用的是粗藤条；也没有铁丝，是用竹篾来编织的桥面。虽然桥面

皮子参组朋曲藏布上的铁索桥　2016 年

献给温泉神“茶曲美隆加姆”的拉卜则　2016 年

狭小，桥体摇晃，但还是可以供牛、羊及背着重物的人通过。

【专文：温泉查曲玛和曲真玛】

从修修玛村往那贡扎西拉山口方向，爬上顶部有座佛塔的小山，然后由小溪隆家曲上溯，有夏尔巴语称为查曲玛的温泉，如今它更多的是以九眼温泉的名字向外宣传。

查曲玛有温泉神，叫查曲美隆加姆（ཚ་ཆུ་སྨན་ལེན་རྒྱལ་མོ།），半路上有一个拉卜则，上面系满了哈达，这都是前来洗浴的泉客献给它的。再往前，在小路的左侧还能看到两片特殊的石片，因其图案形似左、右脚印，被认为是天然形成的圣物，所以修路时从地下挖出来后，就被供奉在了路边。

温泉的海拔高度为 3017 米。它有个千万年的泉华形成的小台地，夏尔巴因地制宜在台地旁挖了十多个竖直的泉穴，似乎是天造地设的完美浴缸：泉水不停地流到泉穴里，人能勉强蜷缩于内，蹲下后泉水也恰好漫到肩部。

温泉的四周用竹篱及木栏杆围着，防止野兽

温泉的泉穴正好可容一人浸泡　2016 年

温泉全景　2016 年

或牲畜的破坏。出水口上有两个并排的两侧挂满了哈达的木制佛龛，供有经书、朵玛等，里面放满了人们供奉的零钱或青稞。到此洗浴的人们会在佛龛前点盏酥油灯（灯油更多是菜籽油，或是点蜡烛来替代），以供养温泉神荼曲美隆加姆。温泉后面的一排密密麻麻的竹竿上挂满人们献给温泉神的哈达。

哈达遮挡了出水口，泉水冒出后，流入表面布满众多浅沟的泉华台地。每个浅沟都流向一个泉穴，对它进行或“截流”，或“通行”，能影响到对应泉穴的流量，只是这些截流物都是用塑料袋或破布来做的。

传说温泉的右侧由金刚手菩萨保佑，左侧由观音菩萨保护，所以男人泡右侧的温泉最好，女人泡左侧的温泉为佳。温泉水除了洗浴，还能直接饮用，治疗胃病有奇效。相传曾经还有一个眼更好的温泉位于现在温泉的上方，那是神灵赐予夏尔巴的，可包治百病，而且每一个泉眼都写有文字，如产品使用说明书一样介绍这眼泉的功效及能治愈的疾病。古时人们生病时，只要来到对应的温泉洗浴，疾病就能痊愈。不过这样一来，当地的藏医就失业了，有个定日县的藏医恶胆横生，把泉眼的“说明书”给擦掉了，这藏医离开温泉后，暴死在修修玛村村口的大石头上。之后，温泉就慢慢地下落到现在的位置，治病的功效没有以前强了，人们也不知道泉眼所对应的疾病了。

查曲玛温泉是上天赐予陈塘夏尔巴的珍贵礼物，尼泊尔境内的邦多、当塘玛姆等地的居民也会走上数天，只为做它短暂的泉客。为了更好地服务泉客，政府在温泉左右两侧各修有平房，供大家使用。对于游客来说，经过长时间的跋山涉水后，用温泉来洗涤沿途的风尘，放空心灵，在温泉边住一晚上是值得的。晚上雪山露出真容，天空繁星点点；早上温泉热气氤氲，泉水如白色的乳汁，正是惬意时分。

在温泉享受一番的夏尔巴，在回去之后，还有一番讲究要遵守：一是在路上不能喝凉水及山涧水；二是回到家后，要杀只鸡来进补身体，两天内不能吃外面的食物。

温泉还有禁忌，在藏历十二月或巴沃钦布瀑布结冰的时候，若没有宗教人士的陪同，禁止去温泉洗浴，否则会给人带来不祥之祸。

从皮子参组沿着小路往北走，可至温泉曲真玛，它有一大一小两个温泉，都位于朋曲藏布边上，若朋曲藏布发洪水而暴涨，它们都有可能淹没于滔滔洪流里。

大温泉边上修有高约一米的防水坝与朋曲藏布相隔，坝上绑有上端系着哈达或经幡的竹竿，后面有拉卜则，插着密密麻麻的竹竿，与其他地方的一样，竹竿上方也系着哈达或经幡；拉卜则的前方还拉有几条系满经幡的绳子，这些都是泉客们感谢温泉神甲亦阿嘎则玛（རྒྱ་ཡི་ཨ་ཀར་རྫིས་མ།）而供奉的。甲亦阿嘎则玛意为来自远方的漂亮女人，相传其祖籍为尼泊尔。

大温泉的泉眼在几块长着青苔的大石头下面，温度高，不能直接浸泡，当地人想出个用来“蒸”

温泉曲真玛　2019 年

的高招：在泉眼旁修两个宽约一米、长约二米的池子，中间放有粗网格竹席，泉客们坐在竹席上面，接受来自温泉的热气，据说这对关节炎、偏头痛、跌打损伤等有奇效。熏蒸的时候，把病灶直接对着热气效果最佳，有的泉客甚至把头伸到大石头里面，只为能更直接地让温泉的热气蒸到。泉眼旁边的石头缝里长有一些花白的泉华，把它们刮一点下来，然后用棉签涂抹在伤口上，泉华干透后，接着再涂，据说对治疗擦伤及痊愈伤口很有疗效。

曲真玛的白色泉华对皮外伤有很好的疗效　2015 年

小泉离大泉二十多米，位于朋曲藏布岸边乱石滩深处，它不到半米见方，深约三十厘米，水中长满了墨绿色的水苔，泉华的颜色是暗红色的。泉眼在温泉中央，气泡不停地向上冒，水温与体温相似。来这里的泉客很多不为清洁身体，而是为了饮用此泉水，虽然泉水苦涩，据说却是治疗胃病的良药。治疗的方式类似于“洗胃”——泉客们尽可能地多喝泉水，再把喝进去的水吐出来，以早上空腹时为最佳，而且必须多吐几次方能起效果。

在大小温泉的中间有一个利用巨石缝搭建而成的石室，地面上铺着木板，以方便泉客的休息。石室的门前钉有一块木板，上面仅用汉语写着：“尊敬的客人们，欢迎您们来到这里，请您们不能随便扔垃圾到这个地方，亲，您们一定要打扫卫生为保护这个地方，谢谢。”

石室的最里面有块放满了哈达的大石头，一盏酥油灯点在哈达中间的空隙处。石头上面

朋曲藏布岸边饮用治病的小泉　2015 年

阿龙河是陈塘最重要的水汽通道　2017 年

摆放着两个佛龛，一个佛龛里面贴有符咒，另一个佛龛贴着白度母像，龛里面都供奉着一些鸡爪谷与青稞粒，这些也是供奉给温泉神甲亦阿嘎则玛的。

来此治疗的泉客都会在此石室里住上一段时间，一个星期是基本的疗程。入住石室的第一天，泉客们都会杀鸡炖汤，滋养身体，并为接下来几天补充体力。杀好的鸡直接用曲真玛的温泉水炖煮，比平日的鸡汤更味美。在这里，似乎有个习俗——一起享用带过来的食物，不分你我。笔者有缘在这里享用了素不相识的夏尔巴提供的一大碗的鸡肉鸡汤。这是作者在陈塘田野调查中，吃到的最好食物。

农耕

阿龙河为陈塘山山水水最重要的水汽通道，印度洋的暖气流通过它到达陈塘，形成夏热冬温、降水多大风多的亚热带山地季风气候。受此气候的影响，陈塘很适合各种农作物的生长，其最主要的作物是鸡爪谷与土豆，还有青稞、荞麦、玉米、小麦等农作物及南瓜、菜豆、豇豆、辣椒、豆荚、白菜、莲花白等菜蔬。一年能收获两季，第一季基本为土豆、冬小麦与青稞，第二季为鸡爪谷、玉米、荞麦等。

陈塘夏尔巴主要的农业工具有各式锄头、镰刀、背篓、砍刀、铁锹、铁耙子等等。在每年开始耕地之前，所有与道路接壤的田地，主人们都

用“二牛抬杠”的方式耕地　2014 年

会用竹篱笆与路隔离，以避免小孩、大小牲畜进入田间地头，对作物造成破坏。在种植的时节，这些篱笆都是整整齐齐的，没有一点缺漏、歪倒。如今这些竹篱笆多被铁丝网所取代了。稍微平坦的土地能用上比较省力的二牛抬杠来进行翻耕，而陡度太陡的田地，只能用铁锄一锄一锄地松土。有时，陈塘会被浓郁的烟雾所笼罩，那是隔河相望的尼泊尔基玛塘卡村民在进行刀耕火种时，焚烧山林的烟雾飘散到陈塘而导致的。陈塘人以前也是刀耕火种，1994 年后，在政府明令禁止下，这种古老的生产方式已经基本消失了。

相传旧时的陈塘夏尔巴以狩猎为生，不种植作物，直到鸡爪谷从尼泊尔的当塘玛姆传入后，才开始农耕。相对于其他作物，鸡爪谷喜肥耐水的特性比较适合陈塘的气候，成为陈塘最主要的粮食作物之一。陈塘夏尔巴称鸡爪谷为彭纳（བེ་ནེག），有洋布玛（ཡམ་བུ་མ།）、隆堆玛（ལུང་སྟོད་མ།）、阿必玛（ཨ་པི་མ།）、希多刚姆（ཤིང་རྗེ་དཀར་མོ།）四个品种，均来自尼泊尔地方，产量都不高，亩产约 300 斤。

鸡爪谷除了亩产量不高之外，它的耕种及收成也比较烦琐。每年 4 月，把筛选出的种子撒入育苗田里进行育秧；7 月把育好的秧苗用“点插”的方式一棵棵地插入翻好土混好肥的田地里，此时正是蚊蚋最多的时候，有人会点牛粪烟来驱赶蚊蚋；在鸡爪谷成长的时期要进行二三次的松土除草，这需要使用称为“欧格令玛”（ཨོ་གེ་ལིང་མ།）的铁耙子；11 月鸡爪谷成熟时，用镰刀把谷穗一支一支地收割到背篓中，背回家晒干后装在竹筐或编织袋中。需要时，先是暴晒或把它们放到火塘上方的烤架上烘烤，让谷穗脱水；把干透了的谷穗放在谷坪上用竹竿敲打，让籽粒充分地与谷皮分开，对于一些难以脱粒的谷穗，需放入木臼中舂掉皮壳；最后把籽粒中的各种杂质分离出来，就是可加工食用的鸡爪谷了。把它磨成粉，就可以做各种食物及捏成仪式上的朵玛，同时它还是

从鸡爪谷田地中穿过的台阶路　2016 年

采摘鸡爪谷（比塘村石达摄）2016 年

为鸡爪谷“脱粒”　2017 年

酿制鸡爪谷酒的原料。

陈塘的土豆有称“桑多杰”（བསམ་རྡོ་རྗེ།）的红土豆、“多吉林啊”（རྡོ་རྗེ་གླིང་ང་།）的白土豆和叫温觉（སྣོན་ཟློག）的黄土豆三种。其中，白土豆是在一百多年前从印度的大吉岭通过阿龙河地区传入的；红土豆的传入只有几十年的历史，也是从大吉岭传入的——在解放军进入定结县前，桑丹与措巴姆夫妇两人听信谣言跑到了印度大吉岭避难，当他们了解真相后，在返回时，把当地的红土豆带入陈塘。红皮土豆淀粉和维生素含量比普通的土豆高。黄土豆则是近年政府在陈塘推广的品种。

土豆的亩产约 600 斤，比鸡爪谷亩产高一倍，总产量也比鸡爪谷高一倍。“1993 年，陈塘区遭受冰雹灾害，夏尔巴群众的主粮马铃薯大幅减产，上级部门拨付 5 万元少数民族地区补助专款投入救灾救济。”[144] 从这可以看出，以前的陈塘人十分依赖土豆。

喜马拉雅山区种植土豆，确实是较近时期的事。在 1957 年之前，土豆干还是中尼边贸的一种商品：“主要由小商人运入西藏的另一宗出口物资

挖土豆 2017 年

平整田地 2014 年

是土豆干。昆布的舍尔巴人（即夏尔巴）在土豆收割后不久，把它们煮熟，剥去了皮，切成小片，放在席上晒干。这些脱去水分的土豆就被运进西藏作换盐之用。一升土豆干可换得一升半到两升半的盐。”[145] 而且“青稞、萝卜、豌豆及圆根是当地的主要作物。……有些马铃薯从昆布运至定日，它们不是人们所熟悉的块茎状，而是晒制成的干片。这些坚硬的土豆片也和萝卜干、干蘑菇等脱水食品一样被用来佐餐和作为汤的辅料”。[146] 这样看来，土豆传入陈塘的时间比定日还早。

土豆的种植时间在 12 月及次年 1 月，耕地在种植之前，先要铺上一层肥料，它是秋冬季从森林中采集来的落叶混合牛羊粪或人的大小便沤成的：把采好的落叶堆在牛羊圈的底层、厕所的下面，经过一段时间，落叶完全渗透了粪便后，就用巨大的竹筐把这种混合肥运到田地里，若没有底层，可直接把落叶堆放在露天环境，任其自然发酵、腐败。种植土豆时，在耕地上用小尖锄挖出深约 15 厘米的坑，再混合着肥料把发芽的小土豆埋进去。这样可以让土层疏松，很适合土豆的生长。

每年的 5–6 月份为土豆收获季，之后平整土地，耕种鸡爪谷、玉米等作物。几乎与此同时，冬小麦、青稞等作物也成熟了，这样在收割的同时还要耕种。11 月份，两个营地的鸡爪谷成熟，需要收割。这些劳作都需要往返于主营地与夏营地之间。所以在 7 月及 11 月，尤其是 7 月，是陈塘最忙碌的时候。11 月夏营地播下冬小麦，或种下土豆后，夏尔巴才能结束一年的忙碌，得到短暂的休憩。周而复始，年复一年，生命不止，耕耘不息。

在每年的青稞将成熟之前，要采一些青稞青禾编织成叫“甲热”(རྒྱ་རས།)[147]的装饰品挂于房内，以期神灵保佑，青稞丰收。

畜牧

2010年，陈塘的家畜主要有犏牛、黄牛、牦牛、山羊、土鸡、藏香猪等。犏牛为牦牛与黄牛杂交的后代，它保留了牦牛和黄牛的优点，比纯牦牛更易于驾驭，驮载货物或拖拽耕地都比较占优。因特殊的地理环境和交通条件，陈塘运输方式多为人背畜驮，对力大温顺的犏牛的需求量大。2010年的陈塘人饲养的大牲畜中，犏牛数量最多，6村共709头，其中又以公犏牛居多，有646头，它们主要用于运输。

旧时贩卖犏牛的利润是比较惊人的，很多尼泊尔人因此而致富。随着科技与交通的进步，它的重要性已大大降低。如今还有尼泊尔人赶着犏牛来陈塘售卖，它们或被当作驮畜，或作为肉源而被宰杀。因为防疫等方面的原因，尼泊尔犏牛

雪中犏牛 2015年

冬日从放牧点赶回陈塘的黄牛、犏牛 2015年

只能在陈塘镇内销售，2018年底，一头最大的犏牛售价为人民币三千元左右，黄牛更便宜，最大的只售二千五百元左右。

2010年，陈塘人饲养的牦牛数量有390头，其中公牦牛有86头，母牦牛304头，母牦牛主要

用于挤奶提取酥油及生育小牛。黄牛总数为258头，其中公牛107头，母牛151头。

每年的5月到11月底，犏牛、黄牛及牦牛基本都为散养状态，按它们的习性沿海拔高度“垂直”放牧。牦牛的位置最高，有时能达到海拔4000米以上，在夏季产奶的季节，村民上山住在简易的棚屋里照看它。由于陈塘镇的海拔低，牦牛不太适应，所以一般不会把它们赶回镇里。犏牛位置比牦牛低，黄牛的位置最低。牧户为它们做好独特的标记后赶到山林里任其生长，每隔半个月，到山里给它们喂食粗盐，同时观察它们的生存状态，若家中有需要时再赶回来。

放牧点基本在陈塘的三条河流两岸：嘎玛藏布沿岸的草场，最高可达萨基塘；朋曲藏布两岸草场：有陈塘至萨里的草场，修修玛村到那贡扎西拉山脚下的草场，从皮子参组到切姆措湖边的草场，亚云巴山上的高山牧场等等；拿当曲两岸的草场，这些草场都被密不透风的原始森林所包围，牲畜只能在草场及道路的两侧觅食，进入不了密林深处，除了人为及猛兽的因素之外，丢失的可能性不大。在通往牧场的山路上，常设有木门或木栏杆用来防止牲畜走出放养的区域。

11月底，要把黄牛、犏牛从牧场赶回家中，

养有牛羊牲畜的家庭会在屋外建一个“谷仓”用来放置各种草料供牲畜冬天食用　2017年

12月份天气变冷，就把牛圈养在一楼，或者把牛关在房外搭建的牛圈里，地底铺上从森林中拾回的落叶，到来年，这混合着牛粪便的树叶将成为农作物尤其是土豆的肥料。天气转暖后，到了4月底，又把它们赶到牧场中去。

宰杀牛时，若是自家的牛，则由家庭男性成员重击牛头致死；对于买来的牛，其宰杀者无规定。宰杀之前，要叫上3至5个亲朋好友过来帮助，帮工称为“夏玛”（ཤ་མ།）[148]。在宰杀过程中，主人要提供一桶鸡爪谷酒与一瓶白酒供宰牛者享用。宰杀

陈塘公鸡　2017 年

那塘村的鸡舍（前）与猪圈（后）　2017 年

好后，需分给帮工一份包括有膈肌、脾、肾、肝、肺、心及肉的“第夏”（ཐིག་ཤ།），当作“报酬”或礼品；还要给隔壁邻居及亲朋好友送一盘叫“嘿夏”（ཧེ་ཤ།）的肉与内脏，请他们一起享用。

2010 年陈塘共有山羊 837 只，它们放牧的海拔区域与黄牛类似。基本上在村落周边放养，早上放出去，晚上要把它们赶回来关到羊圈里面。

陈塘的土鸡很出名，在定结县拥有专有名词：陈塘鸡。它不仅数量最多（人均约一只），也是最紧俏的家禽，市价基本上稳定在一只二百至二百五十元之间。在陈塘有人居住的各种角落，都能看到大大小小的公鸡母鸡小鸡在田地中刨食啄虫。有时为了保护刚孵化的小鸡，人们把它们与母鸡关在反扣的竹篓里面。

陈塘夏尔巴也吃猪肉，但是养猪的并不多，其猪苗大多是从尼泊尔的阿龙河流域背过来的。由于有的生猪养在卫生间下面，所以对于自己亲手养大的猪，很多陈塘人宁愿购买冻猪肉，也不食用。猪苗一只价格在三百至四百元之间，养大后，一只可以卖到一千五百元左右。

近年来，政府斥资给六个村子都修了养猪场。村里的村民按户为单位，轮流给猪喂食。这些猪出栏后，经商议，可以屠宰后按户为单位分肉；也可以卖出，把售猪款纳入村公款，以便日后使用。

狩猎

陈塘夏尔巴自古以来就有狩猎的传统，相传鸡爪谷没有传入陈塘之前，以狩猎为生，“野生无主，谁猎谁有”的传统观念强烈。而且在长期生产力落后的情况下，狩猎也是获取肉食极其重要的方式。前文因打猎而发现陈塘的传说，也间接地说明了狩猎活动的重要性。

我国为保护、拯救珍贵、濒危野生动物，保护、发展和合理利用野生动物资源，维护生态平衡，在1988年制定的《中华人民共和国野生动物保护法》，于1989年3月1日起施行。西藏自治区随之制定实施方法，根据实际情况，1992年2月20日，西藏自治区第五届人民代表大会常务委员会第18次会议通过《西藏自治区实施〈中华人民共和国野生动物保护法〉办法》，之后在全区逐步推行禁猎。1997年7月17日西藏自治区第六届人民代表大会常务委员会第25次会议及2002年1月20日西藏自治区第七届人民代表大会常务委员会第24次会议上，分别对《西藏自治区实施〈中华人民共和国野生动物保护法〉办法》进行了第一次与第二次的修正，西藏自治区进入了全民禁猎阶段。至此，陈塘夏尔巴对野生动物的猎捕事大大减少。

陈塘夏尔巴传统狩猎的工具有弓箭、长矛、弹弓、投石器、叉子枪[149]等武器。狩猎的方式除了射杀，还有下绳套、设置陷阱等方式。与藏族一样，弓和箭是临时所能制备的最传统最方便的武器，在狩猎活动中占有重要的地位。弓与箭都十分简易，至今符合吐蕃时期对弓箭的描述：“南方的竹子是上品，但若不用铁器来作包头，竹子是不能射透者，但若不用鹰羽来装配，竹子是不能射中野牛身。”[150]竹箭是把细竹棍前端削成尖状，置入铁制箭镞，可在镞尖上蘸以毒药，以提高杀伤力，尾部插置羽毛制成的羽翼；弓用长竹片制成，长约一米，弓柄中部略宽，两端渐窄，在距离柄尾处刻上凹槽，用此固定弓弦，平时把弓弦解开，用时再系上。箭镞有三角形、圆锥形、四边形等不同形状，视猎物而使用。

致命的毒箭是狩猎的有效武器之一，其箭镞一般为三角形，有的还带有倒刺；箭杆约长70厘米左右，箭尾安有羽毛。毒箭的毒素来自雪线以

喜马拉雅雪鸡，过去常用下套子的方式猎获　2016 年

旧时猎人出行时的装备（演示） 2011 年

下夏尔巴称之为“途”（དུག）的雪山一枝蒿，有毒素的是主根旁的附根茎。把附根茎与水研磨成毒汁，箭头沾毒汁后，就是夏尔巴称为“途玛”（དུག་མ།）的毒箭。雪山一枝蒿是种神经性毒素，当它随着箭头进入猎物体内后，毒性随着血液进入猎物的神经系统，可快速致死猎物，食用此猎物时，须把毒箭头旁的肉挖出，以免中毒。为了安全，毒箭往往装在被称为“达东”（མདའ་དོང་།）的箭筒里。一个箭筒可装数支毒箭，把箭筒盖好后放置在小孩够不着的安全地方，有时也会挂在佛龛旁。

打猎时，猎人背长弓，左手持长矛，右侧腰间插弯形砍刀，箭筒背在右侧，让箭头向上。箭筒拴着一枚用一节细竹子做成的竹哨，那是猎人在森林中交流的工具：比如二声长的竹哨声是在找人，意为“有人吗，在哪里？”三声连续的短哨声意为“这边有猎物，快到这边来”等等。在高原下套子套取猎物时，就不能吹竹哨，这样会惊动猎物。

获取雪鸡、斑鸠、獐子、岩羊、山麂、雪豹等猎物时，除了用弓箭、长矛、弹弓、叉子枪等武器射杀之外，下绳套也是重要的方法——在野生动物经过的地方，用绳子等设下圈套，当动物触及圈套时，机关弹起，以此猎得猎物。根据猎物的情况，套子形制不同，制作套子绳索的材质与大小也有差别。体积轻巧且贵重的麝香曾经是陈塘猎人重要的猎获，有麝香的母香獐绝大多数就是下套子猎获的。一个好的猎人，能用套子获得自己想要的猎物，如在一群香獐子中，他能只套取母獐而公獐却丝毫无伤。

与绳套狩猎相适应的是夏尔巴称为“谢替”（ཤ་ཁྱི）的猎狗，它个头矮小，身体细长灵活，多灰白或黑色，适合在丛林密布之地围拢追赶，而非藏獒那样用撕咬置猎物于死地。由于禁猎，现在它的数量不多了。

斑鸠、雪鸡等禽鸟在天气转冷时就会下到沟谷低地觅食，这时是猎获它们的好时机。下大雪时是最好的时机，因为山上被雪覆盖，找不到食物，它们会不顾危险的到山下觅食。有时猎获漂亮的飞禽后，把头部处理好，可挂在小孩脖子上做装饰。

七八月份是捕猎黑熊的好时光，冬季因寒冷而转到阿龙河流域的黑熊，此时会上到陈塘来觅食，这时可设置陷阱来猎获这种大型猛兽。先修筑一个窄小“∧”形石屋，上面压上重石；在石屋内放置机关，以大块的生肉（狐狸肉有特别的骚臭味，是最佳诱惑品）为诱饵；当受诱惑而进入石室的黑熊撕扯肉块时，就会触动机关，进而掉下重石，把它压死。

猎得如山羊、羚牛、黑熊等大猎物后，要在现场快速地按次序取出它的隔肌、脾、肾、肝、肺、心的

夏尔巴老猎人向笔者演示箭哨的用法（巴桑摄） 2018 年

夏尔巴与其先祖猎杀的黑熊头骨 2014 年

一小部分，穿在一根竹子上做成“夏干玛”（ཤ་ཀ་མ།）祭品，祭祀神灵夏本及其他神灵，感谢因它们的眷顾而带来好收成。祭祀之后，把夏干玛上面的各种内脏用火烤熟，分食给在现场的所有猎人。猎物头颅是狩猎中功劳最大的猎人独享的，剩下的肉在猎人之间进行平均分配。

除了猴头，大型猎获的头颅还必须拿回陈塘，否则猎物的“魂魄”会对猎人造成不好的影响，严重时会因此丧命。旧时猎人都会把这大猎物的头骨挂在房子内，以体现主人的勇敢与能力，其数量关系到荣耀与地位。很多人还记得以前家中前屋墙壁上挂着密密麻麻的野兽头，由于几次安居工程与地震后的重建与搬迁及禁猎后的观念转变，那些兽头已不被人重视，所剩无几了。笔者曾见过一个幸存的40年前猎获的熊头骨，如今已经被熏黑，锋利的门牙也已泛黄，它的主人也只是把它用布包起来，放到某个不显眼的角落。

西藏自治区全民禁猎后，夏尔巴威力巨大的弓箭似乎已无用武之地，那弓箭似乎也将绝迹了？但现实并非如此，每年藏历十一月的多罗洛萨新年期间，都要举行射箭比赛，这也表明了夏尔巴对弓箭的重视。而且在各种仪式中，弓箭的使用具有极强的象征意义，这些都将在下文的仪式中进行详述。如今几乎每个夏尔巴家庭里都保存着一副弓箭，以备各种仪式活动的需要。这种弓箭平时保存在家里的佛龛旁，若家里没有佛龛，则放在高处或二楼天花板上。

传统的弓箭如今因禁猎而变成仪式性的武器　2018年

第四章　生活习俗与人生礼仪

陈塘夏尔巴与藏族在语言文字、生活习俗、人生礼仪、宗教信仰等方面，都有着非常密切的关系，是倾向于藏文化综合体的族群共同体的典型，比如通用藏文，喝酥油茶，吃糌粑，敬哈达，表演藏戏，过藏历新年，穿藏装，尤其女性的服装几乎与藏族女装一模一样。

虽然陈塘夏尔巴在漫长复杂的历史过程中，始终顽强地保持着自己独具特色的民俗文化，但

生活日常　2010 年

在仪式上需给法师敬献哈达　2015 年

在长时间独特的自然条件和相邻民族的影响下，他们的生活习俗及人生礼仪等方面也发生着微妙的变化。关于哈达的使用正微妙地反映了这种变化。献哈达是陈塘夏尔巴表示敬意、吉利、诚心等的一种方式，与藏族一样，他们在婚丧嫁娶、仪式节庆、迎来送往、拜会尊长、送别远行、搬迁新房、接待贵客等情境中，都有敬献哈达的习惯。以前的哈达像块小布条，长不足半米，宽不足十厘米。献哈达时，献者一手拿着哈达的一端，递给受者；受者一只手接过后，再自己围上。陈塘人开玩笑说，陈塘的哈达太短了，只能这样献给别人。如今随着生活水平的提高，哈达变宽变长，足可以大大方方地挂到受者的脖子上。

陈塘夏尔巴大都以小家庭的形式存在，父母随最小的儿子养老送终，名下的房屋也由小儿来继承，其他兄弟在婚前就要开始搭建新房，等建好后才能举行婚礼，搬入新房开始自己的小家庭生活。在这种习俗下，很少能发展出包括两三代及旁系后裔同处一个屋檐下的大家庭。由于普遍都不富裕，夏尔巴最重要的财产为父亲名下的耕地，当父亲过世后，除房屋及有明确交代的之外，其他的遗产与田地将在儿子之间进行分配。

虽然通用藏历，但也受到公历历法的影响，陈塘夏尔巴在生产生活中，对星期特别的在意。他们认为在一个星期中，星期一是最好的日子；星期五不能结婚，但是挂隆达是最好的；星期六是法师的忌日，所有法师，包括洛苯、喇嘛及堪卓玛都不能举办仪式；其他日子都差不多，是不好不坏的。在一个月里，藏历初一与十五是吉日，若这两天恰巧又是星期一，则好上加好，是为最佳的日子。

本章将从饮食习惯、酒俗、服饰、歌舞、节庆、藏戏、生仪、婚俗、葬礼等方面，对陈塘夏尔巴的生活习俗及人生礼仪进行阐述。

饮食习惯

陈塘四面环山，东边的达赖拉山挡住了初升的太阳，当阳光照射到陈塘镇时，已是九点半过后，照到沃雪、比塘等地方，就更迟了。不知是否受此影响，如今虽然生活条件有了很大的改善，但很多陈塘人还是一日两餐，早上十点或十一点与下午七八点各一餐。早上的一餐相对简单；晚餐为正餐，有主食及配菜。

夏尔巴吃饭没有用勺、筷、叉等餐具的习惯，

享用晚餐的夏尔巴　2015 年

用传统的右手抓食与用勺子进食　2015 年

夏尔巴习惯于“分餐制”　2014 年

用餐时把配菜浇在主食上一起装在盘子里或主食与配菜分开装（主食盛在盘中，配菜装在碗里），再用右手抓食。在习惯中，夏尔巴常用左手干脏活，所以认为左手脏，不用它来抓食。如今受汉族的影响及对卫生的考虑，使用碗筷的家庭越来越多了。

在食物的分配上，实行分餐制：由主妇把菜与主食按人数的多少进行分配，根据地位等情况先后送给每位就餐者，地位最高的客人最先送。食物将要用完之前，主妇要主动给客人添加。地位高的客人会丰盛一点，地位低的人品种也不会少一样。

虽然陈塘不产大米，但现在它却是陈塘人最

重要的主食之一，在以前，这些大米大多是政府发放的救助粮。政府给贫困户发的救助粮多为大米、面粉、糌粑，其中以大米最多，有时最贫困的家庭每人每年能收到五袋大米。煮米饭时，常用尼泊尔的铝制高压锅，它的锅盖不是盖在外面，而是伸入锅内，受热后产生的蒸汽会把锅盖顶起。我国生产的高压锅锅盖的边缘凸出于锅体，架在火塘的柴火上，经常会把高压锅的垫圈烧坏，而尼泊尔的高压锅就不存在这种问题，所以深受夏尔巴喜爱。

土豆在陈塘夏尔巴的食品结构中占有十分重要的地位。在以前，煮熟的土豆沾上辣椒酱与盐巴，常常是贫困人家一天的食物。从土豆收获的六月开始，每家每户的主食或副食都是土豆，直到来年土豆播种之后的二三月份，家中已经发芽的土豆，他们也照常食用。

刚刚收获的土豆　2013 年

用磨成粉末状的鸡爪谷面做成的传统食品彭纳给度瓦（ཞེ་ཞིག་གི་ཐུ་བ།）还是夏尔巴尤其是中老年人喜爱的主食。其制作过程很简单，把铁锅加水架于火上，先在锅内撒少量的鸡爪谷面，不盖锅盖，水将开时再倒入适量的鸡爪谷面，用木铲反复搅拌防止结成疙瘩，当稠度达到手能抓起时，即可食用。用木铲把它盛入铜或铝质的盘中，佐以肉汤、菜汤及辣椒酱、盐等调料，右手抓食之。在陈塘举行的各种仪式中，供给法师、信众及帮工的主食大都以它为主，病人及妇人坐月子时，必须给他们提供这种食品。

除了大米、鸡爪谷、土豆外，夏尔巴还有青稞、大麦、荞麦、玉米、小麦等主食。有的夏尔巴认为青稞是文成公主从内地带到前藏，再传入陈塘的，它可酿酒或制成糌粑食用。糌粑也是夏尔巴常见的主食，除了糅制成糌粑团食用外，也可以做成像彭纳给度瓦一样的糌粑糊。大麦可做成美味的面疙瘩汤，荞麦磨成粉后煎成饼子，玉米带着皮在火塘中烤熟也别有风味，挂面也是常见食物。

陈塘人嗜食方便面。最受欢迎的是麻辣味道

鸡爪谷面制作传统食品“彭纳给度瓦” 2015 年

仪式上的传统食品“彭纳给度瓦” 2017 年

传统水磨坊，能把青稞、荞麦及鸡爪谷等磨成粉状后加工食用 2016 年

的康师傅方便面及统一牌酸菜方便面。在泡方便面的时候，添加一包有友牌泡椒凤爪，是陈塘人最喜欢的搭配，称之为陈塘方便面。它们的销量是如此之大，以至于山上的陈塘镇与山下的藏嘎村，方便面与泡椒凤爪的价格都是一样：五元。

牛、羊、鸡与猪是夏尔巴最主要的肉食品种，配辅料炖汤或焖烧是常见的食用方式，也常把牛羊肉烤干或晒干，供日后生食或煮熟食用，食生肉的习惯不是很普遍。陈塘天气温热，肉食很容易变质，也曾发生过集体食物中毒事件：“2000

年 12 月，陈塘发生当地群众误食病死牛肉的食物中毒事件，食用者 122 人，出现中毒病人 90 例，死亡 1 人。”[151]

陈塘人没有内地常见的菜刀与菜板。切菜剁肉都是用类似廓尔喀弯刀称为“棋”（ཀྱི།）的弯形铁刀，为尼泊尔的当塘玛姆等地的铁匠打制，刀身向前弯曲，前端部分较重，便于切击时增加速度及威力，也有人称其为“廓向”。切肉时，先蹲下，用身体靠住刀把，刀刃朝上，然后双手拿起肉块，在刀刃上切割成小块。

常见的佐料有盐巴、辣椒、大蒜、花椒及咖喱等。而盐、辣椒是陈塘人最主要的佐餐调料，不管吃什么几乎都少不了。辣椒在陈塘有种植，由于需求量太多，主要来源还是尼泊尔及内地，其中来自尼泊尔的阿干巴日小灯笼树椒为最佳，有着难以想象的辣度。这树椒皮厚，成熟时呈红色，泛着油光，混合着花椒、大蒜及尼泊尔产的一种西红柿一起在石臼上捣成酱，是为极品辣椒酱，开胃的上上品，也常常把外地人辣出眼泪。很多尼泊尔人来陈塘走亲访友时，带一盘这种小灯笼椒，就是上佳的礼品。

陈塘夏尔巴种植各种豆类瓜类，但很少食用青豆荚，成熟的豆类是做咖喱饭的绝配。除了常见的蔬菜，陈塘人喜食野菜，比如夏尔巴语中的“撒却”“洋琼”（ཡང་ཆུང་།）、“晓英巴”（ཞོ་ཡན་པ།）等野菜。它们的做法都是取其嫩叶，加水及调料熬制成羹后食用。煮这些食物的时候，陈塘人喜欢用一种产自尼泊尔的束口铝锅进行烹饪。随着生活水平的提高，一些野菜现在少有人食用，比如吐哇（ཏུ་བ།）。《珠峰考察》中记载了这种食物：“向导捞了一些海芋植物的根给我们看，这是一个平坦的有结节的根，形状是椭圆的。居民们把它捞起来发酵以后，经过捶打便可以吃了。村民都很喜欢这种植物，但是首先必须让它发酵，不然的话根是有毒的。我们把这种根放在面包上吃，我之前都没有尝过。假如不发酵的话，就会让头发脱落。”吐哇是生长于森林里的一种季节性野菜，数量极多，用它制成的面饼曾经是食物匮乏的陈塘人的重要食物，如今因为酸涩与制作麻烦，他们已经很少食用这食物了。

到了五六月份，竹笋与蕨菜在陈塘周边疯长，但陈塘人更喜欢工业生产的小袋包装的竹笋与蕨菜。陈塘的蕨菜有点苦，须煮熟后在清水中泡二三天再食用。森林茂盛的陈塘，各种野山菌也是美味之一，但混杂在其中的毒菌也令人防不胜防，近年就发生过误食毒菌而致死的事情。把野山菌洗干净，在开水中焯一下，然后放菜籽油、辣椒干炒，是让人念念不忘的美味。

很多陈塘人嗜烟，烟分鼻烟、旱烟、嚼烟和香烟四种。鼻烟是把烟叶磨成粉后，用鼻吸入，似乎妇女们享用得更多。叫“卡意内”(ཁ་ཡི་ནག)的嚼烟来自尼泊尔，享用时把它放入牙齿两侧根部，味微甜，香味浓郁。旱烟的烟叶大多为陈塘自产的烟叶，在没有烟纸的时候，习惯用参格龙玛、同惜龙玛的树叶或红皮桦树的树皮包着烟丝抽。普通陈塘人抽的香烟以零售 5 元的天下秀牌香烟为多，中等档次的是零售 15 元的紫云烟，档次高的为零售 25 元的软盒云烟，也有人抽 50 元一包的硬盒中华牌香烟。

抽烟的嘛呢藏戏演员　2014 年

【专文：喜马拉雅采蜜人】

野蜂蜜是喜马拉雅献给陈塘人的绝佳馈赠。

野蜂蜜产自于世界上最大的蜜蜂——喜马拉雅悬崖峰。此蜂常把巨大的蜂巢建在数百米高的悬崖峭壁上的避风石窝处。陈塘人称这种蜜蜂叫作“章嘎蛤玛”(སྦྲང་གི་འ་མ)，是采集这种野生蜂蜜的高手。采蜜时须团队行动，先一人在蜂巢下方点火，用烟和火让蜜蜂飞离蜂巢；同时另一人借助凌空的绳索爬上峭壁接近蜂巢，用竹竿木棍等简单工具迅速将蜂巢捅下；蜂巢落到事先准备好的筐篓后，把筐篓吊到悬崖下面，再由其他接应的同伴取出。

蜂巢拿回家后，能得到蜂蜡与蜂蜜两种收获。把蜂蜡融化后倒入碗中，冷却后再倒出来，放在面粉上，就是碗形的蜂蜡砖了，口感如麦芽糖，甜且香味浓郁。此蜂蜜在夏尔巴语中称为“障孜”(སྦྲང་རྩི)，黄褐色，其黏稠度与杂质都比市场出售的蜂蜜大，口感与甜度更好。

蜂蜜的采集一般在夏秋季节，朋曲藏布、嘎

采蜜人须爬到悬崖上的野蜂巢附近　2017 年

在蜂巢下方点火，驱使蜜蜂飞离蜂巢　2017 年

采蜜人借助绳索来到蜂巢旁，用棍子把它捅落到事先准备好的竹篓里　2017 年

采蜜人把装有蜂蜜的竹篓放下，由接应的人接住　2017 年

采蜜人从高空安全落下，成就一次完美的采蜜活动　2017 年

玛藏布两岸的悬崖及林琼孔等地都有野生的蜂巢在生长。采蜜人在采集时不会把蜂巢全部取走，只取一半或三分之一，这样蜂群不会受到灭顶之灾，来年还可以再次采摘。在尼泊尔中部的一些地区，这种古老的采蜜方式已经成为一种体验式的旅游表演。由于是在悬崖中采集蜂蜜，稍不注

意就会发生不测。2015 年，尼泊尔的基玛塘卡村民在阿龙河悬崖上采蜂蜜时，喝酒壮胆过量，最后摔到悬崖下致死。

喜马拉雅悬崖蜂有微毒性，陈塘夏尔巴把八月份之前采集的蜂蜜列为可直接食用的。八月份之后，因毒花盛开，蜂蜜的毒性更大，这时的蜂蜜是美容佳品——脸上抹一层蜂蜜，过 15 分钟后再洗净，其美白的效果佳，周边的定日、定结、岗巴等县城的妇女都很喜欢这种美容护肤品。据说若能适应这种毒性，这时的蜂蜜据说有大补之功效。

酒俗

鸡爪谷酒是用鸡爪谷酿制的低度酒，陈塘夏尔巴称为“颇羌”(ཕུད་ཆང་།)，萨尔、日屋等地的藏族称为“芒羌”(མང་ཆང་།)，是他们接人待客、节庆礼仪、生产劳动、宗教仪式及提神解乏的必备品。每当尊贵客人到访陈塘时，政府组织盛装的夏尔巴男女手捧鸡爪谷酒，列队唱歌跳舞举行欢迎仪式，是为一道亮丽的风景线。

陈塘“芒羌”鸡爪谷酒酿制技艺在 2013 年列入第四批自治区级非物质文化遗产名录，并没有采用夏尔巴的“颇羌”称谓。各家各户的酿制方法基本相同：先将脱粒的鸡爪谷洗净，上锅蒸熟→把蒸熟的鸡爪谷倒在竹席上晾凉后加入适量的酒曲拌匀→把加了酒曲的鸡爪谷装入袋中，用棉被包上以保持温度→过一两天之后，将鸡爪谷装坛（桶）发酵→放置几天后，鸡爪谷酒就酿成了。以前的传统是将鸡爪谷装入一种特制的泥坛子，可保证酒质浓香，但现在大家都图方便，就用塑料桶盛装了。鸡爪谷酒（以下称颇羌）存放的时间越长，酒越醇香，但酸味会更突出。若在鸡爪谷里混上青稞后酿出来的颇羌更甜，成本也降低

比塘村村民朗嘎在蒸酒中　2018 年

三五好友一起享受美酒颇羌　2014 年

产自尼泊尔的颇羌酒桶久薪玛　2017 年

不少，这是如今很多家庭的选择。

夏尔巴的颇羌不是用碗来喝的，而是用竹管吸的：把酿好的颇羌酒醪装到特制的酒桶里，加入温开水后，插上竹子做成的吸管，再吸食桶里的酒液。主人看到客人吸酒，立即在酒桶内满上温开水，示意再吸酒。若加的是生水，人喝多了，脸会变黑，对肠胃也不好。头道的颇羌略呈乳白色，口感酸甜，十分容易入口，喝到最后淡而无味时，或是加一勺酒醪，或是把桶里的酒醪倒掉，重新再来一桶。

颇羌的度数不高，当温醇的酒液，带着酸、甜、苦等滋味流入口中，让人慢慢微醺，有种满足的力量在生长。白酒太呛，啤酒太胀肚，颇羌正好，就像陈塘夏尔巴一样，淡定、平和又充满着张力。可以一人一桶，自吸自饮，独享快活；也可以三五好友一桶，甚至几十人一大桶，团团围坐，一边聊天一边吸酒。若他们邀请你同桶同根竹管一起吸酒，那就说明他们把你当作真正的朋友，接受认可你了。若嫌吸管被太多人吸过，沾有各式人等的口水而不饮用，会被认为看不起他们，不把他们当作朋友而生气的。

在卡达豁卡，如今的定日县曲当乡藏族也喜

欢这样喝酒，只是吸的是青稞酒。这种用竹管大伙儿一起吸颇羌的方式，与远在千里之外四川的嘉绒藏族几乎一模一样，这里面似乎有某种不为人所知的联系。

颇羌也讲究酒具，一套讲究的酒具，虽是产自物价低廉的尼泊尔，其价格也会超过千元。首先是盛酒的酒具，海碗粗的桦木或其他硬木掏空后，在上中下三部紧箍一圈錾有花纹的铜条，加上箍同样铜条的桶盖，是为酒桶，夏尔巴语称为“久薪玛”（སྦྱུག་ཤིན་མ།）。吸管一般为底部两侧开有小口的竹管，夏尔巴语中称“必薪”（པིད་ཤིང་།），握手处包有尼泊尔手工打制的纯银装饰的竹管为上等吸管。这酒具不仅是喝酒的工具、地位的象征、财富的表现，还是夏尔巴诸多仪式上的重要象征物——法师代表神灵把一套酒具“赐予”受益者，同时说，“你口渴的时候就喝这个酒吧”，意味着他得到了神灵的加持，在今后的日子里将不会缺少源源不断的美酒，所以很多家庭会尽可能配备一定数量的上佳酒具。

给客人上酒时，要在酒桶上沿用糌粑或酥油

洛苿法师进行“瑟金”仪式　2014 年

点上叫“赞尖”（ཙམ་རྒྱན།）的“三座小山”，以示对客人的尊敬。有时主人也会先吸一口，以示酒好且无毒。一只酒桶中不能插两根吸管，据说会对家中父母不好[152]。必薪吸管只有食指粗细，鸡爪谷虽小，却也容易堵塞，所以在吸酒之前，要用铁线或细竹条进行疏通。有经验的酒客吸酒时，用右手握住吸管，在酒桶中上上下下的插几次，再把吸管拔出，向下把里面的酒从吸管口倒出，这样一是能有效地清理出管内异物，二是用酒对管道进行消毒。

现场若有洛苯、喇嘛等法师，喝酒前要先把酒桶递给他们，请他们进行把酒奉献给神灵的献新[153]的瑟金（གསེར་སྐྱེམས།）仪式。法师做此仪式时，手掌内翻，拇指与小指相连，然后用无名指、中指沾点酒，口中念咒语，再把无名指中的酒弹向天空，如此七次，有时也只弹一次或三次。或他们一边口诵咒语，一边把吸管从酒桶中拍出来，把吸管按顺时针方向围着酒桶转三圈等等。

在12月与次年2月这最寒冷的三个月里，陈塘人习惯把颇羌酒醪放在锅中加热成称为“博洛巴”（སྦོ་ལོག་པ།）的酒再吸。还可以把颇羌酒醪用手或其他设备捣成碎烂，再用细筛子过滤出酒渣，是为白色的森玛（སིང་མ།）酒，盛在碗中或杯中喝，也别有风味，它也是一些人生礼仪及宗教仪式上的必需品。

喝剩下的颇羌酒醪，可以喂给牛、羊、鸡等牲畜。把没喝过的颇羌酒醪放到特制的套锅上，可蒸馏出酒精度近20度的阿让（ཨ་རག།）白酒。它的酿造稍复杂一些，需要把发酵好的颇羌酒醪放入一个底部侧面有孔的特制的铝制套锅中，加水煮沸后拔掉塞子沥出白酒，酒沥完后再加水煮沸，一般加三次水，沥酒三次。沥出来的白酒阿让经沉淀后清澈透明，味道醇香，酒质一沥最好，二沥中，三沥差，饮用时有时把一沥和三沥一起调配来喝。生产阿让白酒的尼泊尔铝制套锅为

蒸馏“阿让”白酒　2018年

“阿桑巴智”（ཨར་ཟང་ཐ་ཀྱི）4件套，其中3个铝锅环环相套，在最小的铝锅中放入发酵好的颇羌酒醪，在最大的铝锅下烧火，然后按步骤操作，蒸馏出白酒。它的原理是利用酒精的沸点（78.5℃）和水的沸点（100℃）不同，将原发酵液加热至两者沸点之间，就可从中蒸出及收集到高度的白酒。

阿让白酒在夏尔巴中为上等酒，以前一般在家里有重大活动时才特意酿制，用荞麦酿制的阿让白酒更为上佳。它有两种喝法，一是直接喝；一种是加入酥油加热喝，此种喝法一般用于招待贵客，也是祛寒的佳品。

在陈塘人开发的旅游产品中，鸡爪谷糌粑一斤要卖到10元，比从内地运过来的大米还要贵。但这没有阻碍他们对颇羌的喜爱，对于他们来说，颇羌是生命中的血液。外来的大米成为主食，亲手耕种的鸡爪谷酿成酒，这是常态。那些背来的啤酒、白酒只是点缀，颇羌才是待客礼仪之所在。它流动在陈塘夏尔巴的生老病死、婚丧嫁娶、生产劳作中，从出生开始一直流淌到人生终点，浓缩了一生，也见证了一个民族的历史。血液中的颇羌不仅能解忧，还有药效：夏尔巴妇女生小孩奶水不足的时候，喝它能让奶水增加；劳作之后深感疲惫无力时，喝一桶后全身舒坦解乏。颇羌也是礼物：婚庆生育，送一桶酒以示庆祝；亲友亡故，提一桶酒以表悲痛；受人恩德，回桶酒以示感谢。

请洛苯、堪卓玛甚至喇嘛做法事，供奉充足上好的颇羌，也是必不可少的。法师在为信众祭神驱鬼、行巫做法、超度亡魂、降神占卜时，并不忌讳饮酒，畅饮颇羌似乎与手上的法器一样重要。笔者对洛苯法师在仪式中的怡当通羌（ཡི་དམ་གདོང་ཆང་།）环节中吸颇羌的印象十分深刻，那时他盘腿坐于地下，左手持鼓，右手用鼓槌击打。打击的节奏，先是舒缓，慢慢节奏加快，越来越快，一声声浑厚沉重的鼓声，带着张牙舞爪的野性，如狂风暴雨向四面铺开，它敲打着听者的耳膜，使人心跳加快，血液开始沸腾，莫名的亢奋

妇人们向仪式上的法师敬酒　2017年

【组图：颇羌酿造流程】

1. 煮鸡爪谷

2. 降温

3. 捣碎酒曲

4. 混合酒曲

5. 装袋发酵

定结县陈塘镇戒酒令　2017 年

油然而生。而法师一边念诵着经文，一边配合鼓点的节奏，盘着的双腿上下腾挪，动作的幅度越来越大，越来越快，似乎陷入某种迷幻的状态。就在听者感觉快要窒息之时，鼓声戛然而止，法师摘下头上的熊皮帽，长长地吸了一口颇羌后，鼓声又周而复始。

正如宋朝叶梦得在《石林诗话》中所言："晋人多言饮酒，有至沉醉者。此未必意真在于酒，盖方时艰难，人各怯祸，惟托于醉，可以粗远世故。"在陈塘那些艰难困苦的日子里，颇羌是安定人心最好的麻醉剂了。也因如此，很多陈塘夏尔巴嗜酒。为了改变这一恶习，镇政府特意成立了陈塘镇戒酒办公室，也发布了严厉的《戒酒令》，效果貌似并不明显。希望在政府长期耐心的引导下，能达到显著的效果。

服饰

本节内容所涉及的只是陈塘夏尔巴的日常服饰。在一些特殊场合中，有一些平素不常见又必不可少的穿戴，它们以白色为主，充满了仪式感，如妇女在婚礼、葬仪等人生礼仪及宗教仪式等重要场合要穿的一种叫"布列孔当"（སྤུ་རས་གོང་ཐང་།）的白色棉麻制长袖无领长衣；男性在某些场合上，须穿白色的氆氇藏袍，在一些仪式上，法师会代表神灵把布列孔当或藏袍赐给参加仪式的人，意味着在以后的日子里，他（她）将不会缺少保暖的上佳服装。若没有得到这种衣服，人们也可以

女帽由白色、红色及其他彩色呢绒布条制成，正面上方是白色直角三角形布条，两侧红色的帽边上固定着多枚银币　2017 年

向其他人借来穿，事后再还回去。这些服饰将在下文中进行介绍。

女性服饰

独特的帽子及帽饰让陈塘夏尔巴妇女在所有大型文艺演出，如日喀则珠峰文化节、定结县夏尔巴文化节的演出方队中十分显眼。女帽叫夏帽宗谐（ཞྭ་མོ་སྒྲོང་ཞྭ།），像个倒覆的平斗的四方形，它由白色、红色及其他彩色呢绒布条制成。其正面上方为白色直角三角形布条，下方为间杂的彩色布条；两侧红色的帽边上固定着多枚银币，多为20世纪40年代以前的印度或尼泊尔的银币，也有内地的银洋及藏币，数量从三到十三个不等，一般都是奇数；左侧向后的帽角上插着颜色艳丽的绢花及孔雀翎；有人还会在左侧银币的两端垂以细银链子或各种宝石的珠串；帽顶平，为红色呢布制成。尼泊尔阿龙河流域包括基玛塘村的夏尔巴妇女也戴此种帽子，除了帽顶为黑色并在中央饰有珠宝外，其他部分与陈塘的基本相同。

有人认为女性帽饰是陈塘夏尔巴与大自然和谐相处的象征：正面边角的白边及帽沿代表着珠穆朗玛峰及周边的雪山；平的帽顶寓意为群山环抱着美丽的湖泊；帽顶上的绢花和孔雀翎象征着茂密的森林中各种美好的植物，其中孔雀翎在宗

多吉平措在制作夏尔巴女帽　2011 年

教上还有洁净的功能，在没有绢花的过去，可插上各种时令鲜花；两侧的银币，是雪山中的各种宝贝；帽沿下垂的珠串或银链，一般有五根，一根代表嘎玛藏布，一根代表珠峰北坡下的扎嘎曲，一根代表尼泊尔的夏尔昆布曲，一根代表尼泊尔的秋瓦瑟河，还有一根则代表雪山中的条条山涧与溪流。也有夏尔巴说，这些都是定结县宣传人士整理出来的，在旧时并没有太多的说法，帽子就是帽子，戴上后好看，帽子上的各种装饰都是

值钱的，与身上各种值钱的珠宝串一样，都是财富的象征。

也正因为特殊，需求量不多，这样的帽子在市场上并没有成品出售，只能定制。目前手艺最好的是比塘村洛苯法师多吉平措，他在夏营地与冬营地的两个家中，都各备有一套制作帽子的工具：针、线、剪刀及最重要的缝纫机。帽子的制作过程很简单，用三块不同的呢布缝接成“U”形即成。第一块的帽顶是在三分之二处切成直边的椭圆形红呢布；第二块是裁成与帽顶直边同长的侧边，最上边包着蓝布，下方缝上一条黄丝线；第三块与椭圆形边长同长的正面，两端缝着直角三角形的白绸，三角形的顶尖在中央相对，最上面也包着蓝边，最后把这三块红呢布缝在一起。

在一些泛黄的相片中，能看到二三十年前这帽子的边饰有红、绿、白等条纹，如今受材料供给的影响，帽子的边饰有了细微的变化，不过其形制并没有大的变化。缝纫机的使用，也加快了帽子的制作速度。帽子形制类似，但如何装点它，如帽饰银币的大小与数量，下垂的珠串是银质、珊珊、珍珠还是料珠等等，关乎妇女的陪嫁及夫家的财力。银币不仅是不可或缺的帽饰，富有的家庭还会把它制成长长的银币串饰，挂在脖子上。

夏尔巴妇女也喜欢华美的珠饰，它是财富的一种体现　2017 年

与陈塘相比邻的藏族农区萨尔乡藏族妇女，也喜欢银币。她们用银币做成珠饰串的挂扣，别在上衣上方，既美观，又能避免珠饰晃动过度，起到保护珠饰串的作用。

夏尔巴对珠饰的认识与藏族大致相同：珠饰比货币更值得信任。从古代西藏到现在，珠饰一直被视为财富，是流动的保险柜，在动荡流离或平稳安定的时代，珠饰与田地、牛羊、粮食及其他生活必需品一样，都有可流通的价值。夏尔巴妇女与藏族妇女脖子上的珠饰串没有什么区别：都用红珊瑚、蜜蜡、绿松石、玛瑙珠、珍珠、天珠等搭配而成。这甚至与近百年前卡达谿卡主妇的珠饰没有大的区别，《珠峰考察》中写道：“这个女人戴的半圆形头饰上用珍珠串连着绿松石和

盛装的夏尔巴妇女　2010 年

珊瑚，她的脖子上总戴着长长的几串绿松石或珊瑚，有的还混杂着一颗颗蜜蜡。”

出于对珍贵珊瑚的喜好，陈塘夏尔巴还喜欢产自尼泊尔的被称为“垛期鲁”（རྡོ་བྱི་རུ།）的红色料珠，它意为石头珊瑚，为真珊瑚的替代品，按对出售。时代变迁，很多珠饰与银币都变成了仿制品，不过在有条件的家庭中，货真价实的华美珠饰，还是值得信任的财富，而且一个家庭经济的好与坏，也完全可以在主妇身上佩戴的珠饰上体现出来。

除了帽子，陈塘夏尔巴妇女的服饰与藏族相比，基本一致，只有一些细微的不同。如因陈塘地势崎岖不平，其藏装要稍微短一点；陈塘妇女喜欢尼泊尔制的手镯、戒指及耳环，会把银制串饰挂在胸前；如尼泊尔银制掐丝捶蹀工艺打制而成的嘎乌盒（ག་འུ）[154]，陈塘妇女普遍串上珠宝挂在胸前，而藏族妇女一般是不加珠饰单独佩戴；再如陈塘妇女盛装时会在腰间戴一个有着吉祥图案的大银腰带，藏族妇女认为这是牧区才有的装饰；陈塘妇女也会在腰上围彩色条纹的围裙[155]，但不像藏族讲究只在婚后才能佩戴的规矩，小朋友也可围着；陈塘妇女脖子会挂着由不同法师制作的贴身而戴的护身符；头发梳成一条带红穗的长发辫等。

在以前，陈塘女性在 15 岁之前家人要给她戴上海螺手镯，它由白海螺制成，戴在右手，螺口朝身体，螺底向外。由于其体积大，又重达半斤，戴上后不仅给生产生活带来不便，还对右手的腕

戴着白海螺手镯的妇女给老者敬酒、整理帽子 2014 年

关节造成损害。虽然按规矩戴上后除非被动破损，至死都不能主动脱下，现在却有越来越多的人脱下了它，而且要求女儿佩戴的家长也越来越少了。这习俗在旧时喜马拉雅山脉地区的定日、定结、亚东、樟木等十分常见。不同地区的说法都与陈塘夏尔巴的基本相同：人死后，会经历一个漫长黑暗的路途，此时随身佩戴的白海螺，将化现为熊熊燃烧的火炬，照亮孤寂灰暗的往生之路，把逝者带到光明的彼岸。

男性服饰

陈塘植物茂盛，山高路险，动物凶猛，所以男性出门时，腰间大都会插一把弯刀，古朴粗犷。弯刀称为“棋”，又称为“廓向”，是著名的廓尔喀弯刀在陈塘的称谓，它在外是防身清除路障的武器，在家便是切肉切菜的工具，其刀柄多为木制，上面多缠着布条，有讲究的甚至套上獐子的

佩弯刀，穿藏式上衣的老人　2013 年

正在编辫子的男子　2019 年

睾丸皮，其皮质柔软，细毛也能增加摩擦力。有些弯刀配有皮质、木质、竹质等材质的刀鞘。

除了腰佩弯刀，相对于妇女还保持着相对原生态的服饰，男性夏尔巴就没有那么幸运了。制帽师多吉平措平时都穿着汉式服装，梳着一条大辫子，戴左侧插着花朵的灰黄色呢绒帽。老镇长拉加脖子上挂着绿松石、红珊瑚与玛瑙珠配成的挂饰及法师的护身符；手上戴着粗大的尼泊尔镶宝石戒指；长发梳成一条辫子，头顶左侧插着花朵的毡帽。他 2009 年在尼泊尔定做了一套上装，与以前的服装特别相似，这上装由立领斜襟右衽棉麻材质的藏式衬衫与对襟无领无扣的牦牛绒长坎肩组成，衬衫的立领与长坎肩的周边都缝有绸缎的边饰，显得华贵。

藏嘎村的洛坚老人至今还保存着一张珍贵的相片，那是陈塘人第一次以代表的身份在首都北京留下的珍贵合影。照片的题头为：西藏自治区边境少数民族参观团北京留念 77.6.12[156]。照片中

洛坚老人穿着自己30年前在尼泊尔定制的坎肩 2011年

身着传统夏尔巴服饰的演员在表演中，男演员戴的帽子即为“夏帽玛江玛” 2015年

的洛坚老人头戴插花毡帽，身着白色衬衣，与大部分男团员并无多大区别。洛坚老人说，接到通知后，用了十多天到拉萨，组织要求他们穿最好的衣服，最后大家都穿得一样了，都是白衬衣黑裤子。在他保留的一些20世纪八九十年代的相片中，夏尔巴男子不是穿藏装就是身着军绿的军装或西装背心等。洛坚老人还保存有以前的男子外套，是三十多年前产于尼泊尔的两件坎肩，都为对襟无领无扣，它们的形制与老镇长2009年定制的坎肩在款式上一模一样，只是没有华丽的绸缎装饰。

关于鞋子，洛坚老人保存着他年轻时穿过的一双，鞋底穿坏了，只剩上面的部分。鞋面用红色的呢布制成，有白色的线条点缀出简单的图案；鞋腰高约二十厘米，为素色的白呢布。这鞋子配上牛毛绳纳成的鞋底或牛皮底，就是藏族常见的松巴鞋——长筒藏靴。已过世的边巴喇嘛曾经是伟萨确林寺的主管，平时头戴老式的瓜皮帽，梳着尾梢缠有红绳的长辫子，脖子上挂着念珠，明黄色的衬衣外套着油亮油亮的红色抓绒夹克。虽然初见他时已年近八十，但不论天晴或是刮风下雨，始终光着一双大脚。对于自幼就赤脚上山下地的他，已经不习惯鞋子给双脚带来的束缚。

现在的陈塘男子都身穿便裤，洛坚老人说旧时的裤子比现在短一点，是收裤脚的紧腿裤，具体的样子，他没有保存下来。找遍陈塘，也没有找到一条老旧的裤子。时光流逝，传统也在流逝。

现在男子戴的帽子多为宽檐帽，其帽檐左侧还会插几朵干花与孔雀翎做装饰。相传旧时男子头上戴的帽子与女性的相似，只是帽子上的银币比女性的大，且没有插花，它叫夏帽玛江玛（ཞྭ་མོ་དམར་རྒྱང་མ།）。陈塘夏尔巴出殡时，亡者头上必须戴着帽子，由于找不到男帽，很多男性亡者就用女帽或其他帽子来代替。

按采访所获得的资料及实物，试着描述夏尔巴男性传统服饰：头戴平底男帽——夏帽玛江玛，帽沿饰大银币；上身穿长袖藏式衬衣，外罩一件用氆氇缝制的短袖无领前开口上衣；下身为收裤

戴绿松石与红珊瑚耳环的老者　2019 年

珠串也受夏尔巴男人的喜爱　2014 年

脚的紧腿裤；冬天穿长筒藏靴，夏天赤脚；腰插砍刀。有的男人留长发蓄胡须，长发编成辫子，在辫尾编有红丝穗；戴戒指；戴小粒绿松石或珊瑚的耳环。脖戴由绿松石、珊瑚、天珠、玛瑙等各式珠宝组成的珠宝串，最常见的是中间一颗大的绿松石，两边各配一颗小的红珊瑚的组合。护身符串在珠宝串上，置于脖后，也有人戴银质项链。在正式场合上穿白色或红色镶边的氆氇藏袍。

各式手镯饰品

除了女性的海螺手镯，夏尔巴祖传下来的各式各样的老手镯着实让人惊喜。它们的材质有红铜、黄铜、合金铜[157]、藏银、纯银等，有的手镯在两头还镶嵌着绿松石或红珊瑚。男性的手镯比女性的口径大，直径更粗。手镯中间开口，两头常常有类似于蛇头的形象，与古代游牧民族的一些蛇形手镯很相似。有的一头为蛇头，另一头则嵌着银币。有的手镯刻有几何图案，两头或平或为尖顶，基本上是纯银或用旧银币化后打制而成，男女都可佩戴，其年代都不太久远。

还有一些老旧的手镯十分有意趣。如把三片红铜包在红铜皮里面，做成手镯形，然后在手镯两头及中间套上黄铜圈，两头的黄铜圈上镶着绿松石，与产自藏南扎日神山有三个藤芽的药藤很类似。陈塘人认为三个铜圈代表雪域三怙主，可以防邪挡灾，而红铜与黄铜的组合可有效防治风湿及关节病。

有的手镯两头为摩羯[158]，能分辨出向上扬起的大象鼻子，血口大张的刻出颗颗牙齿的鳄鱼嘴，鹿或龙的角，孔雀的羽毛向下伸到手镯的三分之一位置，十分的粗拙。有法师介绍说戴上这手镯后，能防止、抵挡任何的邪祟迫害。他还认为这手镯的珍贵之处除了摩羯所代表的神秘力量之外，还在于它的材质罕见的仁钦达鲁（རིན་ཆེན་ར་གུ）[159]。他解释说，这手镯不同部位分别为黄铜和合金铜，整体铸好后再进行修整；表面能看出特意镀上的金、银、铁等金属。这些金属不但能防治多种疾

女性戴的手镯与垛期鲁料珠　2011 年

法师给盛装的夏尔巴妇女加持　2015 年

病，也有避邪的功效。

随着生活的变化，附加在老手镯上的各种功能：财富、招财、防病、治病、祛邪、挡灾、避难等，不再像以前那么受人重视了。人们更喜欢戴尼泊尔工匠新制作的纯金、纯银手镯，很多在记忆中有过的老手镯，被无意中放在某个角落，遗忘了。

现在能见到一些尤其在沿海地区上学、工作的少年头发染成黄色朋克的样式，穿着演出式的短装，在雨后泥泞不堪的陈塘镇中，显得格外醒目。一些老人也抱怨有些妇女出门时不再戴帽子，不梳辫子，让头发自由飘散等等。公路及电的畅通、电视与手机的普及，外界精彩事物如微信、抖音、快手的影响，让大山深处的夏尔巴服饰悄然地发生着变化。

歌舞

2011 年 5 月 23 日，西藏自治区定结县申报的《陈塘夏尔巴歌舞》经国务院批准列入第三批国家级非物质文化遗产名录，其传承人为比塘村民朗嘎。夏尔巴男女老少人人能歌善舞，歌舞与颇羌一样，也溶入了他们的血液之中，是他们的精神寄托与归宿，伴随着他们的生、老、病、死，串联起整个生命轮回。

陈塘夏尔巴舞蹈是随时皆可自娱自乐式的群众性活动，无论是喜庆、忧伤、春播、秋收，还是节庆；不需要特殊的场地，室内房外、山林中的小片草地、田地里的小块耕地、村头村尾，都是他们的舞台；不需要音乐伴奏，边唱边舞，随口而来的夏尔巴民歌[160]就是最好的旋律；不受天气的影响，无人数限制，参加的男女老少越多越

唱民歌的夏尔巴妇女　2015 年

观看歌舞表演的夏尔巴群众　2015 年

热闹。舞蹈形式以圆圈或半圆圈为主，讲究手势、脚法和腰身、臀部的摆动和弯曲。动作表现上脚为蹭、踏，膝为屈，身为拧、摆、扬，肩为抬、端、晃，手为抬、晃、甩，眼跟手走；基本步伐和手势有“跄步”“两步一跺”“围腰手”“身前交叉手”等；节奏较慢，动作幅度小，非常细腻、优美、柔软。其风格独特，服饰装扮亦别具一格，极具观赏性。它的形式与在西藏流行的民间歌舞“谐”很相似。“谐”是对以歌为主，歌舞结合，载歌载舞的艺术形式的泛称。它广泛流传在西藏的农村、牧区和城镇，是群众参与性很强的一种自娱性的集体歌舞。

陈塘夏尔巴民歌“旋律别具一格，很多音符出现半音上下，中慢两速，节奏稳定，给人优美动听的感受”。[161] 歌声或清脆嘹亮，有碎玉裂帛之音，似可穿透山谷，或是粗哑浑厚，带着远古洪荒之力。妇女身上佩戴的海螺、银链子、银币制成的大链子，随着舞步起伏跳跃，发出特殊清脆的音律，是为和谐的伴奏。民歌歌词“分为传统词和新编词两种。传统歌词以古代传说、农牧技

夏尔巴民间歌舞　2015 年

在婚礼上的夏尔巴民间歌舞　2015 年

能、宗教颂歌、建筑技术等内容为主；新编歌词则以歌颂山川美景、男女爱情为主；此外还有讽刺、诙谐、劝诫等方面。歌词多为藏语，有六言、七言、八言等多种，歌有四句、六句、八句或多句多段体”。[162]

除了日常娱乐，在某些场合需要唱颂特定的传统歌词，具有浓郁的仪式感。比如在多罗洛萨的雅各（ཡག་བཀོད།）环节中，要唱特定的具有祝福与感谢之意的雅各歌，歌词大意为：原来天也没有，地也没有，大海也没有，大自然的造化让它们出现了；一开始什么也没有，经过努力，在神灵的保佑下，什么都有了，爸爸身边有吃不完的大块肉，妈妈有喝不完的大桶酒，家中的牛羊多得看不过来，谷仓的钥匙多得分不清了，用金子做柱子，用银子做家具，我们越来越兴隆和睦等等。比如在新房落成的时候，人们要唱祝福歌曲，其歌词为：祈求神灵冬天不要刮大风，如若刮大风，也不要把房子刮倒；夏天不要涨大水，如若涨大水，也不要把房子冲倒；平日祈求平安，愿家里的财物不要被人偷盗等等。比如在欢迎贵客时要唱敬酒歌，其歌词为：远方的客人来到美丽的陈塘，我们盛装来迎接你，我们敬上甘甜的颇

歌舞聚会　2015 年

美酒，为你献上夏尔巴歌舞（ཤར་པའི་གླུ་དབྱངས།），希望你喜欢它们，爱上这些，陈塘就是你的家；敬你夏尔巴的美酒，喝了它吧，祝你幸福如意，敬你一杯美酒，喝了它，愿你身体健康，敬你一杯美酒，这吉祥幸福的美酒。在节庆、人生礼仪等各方面都有这种特定的传统民歌，其中最特殊的应是丧歌“图孜”（དུ་གླུ།）：在丧葬仪式上，妇人们合着法师的节奏，用传统的腔调分层次地唱念亡者的好，思念亡者，请亡者忘了以前的冒犯等等。

新编民歌的歌词能感受到夏尔巴团结向上和对美好幸福生活的憧憬和向往。如歌曲《飞向天安门》：“夏尔巴山上的泉水，珍珠一样美，夏尔巴家乡的花儿呀，要数那红玫瑰。呃，要数那红玫瑰，要数那红玫瑰。啊呃，要数红玫瑰，啊呃，要数红玫瑰。夏尔巴的心呀，水晶一样明，夏尔巴姑娘的歌声呀，飞向那天安门，呃，飞向那天安门，飞向天安门，啊呃，飞向天安门，啊呃，

在定结县文化节上唱歌的夏尔巴妇女　2011 年

飞向天安门。”[163]

在一些特定的日子里，按旧俗要举行歌舞聚会，参与者围成一圈或半圈进行歌舞，圈中央放置各式酒水，供人享用，其举办地点为达嘎热索广场及伟萨确林寺前小广场。每年的藏历六月初四，陈塘夏尔巴会在伟萨确林寺前广场进行歌舞荟供。他们围成圆圈跳着传统的夏尔巴歌舞，唱着老歌谣，一般是男人起调，唱一句，女声再跟进，然后搭脚，二人或三人手放在其他人身上，转小圈。圆圈的中心，放着酒水饮料。累了，就坐在木栏上休息一下；喝多了，要不被家人架走，要不就靠着赤巴查垛石头或坐在木栏杆上小睡片刻。当天歌舞的以老人为主，不时有小辈们过来给每人敬献哈达、敬酒。走过路过的人会被老人们拉着，要求买酒水供他们享用、助兴。

独乐乐不如众乐乐，这或许就是陈塘夏尔巴的歌舞的诉求及精髓呢！

年节与夏尔巴多罗洛萨

陈塘夏尔巴有三个年节，第一个年节在藏历十一月一日，是为最早的年节，称为多罗洛萨（སྟོགས་ལོ་ལོ་གསར།），此时正是他们收割完鸡爪谷后的空闲，要举行射箭比赛、进行集体歌舞狂欢等；第二个在藏历十二月一日，为索朗洛萨（སོ་ནམ་ལོ་གསར།），与后藏日喀则的新年同日，正是夏尔巴结束一年忙碌，享受休闲时光的时候，届时陈塘藏戏团会举行嘛呢（མ་ཎི།）表演，又称为嘛呢洛萨；最后的年节在正月初一，与传统的藏历新年同日，叫米罗钦布洛萨（མི་ལོ་ཆེན་བུ་ལོ་གསར།），是最为隆重的，在一般情况下要举行盛大的堆垛（དུས་སྟོར།）[164]仪式，通过此仪式，消除所有参与者在过去一年

年节中着夏尔巴盛装的儿童　2015 年

里产生的罪恶与污秽，以新的面貌迎来新的一年，所以也称为堆垛洛萨，

每个年节来到之即，陈塘四村每户都要派出一人，一起打扫公共卫生，这时陈塘镇是最干净的。此时又值一场狂欢大会，所以各种酒水的销量会比往常大幅提高。在最隆重的米罗钦布洛萨开始前，要杀羊宰牛、换粮做酒、准备柴薪、打扫房屋等等，给小孩准备礼品和新衣也是必不可少的，并择吉日举行堆垛仪式；年初一，有佛龛的家庭一早要点燃佛龛中的酥油灯供佛，家庭成员须对着佛龛磕三个头，祈祷神灵保佑，在新的一年里平平安安、心想事成等；早餐要喝用森玛酒、鸡爪谷粉、奶渣及豆子一起熬煮的羌哥（ཚང་གི་ཐུག་པ།）粥，当天若非盛情邀请，是不能去别人家的。初二早上吃完肉包子，就可以出门拜年了。

在每个年节上，会举行供全体陈塘人观赏或参与的活动、仪式。此节主要讲述多罗洛萨，在两个年节中举行的嘛呢表演及堆垛仪式将在下文单独讲述。

除了这些全员参与的活动之外，索朗洛萨与米罗钦布洛萨期间也是各家各户举办各种宗教仪式及婚礼的最佳时节。届时，很多村民的房前室后，院内屋外，都有各法师的身影，各种仪式按照传承，日以继夜地进行着，让人目不暇接，着实热闹。

2015 年由于须全力以赴地进行灾后重建，在政府要求下，当年多罗洛萨的各项活动取消。2018 年的多罗洛萨因有亡者火葬，不宜举行盛大的娱乐活动，所以推迟一天开始。

多罗洛萨持续四天，从藏历十月二十九开始到十一月初二结束，各有不同的活动及仪式。二十九那天称为“古吐”，当天晚上要吃称为“益利”的疙瘩汤，其做法与藏族新年时吃的古突面疙瘩汤类似：肉汤中加入面疙瘩熬制而成。但夏尔巴的面疙瘩中不加其他东西，而藏族会在面疙瘩里加入各种如辣椒、羊毛、牛粪、木炭等异物，然后视食得某物再以此相戏，合家娱乐。

三十那天叫“南抗”（གནམ་གང་།），早上要吃羌哥粥，须待在家中，不能去别人家拜访。在当天晚上，多罗洛萨的召集者[165]要组织四组人，先在陈塘达嘎热索广场上集合，再按分好的“片区”一一到每户家中，进行雅各活动。一组人员基本上是四个人，两个大人两个小孩，进入家中后，一大人向主人唱起古老的雅各歌，祝福主人及家庭，如“爸爸的身边有吃不完的大块肉，妈妈有喝不完的大桶酒，家中的牛羊多得看不过来，谷

达孜活动中，需向木靶射击 2018 年

仓的钥匙多得分不清了，家庭越来越兴隆和睦”等等。它每一句歌词最后都以“拉索”结束，这时两个小孩就地高声合着“雅各，雅各”，唱完之后，主人随心意给另一个大人鸡爪谷酒或现金，他们再去其他家继续。雅各活动上收来的酒、现金及其他物品，将在随后两天的活动上使用。

十一月初一叫“赤几”（ཚེས་གཅིག），是为多罗洛萨的最重要的日子，早上要吃森玛酒与小圆面团煮在一起的像醪糟汤圆的赤日（ཚེ་རིལ།）汤，下午举行最重要的活动达孜（མདའ་རྩེད།）射箭比赛。与林芝的工布新年射箭比赛相比，夏尔巴的达孜活动比较简单，更注重射箭的“实用性”，类似古代弓箭狩猎的真实体现。它的参与者只限男性，不限定家庭与身份。在开始之前，必须要把弓与箭准备好。每个人可使用两支竹箭，其箭体由细直的竹竿制成，竹竿上有方便辨识的显著标记；

有的参与者头戴传统的“索夏”帽，身着藏装，以示对活动的尊重　2018 年

与毒箭的三角形箭镞不同，它的箭镞为锋利的尖锥状。所使用的弓很简单，由竹片制成，而弓弦为麻绳或化纤绳。

达孜活动固定在陈塘镇中心小学北面的田地上举行，届时田地两头各立有高约 1 米、宽约 30 厘米、相隔约 20 米的木板，相向面的上部都有用黑木炭画的倒三角形[166]箭靶，靶心是在箭靶中画出的“圆盘”。这两块画箭靶的木板各有不同寓意，左侧的代表过往一年的波折与磨难，右侧的则预示今年的运势。在场地的北上方，坐着一排德高望重的老人、法师、领导及在现场为达孜活动提供奖金的群众。奖金提供者限男性，他提供奖金时要附上一条哈达，现金与哈达会被夹在一根长竹竿的上面，先是插在他的前方，随着活动的进程，再插到木靶的旁边。竹竿上的哈达由射中者获得，上面的现金由提供者决定用途，如全

达孜活动现场　2018 年

部给射中竹竿者，如只给一部分，剩余的作为多罗洛萨的活动经费等。

活动开始后，参与者先是以一侧的木板为界，射向对面的木板，以射中三角形的箭靶为佳，射中圆靶心为更佳，若射中插在木板旁的夹有哈达与现金的竹竿为最佳，他不仅会得到大家的尊重，其他参与者还会大声喊叫“哦嗦嗦嗦嗦”，并一起用力把他抛向天空。参与者每人可射击两次，按射中靶次数累计成绩。射完后，大家移到另一侧的木板旁，捡拾自己的箭，再向对面的木板进行射击。如此数轮后，活动暂停，这时参与者一起把获胜者的箭用哈达包起来，交给一位德高望重

老者把获胜者的箭用哈达包起，面对着“观众”唱着祝福的歌曲 2018 年

夏尔巴新年的歌舞聚会“全佳”，圆圈中间坐在酒桶旁的为“同本” 2018 年

的老者，由他手持箭，唱起献给获胜者的祝福歌，其大意是：你是勇者，是强者，是神射手，将来一定会取得好的成就等等，最后以“拉加啰，拉加啰”（意为神胜利了）结束歌曲，然后继续进行射箭活动，直至天黑。

初二叫“赤本尼”（ཚེས་པ་གཉིས།），当天亲朋好友相互拜访聚会，晚上要在达嘎热索广场举行歌舞聚会全佳（ཚོན་རྒྱལ།）。在聚会上，德高望重的老人们在坐北朝南的位置上坐成一排，盛装的妇女在另外三面围成半圆形，表演夏尔巴歌舞，老人兴趣来了，也会不时上前歌舞。在半圆的中央，放着两大桶鸡爪谷酒，有两个管酒的总本（རྫོང་དཔོན།），他们招呼所有参与者过来喝酒，直至所有人尽兴而归。

多罗洛萨上的雅各、达孜、全佳等环节都由阿亚来主管。阿亚楠玛相对固定，近些年都是云丹诺布（冲巴优领巴茹居，比塘村），他也是藏戏团的负责人。阿亚琦玛相对不固定，2018 年分别为普布丹增（梯格巴向令啊茹居，比塘村）、诺布江参（冲巴哒咕瓦茹居，萨里村）、贡嘎（冲巴楚鲁塘卡茹居，修修玛村）、桑布（冲巴楚鲁塘卡茹居，萨里村）。其中，普布丹增分管雅各环节，诺布江参分管全佳环节，贡嘎统筹达孜环节，达孜中的现金计账及发放任务由桑布分管。

藏戏嘛呢

陈塘夏尔巴称之为“嘛呢”的藏戏表演，相传是由江孜藏族甲本却甲（རྒྱ་དཔོན་ཆོས་རྒྱལ།）传入

云丹诺布在表演中　2015 年

的。如今在陈塘表演藏戏的是一个准自发性的群众组织——陈塘藏戏团，它没有经费，没有编制，没有固定的办公场所，平时经费不足，用戏团结余经费发放贷款，100 元年利息 1 元，是补充经费的一种好办法。其负责人云丹诺布（ཡོན་ཏན་ནོར་བུ།）出生于 1953 年，他 20 岁时，向热丹、加巴、桑丹、次烈琼加、黑竹佳党等五位老师拜师学艺。

虽然很多陈塘人认为嘛呢与传统的藏戏不同，但他们的藏戏团只表演三种曲目：《曲杰诺桑》（ཆོས་རྒྱལ་ནོར་བཟང་།）[167]、《朗萨文波》（སྣང་ས་འོད་འབུམ།）[168] 和《智美更登》（དྲི་མེད་ཀུན་ལྡན།）[169]，都为传统藏戏八个经典剧目的范畴。这些藏戏的演出都要延续数天的时间，其中最短的《智美更登》要 6 天，而《朗萨文波》则要演出 8 至 10 天。原来还表演一出名为《帕多》（བར་དོ།）的藏戏，在表演中可应信众要求，用糌粑做出称为米格扎嘎（མི་རྟོད་དགྲ་འགག།）男女生殖器，再送给信徒，它有让家庭和睦、阻挡他人妄言等功效。由于在某次演出中演员发生死伤，当年陈塘又暴发泥石流等自然灾害，所以这出藏戏就不再演出了。但若信众在藏戏表演中向云丹诺布提出要求，也可制作米格扎嘎法物，在表演中送给他。

云丹诺布说，夏尔巴在欣赏这些传统的经典剧目时，会潜移默化地受到与人相敬相爱、明辨是非、惩恶崇善等启迪，所以出于责任心，除有几年因为演员不足而中断外，每年都会在陈塘如期演出。而且演出地点必须在达嘎热索广场，这是一条不能改变的规矩，尽管如今由于频繁的旧房改造，广场越来越逼仄，人口的快速增长带来观演人数的增加，观演时会感觉快要被挤成相片了。20 世纪某年在外地表演后，有两个演员当年相继过世；某年表演场地搬到陈塘镇其他地方，又发生不幸。于是，人们认为轻易改变演出场地会给演员带来不幸，会带来未知的恶果，所以无论多拥挤，嘛呢表演都要在这广场上进行。另外，达嘎热索在古代是陈塘的一个宗教重地，曾经有三个大佛塔，出土过金铜佛像，在此表演能得到佛法的加持，这也是个重要的因素。

嘛呢的表演时间大都是在索朗洛萨期间进行，从初一到初七一连七天，所以索朗洛萨也被称为嘛呢洛萨。若当年的藏戏在这七天内没有演完，可以顺延到下个月的米罗钦布洛萨中进行，还是从初一开始，也可以在第二年的索朗洛萨中进行表演，这时需先把头年的剩余部分表演结束，才能开始新的藏戏。

初一的下午，藏戏团在达嘎热索广场北侧用竹席围个竹屏，在下面摆上鼓钹手的座位，东北侧搭一个坐北朝南的供台，放置唐东杰布像及其他宗教器皿，连续几天的表演从搭建这个场地开始。屏风不仅对供台的佛像、酥油灯等宗教器物起到保护，也是长柄木鼓的悬挂场所。藏戏只有长柄木鼓及铜钹两种乐器伴奏，演奏它们只有一个人，所以要把长柄木鼓挂起来，这样双手敲打铜钹的时候，还能用曲柄的鼓槌击鼓。

摆上供台的唐东杰布像为木制圆雕，全身漆黑，身体被白色及黄色哈达包裹，只露出头部。其前面放有酥油灯，它用菜籽油做燃料，并放在盛有大米的铜盘中央；左侧放着朵玛供盘，里面的三个朵玛放在细木屑上面，它们都用鸡爪谷糌粑制成，呈圆锥形，在其顶端贴有三片酥油。把酥油灯点亮后，大家先祈请唐东杰布护佑藏戏期间天气良好、平平安安、不发生意外事件等，然后一起给他磕三个头。其他信众也会向唐东杰布献上哈达（以黄色为主），再对着他磕头，祈求保佑及加持。

每天藏戏是从三个队员的表演开场的，他们身穿用黑色氆氇制成的藏式上装、红氆氇材质的宽松裤子，腰缠红白相间的大围巾，并系有黑白相间的牦牛毛绳编成的网状裙，其底端挂着红色或白色的璎珞，这样在高速旋转时，因为璎珞的重量，裙的下方绳结能够甩出去，使观赏性得到极大的提高。演员脸戴祖传的黑色三角形面具，面具上面点缀有白色的海贝（有人认为这海贝象征天上的太阳、月亮和星星），上部开有两个眼洞；头上缠着红色的围巾，在后脑束成长条，被腰间的大围巾固定起来。夏尔巴把这三个角色叫作温巴（རྔོན་པ།），除了开场戏，也会间杂在正戏之间进行表演。温巴需要充沛的体力和高超的技巧，新一辈的嘛呢队员还没有掌握，现在还只能

温巴面具　2015 年

女性角色需“男扮女装”　2014 年

由云丹诺布及与他年龄相近的两位老者来表演。

嘛呢藏戏演员只能为男性，对于戏中的女性角色，如公主、仙女等等，则要男扮女装，头戴五佛冠[170]，身着花绿的女式演出服。在演出期间，演员必须遵守以下戒律，一是在演出期间绝对不可发生性行为；二是在当天演出开始直到结束都不能解手，而且在演出过程中，对于某些近乎恶作剧的敬酒，都不能拒绝。这些戒律极大地提升了嘛呢表演的观赏性与神秘性。如果演员不能遵守它，不仅说明他定力不足，功力不够，也是对喇嘛唐东杰布的不尊重，这会带来表演时的差错、受伤及之后的各种莫名厄运。

付出总有回报，演员们在给陈塘夏尔巴带来饕餮盛宴的同时，也给他们带来身份的转变——从普通人升为宗教人士，如可以像法师一样给酒献新，可以像洛苯喇嘛一样对信众进行摩顶加持，甚至还可以为亡者超荐等等。此时，若说藏戏表演是寺院中举行的宗教仪式，那其表演者就相当于寺院中的僧人。也如寺院中的仪式一样，夏尔巴会对藏戏团进行供养，但其方式特别，除了私人自愿之外，更多的是以集体的名义按一定顺序进行的。

第一天是藏戏团的演员家庭供养，为当天表演提供后勤保障，如朵玛、酒水、一日三餐等。

第二天是扎伊喇嘛（ཙ་བའི་བླ་མ།）[171]供养，由陈塘夏尔巴所有的宗教人员，洛苯、喇嘛及堪卓玛

个人给藏戏表演送来土豆、酒醪供养品　2015 年

制作嘉赫　2014 年

进行集体供养。先是各个法师以家庭为单位，把供养的物品送到指定的法师家中集合。在此同时，用鸡爪谷糌粑制作一个巨大的锥形物嘉赦（ཀྱར་ཟན།），其表面贴有用酥油制成的花朵、小动物、日月等吉祥图案，两侧对称插上十多支穿有苹果、土豆、鸡蛋、牛肉等物品的竹签，最后，竹签上的物品还要一一贴上小片酥油，包括中央缠着哈达的竹竿。

制作好的嘉赦装在脸盆里面，由洛苯法师端着，走在送供品队伍的最前面。到了小广场后，其他供品摆放在一旁，嘉赦摆在小广场的中央。演员们先绕着它转三圈，再由两个演员把它从脸盘中取出，放到云丹诺布的头顶上。这时有一个规矩，即嘉赦不能从头上掉下来，插着各式物品的竹签也不能掉下来，所以他不仅头要伸直，身子也要尽量地保持平衡，不能乱晃。由于硕大的嘉赦很沉重，鸡爪谷糌粑又比较软，戴上它后的云丹诺布眼睛与耳朵都快被遮掩住了。他顶着嘉赦在小广场边走边舞一段时间后，停下来，用手去摸插在嘉赦竹签上的物品，然后说出这物品的名称及意义。

整个嘉赦代表着珠穆朗玛峰，上面的物品各有含意：最中央系有哈达的竹竿叫“丹巴塔觉”（བསྟན་པ་དར་རྒྱག），是为祈求世界和平，不起争端之意；插有牦牛肉的竹签叫“亚夏嘎巴”（གཡག་ཤ་ཀ་པ།），摸到它时，云丹诺布要说“谁的下面红呢，你的还是我的”以娱乐观众；插在竹签上的鸡蛋是付给他的象征性费用；土豆、苹果等物祈请五谷丰登；各种酥油动物代表在珠峰生活的各种动物，有为它们祈福之意。

送“嘉赦”及供养品的队伍　2014 年

之后，云丹诺布还必须做出三个基本动作。一是“羌杂”（ཕྱག་འཚལ།），即顶着嘉赦躺在地下向唐东杰布致敬，他双腿先是站成弓步，再双手撑地，试着躺下。躺下后，再双手合十，口中念诵经文祈祷，然后缓缓地站起来，如此三次。第二个是“达甲就”（མདའ་རྒྱག་རྒྱུ།），即顶着嘉赦射三次箭，意为震慑鬼神，所用的弓箭是第一天带到供台上的；第三个是“喇嘛古鲁”（བླ་མ་གུ་རུ།），需顶着嘉赦，边走边舞一番，意为娱乐神佛。之后，嘉赦才会被取下，它经过这个仪式的加持后，拥有神秘的力量，将被藏戏团成员分食。

第三天的供奉团体叫“本布”（དཔོན་པོ།），即镇政府与村干部及其家属，也包括护林员等人。

第四天为富有家庭巴若（ཟ་རོ།），它只有四五户人家。

第五天是不富不贵的中等家庭增巴（འབྲིང་པ།）。

第六天为经商的生意人叫做循巴那就玛（གཞོན་པ་ན་ཆུང་།）。在以前的供养人群中，并没有这个群体。

第七天为未婚的年轻男女。

无论是哪个团体进行供养，送供养品的男女老少都会身着盛装，分成男女两队，依次从小广场西侧的小口子入场，他们把手中的供品一一摆在供台旁边，再分批向供台磕三个头，然后散开，向演员敬酒或观看表演。奉上的供奉品随心随力，品种不限，土豆、鸡爪谷、糌粑、玉米、荞麦都可以，人民币不是私下给的，它要平插在堆在铜盘里的粮食上，让观众能清楚地看到。

观众席也是有讲究的，在供台东侧的底下一排，是陈塘地位尊贵的男性专座，如老洛苯法师、老喇嘛、老村镇干部等，普通人即便被相识的长者邀请到身边坐下，不久也会被维持次序的人赶出来。普通观众只能见缝插针，或坐或站，围在四周观看。

云丹诺布顶着“嘉赦”躺下，向唐东杰布致敬　2014 年

顶着“嘉赦”跳名为“喇嘛古鲁”的舞　2014 年

每天的藏戏演出结束之时，也就是广场歌舞聚会的开始　2015 年

每天表演结束后，意犹未尽的村民会在广场上跳唱传统的陈塘歌舞。其中央摆有酒水饮料，大家围着它们歌舞，虽然天已黑，且灯光昏暗。

这样的藏戏表演是陈塘夏尔巴专属的视觉盛宴与狂欢。

生仪

在很长时间内，洋红色处墙的陈塘卫生院是陈塘镇最好的建筑之一。但很多陈塘夏尔巴还是习惯在家中分娩，有些孕产妇因此而发生事故，在田野调查中，也时常听到因难产而发生的不幸

“住院分娩好”的宣传标语　2015 年

的事；在镇内能看到用藏汉两种文字写在石头上的宣传标语：“住院分娩好，母子保平安”，也似乎反映了这个问题。

在旧时的陈塘，一般是在偏室而不是在主室进行分娩，若有接生婆在场是最好的，但她常常因为消息不畅或路途不便而不能按时到达，这时只能由生育的家庭独自面对。婴儿出生后，须尽快把胎盘及母亲的脏衣服包起来，在野外挖个洞埋起来，避免给猪、狗等动物翻出来或是吃掉，这样对母子不利。也要尽量避免非直系家庭成员

夏尔巴幼儿　2010 年

到家中造访，他人无意间带进屋的莫名“邪秽”会对母子产生不好的影响。刚生育的妇女要杀鸡进补，若鸡不够，可以用晒干的青蛙熬汤替代。

孩子出生后的三天内，要请洛苯或喇嘛到家中举行托桑（ཐོར་བསང་།）仪式，用以消除由于生

育而给地方神、土地神及其他神灵带来的污秽与不好的影响。理论上此仪式开始的最佳时间为清晨第一缕阳光照射到珠穆朗玛峰顶峰的时候。在仪式中，法师需做一个代表或供奉给珠峰的披交（ཕུད་མཆོད།）[172]，祈请各路神灵的保佑，并用各种法器为刚出生的婴儿加持。若请的是洛苯法师，则用的法器有贲巴壶（བུམ་པ།）[173]、金刚杵[174]、长柄鼓[175]、单面钹[176]等。法师边念经边用法器做出各种动作，主人身穿白色的藏袍，右手持刀，刀刃向内，边摇晃边大声喊叫："喔索索，拉加啰，拉加啰"[177]。之后，洛苯法师用贲巴壶象征性地清洗婴儿全身，意味着洗涤、净化婴儿身上的污秽，洗刷婴儿生长中的障碍与逆缘。最后，贲巴壶还要洒向房屋四周，净化洗涤婴儿出生时对地方神、土地神及其他神灵的打扰。

婴儿出生三天后，须为其取名字，爷爷、奶奶取的名字为最佳，也可以请为婴儿举行托桑仪式的喇嘛、洛苯法师或学识渊博德高望重的老者给孩子取名。名字与藏族的名字很相似，主要以日月星辰、吉祥词语、宗教词语为主；音译成汉语时，以两个字或四个字为主。男孩名多为、达瓦、尼玛、普布、嘎玛、多吉、巴桑、诺布、丹

为婴儿举行的拉薪仪式　2015 年

双手戴子母贝手镯的婴儿　2015 年

增、贡布、扎西、次仁、平措、群培、赤烈等等，女孩多叫拉姆、央金、卓玛、德吉、美朵、边巴、米玛等。四个字的名字多为复合名字，如巴桑诺布、多吉平措、达瓦桑布、扎西次仁、达娃次仁、央金拉姆、次仁德吉等等。

因为重名的很多，有时在称呼时，会加上村名及大、小等前缀，如比塘村的大巴桑。也有一些名字与常见的藏族名字不一样，如塔杰、杰阿、日吉、朗木加、举白、却旺、南加、南萨等名字。

父母还必须在男婴周岁前，择吉日为他举行拉薪（ལྷ་ཤིང་།）仪式[178]，沟通茹居神、土地神及其他神灵，以护佑男孩的健康成长，抵抗防御所有不祥之物及邪祟对他的侵犯。举行仪式时，须由他的舅舅来砍拉薪达巴（སྟག་པ།）[179]树，并伺候洛苯法师，当法师的助手。一般没有为女婴举行拉薪仪式的习惯，但在父母强烈要求下或是洛苯法师占卜后认为若不为女孩举办此仪式会有大灾难的情况下，也要为她举行此仪式。这时，也是女孩的舅舅砍拉薪树，但树种不是红皮桦树，而是柳树。

初生的小孩若身体不适，要在门口及小孩睡觉的床头上贴巴尔嘎符咒，以驱除侵犯小孩的邪

玩雪的小孩　2015 年

在竹筐中的婴幼儿　2014 年

婴幼儿的岩葬点 2015 年

为小孩举行与清净除秽有关的仪式 2017 年

秽恶灵。平时，小孩还要戴上子母贝（ལག་སྒྲོན།）[180]制成的手镯以避邪。

若一二岁的小孩身体不好还经常生病，而且久治不愈的话，这可能是小孩的生辰属相与家人不符或相冲，就需要考虑进行帕差玛差（ཕ་ཚབ་མ་ཚབ།），即给小孩“换”父母。帕差玛差的具体做法是在亲朋好友里请一对身体健康的夫妇做帕帕拉拉（པ་ཕ་ལ་ལྷ།）与阿妈拉拉（ཨ་མ་ལ་ལྷ།）。然后让他们来到家中，给小孩送上新碗及新衣服等礼物，并大声对孩子说，孩子不要怕，爸爸与妈妈来看你了，再对着孩子父母说，你们作为孩子的保姆，一定要尽心尽力地照顾好我们的孩子，若不用心的话，我们将对你们不客气。这样，这夫妇的身份在某种意义上转变为孩子的父母，而亲生父母则转变成为照看孩子的保姆。如此之后，若孩子的身体没有起色，除继续医治外，还可以多找几对夫妇来当帕帕拉拉和阿妈拉拉。

夏尔巴妇女有用嘴嚼碎食物喂婴幼儿的习惯，并习惯将孩子放于一个铺有垫子的长方形竹筐内，一侧插上一把小刀以避邪。竹筐两端系一根背带，平时则把筐放在地上，家人外出或干活时把背带套在前额背起小筐，若孩子在哭闹，用后背轻轻地颠筐起哄孩子入睡，孩子睡着后，再用毛毯把头脸遮盖住。

一岁以下的小孩夭折后，需把他（她）放到木箱中，再请洛苯法师把他（她）埋到占卜出来的相关地方。一岁以上的孩子，则由父母来决定是岩葬或者是火葬，一般以火葬为多，这时需请洛苯法师来做与超荐有关的“歇将”（ཤ་སྐྱབ།）仪式。若是为其举行称为“扎浦”的岩葬，需先用木板做出一个与孩子大小相似的木箱，在箱底放一层盐，取下孩子身上所有的首饰与服饰，把尸体清洗干净后，赤身抹盐装入箱内，再放到隐秘的山洞里，用石头封死洞口，避免猫狗等动物破坏尸体。最后在外面插上白色的塔党旗做标识。岩葬点固定在两处：一处在距嘎玛沟下游堪隆玛的山崖之上，另一处在准觉玛地方。

婚俗

纵观陈塘夏尔巴的婚俗，大致能分成提亲、订婚、试婚及婚礼等环节。相传旧时陈塘的婚俗比现在还烦琐，20 世纪八九十年代在老乡长尕米的大力游说之下，减少了一些不必要的环节，但贯穿其中的繁文缛节、神秘仪式及载歌载舞还是不可或缺的。

提亲、订婚及试婚

陈塘夏尔巴的婚姻以一夫一妻制为主，在陈

订婚仪式　2014 年

塘四村里，曾经有少量兄弟共妻的现象，如萨里村以前有一户、沃雪村有两户，都为两兄弟共一妻，如今已经没有这种情况了。目前藏嘎村与那塘村还各有两户一妻多夫的家庭。

实行茹居外婚制，即男女双方不能为相同的茹居，这是陈塘夏尔巴男女相亲、相恋、结婚的必要条件，也是不可违反的天条。对于藏嘎与那塘村，旧时陈塘四村的村民一般从两村中娶妻，很少把女儿嫁给这两村的男子。如今随着社会的发展及交通环境的改善，他们与其他民族通婚的情况也越来越多了。

旧时夏尔巴认为男孩 15 周岁后，身体发育及人情世故都基本成熟了，具备了独当一面成家立

订婚仪式中盛装的男方成员　2014 年

业的能力，所以当他或其家庭看中某女子（年龄可以小于 15 周岁），而且满足茹居的条件，就可以请能说会道的玛巴、相布、途布及他的阿亚楠玛提着一瓶白酒 [181] 与哈达到女方家进行称为“阿让党就”（ཨ་རག་བསྐྱལ་རྒྱུ།）的提亲：先给女子的父母献上哈达，说明想娶他们女儿的理由，比如此男子十分喜欢她、想一起生活、此女子性格温柔体贴、懂规矩等等。如果白酒被退回来，说明女方不同意。之后，阿亚楠玛与玛巴等人择日再去提亲。若这白酒被退回三次，女方就必须向他们说明不同意婚事的理由，比如女儿心中已经有意中人，也收下了意中人的定亲之物等等。若没有正当理由的话，提亲人就会问，你为什么看不上小伙子，难道他是要饭的？难道他身心不健康？难道他有什么见不得人的事？必须给一个合理的缘由方才罢休。若女方收下白酒，并与亲朋一起把它饮完；择日再回一桶鸡爪谷给男方，这说明女方同意这门婚事。

之后，男女双方相处一段时间，若感觉比较合适，就会举行称为“开古所玛”（ཁེ་ཁུར་གསུམ་མ།）的订婚仪式，它不仅会让双方家人关系更密切，也向外人宣示未婚夫妻的关系。经与女方协商，择吉日，先由玛巴背着大桶称为开古所玛的颇羌在前，后面跟着四位头戴黄色噶夏（ཆར་ཞྭ།）[182] 或索夏（སོག་ཞྭ།）[183] 帽子，身穿红色或白色氆氇衣的特定男子，其身份分别为：阿亚楠玛、途布、相布、明沃。他们到达女方家后，与女子的直系血亲如舅舅、叔伯及女子父亲的阿亚等喝订婚酒，举行订婚仪式。第三天，男子在某个阿亚的陪同下，一起到女方家，确定他在女方家生活的事宜，这在陈塘夏尔巴称为“玛巴温追”。之后男子在女方家住下并共同生活，一起生产劳作，这时间至少是一年以上，类似于现今的“试婚”。

尼泊尔夏尔巴也有试婚习俗，还有特别的试婚楼：“女孩长到 14 岁时，父母就让她出门自由结交，同时分一间小屋给她，有钱人家还单独为女儿修建一座小木楼，让她晚上一个人住在那里。

她选中了男朋友，可以引导他暗地里到小木楼来夜宿，父母即便知道了也不干涉，而且还要向小姑娘讲解两性接触和两性生活的知识。住了一段时间，他们双方如果满意，便由男方托媒向女方父母送礼，征求订婚。订婚后，未婚夫就可以公开地住在姑娘的小木楼里。如果任何一方感到不满意，招呼一声就算解除婚约，男方得立即离开小木楼。不过，多数男人能顺利地进入下一个阶段，即生孩子。有了孩子后，男女双方才宣布互为从属关系，于是男方正式向女方及其父母求婚。通过一定的仪式，正式确定夫妻关系。确定了夫妻关系后，如果两人之间还出现感情危机，通过协商，丈夫付给妻子一笔孩子的抚育费，便可离开女方，或者把孩子带走。如果能继续和睦相处，那么可以确立终身伴侣关系，女方带着孩子移居夫家，再举行隆重的婚礼。”[184]

陈塘夏尔巴也这样认为，青年男女之间的了解、沟通，再没有比在一张床上睡觉的方式更好了。即便如此，在一时也难以深入了解和沟通，所以试婚期要长，要生育孩子，长到双方都能经得起承担共同责任所带来的信任和考验，这时间往往持续数年，数十年之久。

婚礼

订婚之后，何时举行婚礼，旧时有两大条件：生育子女与新房落成。在古时，生育有子女且必须生育有男孩是结婚的首要条件，关于这条规矩，有人说，连孩子都不会生，这种女人娶来做什么呢？若男方不是家中可继承房产的小儿子，婚后的新房落成竣工也是一个必要条件。在新房落成之前，男方一般住在女方家。

近几年，陈塘夏尔巴结婚都会到政府民政部门登记，领取结婚证，以获得政府对婚姻关系的认可与保障。但在陈塘夏尔巴的心目中，按旧俗举行称为“帕令”（བག་ལེན།）的传统婚礼是男女双方成为夫妻的标志，领了结婚证而没有举行此仪式，其婚姻关系是不被他们承认的。

相对于提亲、订婚、试婚而言，婚礼是最隆重与烦琐的，其举行时间以冬季为多，这时亲朋好友大都从夏营地回到冬营地了。大家聚在一起，共同祝福新人，畅饮喜酒，并一起参与夏尔巴语中称为“玛巴萨巴”（མག་པ་གསར་པ།）的新郎与称为“那玛萨巴”（མནའ་མ་གསར་པ།）的新娘成为夫妇的各种传统礼仪，见证他们的婚姻契约——约定在今后的生活中的权利与义务，包括如果离婚后的财产分割。虽然最核心的内容都在晚上进行，但每次精心安排的婚礼都是一场文化庆典和亲友们的狂欢节日。

帕布拉巴仪式 婚事已定，繁简由己，虽然大致的仪式框架不会改变，但是在一些细节上还是会有差别。定下吉日后，通知各位亲友，安排婚礼仪式上各环节的各重要人士。其中，订婚仪式上的阿亚、途布、相布、明沃四个人是必须的，

对迎亲人员进行“攻击” 2015 年

他们是迎亲的主角玛觉巴（མག་རྒྱབ་པ།），其打扮与订婚仪式中一样。

在迎亲的前一天晚上，需要举行“帕布拉巴”（ཕ་བུ་ལ་པ།）仪式，参加的人员除了第二天的主迎亲人阿亚楠玛、途布、相布、明沃四人之外，还有洛苯法师[185]、一位作为见证者的政府官员及数位帕布（ཕ་བུ།）[186]。在开始之前，新郎家的玛巴在夏玛的帮忙下先杀一只公羊，把羊皮剥了，清洗干净，切成不同的部位，用于分给特定的人士；用羊血合着糌粑粉与调味品，灌入洗净的羊肠中，做成羊血肠及一个久玛（རྒྱུ་མ།）[187]，并把它们煮熟。

之后，阿亚派夏玛把要参加仪式的人一一请来。人员到齐后入座，座次很有讲究：阿亚们坐一侧，另一侧依次为洛苯法师、政府官员、途布、相布、明沃及各位帕布。除了帕布，每个人的座位前都摆着一小桶颇羌，供其畅饮，而所有的帕布则共饮被称为“帕羌”（ཕ་ཆང་།）的一大桶颇羌。洛苯法师到达现场时，须先给帕羌献“酒新”。

用完新郎家提供的晚餐后，夏玛依次为人们端上放在称为“帕不洛”大树叶上的、贴着酥油的各种羊肉及一段羊血肠：为途布端上的是羊头，希望婚后他能带领新人一家走向正确的道路；给相布端上的是羊左前脚（含蹄子），希望婚后他能为新

人提供足够的经济支持；给明沃端上的是羊左后脚（含蹄子），希望婚后他能为新人提供必要的人力上的帮助；给阿亚楠玛的是羊脖子，因为他在婚礼中承受的责任最大，就如牛耕地时，其脖子受力是最大的（此羊的右前腿为新郎家享用，右后腿与左肋排在仪式现场给夏玛与帕布享用，右肋排送给陪新娘出嫁的姑姑）。

主迎亲人都收到羊肉后，阿亚楠玛站起来说道："各位帕布们，明天我们将把新娘娶回来，你们与新郎的茹居都一样，请不要打新娘的主意，不要去勾引她，与她发生不正当的关系。"说完，每一个帕布代表依次起身，来到"帕羌"酒桶前，举起右手，边吸酒边表态说，"我们不会勾引新娘的"。各个帕布表态完之后，阿亚楠玛说："新郎站到中间来。"这时新郎右手拿着一枚崭新的银币站到中央，说，"结婚之后，我发誓不再碰别的女人，若我不能遵守，我将一无所有离开这个家"。阿亚楠玛问，"你能守誓吗？"新郎回，"我能守誓"。然后把银币给阿亚楠玛。此时所有人叫到"呵雷嗦"，意为"真好呀"。

接着，阿亚楠玛拿着这枚银币站起来，说："途步、相布、明沃，你们明天可以出发去迎请新娘了。"然后把银币递给途步，此时，所有人又叫"呵雷嗦"。途步回答："我知道新郎的心意，明天不管发生任何情况，如河水暴涨、泥石流爆发，我们都要把新娘接回来，这个银币我拿了，明天我们一定要把新娘接回来。"所有人又叫"呵雷嗦"，结束帕布拉巴仪式。

回去的时候，要按阿亚、途步、相布、明沃的顺序出门，他们的后面都跟着一个夏玛，抬着他们收到的羊肉"礼物"。在路上，夏玛要和他们开玩笑地说，你的东西像山一样重，快把我压死了，我家里有老婆孩子与老人，我死了他们怎么办？此时须回答，我给你几千块钱，你一定不会死的，把我的东西好好背回去。夏玛回，那路上你要准备好吃好喝的，我们一起回到家中吧。到了家后，家人要给夏玛准备好酒，供其享用。这些夏玛也是参加第二天迎亲的迎亲人。

迎亲 第二天，时辰一到，男方的迎亲队伍就出发到女方家迎亲。这是一个只限男性的大队伍，打头的为一个父母双全的青年，他高擎着茹居旗；四位主迎亲人按途布、相布、明沃及阿亚楠玛的顺序行走，他们无论下雨与否，都要撑上雨伞[188]，有人认为这表示富有和热闹[189]；还有两位玛巴各背着近一米高的大酒桶，里面装满送给女方的颇羌；后面跟上的是亲朋好友及昨天参加帕布拉巴仪式的夏玛，欢歌笑语地走成一条逶迤的长队。曾经迎亲时有放火铳的习惯，如今变成了凑热闹的小朋友扔的“摔炮”[190]，也是很有气氛。

有夏尔巴把迎亲戏称为“抢亲”，它需要按照古老的传统“剧本”进行。到了新娘家门口，迎亲队伍并不能在第一时间进入家中。新娘的亲友会关闭大门，搭高门槛，在上面设“独木桥”。四位主迎亲人进房前须从架在高门槛上的独木桥上走过，这时事先爬上房顶的新娘亲友就往迎亲人身上泼水，扔扎人痒痛的刺草，抛掷雪球、土块等物品。这时，迎亲人的雨伞就派上用场了——把扔过来的各式物品一一挡住；之后，新娘家人把独木桥等路障拆除，背酒的玛巴与其他迎亲人依次来到新娘房门前。此时，房顶上还会源源不断地往下泼冷水抛杂物，令人防不胜防。

到达紧闭的大门外后，需要主迎亲人低声求情，门才会打开。队伍进入大门后，新娘亲友要与迎亲人员模仿抢亲与反抢亲的动作，据说闹得越凶越乱，新人会越幸福。双方面红耳赤的怼、跺脚、推搡，不时有人被推倒在地板上，引起众人大笑，爬起来还是继续闹。往迎亲人员身上泼凉水是新娘亲友乐此不疲的游戏，有些女子甚至追着小伙子，把他按倒在地，扒开裤裆，往里面倒水。此时此刻，似乎在举行泼水节。

混乱只会延续几分钟，然后迎亲人给新娘父母、舅舅、姑姑等长辈献哈达，并滔滔不绝地说着吉祥美满的应景话，并献上背来的两桶颇羌。最后说的是新郎的肉、酒及家中的金银财宝都送

迎亲人进入新娘家后的“抢亲”环节　2017 年

迎亲人送两大桶鸡爪谷酒给新娘家人　2015 年

过来了，新娘的父母准备好了吗？我们诚心诚意地过来迎亲，希望新娘跟我们早点回去等等。

之后，把茹居旗固定好，途布、相布、明沃、阿亚、玛巴等迎亲人须回到新郎家，参与必须举行的名为“孔桑”（གུང་བསང་།）的小型仪式。这仪式有在途中、中间举行供养或进行洁净之意，搭有祭坛，像缩小版的拉薪仪式，它祈请颇拉、土地神及山神等各路神灵接纳新娘（以颇拉为主），并安抚它们因婚礼活动受到滋扰而产生的不满，保护新娘路上平安，婚礼圆满完成。若没有举行此仪式，则不能进行婚礼的扎西玛各（བཀྲ་ཤིས་མར་བསྐོད།）环节。在仪式中，玛巴是法师的帮手，法师在祈请颇拉附体时鼓声密集。这时候，途布、相布、明沃、阿亚及新郎等人一起为神灵助力，他们右手拿着刀刃上贴有酥油的棋刀，刀锋向内，站成一排，身体配合着鼓点，嘴上喊叫着“索和，索和，索和，拉加啰”。叫喊“拉加啰”时要又快又大声，同时向上举起弯刀到头顶，再随着鼓点，摇晃着身体，转着圆圈，跺着脚，嘴上发出拖长的“呀”的怪声。

接亲　孔桑仪式结束后，途布、相布、明沃、阿亚等四位迎亲人及其他人再回到新娘家接亲。这时，新娘家旁的田地上，已经摆设成新娘接礼用的场地：两排用卡垫铺成的座位，中间放有一排用来摆放新娘陪嫁品及贺礼的矮凳。卡垫是东西方向的，坐在上方坐北朝南位置上的是数位证婚人，他们都为男性，有政府官员、法师[191]、新娘的舅舅、叔叔及一二位帕布（ཕ་བྱ།）[192]，其座前都放有一桶颇羌。

玛巴背来的两大桶颇羌分别摆在边上，插着数根吸管，其中插有竹条的称为“拉卜羌”（ལབ་ཆང་།），为新娘直系亲属专享，经新娘叔叔阿古（ཨ་ཁུ།）邀请，他人也可以吸这桶酒；另一桶叫“洒羌”（ཟ་ཆང་།），是可以共享的喜酒，前来送礼的人，都会吸几口沾喜气。在喝酒之前，新娘叔叔手持装有森玛酒的古瓦（ཀུ་བ།）[193]壶，站在两个

新娘收礼现场，证婚人与迎亲人相向而坐　2017 年

大酒桶旁，说着我从小看着新娘长大成人，她是个好女孩，新郎我也很满意，祝他们婚后相敬如宾，幸福美满，子孙满堂等等之类的话。然后，他喝一口森玛酒，其他人就可开始享用这两桶酒了。除此之外，新郎还要单独送给新娘母亲一桶叫“阿妈流仁”（ཨ་མ་ནུ་རིན།）的酒，意为给母亲的“奶费”，感谢岳母这么多年来抚养照顾新娘，它将由新娘家的女性直系亲属享用。

四位迎亲人到达现场后，先是站成一排，由阿亚向证婚人表示感谢，并说一些你们在百忙之中来做证人辛苦了，请你们好好观察不要出错，新娘新郎及家人都会感谢你们的，请好好享用面前的美酒等等话语。每说完一个事项，大家一起向他们鞠三个躬。然后，迎亲人坐在证婚人对面的卡垫上，新娘家人为他们各端上一桶颇羌，放在座位前面，供其享用。

不久，身穿白色藏袍的新郎来到现场，坐在迎亲人的后面，新娘家人给他端上一桶颇羌、一盘米饭及一大块带骨头的牛腿肉，请他享用。很快，专门给他定制的玛巴柯达（མག་པ་ཁོས་ཐག）竹箭就会送上来，插到他身边。玛巴柯达由青竹竿制成，顶端系有一根哈达，最顶端削成箭头形，塞着一张大额的人民币。竹竿上用绳子绑着各种物品，比如牛蹄、鸡爪谷、镜子、土豆、手机、白酒、香烟、尼泊尔嚼烟、化妆品、扑克、塑料方向盘等物品。这物品每个新郎都不同，代表着各种特定含义，意指在试婚过程中发现的新郎的各种缺点：比如牛蹄的意思是他干活的时候比较磨蹭，希望以后步子与速度都要快一点；手机指他时时刻刻在玩手机，浪费时间；镜子指他太爱惜容貌，经常照镜子；土豆是指他不爱惜土豆及粮食；白酒是说新郎嗜酒，要改掉这个毛病；扑克之意是沉溺于赌博；塑料方向盘意为开车太快，要慢一点等等。通过这个现场把玛巴柯达送给新郎，并且把新郎的缺点及对他的意见说出来，一是希望亲友监督，二是希望新郎改正缺点。

之后，新娘父亲的阿亚楠玛给新郎送上一根

阿亚训导新郎婚后需对新娘好一点　2017 年

哈达，并训导他：从今天开始，我家女儿托付给你，你要好好地照顾她，不然的话，你跑哪里都跑不了，跑到山上，跑到海边，再困难再辛苦都要把你抓回来等等。新郎在拉卜羌酒桶里吸上几口酒后，与扛着玛巴柯达的一名新娘家的男性成员一起，回到家中。

新郎回家后，新娘与姑姑穿着布列孔当从家中出来，坐在迎亲人的中间[194]，开始接受亲朋好友的祝贺及礼品。这样，收礼现场就基本上固定了。数位证婚人坐成一排，对面坐着新娘与姑姑及迎亲人，他们中间摆放着矮凳。最先拿出来的是新娘的陪嫁品，大都是日用品，都会放到矮凳

收礼现场　2017 年

上。2015 年一位定结县干部给女儿的陪嫁品是：塑料大水桶、拉杆箱、卡垫、泡沫塑料床垫、铝制热水壶及平底锅、热水瓶、尼泊尔产的蒸馏酒器、铁制藏柜、红铜储物罐及大水缸、数十床棉被等等。

为了保证礼品能被准确无误的登记，除了证婚人，现场还需要以下几个特定的角色：叫作“冲英”（དྲུང་ཡིག）的记账师；称为“塔谢”（དར་བཤད།）的司仪，由新娘父亲最能说会道的阿亚担任；还有称为“塔邀”（དར་གཡོག）的司仪助手等人。除了献给新娘的白哈达是必须的，亲友们的其他贺礼大都比较简单，基本是一盘粮食：玉米、鸡爪谷、青稞、糌粑、面粉等，然后在上面再放一碗粮食。这样的贺礼有个专门的称谓：却夏索地祖达（མཆོད་ཞལ་གསོལ་སྡེར་འབྲུ་དར།），其中“却夏”为碗之意，“索地”为盘之意，“祖”是粮食，“达”为哈达，合起来就是一碗粮食、一盘粮食，加一条哈达。无论送什么品种的粮食，在记账师的账本里，都记为粮食，有的亲友在却夏索地祖达之外，还会再给少许现金，也有送其他贵重贺礼的，如鸡爪谷酒桶、首饰等。这些都被记账师记录下来，方便事后还礼。

哈达由参加婚礼的亲友亲手挂到新娘的脖子

长辈给新娘贴酥油　2017 年

在婚礼上，新娘家人给新娘的孩子贴酥油　2015 年

上，而贺礼却不能直接交给新娘，它先交给司仪助手，再由他交到司仪手上。在司仪大声报出送礼人、礼物数量、现金数量后，再摆到矮凳上。司仪必须声如洪钟，这样在一旁的记账师才能准确地进行记录。司仪也必须巧舌如簧，在报出基本信息时，还要加入各种吉祥祝福的话，送给新婚夫妇也送给送礼者。比如对于普布的一份小礼，司仪是这样说的："来自拉萨的普布，给新娘礼金一百元，祝贺新娘与新郎百年和好，生活愉快。大方慷慨的普布，我们感谢您的好意，祝您身体健康，万事如意，在陈塘玩得开心。"司仪每报出一份礼单，旁边证婚人就会报以"哦嗦嗦"声，其中"哦"要拉长音，这表示他们知晓这份礼物了。

接受完全部贺礼后，天色已暗，新娘与姑姑及四位迎亲人一起回到家中，与家人告别。新娘先到上座的喇嘛前面，给他磕三个头，喇嘛将经书在她的头上放几下，表示佛法的加持及祝福。然后按辈分，向长辈们一一告别，这时，长辈给新娘献上哈达，还要往她头上贴酥油（རྫོ་ལམ།），向她恭喜，说一些祝福及传授为妇之道的话，比如你的命运像长辈一样，要好好珍惜与自立自强等等。在迎亲人的多次催促下，新娘向长辈们告别。最后迎亲人向喇嘛、新娘父母及长辈告别，在他们的簇拥下，新娘与姑姑一起离开了家。她们前往新郎家时，姑姑要拄着一根意为竹马称之为"达"的竹杖，因为旧时陈塘交通不便，希望通过这个竹马在日后能方便通行。

若双方在婚前有了孩子，这孩子也要与新娘一起被长辈贴酥油，而且新娘还要带上孩子一起到新郎家，这样才会被认为是新郎的骨肉。

利吉玛仪式　去新郎家时，也是茹居旗打头，新郎的途布牵着新娘的手走在后面，亲朋好友背着新娘的嫁妆与贺礼，在后面跟随。队伍到达新郎家后，不能直接进入家中，还要在家旁的空地上举行称为"利吉玛"（རག་གཅིག་མ།）的欢迎仪式。这时在空地上早已聚集着叫"苏羌玛"（བསུ་ཆང་མ།）的妇女，她们身着布列孔当或藏装，拿着装有森玛酒的酒瓶或酒壶，等候新娘一行的到来。欢迎场地与新娘接受贺礼的很相似：原新娘的位置由洛苯法师及助手坐着；原摆放礼品的几排矮凳变成了一个，上面放着装有法师法器的盘子；原证婚人的位置如今为新娘、姑姑、送亲人及迎亲人，每人的前面都摆着贴有酥油的酒杯，酒杯放在木柱条上。

新娘一行来到场地后，先是由三到四个年纪

利吉玛仪式　2017 年

大的苏羌玛手捧着帽子迎上前去，唱着欢迎的歌曲，大意是：你们在路上好吗？这一路上你们辛苦了，请接受我们的欢迎等等。之后，新娘、姑姑及四位迎亲人先跟着茹居旗绕场地三圈，再在卡垫上就座。新娘的卡垫上要用青稞撒绘出十字金刚杵纹（རྡོ་རྗེ་རྒྱ་རམ།）[195] 或“卍”字雍仲符（གཡུང་དྲུང་།）[196] 等吉祥图案。在新人的座位上撒绘这些图案，一方面组成简易的坛城，避免仪式受邪祟的侵入，另一方面利用符号所蕴含的力量，祝愿新人的婚姻稳如大地。在下面的扎西玛各环节上，新郎新娘坐的卡垫也要撒绘这些图案。

茹居旗由旗手持着，站在洛苯法师的身边。

牵新娘进屋的"途布" 2015 年

新娘入座后，苏羌玛们把手中的酒瓶酒壶放在第一排木柱条的两侧，然后由男性拿着给每个人面前的酒杯倒酒。煨桑（བསངས།）[197] 之后，洛苯法师先向新娘头上贴酥油，并用金刚杵加持，向她抛撒驱邪的青稞粒，用嘴把古瓦壶中的酒喷洒在她身上，进行卡淇（ཁ་ཆེམས།）等与净化有关的各种仪式。与此同时，苏羌玛们手拉着手，围成半圆形，跳着夏尔巴舞，唱着吉祥的夏尔巴民歌，为新娘祝福。此时，法师的助手拿着酥油，依次给现场的人头上贴一小块酥油，表示吉祥与福运。

仪式快要结束时，四位迎亲人及送亲人要喝"孛"（ཐད།）酒，此时也是最热闹与充满欢乐的时候。如孛（ཐད།）在藏语有夸张之意，孛酒也是如此，盛的酒的碗是碗沿贴有"赞"尖的大号木碗，在喝酒时，一旁有人不断地往木碗中倒酒，然而按照规矩，碗中的酒不能溢出，所以须用比倒酒还快的速度喝。开始时，旁人会拉着长调喊着"和久，和久"，然后他人附和着竖起大拇指；在喝的时候，旁人怪叫着"哦哈哈，哦哈哈"，直到喝酒的人窘态十足地败下阵来。

扎西玛各仪式 利吉玛仪式结束后，新娘与姑姑等人在茹居旗的带领下，顺时针转场地三圈，再来到新郎的家门口，以前这时需要鸣放火铳，现在改成放鞭炮替代了。这时途布穿上藏袍，头戴羚牛角做的头盔，左手拿竹盾牌，右手拿弯刀，牵着新娘一起站在茹居旗下。他用刀在新娘身上放几下，并大叫着："拉加啰，拉加啰"，意味着从现在开始，新娘成为男方家的人了，不再是娘家的成员。在今后，此途布与新人将产生一种特殊的关系：未来，他的儿子婚礼上牵新娘到家的途布，即为此新人的儿子。

之后，经过一二分钟的等待，房门才会打开。开门的是新娘的婆婆，她左手捧着“恰古披交”（ཕྱྭ་འགུགས་ཕུད་མཆོད།）[198]，右手挥动着“羌达”（ཆང་དར།）[199] 彩箭，把它们分别放到新娘身上和头上，并念道：“恰（ཕྱྭ།）[200] 咕列，央（གཡང་།）[201] 咕列，那玛拉米格扎格齐根，齐累久。”其中“恰咕列，央咕列”字面意思为“恰过来，央过来”；意为把好的运势、福分、财富都招过来；“那玛拉米格扎格齐根，气累久”的意思是对婚姻造成不好影响的鬼怪、诋毁造谣的坏话全部阻挡在房外，希望新娘得到神灵的保佑，多子多福，身体健康。

在疙瘩汤中吃出“异物”的女子　2017 年

新娘进屋后，屋内的苏羌玛与其他迎亲人一起，唱祝福歌曲，愿家庭和睦、福气运势旺盛、身体健康平安等等。之后，男方迎亲人及女方的送亲人一起在屋内入座，这时新郎家要为宾客提供一种用面粉或大麦制成的传统食物突巴益日（ཐུག་པ་ཨི་རི།）面疙瘩汤。汤中的面疙瘩要做成男女生殖器形状，而且男根还必须配有两个小圆蛋。有时在面疙瘩里面，会加入一些异物，比如扑克牌、木炭、石头、辣椒什么的，它们都有特定的含义，吃到这些物品后，分食的帮工就会叫出这种物品所代表的意思。比如吃到了一个红方块 J 的扑克牌，说明此人想赌博却又没有钱；而吃到辣椒，说明他拙于言，口才不行等等。

用完面疙瘩汤，稍做休息后，进行扎西玛各仪式，“扎西玛各”在藏语有吉祥的酥油的意思。新郎家人摆出一矮桌，上面依次摆放着所需的物品。矮桌两边都有卡垫，一侧的卡垫上面要用青稞撒绘两个十字金刚杵纹或雍仲符图案，新郎与新娘将要坐在这卡垫的上面。新郎于新娘的右侧就座后，由洛苯法师坐在他们对面的卡垫上念经祝福。法师边念经边撒青稞，进行喷酒净化、献羊肉、敬酒、金刚杵加持等环节，最后是紧张的贴酥油环节。他先往新娘头顶上贴酥油，然后在她头上放长条形的酥油块，然后再在长条形酥油块上放置三个酥油圆锥体，最高的锥体要放在中央，其他两个高度相同的放置在两边，使之成为山字形。这三个锥体只能隔空至上而下地落到新娘头上，为了好兆头，锥体不能落到地上，不能放歪，山字形还必须对称，贴完之后新娘还要在他人的帮助下，站起来走几步，这代表着受到了神灵的加持。“山”形酥油象征着新娘的福运，所以在贴酥油的时候，亲友们都很紧张，提心吊胆，不说话，不喝酒，直到结束。有人认为这个仪式“表示新娘将成为家庭的顶梁柱，并通过她使娘家婆家两家永远友好”[202]。也有人认为这山形源自古老的一种叫“果烈”的帽子，可惜笔者没能找到实物。更多的夏尔

贴上“山”形酥油的新娘与家人 2017 年

请颇拉神喝酒 2017 年

巴认为，这三个锥形酥油从左及右依次预示着婚后家庭粮食丰产与牲畜兴旺、新娘的福分与运势、子女健康儿孙满堂。其中，代表新娘福分的锥形酥油是最大的。如果它们掉落或放歪了，会给相关对象造成不良的影响。也有人认为，这其实就是山神崇拜的一种具象体现。

在进行扎西玛各仪式时，还需请颇拉神过来喝酒，它为用草秸制成的“Y”形物。若新郎茹居为梯格巴，这草秸象征绵羊思列多多；若是冲巴，则象征牦牛藏列颇堆。它用绳子与一根薪柴

贴上“山”形酥油后还需站起来走几步　2015 年

念“恳恰”婚姻契约　2017 年

相连，拿着它的人以踉跄摇晃的脚步走进房内；然后把 Y 形草秸插入准备好的一个酒桶里，意味着颇拉喝酒了，最后把草秸与薪柴放到窗台上。

樟木夏尔巴也有给新娘贴酥油的习俗，也是婚礼中不可缺少的环节之一，有人称此为点酥油，“把酥油用锅烧化后掺入白酒内，倒入碗里，碗边抹上奇数的糌粑点或酥油块。然后用手指或香蒿等吉祥物蘸浮于酒表面的酥油往新人头上撒几下，以表示祝福，并消除新人头脑中的一切杂念”。[203] 点酥油不是由法师进行的，而是新郎的父亲或新郎家口才好的男子为新娘贴的，同时新娘家的一人为新郎贴酥油。在贴酥油时，还要对新娘新郎进行训诫：“从今天起，新娘将得到媳妇的地位，必须始终与我儿子一起生活，如果你与其他男人同居，是会被发现的，祝你们夫妻白头偕老！不管是什么力量也不能阻止你们共同生活。在今后的生活中，可能有许多比你丈夫富裕的人，但是你不应跟他们走，即使他们向你显示他们所有的财富；可能有比你丈夫更强壮、更健康的人，他们或许试图勾引你，但是你不应该听从他们；可能有比你丈夫更漂亮的男人，他们试图劝你跟他们，但是你不应该被他们说动心。”……然后新郎也要受到新娘家同样的训诫，被告知：从现在起，如果他同别的女人生活也会被发现的……[204]

给新娘贴完酥油洛苯法师向众人喷三次森玛酒洁净后，已经是凌晨两三点钟了，不过还没有结束，还必须当着双方亲朋好友的面，念称之为“恳给”（གན་རྒྱ།）的婚姻契约及进行称之为“绛托”（འཇང་ཐོ།）的新娘财产公示。先是念婚姻契约，它为新郎及其家人对新娘的保证书，由男方单独拟定，大致说新娘嫁过来后，不会让她吃苦受累，会善待她，男方不会变心，不会去找其他女人等等。这契约念完，阿亚、途布、相布、明沃四位迎亲人用拇指沾着铁锅底的锅烟子在契约上按下手印，然后交给女方保存。若日后男方有违背，可凭着这契约要求他改正。新娘的绛托是由送礼现场上的记账师一一念出陪嫁品、送礼人及贺礼数，最后念出贺礼的汇总数据，如粮食的数量、现金总额、贵重礼品数量等等。这些贺礼在婚后将作为共同财产，双方一起支配使用，若因男方的原因而导致离婚，男方需要按此数据全额返还给新娘。在 2015 年笔者参加的一场婚礼中，新娘收到的现金礼金不多，总额不超过千元。

第二天，新郎家要大办酒席，宴请新娘、亲朋好友及所有的村民。在这天无论是否给新人送了贺礼，所有陈塘四村的人都可以去新郎家祝贺，用餐及喝酒，通宵达旦的狂欢。

第三天，新娘要回家省亲，这时男方家要由玛巴背着一大桶叫“却羌”（མཆོད་ཆང་།）的颇羌，其他人背上一支大牛腿、一大片牛排、一袋大米、一小桶白酒给女方，以示感谢。此天又是个不休不眠的歌舞之夜。

婚后的陈塘夏尔巴夫妻表面上是平等的，他们共同劳动，共同享受劳动成果，没有谁依附谁的关系。离婚也相对简单，而且离婚后的女性，其地位并不会受到很大的影响。女子结婚后，名义上也随之失去了对娘家经济的支配权及财产的分配权。

非婚子女的录玲折巴仪式

如果男女双方在试婚的过程中发生了麻烦和困难，这门亲事可以中断，若双方有孩子，一般

非婚子女的“录铃折巴”仪式　2017 年

是归男方。若是女方的错，女方要把收到的男方所有礼品和信物一并退还；若是男方的错，则不需要退还。若在试婚过程中生育有子女，但其中有一方亡故，则这些非婚子女，被贬称为“那绿录瓦”（ན་ལི་སྦྱུ་བ།）；若非婚子女的身份没有转变，男性将没有参与分配父亲财产的权利，女性也不能在父亲家中出嫁，而且亲朋好友也不能出席他

在“录铃折巴”仪式送礼并欢歌的女子　2015 年

（她）的婚礼并送上贺礼。要转变那绿录瓦身份，须举行录玲折巴（སྦྱུ་རིན་སྤྲད་པ།）仪式。通过这个仪式，那绿录瓦被父系茹居接纳，像是从临时工转正为正式成员，以后他们就有权利享受一切正常子女的待遇了。

一般的录玲折巴仪式[205]与新娘出嫁的仪式很相似，为其缩小简化版。作者参加的此次仪式的主角是男性的那绿录瓦，为向令啊茹居的成年男子。父亲在他幼年时过世后，优领巴茹居的母亲与他人组建了家庭，他在大舅家长大，并在舅舅们资助下，成为在读大学生。

仪式是在大舅家中举行的，对着门的一侧依次坐着仪式主角的三个阿亚、舅舅、政府官员、洛苯法师、喇嘛，是为仪式见证人；在靠着喇嘛的一侧，依次坐着大舅的阿亚、记账师等；大舅、外婆等坐在火塘边上的角落里。每个人的面前都摆有小桶的颇羌。现场帮忙的阿玛朵玛（ཨ་མ་གཏོར་མ།）[206]及阿玛羌玛（ཨ་མ་ཆང་མ།）[207]坐在火塘的另一侧。

人员到齐之后，亡父家事先背来的两大桶颇羌就要移到房屋中央，大舅的玛巴作为监酒官搬了一个凳子坐在酒桶前，手上拿着一把吸管。洛苯法师给神灵敬奉第一口酒之后，玛巴把吸酒管

插到酒桶中，用条竹篾在酒桶中做出个拱形。此时，大舅的另外一个玛巴当请酒官，他叫着“曲累、曲累”，按着特定的顺序请大家到酒桶跟前吸酒。这特定的顺序是：喇嘛、洛苯、主角的外婆、母亲、舅舅、主角的阿亚及大舅的阿亚、帮工、参加仪式的其他人员，比如记账师，送礼的人员等等。按此顺序，要轮流喝三次或其他单数次。当众人在吸酒时，请酒官要叫道：“喔曲达、喔曲达”，意为多喝点呀。

喇嘛先给大舅家的羌达彩箭加持，主角的母亲身穿布列孔当，接过彩箭后，把它放在家中藏柜的上方。主角来到现场后，先是跪在喇嘛的面前，喇嘛边诵经文边用金刚杵在他头上加持，并贴上一大块酥油。然后仪式主角面对大舅阿亚的方向坐下，他面前摆着几个用来放礼品的矮凳；其他人依次给他穿白色藏袍、插上弯刀、戴上圆毡帽，等充当“伴郎”的表哥坐下后，与婚礼一样的送礼环节就开始了。礼品也是先放在主角面前的矮凳上，也有司仪念出礼品的品种，记账师记下。有的送礼人不是把礼品送给仪式主角，而是给他的外婆或舅舅，感谢或补偿他们这么多年来对他的照顾与支持。

接受完礼品之后，与新娘一样，仪式主角要向外婆及舅舅们告别及接受喇嘛的经书加持，然后众人背着礼品到达爷爷家，在记账官念完他带过来的财产之后结束录玲折巴仪式。由此，他摆脱了那绿录瓦的身份，以后念大学的开支将由亡父家来支持，获得与亡父一样分配爷爷的田地及其他财产的权利。

根据苯教高僧丹增南达的说法，非婚子女的降生会带来霉运或引发灾难[208]，所以那绿录瓦身份低下，没有继承权，禳解这种霉运及灾难应是举行录玲折巴仪式的根本原因。通过近似婚礼的这一仪式，在阿亚、政府官员、法师及参与人员的见证之下，那绿录瓦以“明媒正娶”身份进入父系家族；在母系与父系的认可之下，改变自身的角色，获得应有权利，这应是举行录玲折巴仪式的意义。

葬俗

陈塘夏尔巴葬俗中有极具宗教与神秘色彩的“歇将”仪式，将在下文中进行详细讲述，此章重点着墨的是冬营地陈塘镇葬俗中的出殡仪式。除了夭折的婴幼儿岩葬之外，陈塘夏尔巴逝后基本

为亡者背火葬用薪材的帮工　2015 年

以火葬为主，根据不同情况进行处置：若是亡于陈塘镇家中，则在贡巴拉神山的“邦给巴”火葬；若是亡于夏营地家里，则在夏营地附近的火葬点火葬，比塘村的火葬点在白热白玛（དཔེ་ར་པད་མ།）地方，沃雪村是切嘎拉（བྱད་ཀ་ར།），萨里村是帕巴热萨（ཕག་པ་རིད་ས།），修修玛村是茶其姆（དྲ་ཆེན་མོ།），那塘村与藏嘎村上方也有各自的火葬点；若是亡于家外及外地，家属就必须尽快把尸体运回陈塘镇，在镇外举行歇将仪式后，再在贡巴拉神山上火化。笔者曾亲历有人逝于日喀则医院，其亲友把他运到藏嘎村，再由四个男子抬到陈塘镇，最后在邦给巴火葬的过程。

为了不打扰亡者的灵魂，生人不允许进入亡者的房里，也不能拍照录像。虽然不能亲眼看见，但通过介绍，笔者也大致了解一些。人死后，不能移动尸体，要以最快的速度请洛苯或喇嘛法师进行相关的“颇瓦”（ཕོ་བ།）[209] 超荐仪式，护佑亡者早日往生。通常，法师是在亡者的耳边念诵颇瓦经文，让亡者在往生转世的过程中不会迷失或陷入无边的黑暗之中。为亡者进行颇瓦仪式的法师，将在出殡时，作为亡者的朗达尔（ལམ་དར།），即领路人。然后由小儿子在亡者腰部绑一根绳子，防止污物流下，并擦净身体，绑成像胎儿在母体

在亡者身边进行“恰玛着，央玛着”之后回去的女子　2017 年

的姿势，用裹尸白布“优拉”（ཡོ་ལ།）包好，再放进大竹筐内。屋外要放置轮回图[210]，保护尸体不受魔鬼恶煞的侵害。

同时，要向亲朋好友报丧，他们送过来的丧礼是钱财、酒水或是粮食等物品。为了点亮亡魂前往极乐世界或转世的道路，也有送酥油灯的，其数量一定是单数，绝不能是双数，但送108盏酥油灯的“将决”（རྒྱ་མཆོད།）除外，而且送灯的人要比亡者年纪小也是个不成文的规定。在亡者屋内喝酒并不是禁止的事情，若喝醉了，有些性情不好的人还会面红耳赤的吵闹，酒瓶子乱扔，满地都是。唱歌也是不禁止的事，在歇将仪式的某个环节上，妇人们要唱起古老苍凉的图孜丧歌。

一般亡者在三天之内就必须出殡火化，在此之前，举行合乎仪轨的歇将仪式是最重要的。出殡时需要用堪卓玛的轻吟、洛苯的狂舞与喇嘛的梵呗一起来为亡者进行超荐法事。堪卓玛、洛苯、喇嘛包含了陈塘夏尔巴所有的宗教信仰。

由于害怕惊动山水中的鲁神（ཀླུ།）[211]，进而干扰亡者的往生，所以在出殡的当天，镇里的人不能劳作，也不能外出，更不能有娱乐活动，当天镇内的朗玛厅也会因此歇业。如今这个规矩没有得到严格的遵守。

出殡的时间基本上在下午一到三点，视其他仪式的结束时间而定。这种选择在交通不便的喜马拉雅山区也是十分现实的，这样远方的亲朋好友能方便地赶上出殡。在出殡前，由喇嘛为亡者举行“亡古”（དབང་བསྐུར།）仪式，洛苯举行“给

打头的出殡队伍　2010 年

出殡队伍按照古老的仪轨前行着　2010 年

涩巴”（དགེ་བསྐས་པ།）仪式，这些都能让亡者在往生过程中，免受鬼怪的侵犯。之后，亡者的所有儿媳妇身着布列孔当，右手摇着羌达彩箭，左手捧着恰古披交盘，口中叫着“恰玛着，央玛着”，让死者不要带走家中的“恰”与“央”。最后是亡者的配偶或家中主事者在亡者耳边说：“你放心走吧，家中的孩子孙子我来好好照顾，家中的一切我会安排好的，不要挂念，放心走吧。”

出殡队伍一般都比较长，也讲究：打头的一般为亡者小辈的直系亲属，提着点燃桑烟的煨桑炉开道，接下来是举着挂有轮回图唐卡竹竿的，再下是捧着责巴壶的，而后跟着手捧点燃的酥油灯的年轻女性。接下来是围绕着主妇的妇女团体（如亡者为男性），穿着布列孔当的堪卓玛走在前面，用一种特殊的音调喊着亡者的名字，并要求所有的妖魔鬼怪不要阻挡亡者往生的路，不要惊吓亡者，主妇也要穿布列孔当，其他女性的服装没有过多的讲究。

再后面是法师团队。喇嘛[212]吹着白海螺在前面，随后是两个持长柄鼓的鼓手和一个铙钹手。亡者的领路人，即对他进行颇瓦超度的洛苯法师跳着类似羌姆（འཆམ།）[213]的神舞，一只手摇着法器，另一只手牵着一条系在放有亡者的木架上的白哈达。

亡者头上必须戴着帽子，头冲上，安放在放有他生前随身贵重器物的竹筐内。竹筐下面安着一个木架，十几个关系最密切的亲朋好友抬着它。由于陈塘镇内的道路狭小，曲折难行，整个队伍行进得十分缓慢。亡者的上方要由一男性撑着一把“宝伞”[214]，其伞边缝着红、绿、黄、白、蓝五条哈达，据说是为了阻隔来自东南西北中各个方向的阳光及恶灵污秽对亡者的打扰。这五色哈达可能与五部佛[215]有关，各色哈达分别对应不同的佛及方向。

海螺声的雄浑，手鼓的低沉，铙钹的清脆，金刚铃的空灵交织在一起，让陈塘镇上空弥漫着神秘的气息。法师们按各自的仪轨竭尽全力，让送葬的亲友们相信，有这么多佛、菩萨和先祖神灵的护佑，亡者终将得到超脱，进入极乐世界或往生到一个好的所在。

陈塘镇建在贡巴拉神山地势平缓的半山腰上，田地往上不能农耕与建屋的地方，有神山的心脏火葬场邦给巴。它面对着尼泊尔的方向，站在陈塘镇，有时能看到整个火葬过程，如果站在火葬台往下看，全镇的景观也一览无余。

出殡前，亡者家人要请喇嘛卜算火葬时面朝的方向。火葬所需的薪柴要请其他家的男性帮忙在森林中砍伐，在背到火葬场前，不能停下休息。火葬台需搭在一个特意挖出来的直径一米左右的圆形浅坑上，浅坑周边垒有高出坑位的一圈石头，此圈石头不能封闭，需留个小口。在亡者面朝的方向，要留个放灯的木框，其东南西北四个方向还要各放一只糌粑做的猎狗。人们把亡者按方向放到火葬台上后，所有送葬的人顺时针绕着火葬台转三圈，祝福亡者一路走好，早日往生。之后，妇女与一部分人下山，其余人将参与火葬的最后过程。亡者的小儿子先把亡者的辫子解开，开始梳头：以头部中线为准，把头发分到两边，发线分得越直越干净，亡者在阴间的路也越直越平坦。亡者随身的贵重物品取出后，在儿子之间进行分配。若亡者没有留下遗嘱，他的财产将由他的阿亚们做主进行分配。

送亡者到“邦嘎巴”火葬场　2010 年

然后其他人都回去，除了亡者的玛巴、一位与亡者茹居相同的男子（保证梯格巴与冲巴各有一人，此男子被称为达腊巴〔བལྟ་རོ་པ།〕）与洛苯法师留下，这两个人在出殡前要戴一个“主布薪”（འགྲིབ་ཤིང་།）的经咒，可避免火葬时各种鬼怪对他们的侵害。有时洛苯法师会念到，东南西北中五个方位的堪卓玛，我把此人的肉身布施给你们，请享用吧，相传这样尸体焚化的速度会很快。洛苯法师把一个用鸡爪谷糌粑制成的“却密”（མཆོད་མེ།）酥油灯放到火葬台特意留着的木框内，倒上菜籽油，由玛巴点燃酥油灯引燃薪柴焚烧尸体。之后洛苯回去，由玛巴与达腊巴用一个木叉焚化尸体。焚化完后，要用一块石头把火葬台浅坑上的小口补上；火葬台旁的糌粑猎狗还需用四根竹子与相邻的猎狗相连，此竹子绷紧，呈弓形。玛巴与达腊巴回去后，主人要赠予玛巴一只碗，达腊巴的报酬是一个盘子。虽然达腊巴在平时不一定与亡者关系亲密，但他会被认为是亡者的三个父亲之一，其他的二个父亲分别是亲父、岳父。

配偶逝去后，丧偶的一方在七天内不能与他人同食共饮酒，也不能参加娱乐活动，七天后，丧偶方把头发洗干净，请洛苯法师用金刚杵在其头部中线进行加持后，方可与人同食共饮。

戴在后背上的“主布薪”符咒　2017 年

七天之后，亡者的儿子到山上收集亡者骨骸，进行二次葬。或是藏骨骸于山洞、或是丢入河中，或是和泥制成擦擦（ཚ་ཚ།）[216]，或是修筑佛塔等，因人而异。

藏骨于山洞的做法是：把火葬后的骨灰、骨头及旁边的木炭收拾起来，用箱子或是袋子包好，装入竹篓里，然后把竹篓放进火葬场西侧上方赤烈林附近的山洞中，它旁边的岩壑里修有简陋的闭关屋，为洛苯法师闭关修法之地。也可以放在准觉玛附近的山洞里，旁边有喇嘛的闭关屋。有的人还会要求洛苯或喇嘛把亡者的骨骸放入温泉查曲玛附近。

修修玛村村民尼玛母亲的二次葬是水葬。火葬后，他弟弟把骨灰带到仲巴县的雅鲁藏布江上游，再把它撒到江水中。虽然这样做比较费事，但尼玛认为，洁净的雪水可洗涤骨头，在雪水中，骨灰“转的圈大”，也就是获得更好的往生。由于雅鲁藏布江最终要流到印度，所以尼玛一直想知道，他的母亲现在好吗？当他向洛苯老法师塔杰问这个问题时，塔杰回答说，只要在陈塘的贡巴拉神山上火葬，神灵就会带领着她到达解脱之地。

若亡者身份尊贵，比如德高望重的洛苯、喇

嘛、乡镇老领导、与建筑有关的工匠等，其家人可以为他在贡巴拉神山上修筑一个叫“擦隆”（ཚེ་རྡུང་།）的塔形建筑。它必须在亡者火葬七天后，也就是取骨骸的那天开始修筑。擦隆由片石修筑而成，内部插有一根用红皮桦树做成的命木，中间掏有一个方框，里面放着一个混合着亡者骨灰制成的擦擦、一撮撮仁钦达鲁粉末、一片纸经咒及小块珠宝（如绿松石红珊瑚等物品），最后把它们封闭起来。擦隆一共有二十多座，在陈塘的潮湿天气下，过不了几年就显得老旧。如今随着生活条件的改善，贡巴拉神山上的擦隆也越来越多了。

无论是喇嘛或洛苯的信徒，都有为亡者进

塔形擦隆 2017 年

行“七七”祭祀的习俗：每天的早晚用餐都要像亡者在世时一样供饭菜；喇嘛或洛苯法师每隔七天进行一次念经祈祷，一共进行七次，依次称为“敦孜汤布”“敦孜尼巴”“敦孜松巴”“敦孜希巴”“敦孜阿巴”“敦孜除巴”“敦孜屯巴”[217]，一共七七四十九天；最后的敦孜屯巴最为隆重，要请喇嘛举行“希热”（བའི་རོལ།）仪式。七七四十九天是为一个中阴[218]的周期。喇嘛拉巴丹增保存的一套“中阴救度文武百尊”及相关符号的“扎嘎利”（ཙ་ཀ་ལི）[219]，就是在这时使用的。

在以后的日子里，要尽可能不提及亡者的名字及他的生平，也要避免与亡者相关的东西出现，所以要把亡者的相片烧掉，把穿过的衣服扔掉等等。

旧时传染病患者死后不能火葬，只能进行土葬：亡者被装入放满鸡爪谷草的木箱子里，再把木箱子埋入土里，最后在土葬点插上白色的塔觉旗。负责埋葬的人也要保证冲巴与梯格巴茹居各一人，他们也是亡者的玛巴及与亡者同茹居人。古时那塘村的铁匠死后，也有被要求举行水葬的。传染病患者死后只能土葬的习俗，主要由于不懂得传染病防治的科学方法，有违传染病患者死亡后尸体应立即进行卫生处理就近火化的原则，作为一种陋俗如今已被改变。

【田野纪实：沉醉在鸡爪谷酒中】

我曾经嗜酒，是一个如假包换、不折不扣的酒鬼，而陈塘产绝世美酒“颇羌”鸡爪谷酒，所以每次去陈塘，很多朋友都会打趣说，老范你又要去陈塘过一把酒瘾了。

2005年在陈塘短暂停留时，被一个陌生的夏尔巴如久违的朋友般请到家中做客，之后的场景是鸡爪谷酒给我最初也是最深刻的印象，至今还记忆犹新：火塘内的薪柴已经不多了，摇曳的火苗给漆黑的木板房打上温暖的色调；一群人围着火塘，盛着鸡爪谷酒的木桶在人群中传递，与他们素不相识却因路过而被邀请进屋的我，听不懂

作者与老人们喝酒聊天　2018年

他们交谈的内容，只能用肢体语言，笑容与表情，努力交流；火塘里尚未燃尽的木炭十分温暖，加了温开水的鸡爪谷酒温度恰好，人们谈兴正浓，让旅行中的我感觉回到了家；不胜酒力，别过后出门，天上繁星点点，寒气袭来，回望这户人家，外表看像是一个沉静的山谷，可房里却是个沸腾的大海。

一壶浊酒喜相逢，古今多少事，都付笑谈中。如今不在陈塘的日子里，鸡爪谷酒的浓香与甘甜常在梦中回味。

在随后的田野调查中，无论是清晨还是晚上，到陈塘夏尔巴家里做客或是采访，喝到的唯一饮料就是鸡爪谷酒。喝多了，以至于我忘了他们也有酥油茶、甜茶、清茶、白开水、各种饮品，而他们最常喝的也就是这种酒了。

不过对于宿醉的人来说，睡到自然醒，然后晒着太阳，吸一大口鸡爪谷酒，可有效缓解头脑的暴裂感，这种懒散无比的状态也是我喜欢陈塘的原因之一。

鸡爪谷酒是用来吸的，也常因为这样闹了不少笑话，比如有一次，朋友给我端来一桶酒，扑鼻的香味让嗜酒如命的我酒瘾大发，忘了“规定动作”，马上深吸了一口，没有吸出，再用力一

享用大桶颇羌酒的老人 2015 年

吸，一股强烈的盐渍带着浓酸并混着臭味的酒被吸到口中。这吸酒管不知上一次是什么时候使用，之前剩余的酒在竹管中发酵，被我一口吸到嘴里了。

在陈塘的日子里，也常因为醉酒受到不少损失，甚至生命危险。陈塘西边的嘎玛沟悬崖上有一块小平台，在 9 月的时候，野花盛开，青草如厚毯，雪山对视如画。有一年心血来潮，与朋友一起去这绝壁处喝酒，喝到兴头，我口沫横飞，手舞足蹈地“指点江山”，一不小心碰到脚下的单

陈塘的台阶路　2018 年

反相机，我眼睁睁地看着它往悬崖下滚，磕到一块石头后，弹了起来，落下后，速度更快了，几秒钟就不见踪影。朋友见醉醺醺的我要下去找相机，大声叫道："范师，不要动，要不你也会滚下去的，我来给你找。"他快速往悬崖下爬，过了一会儿，背着相机爬了上来，说下面有块草皮，把相机挡住了。找回来的只是连着一段镜头的机身，镜头已被摔断，断掉的部分掉到悬崖下面，找不回了。所幸回家测试后，机身还能用，可惜那只镜头，再也无缘相见。

2015 年 3 月某一天的深夜，参加一个仪式后，我装着满肚的鸡爪谷酒，带着醉意从陈塘去藏嘎村，不小心失足从台阶旁 30 多米的悬崖上掉了下去，脑子立刻清醒起来，滑坠时在想，我要抓住一个支点。双手拼命在悬崖上抓着，可惜什么也没有抓到，双手却被磨得血淋淋的，眼镜也飞了出去，所幸受摄影包的缓冲，除了数道划伤、割伤，流了一点血外，身体并无大碍。因为眼镜在陈塘和定结县都配不齐，所以又顺着台阶爬到滑坠处，找了几个别人丢弃的塑料瓶，做了个标记，第二天一早，我眯着 400 度的近视眼，在滑坠处居然把眼镜找到了，不禁联想：这么大难不死，是否是夏尔巴的神灵在护佑着我呢？

也是在同月，我从修修玛村泡完温泉回陈塘时，天降大雨加大雪，疲惫不堪地回到朋友尼玛家，湿透的全身已不自主的颤抖，四肢麻木，快要失温了。早我一步回到家的尼玛已经让老婆用自酿的白酒加酥油煮在一起，让我趁着热气一口喝下去。能感觉到白酒在温度的帮助下，先是在胃里点了一把"火"，然后在冰冷的四肢游走，身体很快就暖和起来。

第二天晚上，来了个据称是温泉管理人员的醉汉，找我要二十元的温泉管理费。正在喝鸡爪谷酒，同样带着醉意的尼玛不让我给他，争辩说

作者在享用颇羌酒　2014 年

我是夏尔巴的朋友，不能交这费用。双方一言不合，打起来了，尼玛的老婆立马拿着大木棍也加入“战斗”。看着他们打架，我心中竟有点无耻的“愉悦”。过后，温泉管理人员到尼玛家道歉，说是头天晚上喝多了，尼玛夫妻也觉得不好意思，送了些礼品过去，这事就此了结。

在酿制鸡爪谷酒的各种门道中，如鸡爪谷与青稞的比例，酒曲的多少，酿制的时长，酒桶放置的地点与保存方式，似乎每个夏尔巴主妇都有秘不外传的绝活，所以她们酿制出来的酒各有精彩之处。在陈塘的时间久了，吸过“无数”鸡爪谷酒后，慢慢也能感知一二，可是要述说，又发现我没有用言语精确描述的能力——这需要把感性的体会转化为理性的文字。

有一年，朋友为我特意把鸡爪谷酒从陈塘带到拉萨，欣喜的我迫不及待地坐下来深吸一口，熟悉的味道回到了腔体内，不过看着周边与陈塘迥然不同的环境，微醺中的我却体会不到那熟悉的感受，似乎它离开陈塘后，也失去了灵魂。之后再也没有让朋友带鸡爪谷酒给我，想享用还是得不远千里到陈塘。有时想在那浓浓的鸡爪谷酒中死去，在那满天星星的夜空中大声歌唱，世界那么大，无限精彩，只是陈塘偏安一隅的温暖仍是一种我挡不住的诱惑。

想深入了解夏尔巴，探访他们曾经的生产劳作、放牧狩猎、对外交流及神圣之地，即“生存圈”，我认为是必要的。于是 2016 年 10 月，我与兄弟尼玛、拉巴三人进行了这近一个月的徒步旅行。在最后的行程，即原卡达豁卡沿朋曲藏布到达陈塘修修玛村的“朋曲古道”开始前，我们在曲当乡优落村休整。

优落村花甲之年的多布吉老先生是卡达豁卡最后一任收税官"冲英"的儿子，与尼玛的长辈是世交，我们的到来受到了他的欢迎，并得到他的热情款待。其无限量供应的青稞美酒让劳顿久已的尼玛找到了家的感觉，自第一天开始就酩酊大醉，事先安排好的采访也因他的酣醉不醒而不得不取消了。

休整了两天，我们准备出发，开始"朋曲古道"的行程。一大早，多布吉老先生就让家人准备好了三个 2 升可乐瓶的青稞酒，一包风干羊肉与奶渣等物品，送给我们在路上享用。可是把宿醉的尼玛推醒，说要出发了，他从床上爬起来，上了厕所后，直接拿起青稞酒往嘴里灌，又倒在床上呼呼睡去。不到一天，多布吉给我们准备的带在路上的酒，就被尼玛喝个精光。于是乎，主人天天给我们打好送行酒，准备好送行的哈达，就是天天送客客不走呀。我们只能无奈，无所事事地等着他清醒。

夹在渴望前行的我与宿醉的尼玛中间的拉巴显得无奈与彷徨，他用不熟练的汉语结巴地说道："老板，尼玛不好，天天喝醉，但我们一起出来也要一起回去，不管怎么样，一定要等到他酒醒了才能出发呀。"

"喜马拉雅蓝莓" 2016 年

可是尼玛何时才能酒醒呢？到了第四天，也喝了送行酒的我带着醉意负气地对尼玛和拉巴说，"我先走了，我走得慢，你们来追我吧"。于是，我只背着摄影包向着未知的路线前行。开始是沿着一个山谷向上爬，流水潺潺，初冬的微寒使得层林尽染，草木的颜色变化多端，虽然了无人的踪影，但有明确的小路向上延伸。

走到一个较大的高山湖泊"的瑟措"时，已是晌午时光，饥饿难耐，休息了好久，也不见尼玛和拉巴从背后跟来。受到"的瑟措"小气候的影响，湖边有的地方密布着比我还高的高山杜鹃树。看到前面是高山牧场，可能有放牧的人，一心想找他们讨食，就不顾一切地向前走去。一路无人，所幸有一片片野生的蓝艳艳的“朗恰若”野果，边吃边摘边放入口袋，饥饿感慢慢减弱。“朗恰若”是一种颜色鲜艳，与蓝莓相似的果子，似乎只生长在3700-4300米的海拔区间上，口感沙绵，异香扑鼻，在此前的徒步中，是我特别喜欢的野果，并戏称它为“喜马拉雅蓝莓”，想不到在此地又让我享用了一把。

继续前行，翻过一道山口，道路出现分岔，左边的小路通向朋曲藏布，右边的小路是直下坡，通向两边都是绝壁的山谷。思考了好久，最终选择了左边的路。往前走，经过几座简陋的牧民小房，直到走到朋曲藏布的江边悬崖上，也没遇见牧人。此时已是黄昏，在朋曲藏布的轰隆声中，看到江对面有块平地，有房屋、牛与田地，应是有人的所在，只是看不到渡江的桥。于是原路返回，走到“的瑟措”时，四周已被黑暗笼罩。

手机没有信号，虽然一直念着回到优落村温暖的多布吉家，但想到“的瑟措”湖边的巨石和上山时的崎岖小路，就打消了这个念头，在高山杜鹃林下搭个简易“住所”，将就过完今夜吧。高山杜鹃为了更好地争夺阳光，其顶端的枝叶很发达，密密麻麻地挤在一起，就像屋顶，根部的树枝稀落，还布满松软的落叶，铺上我的摄影包中必备的塑料袋，就如帐篷似的。曲身躺下，在饥饿中睡不着，为了消耗时间，支起三脚架，拍起了星空，可惜忙活一晚上，也没拍出一张好照片。

不多久，恍惚间似乎听到有人在叫“范师”，山下也似有摇晃的手电光——尼玛与拉巴在找我吗？用尽所有力量高声呼喊他们的名字，把头灯拿到手中用力摇晃。过了许久，山下慢慢地没有动静了，天空下起小雨，我回到“窝”里，熬着这湿冷的漫漫长夜。幸运之神当夜眷顾我，没有让凶猛动物来此觅食。

山谷中的太阳总是升得很迟，而且初升阳光并不能带来太多热量，我只能在树下以胚胎在母体的姿势蜷缩着取暖。迷糊中有脚步声从树林中走过，听到了熟悉的声音，马上钻出来，亲爱的尼玛与拉巴正背着行装往前方走。大叫一声，倒把他们吓了一跳。

欣喜若狂的我们再也没有相互指责的想法了，相反，各人都多了一份自责。原来，昨天中午尼玛酒醒了，到了黄昏也没见我回来，电话不通，就上山找我，无果返回后，当天夜里，他们再也没有喝酒了。由于这几日的酗酒让尼玛的身体严

却姆措旁边的大石洞营地　2016 年

重透支，为了能按行程回到陈塘，他打电话让亲朋到半路来接我，这是后来才知道的。

大家稍做休整，就继续前行了，翻过山口后的正确方向是右边通向绝壁的小路。过了绝壁后，是一个叫萨嘎的山谷，谷底令人难以置信地被鸢尾“霸占”着，若是在 6 月份，这满山遍野的蓝色精灵盛开时，会是何等的壮美瑰丽呀！

第二天顺着一条小溪涧往上爬，翻过散巴拉山口后，就到了陈塘的地界了。空气变得越来越湿润，原始森林里的树木也更加高大。下午走到却姆措湖旁，有两人早已在路边等候我们。原来，朋曲古道在古代是卡达豁卡官员到达陈塘最近的道路，只需两天：第一天骑马从谿卡出发到达切姆措；第二天把马寄养在切姆措附近，徒步翻过那贡扎西拉山口，经查曲玛、修修玛村后，就可到达陈塘。如今，那贡扎西拉的小路长年无人通行，年久失修，又在密林深处，据说连牦牛都穿不过去，所以尼玛自己出钱，请他们特意从陈塘赶来接（救）早已疲惫不堪的我们。

当晚夜宿却姆措湖旁的一个大石洞内，此石洞能容纳十几人并排而卧，洞的一角有简易的“拉卜则”。众人拾得薪柴，燃起熊熊篝火，用尼泊尔束口锅熬着“撒布”野菜汤与米饭，似乎又回到那没有电器的纯净时代。当晚喝完尼玛特意交代的从陈塘带到这里的白酒后，我睡得很香。

翻越那贡扎西拉山可能是我这辈子最“模糊”的徒步经历，如今看当时拍的照片，对其中的风光与地标还是感到非常陌生，好像在看别人的徒步记录。虽然酗酒几天的尼玛体力不好，但在夏尔巴强悍的身体素质下，还是比我走得快，整个队伍中我是拖延速度的最短板。大家走在前面，密林深处，忽然间不见人影，四周又好像都是路，只能大喊，“你们在哪里”，于是有人下来接上我继续前行。山口为砾石地，长有各种草药，制作

那贡扎西拉的巨石路　2016 年

却姆措边上的营地　2016 年

毒箭的“雪山一枝蒿”在此地也有生长，让我得见其真容。

翻过山口，下山路是在各种巨大的石头间跳跃通过，此时雾气弥漫，风一吹，不见一米开外的场景在记忆深处是伸手不见五指的。于是只能不停地叫喊着“你们在哪里”，有次叫完后，身边有人应道，“我在这里呀”，把我吓一跳。

夜里到达查曲玛，终于舒坦地把全身上下洗干净了。第二天回到陈塘，当大家饱餐一顿，各自抱着一桶鸡爪谷酒饮吸时，忽然间有点面面相觑的尴尬。我与尼玛都知道自己的错，拉巴夹在中间受苦受惊了。

“喝酒，干杯！”我与尼玛不约而同地说道。两人举起酒桶，恩怨相泯于一笑中。

第五章 民间信仰及神灵体系

陈塘夏尔巴最具特色的信仰体系是其民间信仰，它深受藏族的民间信仰、藏传佛教宁玛派及苯教的影响，从某种意义上来说，它是以万物有灵为底本，其他宗教仪轨为辅，结合陈塘的自然环境，并融合周边地区的信仰因素而形成的一种相对原始粗糙又自成一体的信仰体系。它是陈塘夏尔巴最为珍贵、殊为难得、也是最为精彩的精神所在，反映着他们朴素的世界观及某些已消逝的古老的藏族传统，是为一扇了解和认识他们的原始体验和对世界的认知的宽广大门。其中的玄妙概念及其内涵、外延与功用、众多的神灵及繁杂特殊的仪轨，一直是田野调查中的最大问题。作者绞尽脑汁、竭尽全力也唯恐这些内容的表达不够准确和清晰，反映不出其博大精深的一二。

神灵鬼怪在一种看不见的地方影响着陈塘夏尔巴，有的神灵与他们共处，如影随形，相伴相守直至生命的尽头。生活在珠峰脚下的他们，在极其恶劣的环境里，日常生活也是十分艰辛的，而且在艰难困苦的背后，能时刻体会到自然力量的巨大作用。夏尔巴认为人们的耕种狩猎、生产生活都会影响着那里的大自然，还会改变人神之间最初的和谐，会干扰好的能量或者滋扰到与环境紧密相关的神灵鬼怪，从而导致出现种种违合，出现身体健康每况愈下和财富减少等情况。这时就需要确定产生惑障的原因，并采取适当的补救办法。但对于陈塘夏尔巴信众来说，他们更多地是想从民间信仰中得到神灵的庇护，以满足诸如祈福禳灾、祛病消疾、家族安康、超度亡灵、驱鬼招魂等具体需求，并在生存中获得精神上的支持，而不会深入地了解个中的深奥理论，以及神秘的仪式及繁杂的法物所代表的意义，所以他们对待民间信仰的态度十分的简单，就是神秘的、并带

洛苯仪式　2015 年

与神灵交流的“祭司”洛苯　2015 年

有巫术色彩的民间信仰是否有实用性，是否能满足自己各种各样的具体需求及祈望，是否能与神灵沟通并让人与神灵之间达到某种程度的和谐。

与民间信仰相结合的是繁杂并相互联系的仪式，它从制作祭品、煨桑、祈请、献祭、诵经、神灵附体，直到最后的完结，是精心编制的、严格按照特定仪轨或理论的。各种各样的仪式是用以慰藉及供奉给各种特定的神灵的，神灵越重要，仪式也就越复杂。而抚慰神灵是个特殊的事情，故要寻找一个“祭司”来做联系人。这祭司作为人与神灵之间的中介，代表举行仪式的家庭来进行仪式，即通过特定的仪轨，凭借修行功力、密咒[220]的力量、作为法师的力量、虔心祷告的加持及仪式的神秘之力而满足仪式举办方的各种诉求、愿望、企图等。仪式在夏尔巴的日常生活中也扮演着重要角色，一户人家举行仪式，他的亲朋好友都会尽可能地来参加，他们需要进入不同的角色，时时刻刻以各种形式紧密配合祭司。实际上，从某种程度而言，这些仪式也变成了亲朋好友之间集会及加深茹居、亲属等关系的场所。

祭司在陈塘有两类：洛苯与堪卓玛，如上文所言，他们的茹居都为梯格巴，近年来，民间信仰一直在陈塘得到很好的保存及发展，且有壮大之势。

洛苯法师既是宗教职业者，也是在家俗人，经“修炼”后而擅长举办各种仪式，在信众中享有极高的地位。在平时，常为信众解读生活中的一些神秘现象、讯息或感觉，也是陈塘人眼中的文化人与启智者。在藏语中，洛苯有轨范师、传授知识的老师之意，寺院中的铁棒喇嘛也可称为洛苯，也能理解为领诵师、大师、导师等等，在梵语中称为阿阇梨。他们自称为苯波（བོན་པོ།），即苯教[221]法师，使用苯教的法器单面钹及通用藏传佛教法器，还通用藏文手抄经书，其中大部分为藏传佛教宁玛派与苯教经典，也有部分独特的经书；强调万物有灵，在仪式上重杀牲与通鬼神。

堪卓玛俗称“桑玛”（སང་མ།），都为女性宗教人士，可分两种类型：居必堪卓玛与咕汝堪卓玛（གུ་རུ་མཁའ་འགྲོ།）。在平时的生产生活中，她们与一般夏尔巴妇女并无不同，虽然没有经书可依，却能降神附体沟通阴阳——神灵应其召请进入体内，并借其口说出它的神谕。

相对而言，陈塘夏尔巴的民间信仰文化因地理的封闭而封闭，沿袭古制，传承不断，这一民间信仰用藏传佛教与非藏传佛教或苯教来区分，并不合适。

居必堪卓玛边巴　2014 年

进入冥想状态的洛苯法师　2019 年

圣地次久及莲花生大师

圣地次久（ཚེ་ཆུ།）也称为“次久岗日”，位于珠峰东坡深处，路途不便，从陈塘出发单程至少也要走两天。陈塘夏尔巴相传那里出产一种特殊的石头，若能找到它，能一夜暴富，发大财。也有人去次久治病，相传它是曼然巴（སྨན་རམས་པ།）即药师佛的圣地，多喝这里的“圣水”，用“圣水”洗涤身体，有延年益寿、祛除病痛的功效。这圣水还有益生育，治疗不孕，现今还有包括尼泊尔在内的信徒去那里治疗。

在传说中，圣地次久是被陈塘夏尔巴口中的咕汝仁波切（གུ་རུ་རིན་པོ་ཆེ།）即莲花生大师加持过的地方。“莲花生，亦称‘乌金大师’或‘莲花生大士’，8世纪印度僧人，应吐蕃赞普赤松德赞的邀请入藏传播密法，并与寂护[222]共建西藏第一座‘佛法僧’俱全的藏传佛教寺院桑耶寺，对吐蕃战胜苯教起到了一定的作用，被后世藏传佛教宁玛派尊称为‘祖师’。他也是吐蕃王朝‘师君三尊’中的轨范师。”[223]轨范师在梵语中称为“阿阇梨”，在藏语中称为洛苯，即陈塘洛苯法师的称谓。

相传莲花生大师进藏后，行至珠峰，看到夏

次久岗日　2016年

次久寺供奉的莲花生大师石刻　2016年

尔巴生活在植被稀少的冰天雪地里，妖魔鬼怪横行，肆意妄为，人们苦不堪言。大师于是发慈悲心，飞到天上，运用无边的法力从天上抛下三朵花朵，落到珠峰的周边，化为三座巨石。然后，他在这三座巨石下的山洞里分别闭关三年三月零三天，并降伏了各式妖魔鬼怪，于是这些地方冰雪消融，气候变暖，万物生长，最终形成与其他高海拔地区不一样的宜人气候。

这三个巨石所在地如今被尊为“圣地”，在它们的周边，分别流淌有三条“圣河”，滋养着流域上的夏尔巴，被称为“三圣地三条河”。三个圣地中，一个在珠峰的北侧，是珠峰北坡登山营地绒布寺上方的绒布上寺，也称为扎绒布寺（རྫ་ལུམ་བུ་དགོན།），寺内下方有莲师闭关修行洞。闭关洞里别有洞天，从狭小的洞口爬进去，会发现洞里供奉有莲花生大师及其二明妃[224]曼达拉瓦[225]与堪卓·益西措杰[226]像。一代又一代的僧侣前仆后继地在这里闭关修行，长明的酥油灯把洞壁熏得漆黑。寺院现今还有一僧人，为来自距绒布寺几十公里珠峰第一乡——扎西宗乡的阿旺洛丹。他 42 岁出家后，就一直在绒布上寺旁一间低矮破旧的石室中，孤独地守望着珠峰，至今已有 20 多年了。因为长期闭关修行，他的骰子占卜术在周边地区享有盛

绒布上寺莲师修行洞　2010 年

誉。从绒布上寺流下来的圣河是扎嘎曲（བྲག་དཀར་ཆུ།），它流经扎西宗后汇入朋曲藏布，经卡达豁卡与陈塘流入尼泊尔后，被又被为阿龙河。

在珠峰南侧的第二个圣地坐落在尼泊尔夏尔昆布地区的纳堪巴隆（གནས་ཁེན་པ་ལྡུང་།），建有寺院，从圣地流出的圣河叫秋曲瓦河（ཕྲུག་ཆུ་བ།）。

第三个就是圣地次久，它坐落在珠峰东坡的巴当（སྤ་ཏམ།）[227]营地的上方，对应的圣河是其下方的嘎玛藏布。印度洋暖气流沿阿龙河流域上溯，过陈塘沿着嘎玛藏布上溯，最终到达巴当营地；

受此暖气流的影响，虽然海拔从2200米上升到4350米，但这一路上树木葱郁，原始森林茂盛，雪鸡在林下觅食，猴子在林间嬉戏，羚牛在山间奔跑，而且365天每天都有不同的鲜花盛开，夏尔巴说所有这些美好事物都是莲花生大师赐予的。

从巴当营地到次久，要经过一些“圣迹”：一是次久所在的山体上，横亘着一片长达几公里的树林，其品种与周边的树木不一样，能比较明显地看出它形成的细窄长条像哈达一样在山体间飘荡，传说中这是堪卓玛献给莲花生大师的哈达，陈塘人称为“堪卓塔让”；再往上走，在山坳中有一个小湖名“卡纳郭夏措”（ཧ་ནག་སྐོར་ཤ་མཚོ།），其两侧的颜色不同，一侧白色，一侧蓝黑色，是为堪卓益西措杰的眼睛化现，俗称眼睛湖。

小湖“卡纳郭夏措”，俗称眼睛湖　2016年

经过高山堰塞湖次久措，可到达次久神山脚下，它的山形像半个橄榄，完美又突兀地耸立在雪山之间。山下有父子俩在此放牧，他们住在黑帐篷里，基本上与世隔绝。父亲是曲当乡优帕村的村民，他的“三圣地三条河”说法与陈塘夏尔巴有点不一样。他说，除了次久与纳堪巴隆地方的两个圣地，第三个圣地应是在“哲木宗”，具体的地望有可能在珠峰西边的吉隆县。莲花生大师在三个圣地闭关及在珠峰北坡与珠峰东坡之间降伏女魔的传说是大体相同的：大师在绒布寺闭关修行时，发现了女魔的踪影，她见势不妙，就往珠峰东坡方向逃窜，快到朗巴拉[228]山口时，大师射出一支箭，射死了女魔并在山体留下个圆形的箭洞，为了让女魔永世不能祸害百姓，他把她的躯体压在朗巴拉山下。

父亲还持有一个与陈塘喇嘛拉巴丹增相同的观点：莲花生大师与七位明妃一起在次久神山闭关修行，莲师与曼达拉瓦及堪卓·益西措杰三人住在次久山的山洞里，其他五位堪卓玛住在次久山脚下。讲述时，儿子面带微笑摇着直径超过一米的牛皮制成的酥油分离器，让里面的牛奶与酥油以古老原始的方式进行分离。他们热情款待笔者的酥油茶与在牛粪炉中烤好的土豆都是疲惫旅

在次久放牧的藏族父子 2016年

岗日次久有一个巨大的山洞，次久寺就位于其内 2016年

人的最好慰藉。

次久椭圆形的山体下面，有一个巨大的山洞，建在洞里的老寺院被火灾毁坏后，前几年曲当乡的村民自发集资重建了它。寺院分成上下两室，下室佛龛上的主供佛是莲花生大师，为一块雕刻精美的玛尼石刻；上室主供着莲花生大师、无量寿佛及四臂观音，皆为泥塑造像，把它们运到这里，想必是花了大心思的。

相传可祛病及求子的圣水在一个绝壁上，是从缝隙向外喷出的两道清泉，传说分别代表着曼达拉瓦与堪卓·益西措杰，旁边挂着许多信众供奉的哈达。有信众特意赶着牦牛，带上大小不一的各种水壶，走上一两天，来此取水带回享用，甚至有尼泊尔的信众直接在此住几天饮用此水，朝拜女阴，以求生育。

相传在以前，九眼温泉查曲玛与次久措是相通的，都是彻骨的冰凉。莲花生大师在次久长时间闭关修行，却没有达到意想的效果，于是他戴着大耳环，“咚咚咚咚”的外出寻找其他修行地，片刻之间就从次久来到查曲玛的附近，发现这是个静修的好地方，于是在此闭关修行，取得成就后，查曲玛的水也从冰水就变得热气腾腾，成为如今的温泉。[229]

除了次久，陈塘夏尔巴还有一些与莲花生大师有关的传说。比如他有九个兄弟，他是老大，母亲是佛祖“东颠”的女儿，名曰桑结次巴玛，大师周游世界各地时，靠食野菜为生，后来他把一些野菜知识告诉了陈塘人，把沿途收集到的种子也带到陈塘，所以现在陈塘夏尔巴特别爱吃野菜，他们种植的一些蔬菜品种也是其他地方没有的。[230]

陈塘洛苯法师还保存了一套莲师八相（གུ་རུ་མཚན་བརྒྱད།）[231]的唐卡，平时秘不示人，只有在举行一年一度的堆垛仪式上才会取出供奉。这套唐卡是1980年由陈塘洛苯法师集资请时年40岁的尼泊尔喇嘛夏阿美绘制的，再由龙牧马茹居的洛苯旺久从尼泊尔带到陈塘，距今已经近40年了。

亚历山大W·麦克唐纳也记载了尼泊尔夏尔巴的一则关于莲花生大师的故事：“再说圣者莲花生以前曾经把五尊‘库擦’（意为‘放有盐和青稞的泥塑佛像’—译者注）藏于西藏，其中有一尊藏在‘则日’，拥有这尊‘库擦’的人名叫松旦多吉，他意识到将来有一天夏尔巴会需要它，便把这尊‘库擦’给了他们。色巴在西藏逗留了三年之后乔装为贫穷的乞丐返回到邦冈玛。在那里，他遇到他的一位叔叔。叔叔曾经在梦幻中见到多吉桑布（色巴的本名）化入他的‘库擦’。叔侄二人将此梦视为他们的计划将获得成功的预兆。”[232]在这故事中，莲花生大师似乎是作为证明高僧色巴法脉的正统性而出现的。与此类似，在陈塘夏尔巴的圣地次久乃至三圣地的传说里，他也起着同样的效果。

关于陈塘夏尔巴的莲花生大师传说，似乎也可以用亚历山大W·麦克唐纳的话来解释：“我们研究夏尔巴所信奉的佛教时，必须记住：我们是处在这样一个世界中，在这里，莲花生为使其将来重现并得到传播而埋藏的圣物与经文的重新被发现，以及梦幻中所见圣者和宗教大师之训示的传承与继承，乃是已被人们广为接受的社会事实。”[233]

洛苯与堪卓玛的起源

传说中，次久也是最早的洛苯法师及居必堪卓玛闭关修行之处，之后才到达陈塘并定居于此，他们有着各自不同的缘起。

相传，最早的洛苯法师来自尼泊尔。很久以前，尼泊尔修筑神圣的佛眼大佛塔（ཡམ་བུ་མཆོད་རྟེན།）[234]的时候，牛魔王（གླང་།）也来尽微薄之力——运输建佛塔所需的石材。它是如此的虔诚，日夜不停地搬运石头以致背上都磨出血了。在所有信众、动物及神灵的努力之下，大佛塔终于竣工了。其时人神共庆，天花乱坠，所有的参与者都得到佛祖的祈福与加持，得偿所愿。但这不包括牛魔王，甚至连它的名字都没有被提到。满心欢喜的牛魔王失落到极点，它发誓下辈子要转世成为国王，毁坏佛教，迫害佛教信众。此誓言正好被大象旁边虔诚的乌鸦听到，于是它也发誓，若牛魔王的心愿实现，它将转世成为一位勇士，刺杀牛魔王。

牛魔王如愿地转世到尼泊尔，当上了被称为朗达玛（གླང་དར་མ།）的国王，他大肆破坏寺院，驱逐僧人，禁止传播佛教。因为是牛魔王的转世，他头上长有两只牛角，而且每天都要吃掉由每户轮流向他提供的一个人。某日，轮到一户母女相依为命的人家，她们都想代替对方，最终女儿被送到王宫。

到达王宫时，国王朗达玛正被头发里的蚤子叮咬而痛不欲生，于是要求女儿先为他抓蚤子。朗达玛取下王冠，女儿看到他像个怪物似的头上长有两个尖尖的牛角，又惊又怕，在抓蚤子时，想起了母亲，泪水不禁流了下来。眼泪掉到朗达玛的手上，于是他就问女儿为什么哭呀？女儿回答说，想母亲了，她是世界上最好的人。朗达玛又问，你母亲怎么好呢？女儿回答说，她能做一种天底下最好吃的食物。这勾起了朗达玛的好奇心，下令让母亲带着美食送到王宫给他享用。他如愿吃到美食后，感觉十分美味，就问是用什么东西做的。母亲回答说，其实这美食就是糌粑混合我的奶水制成的，国王您吃了我的奶，我就是您的奶妈了，您与我女儿也变成兄妹了，您不能也不会吃掉您的妹妹与母亲吧？

朗达玛想了想，善心发作，让她们回家了，唯一的条件是绝对不能把他头上长牛角的事告诉任何人，若讲出去，他将不顾一切地追杀她们。女儿与母亲回到家中，过上了安稳幸福的生活。因为不能向他人倾诉，所以朗达玛头上长牛角的秘密一直折磨着女儿。最终，她想出个办法：在地上挖了一个小洞，对着洞里喊，“朗达玛头上长牛角了，朗达玛头上长牛角了”。这样，她终于放下这折磨人的秘密。

不久，这小洞长出三支笔直的竹子。用这竹子做出的笛子，无论做成什么样子，用何种方式来吹奏，它都只发出一种声音：“朗达玛头上长牛角”“朗达玛头上长牛角”。笛声被越来越多的人听到，慢慢地，朗达玛的秘密变得妇孺皆知了，也传到了在次久闭关修行的洛苯白玛炯乃（སློབ་དཔོན་པ་ལྷ་འབྱུང་གནས།）的耳边。他正是乌鸦的转世，知晓朗达玛是牛魔王的转世后，为了佛法与世界的和平安定，他决定刺杀朗达玛。

洛苯白玛炯乃悄悄地来到朗达玛王宫所在地尼泊尔加德满都，请人做了一套有着长且宽的袖子的黑色衣服，这袖子里面能藏弓箭而不被他人发觉。而朗达玛知道他的秘密已经众所周知，出于安全考虑，不出王宫一步，王宫内的防备也变得更加严密。白玛炯乃刺探了好久也没有找到合适的机会。

有次，王宫外面举办的集会上有精彩的舞蹈及戏剧表演，朗达玛从窗子里偷偷观赏。表演太精彩了，第一天，朗达玛为了看清表演，把窗子打开，露出鼻子观看；第二天把脸露出了，但头部还是藏在窗子内；第三天，把身子也伸出了窗子。藏在暗处的洛苯白玛炯乃抓住这机会，拿出藏在袖子里面的弓箭，一箭射入朗达玛的心脏，终于为民除害。死后的朗达玛的心脏被人扔到加德满都的某处崖壁上，变成化石，据说现在还能看得到。

洛苯白玛炯乃趁人不备，逃出加德满都，经尼泊尔的纳堪巴隆地方最终到达次久，继续闭关

向洛苯白玛迥乃致敬的展舞环节上的青年法师　2015 年

穿着古旧黑袍法衣的老洛苯法师　2015 年

修行。若有人指点，在次久的山洞里还能找到他离开次久去刺杀朗达玛时印下的脚印及刺杀成功后回来的脚印。之后，洛苯白玛炯乃把他的法术传给次久下方的陈塘夏尔巴，所以被尊为陈塘洛苯法师的祖师，是为最早的洛苯法师。直到现在，白玛炯乃刺杀朗达玛时所穿的黑袍法衣还是陈塘洛苯法师必备的法衣，在堆垛仪式上的展舞环节，所有的洛苯法师都须穿上此法衣，进行类似羌姆的表演，向他表示敬意，而且此仪式最后焚毁的也是代表朗达玛即牛魔王的法物。[235]

在西藏地方史上，朗达玛是吐蕃赞普世系中的最后一位赞普，他形如黄牛，在位时灭佛，史称“朗达玛灭法”:“他（朗达玛）为魔鬼与铁让鬼之变化。或说：种下灭佛之邪恶誓愿后，生于赞普血统中。”[236]刺杀他的过程也充满惊险:“尔时，拉隆贝吉多杰静修于耶尔巴扎拉洞，……获悉国王灭法，身着外黑内白的咒士衣帽，袖筒中暗藏铁弓箭，将所骑的白马用炭抹涂黑，来到拉萨。当时，信佛臣民齐集哭啼，痛哭号叫：‘大王不应如此对待佛法，请看诸位先王之文书和库中之宝匣碑文。’（朗达玛）王在西方麝香园下棋时听到臣民的哭叫声，心里感到不安。(拉隆贝吉多杰来时）正遇朗达玛念碑文，说有黑护法。拉隆贝吉多杰下马，来到王所在的碑前借着施礼的机会，第一拜时在袖筒中按箭舌，第二拜时搭箭，然后扣箭弦瞄准眉间射去，箭镞穿过脑后。朗达玛失

藏传佛教寺院扎耶巴寺供奉的拉隆贝吉多杰雕像　2012 年

口说道：‘你解脱我早了三年，要不就晚三年’。两手握箭而亡。拉隆贝吉多杰即刻上马，说：‘我是魔父协纳波，特来杀死这个作恶的魔王的。’说完逃走，诸臣在后追赶。黑人拉隆贝吉多杰在湖中（水中）将马洗净，将半月形披风与帽子翻出白色的里子穿好，口中说道：‘我是那特噶波天神。’说后继续逃跑。”[237]

这两则传说故事具有高度的相似性，陈塘夏尔巴的传说应是源自拉隆贝吉多杰刺杀朗达玛的历史传说。笔者曾向讲述者请教洛苯白玛炯乃与拉隆贝吉多杰是不是同一个人，以及洛苯白玛炯乃是不是莲花生大师乌金白玛炯乃？答案是这三个人之间没有关系。

从故事中能看出，洛苯为修行的密咒师，而其穿的黑袍法衣还可能是一种护法神的服装：“另一种特殊的护法神的服装是黑帽巫师穿的长袖黑法衣。”[238] 在 20 世纪 80 年代，它是“绣有龙、狮子及用海贝镶成十字形图案的配以红、黄布条衣边的黑色法衣”。[239] 现在的法衣大多为低领左衽黑色底面，宽约一米、前端镶有黄红色布条的袖口，

有的法师在黑袍法衣上加套云肩　2015 年

仪式上的洛苯法师与堪卓玛（左）　2015 年

在腰部与背部镶有黄红两色布条的黑色大衣。有的洛苯法师还定制蓝色或黄色的法衣——每位法师对法衣的理解都体现在它的形制上了。

而最早的居必堪卓玛是位在次久修行的尼姑参嫫，来到陈塘后，因她能让神灵附体，故在神灵的指引下，在陈塘境内找到了多处神灵钦定的圣地，并把这些圣地指点给洛苯法师，随后在一些圣地上修建了可以朝拜的小房子，如今这些地方多已不存，但这给当时的陈塘夏尔巴甚至尼泊尔的老百姓带来很大的宗教福利。居必堪卓玛也因此与洛苯法师结下了法缘。[240] 有人说，在洛苯的经书里，有居必堪卓玛与洛苯是兄妹的记载。也由于结下的法缘关系，居必堪卓玛与洛苯的神灵体系是相通的。她们可向洛苯请教修行中出现的问题，甚至可以直接师从洛苯而成为一名合格的居必堪卓玛。

咕汝堪卓玛传入陈塘只有近百年的历史，第一个咕汝堪卓玛叫阿必吉巴（ཨ་བི་སྐྱིད་པ།），1911年出生于尼泊尔纳堪巴隆地方，其茹居为“茹巴”。吉巴嫁到陈塘之后，师从洛苯法师贡布，在学习的三年期间，经常与其一起在贡巴拉神山上的角嘎拉地方闭关修行。咕汝堪卓玛的仪式受洛苯影响甚深，其仪式的内容也与居必堪卓玛极为类同。

有的法师按照自己的理解，定制不同颜色的法衣 2010 年

如此看来，居必堪卓玛与咕汝堪卓玛都与洛苯关系密切，直接或间接的以洛苯为师，与其有着千丝万缕的联系，在陈塘夏尔巴的民间信仰中，与洛苯相比，她们处于相对次要的地位。

民间信仰的重要神灵及其法物

陈塘夏尔巴民间信仰中的神灵众多，纷繁复杂，除了经书中常见的藏传佛教神灵如莲花生大师、观音菩萨、文殊菩萨、金刚手菩萨及各种护法神等，还有一些重要的特殊神灵，它们大致可以分为体神、自然神及其他神灵。体神为五守舍神（འགོ་བའི་ལྷ་ལྔ་།）[241]，其中最重要的是颇拉、相拉（ཞང་ལྷ།）、嫫拉（མོ་ལྷ）[242]、域拉（ཡུལ་ལྷ།）[243]、扎拉（དགྲ་ལྷ།）[244]、吉拉（སྐྱེས་ལྷ།）[245]等；与自然有关的神灵有堪布瓦（གིན་སྐྱུ་བ།）、喜布达（གཞི་བདག）、珠穆朗玛、日月星辰、栖息在陈塘周边山川河流的神灵等；其他神灵有淌金·多吉林巴（དམ་ཅན་རྡོ་རྗེ་ལེགས་པ།）夏本（ཤར་དཔོན།）、家庭成员护佑神、拉嘉（ལྷ་བྱ།）等等。

"要详细讲述的话，三天三夜也说不完"，这是法师们在谈及民间信仰及相关神灵时常用的话语。虽然对神灵都了然于心，但若要求法师们对神灵的重要性进行排序，得出的结果是不一样的，而且不同神灵在不同仪式中的重要性也不一样的。作为大部分仪式"锚碇器"的珠穆朗玛常被认为是最重要，其次是颇拉、堪布瓦、淌金·多吉林巴、喜布达、夏本神、沟通神灵的拉嘉等等。因其复杂神秘、博大精深，所以对民间信仰的重要神灵来说，下文讲述大致以向神灵献祭的先后为序，除了五守舍神，不涉及藏传佛教及苯教的护法神，它可能只是粗浅的概括，很多神灵没能涉及，按神灵重要性而进行的排序也不一定准确。

五守舍神及颇拉

在所有需要多个献祭品的仪式中，最大的公鸡[246]是最先献祭给颇拉的，然后才是献祭给其他神灵的公鸡、母鸡、羊等，而且在仪式中制作的朵玛盘[247]或朵玛群中，献祭给颇拉的朵玛绝对是

朵玛盘中颇拉朵玛位于中央位置，是最先套上祭鸡心脏的　2017 年

松玛措　2015 年

位于中央的位置，可见它的重要性——是为陈塘夏尔巴民间信仰中最重要的神灵。最大的公鸡献祭后，把心脏取出，第一时间交给法师，由他套到朵玛盘中央的朵玛尖锥上，祭祀给颇拉；之后要把公鸡的一小块脾脏，放到颇拉朵玛紧邻的一个朵玛尖锥上，这是祭祀给颇拉的伴神松玛（སྲུང་མ།）的。很多洛苯法师认为，松玛即为五守舍神中的嫫拉，是嫫拉在陈塘夏尔巴中的称谓，她与颇拉是夫妻关系，所以它们的朵玛是紧邻在一起的，而且在祭祀多个祭品的仪式中，要把鸡肝用竹条串在一起，再放到祭坛上，它称为松玛措（སྲུང་མ་ཚོ།），也是献给松玛的。在藏语中，松玛意为“护法，守护神”，是护法神的总称，与夏尔巴

冲巴茹居的颇拉“藏列颇堆”即公牦牛在朵玛盘中的形象　2019 年

语境下的松玛不一样。在整个朵玛盘中，除了位于中央的颇拉朵玛之外，还有献给其他颇拉的朵玛，它们共有 12 个。

颇拉是一个拥有众多属性的神灵，有着茹居神、阳神、父神、家族神、父族神及战神等多重含义。它首先是陈塘夏尔巴的茹居神或说是家族保护神，上文提及，梯格巴茹居的颇拉叫思列多多，其象征或茹居神灵为绵羊；冲巴茹居的为藏列颇堆，其象征或茹居神灵为公牦牛。朵玛盘中也有它们的专属朵玛，其底部都为圆柱形，头部分别捏成羊头与牛头形，分别代表梯格巴与冲巴的颇拉。茹居成员之间的血缘关系是茹居团结的重要纽带，这纽带也是茹居对外集体抗争、战斗、掠夺并最终取得胜利的根本保证，其中的血缘关系就体现在颇拉上。

颇拉的动物神灵属性可能与西藏原始宗教灵魂观念中的个人、家族及至部落的灵魂与某个特定的地方、物体甚至动物相关，可以寄居于某处的传统有关。古文献《常用星算宝瓶》中记载了远古时期著名的“五大氏族”的寄魂动物：“‘董’氏属土，灵魂托于鹿；‘竹’氏属水，灵魂托于牦牛；‘扎’氏属金，灵魂托于野驴；‘廓’氏属火，灵魂托于山羊；‘噶’氏属木，灵魂托于绵羊。”[248]

仪式上的“途布”与“相布”，分别对应着“颇拉”与“相拉” 2014 年

梯格巴颇拉神公牦牛及冲巴的绵羊正好对应竹氏及噶氏的灵魂寄居物，但这又与第二章夏尔巴源自董氏的资料有冲突，这里面的联系与冲突也是令人十分感兴趣的。

颇拉、相拉及嫫拉都属于“五守舍神”，它与人的福分、权势及福运息息相关：“它们始终与人相伴，永不离去。五守舍神与人同处，能确保人的福祉安康。……这五位守舍神不仅与五大要素构成的人之身体紧切相关，控制着人的‘恰’、福分权势和‘隆达（福运）’，还拥有控制与外部世界要素相关之‘恰’的力量，这就解释了通过周边环境的‘恰’来增加人的‘恰’的原因。实际上，这意味着一个人的健康或疾病主要取决于支配五大内在要素的这些神灵。”[249] 它还有起源神之意，“五守舍神（vgo-bavi-lha-lnga），……藏语中的 vgo-ba 是‘起源’‘根源’的意思，故五守舍神即（人的）五起源神”。[250]

有经典认为：“五守舍神分别为阳神、阴神、舅神、战神和生命神”[251]，阳神即为颇拉，阴神是为嫫拉，舅神即相拉，生命神在夏尔巴语境中为吉拉。它们分别寄居在人体的不同位置，不同的经典有不同的说法，有种说法认为，战神位于右肩，颇拉阳神位于右腋，相拉舅神位于左肩，嫫拉阴神位于人体左腋，生命神位于头部。夏尔巴法师对五守舍神的种类与寄居位置有着不同的说法，有洛苯法师认为夏尔巴的五守舍神分别为颇拉、嫫拉、相拉、域拉、吉拉，其中颇拉位于右肩，嫫拉位于右腋，相拉位于左肩，域拉位于左腋下，吉拉位于头部。还有法师认为，五守舍神中只有颇拉与相拉，其中颇拉存于男人的头部，相拉存于其配偶的头部。也有法师认为，五守舍神只有颇拉、相拉与扎拉，分别位于右肩、左肩与头部。

居必堪卓玛彭松代表神灵给仪式受益者赐予各种象征性的物品，有人认为这时她被颇拉附体　2017 年

非民间信仰的喇嘛也崇敬五守舍神，喇嘛达娃认为五守舍神分别为吉拉、颇拉、相拉、扎拉、域拉，其中吉拉位于头部；域拉位于左肩；颇拉需持武器，故位于右肩，因为手的力量最大；相拉位于人体前面，这样它能看清前方的一切，分辨好坏，比如为自己找到一个好老婆；扎拉位于身后，这样能挡住后面看不见的敌人与鬼怪对自己的侵害。

在日常生活中，颇拉与相拉常一起出现，如在煨桑、过山口及各种场合念诵的祈祷词中。如过山口时，冲巴茹居的会这样念："孔里孔主甲哇英，孔里孔主偏哇英，颇拉藏列颇堆，相拉思列多多，机机索索拉加啰（版本一）。""颇拉藏列颇堆索索，相拉思列多多索索，拉加啰，拉加啰（版本二）"。而梯格巴只是把颇拉与相拉的名字互换："孔里孔主甲哇英，孔里孔主偏哇英，颇拉思列多多，相拉藏列颇堆，机机索索拉加啰。""颇拉思列多多索索，相拉藏列颇堆索索，拉加啰，拉加啰"。在各种人生礼仪如婚礼，代表着父系颇拉的途布与代表着母系的相布必须一起参与，缺一不可。而且在很多仪式上也是如此。这些都反映了颇拉与相拉相互支撑帮助的关系，它们都具有重要地位。比如，在夏呀、哈玛及堆垛等仪式上，有个由途布及相布进行的"角色扮演"，微妙地体现了颇拉与相拉的关系。此时途布要戴上羚牛角制成的帽子，手拿饰有羚牛尾的藤制盾牌，扮成古代将军玛本，是为颇拉的化身，"模仿"着与鬼怪打斗的各种动作。而这时相布身着藏式盛装，头戴武士帽或噶夏官帽，扮成"官员"，跟随着途布，做出与途步相似的与鬼怪打斗的动作，即为相拉的"代表"或化身。

洛茶法师认为，各族群有不同的颇拉，比如汉族的颇拉，叫"甲意思达旺炯"（རྒྱ་ཡི་རྟུང་ཐག་དོན་ཚང་།）。但夏尔巴的颇拉会离开人的身体去打鬼、打敌人，此时要给颇拉献上一条哈达，准备它的武器——一把刀，方便它出去打鬼，或是给它准备一支系有白丝线及小刀的箭等等。在一些仪式中，同茹居的男性拿着刀刃上贴有酥油的刀，配合着鼓点，作为颇拉的“武士”助手，嘴上喊叫着：“索和，拉加啰”，为它助威助攻，这些让颇拉有了战神（扎拉）的属性。对于这种情况，谢继胜老师有精彩的论述：“阳神 pho-lha 或 pho-bla，即父系神或男性神。阳神的信仰在今天的藏族民间信仰中逐渐地衰微，有时将阳神等同于战神，或者以战神取代阳神，两者的职能也十分的相近。笔者认为，战神 dgra-lha 实际上就是阳神，两者的职能也十分的相近，作为父系神和男性雄壮之神，pho-lha 的最初职能也是护身御敌。在原始信仰中，尤其是在信仰萨满教的民族中间，防御或摧毁敌人最有效的方式就是去掉敌人的灵魂，去敌魂最有效的方法不是自己的身体出马，而是派遣灵魂出去与仇敌的灵魂搏斗，由此演化出神灵的斗法。”[252]

陈塘夏尔巴的颇拉可能正处于向扎拉转变的过程中，上文途布与相布扮演玛本与武士和鬼怪进行打斗的场景也反映了颇拉的战神属性。虽然一些仪式上，法师习惯于分别祈请它们，比如洛苯的《颇拉扎拉赞颂经》（ཕོ་ལྷ་དགྲ་ལྷ་ཡི་བསྟོད་པ་བཞུགས་སོ།）详细地介绍了颇拉、战神若人神分离会造成的那些灾难、危险；当他们人神合体时，又能有什么好处功用；颇拉、战神人神分离后，要做什么样的朵玛及做这些朵玛的材料如牛奶、酸奶等仪轨。但有时也没有明显的界现，比如拉薪仪式，可以称为“颇拉嗦巴”（ཕོ་ལྷ་བསོས་པ།），在夏尔巴语境中有为颇拉供神食、请它驻居休息之意；也可称为“扎拉旺堆”（དགྲ་ལྷ་དབང་འདུས།），直译为扎拉权力圆满，有祈请扎拉降服鬼怪之意。这样看来，虽然颇拉与扎拉的名称不同，但它们的属性很相近。

颇拉在藏传佛教万佛殿中也有自己独有的形象，五世达赖喇嘛撰写的一篇祈祷文对它进行了描述：“阳神呈白色，少年模样，一面双臂，手持一个如意宝，左手托着一个盈满宝石和珍稀金属的托盘。他的长发盘在头顶上，结有一个丝绸结。他身披蓝色技风，全身饰有珠宝，足蹬饰有丝绸褶边的长靴，骑在一匹装饰华丽的天鹅白骏马上。他化现出许多佩箭和短剑及长矛的姑表兄弟和男子。”[253] 在洛苯多吉平措的描述中颇拉是另一种形象：“他是一个白色的男子，戴着白色的帽子，右手持白色的刀，左手拿白色的绳索，饰有圆形的白耳环，穿着白色的鞋子，骑在白色的大公鸡上。颇拉骑在大公鸡上，所以我们要杀大公鸡献给他。”

五世达赖喇嘛撰写的祈祷文中也有关于相拉舅神的描述：“我邀请舅神！恳请你从左腋窝出来，化现出众多的舅臣。我赞颂你，向你供奉桑烟和这头干净的羊，今天就来帮助我吧！帮我赶走逆境，助我好运！”[254] 这似乎为落苯的一些仪式献祭活羊做出了某种解释。

山神堪布瓦

在所有献祭超过三只鸡的仪式中，第二只大公鸡将献给山神堪布瓦，在拉及堆垛仪式中，还要给他献祭羊。它是陈塘所有山神的总管，相传它来自内地的五台山，即甲纳日吾增啊（རྒྱ་ནག་རི་བོ་རྩེ་ལྔ།），但也有人不这样认为。在朵玛盘上，其专属朵玛稍微偏离中央位置，与颇拉一样也要把鸡心脏套在朵玛上端。堪布瓦加上他的属下一共有 32 个，最重要的有 3 个，分别是位于修修玛村的堪布瓦、位于日屋的夏热 · 巧纳拉甲布（ཤ་རབ་བྱ་ནག་རྒྱལ་པོ།）及位于尼泊尔基玛塘卡村附近的巧甲贝穆（ཚུ་ཀ་དཔེ་མོ།）。在朵玛盘中，除去上面套鸡心的朵玛之外，其他 31 个山神堪布瓦也须一一制出专属它们的朵玛，再摆放在盘内。

制作“堪布瓦锝” 2017 年

有洛苯法师认为山神堪布瓦头戴红色帽子，右手持长矛，左手持绳索，饰有红色的圆形大耳环，穿红色的鞋，骑在红色的骏马上。在一些仪式上，要给它准备武器，如一支用一段黑白相间的羊毛做成矛缨的长矛；如弓与箭，在仪式进程中射出等等。

给堪布瓦制作的最复杂精美的供品是堪布瓦锝（གིན་སྤྲུ་བ་ཡི་མདོས།），锝（མདོས།）意为：“灵器，供施代替品。用彩线绕成或用糌粑捏成日用品、牲畜、房屋的模拟物。用以供神都称为上供灵器，用以布施鬼类者称为下施灵器。”[255] 陈塘夏尔巴仪式上常见的“锝”，可能就应是一些文献中说的“垛”或“笛”：“在西藏众多带有魔法的宗教仪式中使用的一种特殊的法器，这就是所谓的‘垛’，或称十字网格灵器。‘垛’基本的形式是用两根木棍绑扎成十字，木棍的每个端头都有色线扎住。灵器完成后的样子就像一个蜘蛛网。一些复杂的‘垛’其结构高约十一英尺，由很多木棍和线绑扎成几何体组成，需耗时几周才能完成。‘垛’有一个可替代的称呼是‘天’（笛），不过，‘笛’好像主要是指那些环绕主要的、中央的大‘垛’的小‘垛’……‘垛’也可以为神灵提供一个暂栖之地。这种‘垛’主要是象征传说中神灵或女神居住的天界。制作这种垛，要在作为垛的支架的棍子上经常缀上些羊毛片，这据说这是表示环绕天界居地漂浮的云彩。叫居处垛或称依止垛。”[256]

堪布瓦锝由上下两层组成，都是由黑、白、蓝、黄及红色这五种颜色的羊毛线及竹条做的支架编织而成。制作上层锝时先在一根竹竿中央开个洞，水平地插入两根木条，使之呈“十”字形；然后在木条与竹竿之间由内向外地缠羊毛线，同一种颜色的毛线必须在两木条及竹竿上编织，并让其上下左右前后都对称，最先编织的是红色的毛线，然后依次是白色、黄色、蓝色及黑色，如此制成上层锝。制作下层锝时，先用不同的色线在两根呈十字形交叉的竹条上编出黑色、蓝色、黄色、白色及红白两色等五个不同颜色的正方形的“线板”，再把它们拼成一个正方体线板组合，最上面的是蓝色，四个方分别为白、黄、黑及红

堪布瓦锝　2019 年

白色的线板，下面没有线板。从下方往正方体插一根青竹竿，以方便插入地里。把上层锝的竹竿从中部穿过下层的蓝色线板，在正方形中央部分插入下层的青竹竿内，并固定好。然后在下层正方体线板组合的四面上方各插两条顶端缠有各色毛线的竹条。再把一支塔各（དར་ག།）[257] 竹箭从蓝色线板中部往下插过下层锝后固定好。最后在上层锝的顶端及木条的两端各安放一个顶部贴着酥油的小朵玛，并在顶端的朵玛下压些白色羊毛，堪布瓦锝制作完成。

各种传承的堪布瓦锝线板在颜色及分配上有些许差异，比如有的法师制的上层锝的毛线由内至外是红、黄、蓝、白、黑这五色，下层锝的线板除了最上层为蓝色，其余四面皆为白色，这时塔各竹箭绑的不是白布条而是蓝布条。有的法师认为，五种颜色的垛线代表着不同的方位：白色代表东方，黄色为南方，蓝色为北方，黑色为西方，红白两色为中部。

在仪式开始之前，在下层锝中间挂入受益者的一些如戒指、手镯等随身首饰，以求在仪式过程中得到堪布瓦的加持，获得挡灾祛病治病的功效。仪式结束后，这首饰将由主持仪式的洛苯法师带回家；三天过后，受益者或仪式举办方到其家中，用随意的没有数额限定的现金把它“赎”回来。赎回只能用现金，酒、粮食和任何物品都不能用于赎回。

堪布瓦锝经仪式之后，装满了法力，视需要存留在家中或插到指定的露天地点。

土地神喜布达

在拉薪仪式中，第三个 [258] 享受献祭鸡待遇的是称为喜布达 [259] 的神灵，在陈塘夏尔巴语境中，它为土地神 [260]，是掌管与保护整个西藏土地尤其是陈塘的神灵，

喜布达箭　2017 年

亚云巴（图中最高峰为其山顶）是最重要的喜布达神　2019 年

同时掌管着游荡在土地上及空中的神魔。喜布达献祭品为母鸡，在朵玛盘中朵玛的位置比堪布瓦的位置更偏离中心，献祭的方式也与颇拉与堪布瓦相同，也要把鸡的心脏套在朵玛的尖端。喜布达一共有 21 个，除去套有鸡心的朵玛外，其他 20 个也须一一制出专属它们的朵玛，再摆放到朵玛盘上。最重要的喜布达神是亚云巴山的亚云神，其全称叫“颇拉阿亚亚云巴”（ཕོ་ལྷ་ཨ་ཡ་གཡུ་གཡོན་པ།），是为陈塘境内所有地域神灵的阿亚楠玛。它的家在亚云巴山内，称为“颇不拉日巴金柱”，妻子叫“拥多穆德玛”（ཡུམ་རྫོ་རྒྱུག་ཧྲིག་མ།），女儿叫“阿吉帮根增玛”（ཨ་ཅི་སྤང་དགོན་ཛེ་མ།），她们在朵玛盘中也各有专属的朵玛。

在仪式上，有时给喜布达供奉一支竹箭，它用羽毛或树叶做成箭羽，箭羽下面系有用黄线穿着的一颗蜜蜡珠或其他黄色珠子。

关于颇拉、堪布瓦及喜布达这三位神灵的关系，有法师认为，他们是一个家庭中的三兄弟，其中颇拉为大哥，喜布达为最小的弟弟。

珠穆朗玛

作为很多法师心目中最重要的神灵，作为生息于此的夏尔巴，它的印记无处不在，在上文中的帽饰、藏戏中的嘉赦、初生儿的托桑仪式及珠

仪式上的披交，中间“日觉伦布”披交，两侧为“恰古”披交 2017 年

顶上没有贴酥油的“日觉伦布”披交 2017 年

峰圣地等方面都从侧面反映了它在陈塘人心中的地位。在洛苯及堪卓玛的一些仪式中，珠穆朗玛神为仪式的“锚碇器”，须做一个叫“日觉伦布”（རི་རྒྱུག་ལྷུན་པོ།）[261] 的披交，作为它在仪式中的暂时驻地，这样仪式中就有它的咕汝（ཀུ་རུ།）即法力的

加持与保护，仪式才能达到预想中的功效。

日觉伦布披交为面粉制成的四面金字塔形，塔身有横向刻痕，一般是五条与七条，其四面象征着珠穆朗玛的四方，每面的颜色与材质都不同：东面是白色的藏银，南面是黄色的铜山，西面是红色的金子，北面绿色的绿松石，山中布满各种珍宝，用三支顶端插着酥油团的竹枝来表示。四个面所形成的四个对角，代表着源自珠峰的四条河流——嘎玛藏布、朋曲藏布、扎曲藏布及在尼泊尔境内纳堪巴隆地区的秋曲瓦河。一般情况下，它需与恰古披交成对出现，不可或缺，位于祭坛的左侧，恰古披交位于右侧，仪式结束后，作为报酬的一部分，送给主持仪式的法师。

夏本神

夏本（ཤར་དཔོན།）中的ཤར即为夏尔巴语境中的东方，而དཔོན字有首领、主宰、官吏之意，从字面可理解为东方的首领，它可能是梯格巴茹居的先祖对其迁徙前或迁徙到夏尔昆布过程中某类神灵的反映。这就很好解释了上文梯格巴茹居体内自带有夏本神，而冲巴茹居因为没有迁徙到夏尔昆布的经历或迁徙前定居的地方不同，所以体内没有夏本神，故在仪式中需要祈请此神的情况。关于冲巴哒咕瓦小茹居体内有夏本神应是一个特例，其原因还需进一步调查。

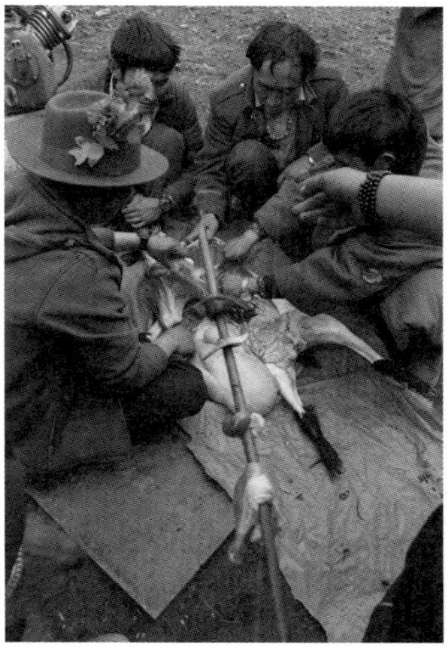

制作“夏干玛”祭器 2017 年

在陈塘夏尔巴的民间信仰中，夏本是位武神，它有各种“碇”（རྡེང་།），即武器。如夏本箭，它用青冈树树叶做箭羽，箭杆上系有用红线穿着的一颗红珊瑚或其他红色珠子，在仪式中，将被扔出去，代表着夏本神出征打鬼，之后须把夏本箭捡回来插回原处。又如在很多需要祈请夏本神的仪式中，需要给它准备铜水罐与刀，法师被夏本神附体时，再用铜水罐、刀给参与者加持。它还是捕赞鬼（བཙན།）[262]的能手，被附体的法师可用称为“赞达尔”（བཙན་དར།）的红布条来绑缚捕获的赞鬼。

在日常生活中，夏本被当作管理肉类的官员

在仪式上，洛茱法师代表夏本神把夏本锝赐予受益者　2017 年

拉本用刀给仪式受益者加持，有人认为此时为夏本神附体　2017 年

而淡化了“来自东方的主宰”的色彩。陈塘夏尔巴常说夏本是狩猎“最厉害”的人，向他祈祷，出去狩猎会有好的收成。上文提及，陈塘夏尔巴猎人打到大猎物后，要尽快取出它的膈肌、脾、肾、肝、肺、心，然后按顺序依次穿在一根竹签上做成的夏干玛献祭给它，所以这夏本还有猎神之意。在献祭羊时，也要把每只羊的膈肌、脾、肾、肝、肺、心串成夏干玛祭器，献给夏本神。

夏本神的依止处叫夏本锝，制作时先在一根长竹竿上开出三个口子，分别插入三根保持平行的木条，然后各自用红白两色的丝线与竹竿缠绕，形

在堆垛仪式中，祈请夏本神安驻夏本锝内　2017 年

成三个菱形的平面线板，再把底下的两个线板用红线缠绕相连，成为一个直立的六边棱形，最后在竹竿顶端与最上层的木条两侧各插一个朵玛。它是捕赞鬼及其他鬼怪的利器，在仪式中将赐予男性受益者。仪式结束后，视情况放到天花板之上或插于特定之所。梯格巴茹居与冲巴的哒咕瓦小茹居体内已有夏本神的某种特性或者说他们一直得到它的依附加持护佑，若仪式的受益者为上述茹居，举行仪式时可以视情况制作或不制作此锝，但在仪式中制作夏干玛及夏本箭还是与其他茹居一样。

家庭成员护佑神

在夏尔巴民间信仰中，有三种家庭成员护佑神，分别是护佑成年男性成员的“交普”（རྒྱལ་པོ།[263]）、护佑成年女性的“哈玛”（ལ་ལྷ།）及护佑未成年孩子的“格隆”。在堆垛仪式及哈玛仪式中，须制作交普锝、哈玛锝及格隆锝作为其依止或居住处，在仪式中须将它们依次放置在天花板上没有封闭的屋檐一侧，并存放数年，让它们挡住自外而来的对家庭成员的侵害及带来好的运势。其中格隆神为梯格巴茹居的专属神，冲巴茹居没有

交普锝　2014 年

哈玛仪式的哈玛锝要多制两个黑色的锝线板　2015 年

此神灵，若仪式的受益者为冲巴茹居，在仪式中就可以不制作格隆锝及祈请此神灵。

在堆垛仪式中，要给交普神献祭一只公羊，它的依止或居住处为交普锝，是与堪布瓦锝形制相似的上下层锝，上层锝与堪布瓦锝相同，下层锝为正方形，由五片正方形的线板组成，最上面的线板是蓝色的，其他四面的线板皆为白色的垛线编成，其四周需放置覆盖严实的白羊毛长条，这样从外面就无法看清内部。它放在装着泥土的竹筐[264]上方，内放五个锥形朵玛及一个用糌粑捏成的沿口贴有赞尖的酥油灯；上层锝插在下层锝的中央，在与下层锝相连的竹竿上，需套着一串念珠。

成年女性怙主是哈玛，她请自“甲纳日吾增啊”，即内地五台山[265]。当她被法师祈请后，骑着蓝皮白毛的驴子，从五台山出发，经定日、萨迦、琼堆、桑松、郭加等地后到达陈塘贡巴拉神山，再到仪式举办现场，为家中成年女性尤其是女主人祛病挡鬼。哈玛神有五姐妹[266]，分管不同领域，如人的寿命，牛羊畜牧、农耕收成、财富珍宝及亡人超荐等等。有段祈请她们的经文，大意是：“伟大的哈玛神，请保佑家人长寿，牛羊越来越多，生活美满幸福，吃饭要有胃口……”。哈玛是五姐妹中的大姐，她与二妹旺久玛（དབང་ཕྱུག་མ།）一起分享作为居处或依止的所在——哈玛锝。

在制作哈玛锝时，先做出三个菱形线板，都是在竹竿上方插根木条，然后在这呈十字形的木条与竹竿之间缠绕五色羊毛线。三个菱形线板中有一个线板的组合复杂，为十“层”，颜色由内到外是：红、白、蓝、黄、黑、红、白、蓝、黄、黑，另二个是五层，为红、白、蓝、黄、黑。另一个是五层，为红、白、蓝、黄、黑。还须制出五个形制相同平面菱形的线板，都是在两根十字交叉的竹条缠绕板线而成，其中四个白色，另一

格隆锝　2017 年

个内红外白。之后，在一个与交普锝相同的竹筐内贴着草皮先插入十层颜色的菱形线板，再在中央插入一根固定用的竹竿，把五个平面菱形线板一头插入竹框的草内，另一头再绑在此竹竿上。在这五个平面菱形线板组成的圆锥体内部放置五个锥形朵玛与酥油灯及女性的头发[267]等物。插入另外两支五层的菱形线板，一高一低，分别代表着哈玛女神及她的二妹旺久玛，还需要插入一根系有羊毛线的长坎巴草，再用藏纸把圆锥体包严实（必须把最早插入的十层线板包裹在内）。之后绑上一根绳子固定好，两个五层的菱形线板与坎巴草的上端露在外面，最后再挂上一个女主人戴过的嘎乌盒，哈玛锝就制作好了。制作好的哈玛锝不能直接放入屋内，而是放于屋外高处如房顶上，在仪式中祈请哈玛五姐妹从五台山过来时，再搬到屋内祭坛上。

在专门祈请哈玛神的哈玛仪式中，哈玛锝还会再插两根黑色锝线缠绕而成的锝线板，其大小、形制、高低都与代表着哈玛及旺久玛女神的一样。在超荐亡者的歇将仪式中，要为旺久玛女神做一个朵玛，必须套上献祭公鸡的心脏，以此供奉她。

格隆神的依止或居住之所为格隆锝，为上下层锝，它能挡住自外而来的妖灵邪秽对未成年子女的侵害，并能带来好的运势。其上层锝与堪布瓦及交普锝的上层锝一样，下层锝也要安放在与交普锝与哈玛锝一样的竹筐上，下层锝是与哈玛锝一样五个菱形垛线板组合而成，组合方式也与哈玛锝相同，里面放着与交普锝一样的五个锥形朵玛与酥油灯。在下层锝的外面，须放几束羊毛条。

沟通神灵的拉嘉

拉嘉意为“拉”（ལྷ）神之鸟，在陈塘夏尔巴的民间信仰中，是一种能沟通神灵、净化污秽的鸟类。有法师说，它为颇拉的使者，所以它与颇拉一样重要。它与藏传佛教的大鹏金翅鸟——琼鸟[268]不同，在苯教中，拉嘉更多的被认为是雪鸡——这种鸟被描述为拉神之鸟：“拉神之鸟雪鸡也鼓翅悬停。”[269]雪鸡“亦称‘松鸡’，毛色土黄，腹毛有斑色条纹，喙、足皆呈红色”。[270]

西藏其他地方供奉拉嘉时，“先要标明白色飞翔鸟的俑像，显然是指明白鸟之形，应该绑到将要插入紧靠中心俑像的垛基中央的那个垛的顶端去”[271]。夏尔巴的供奉方式也与此类似：在洛苯及咕汝堪卓玛的很多仪式上，需捏塑出一只代表拉嘉的展翅小鸟，在头部贴有酥油，身体上撒白色的糌粑或面粉，用一根竹子插在朵玛盘的正中央，其位置比其他朵玛高出 20 厘米左右，供奉颇拉的

位于朵玛盘中央上方的“拉嘉”神鸟　2015 年

赤垛上的白色拉嘉　2015 年

朵玛就位于其正下方。

很多仪式上都需要制作一种用糌粑捏制的叫赤垛（ཚེ་སྒོར།）的法物，其顶端的撒有白粉的拉嘉具有净化污秽的功能。拉嘉在这赤垛中，也可以称为“赤嘉”（ཚེ་རྒྱ།），其下面依次是圆日、弯月，称为“赤责”（ཚེ་བུམ།）的宝瓶。宝瓶瓶口下垂着四条象征哈达的飘条，瓶底有四个尖部向外称为“赤嘎瓦”（ཚེ་ཀ་བ།）的朵玛条，它们代表四个方向，底部堆有数十个称为“赤日”（ཚེ་རིལ།）的小圆球，它们盛放在一个圆盘或碗中。陈塘夏尔巴认为，拉嘉把吉祥的“赤”（ཚེ།）[272] 带下来，经日、月及宝瓶的净化与加持，整个赤垛就变成了良药，有延年益寿的加持力，仪式结束后，在家人之间分而食之。这功能与苯教的一份经典特别相似：“它飞到须弥山山顶，居住在板岩山中、林中草地和雪地上。它挖出几眼甘露井，并用咒语把毒物和甘露分开。它诵念消除毒物的咒语：‘愿能控制、消除和净化毒物！’当松鸡（即雪鸡）说‘愿能毁掉毒物’时，这就是控制毒物的咒语，当松鸡说‘来净化吧！来净化吧’时，它邀请众神来净化自己。药鸟松鸡的右翅就这样成了甘露‘灿’的舌头，污物得到了净化，污秽中煞被消除了。”[273] 如此，似乎可以这样理解赤垛：甘露或生命力通过拉嘉，经日、月到达宝瓶，然后整个赤垛就

在仪式上用“赤垛”给受益者加持　2014 年

拉达盘　2014 年

变成了甘露，有祛病长寿的功能。

拉迦·旺布坚参

拉迦·旺布坚参（ལྷ་རྒྱལ་དབང་པོ་རྒྱལ་ཆེན།）为管理生育及小孩成长的神灵，在洛苯与堪卓玛的仪式中，需祈请它降临附体，以加持受益者。

拉达盘（ལྷ་དར།）是为它的暂驻地：在铜盘上依次放入从大到小的三块圆面饼子，是为它的卡垫座位；插入一根青竹做的箭，野鸡毛为箭羽，上端系一小刀及一条哈达；铜盘边缘贴上三块酥油，竹箭的顶端及小刀刀背也要贴块酥油，即为拉达盘。在仪式中用拉达盘给妇女及小孩在头顶上加持，能提高妇女的生育能力，保胎安胎，治疗及预防小孩的疾病。“把一种箭插在装满谷物的供品中，这支箭就被看作是确保繁荣的标志。在喜马拉雅地区（特别是夏尔巴人中间）经常把竹子插在谷物里。”[274] 拉达盘可能就是文中所说的这种习俗。

咕汝堪卓玛用“拉达盘”加持受益者　2015 年

其他与自然有关的神灵

陈塘夏尔巴认为他们的周边包括邻村基玛塘卡的山川、水泽或某个特殊的地方，比如沃雪村最上方的亚云巴、巴沃钦布与喇嘛钦布、拉格旺堆、那果不继、强果云不扎西、那贡扎西拉、仁琼、拉加日杰、多多、门牧、咕汝扎西罗布、巧巧木，拉佳日杰、达谷玛、乔木所嘎、林琼孔、查曲玛等等，都有神灵寄居，它们分别属于堪布瓦或喜布达体系，在朵玛盘中都需要一一祈请并制作对应的朵玛。

比塘村的“巴沃塔各”　2018 年

在朵玛盘中，除了 12 个颇拉、32 个堪布瓦与 21 个喜布达外，还有 16 个护法神如淌金 · 多吉林巴（虽然淌金 · 多吉林巴是藏传佛教宁玛派中重要的神灵，但它也是陈塘夏尔巴所有仪式中不可或缺的角色及祈请对象，尤其在堆垛仪式中，堆垛仪式的驱鬼环节就需洛苯法师扮成淌金护法神，把代表邪祟与不净的替死鬼“象征性”的驱赶出村庄。而且在一些较大的仪式中也要给他献祭母鸡及公羊，如在拉仪式中要给其献祭最大的母鸡，在夏呀仪式中给其献公羊）[275] 与格隆神、18

个日月星辰、3 个交普神、5 个哈玛女神及一个交多拉（བརྒྱ་སྟོར།），共计 108 个，在制作朵玛盘时，须一一制作出他们的专属朵玛。交多拉是一个“平衡”朵玛盘的神灵：若朵玛盘上的朵玛供奉错误，由它来纠正；若朵玛盘上的数量不足，由它来补足；若朵玛盘上的数量多余，由它来承受。

藏族有着这样的三界观：“在藏族传统中，神界和超人的力量都分布在天界(中界或大气空间)、地界和地下界，分别由拉神、年神与鲁神主宰。”[276] 陈塘夏尔巴的三界观也大致相同，为定拉帕赞卧鲁（སྟེང་ལྷ་བར་བཙན་འོག་ཀླུ།），意思为拉神在天界，下界为鲁神，中界为赞鬼。对于中界的赞鬼，在很多仪式中，以降服为主。

对于鲁神的祭祀，其“巴沃塔各”仪式具有代表性。每年比塘村集体立隆达的时间是藏历十月初八，要为瀑布巴沃钦布举行巴沃塔各仪式，此仪式只能由比塘村的洛苯顿珠及传人主持，需祭祀公鸡与母鸡各一只。举行仪式的场地为一平台，位于比塘村西面的悬崖边缘，下面即为瀑布巴沃钦布。仪式参与者皆为男性，由比塘村按六户一组每年轮流参与，在洛苯诵经祈祷及献祭两只鸡后，他们在平台上各自插长约两米的塔各竹箭，并叫着“机机索索拉加啰”后，结束仪式。

民间信仰中的重要法物

在陈塘夏尔巴民间信仰中，有一些特殊的重要器物或法物，比如上文中的“锝”，还有其他的各种锝、“侣”“垛”及“措”等等，它们或为洛苯法师独有，或同为洛苯与堪卓玛共用，为了叙述方便，本文将列举一些上文没有提及的法物，它们的使用方式将在各种仪式中详解。在制作这些法物时，若需要使用糌粑面，大多是用鸡爪谷磨成细粉糌粑。

民间信仰中的锝

陈塘民间信仰中各种锝主要有两大功能，一是作为神灵的居处或依止处，如上文提到的交普锝、哈玛锝、格隆锝等等；二是把天上地下空中游荡的各种妖魔鬼怪及身上的疾病引到锝中，作为它们的“狱所”，把它投出去后，则意味着狱所里面的鬼灵及身上的疾病也被抛出去了。堪布瓦锝与夏本锝若是放置于家中，则是他们的居所，对应第一种功能；若是放置于露天，是为抓鬼怪的神器及它们的狱所，对应第二个功能。这第二个功能与谢继胜老师的“垛”很类似：“由于人死之后的 brsan 离开躯体向四处漂游，大部分漂游在中空的凶魂一旦被触怒，就要给人带来灾难，为降服飞在空中的凶魂，萨满（巫师）从蜘蛛织网捕捉飞虫的现象中获得启示，也制作出网型灵器用以捕捉凶魂，于是就出现了‘垛’。垛顶的鸟羽是指灵魂的使者飞鸟。整个的垛被设想为生有双手的天网。最初的‘垛’只是降服凶魂的，在它获得降魔神力之后逐渐演变成了一种普通的法器，可以降服所有的恶魔了。于是就有降魔‘垛’、降‘穆’‘垛’、降独脚鬼‘垛’、降地魔‘垛’等各种名目的‘垛’”[277]。

各种形式的锝可能源自苯教四因本[278]中的幻变辛乘："幻变之辛具羊毛之色者能投放灵品灵器(mdos–dang–yas)，使人畜无恙，消除眼前和将来的一切逆缘"[279]。除上文介绍堪布瓦锝、交普锝、哈玛锝、格隆锝及夏本锝之外，陈塘民间信仰中还有"玛米锝""赞嘎锝"等。

玛米锝（མ་མོས་མདོས།）：用竹条编出一小竹筐，底层装满泥土，再放入与筐沿持平的草皮。把草皮抚平，竹筐中央垂直插入与堪布瓦上层锝形制类似的上层锝，此上层锝的菱形线板的颜色由内至外分别为红、白、黄、绿及黑色，在菱形线板之下，还要用黑线缠出一小片平面线板，用丝线把上层锝的竹竿与竹筐边沿相连固定好。之后，按以下顺序摆放物品：

一、草皮上先放入四个锥形的朵玛，再放入

制作在仪工中制作各种锝　2015 年

玛米锝扔出去后，要在旁边用三块石头做一个忒部代表对它的压制　2017 年

三盏糌粑制的酥油灯，左侧的一盏装着酥油及灯芯，中间的一盏为空，右盏放着酒醪；三盏酥油灯后面放三个动物俑，分别为马、岩羊与狗（次序与酥油灯一样）。三个动物俑的后排再摆四个俑，分别是蛇、乌龟、青蛙与鱼；

二、在竹筐中央位置插入顶端为拉嘉的竹签，在上层锝的竹竿上系上受益者的首饰，再在竹竿旁插上绑有羊毛线的长着新芽的树枝；

三、在竹筐内沿插入颜色分别为黑、蓝、黄、白、红白的五个菱形线板及五根缠着同样丝线的竹条，然后把它们像格隆锝一样固定在黑线板的上方；

四、在竹筐外沿插进松针、青竹叶、开花的树枝，让人看不到里面，在放有酥油的灯前开个口子，方便在仪式过程中把它点亮。

在仪式中，洛苯法师会用玛米锝上缠在五根竹条上的丝线与受益者相连，然后迅速取下丝线，用大围巾把受益者的头部包裹好，让受益者背向玛米锝，然后点燃玛米锝里面的酥油灯，抱出去扔掉，这意味着受益者因滋扰各界神灵，尤其是鲁界而产生的种种障魔、病患，特别是手与脚上的病患都被带走了，在某种意义上，受益者获得了“重生”。

赞嘎锝（བཙན་ཀྱི་མདོས།）：需要制作出五个形制相同颜色不同的菱形线板、五根缠有与菱形线板同色毛线缠绕的竹条、七个朵玛，然后把它们按仪轨依次放进椭圆形的放有青草的湿泥巴盘上，最后组合成赞嘎锝。做好的赞嘎锝边沿是五个菱形线板，红白两色线板插在一头，其余两侧各插两个线板，按顺时针方向分别为黄线板、蓝线板、黑线板、白线板（根据法师的传承不同有不同的次序，如白线板、黄线板、黑线板、蓝线板），这五个颜色的线板代表五个不同的方位：红白线板代表中部，黄线板代表南方，蓝线板为北方，黑色的是西方，白色是东方。在五个线板旁插有与线板同色的竹条，为射向五大方位的箭。七个朵玛中四个朵玛放在四角，另三个放于中部。

赞嘎锝　2014 年

赞嘎锝具有“狱所”的功能，在仪式中，来自五方的神灵把鬼怪赶到锝中，用线织的幻网缠住。它的主要功能是防治各种麻风、瘟疫等传染病及祈福六畜兴旺等，作为保护陈塘镇全体人员幸福安康及村落安稳的法物，赞嘎锝只在堆垛仪式上制作，在焚毁垛坚后，把其上的五个线板拔出，按线板所代表的方位扔出。

民间信仰中的侣

在陈塘夏尔巴民间信仰中，“侣”（གླུད།）有替身、替代、赎救之意，在仪式上，有“拉侣”“扎侣”“米格侣”及“弑侣”等。

拉侣（ལྷ་གླུད།）：准备好各种所需之物，然后在一个用湿泥巴做成的椭圆形盘上，放上一丛青绿的树叶或青草；再放上用糌粑做的假人：头部做出人的眼耳口鼻及帽子，再插一支雪鸡的羽毛，双手放在泥盘的两侧，心脏放在中间，双脚放在泥盘的下部；在盘上竖五片形制相同的菱形线板，其板线的颜色不同：红白色线板位于假人头部，其余四个线板插在泥盘两侧，按顺时针方向分别白线板、蓝线板、黑线板、黄线板（与赞嘎锝一样，有的法师次序不同，但代表的方位是一样的）；每个线板的旁边也要插着一根同色垛线缠绕的竹条。泥盘两侧的线板内侧每边放置七个顶端贴有酥油的朵玛，是献给神灵的。假人双脚中间插有两片画有黑叉的“羌普”[280]木板、一支小弓与木箭、一个木制纺锤[281]等物品。弓箭与纺锤的组合在古代是一种武器：“阳性的弓箭与阴性纺锤这对截然不同的象征物源自前佛教时期，在苯教中，它们作为‘真言武器’而广为使用。”[282]泥盘的中央，要倒上一些献给鬼怪的酒醪，要放上三块代

三种拉侣，左图为抛掷后的拉侣

表人肉的生肉，三个捏成山羊、马及驴形态的动物俑，三个用糌粑捏成的灯（其中一盏中间为空，一盏放有酒醪，一盏放酥油）。

需要制作拉侣的仪式都会献祭羊，拉侣将置于对折后的祭羊的羊皮上。拉侣中的假人是仪式受益者的替身，在仪式中，受益者身上的病痛及造成此病痛的邪祟、逆缘等都转移到假人身上。除了堆垛仪式，在其他仪式上需要由玛巴将拉侣抱出，在十字路口或偏僻之地用力倒覆在地上，意味着受益者的病痛及邪祟、逆缘也被带走了。倒覆的拉侣还需要用三块长条形石头呈十字形相互叠压到上面，这三块石头叫“忒部”（ཐོ་བོ།），有法师认为它们分别代表着天上的拉神，人间的赞及地下的鲁神。回去时，参与倒覆拉侣的人都不能回头，口中要叫着“哦永嗦”，意思是“我回来了”，直至仪式举办场地。

扎侣（ཟ་གླུད།）：为女性的替身偶或赎身物。用鸡爪谷的干草扎成一高二低的三束，下半部分

正在制作中的扎侣　2015 年

扎侣（仝海明绘）

三束合一，在最高的一束上插上糌粑团，雕出眼、鼻、口等部位，是为人头，头顶上还要插一根野鸡毛；另外两束的两端插上用糌粑捏制的手掌，在底部放两个糌粑捏制的脚掌，中部放入糌粑捏制的女性生殖器及心脏等。捏出的头、脚、手要贴上酥油。最后给草偶戴上女性受益者使用过的帽子，用她穿过的衣物包裹，戴上她戴过的项链，即为扎侣。

在仪式上，扎侣由玛巴按要求进行操作后，将被扔到特定的地方，意味着受益者身上的病痛也被带走了。传说若仪式一切合轨，法师的法力又强大无比，在仪式进入抛扎侣环节时，它会自己活动起来。

米格侣（མི་རྒོད་གླུད།）：它只在仪式中的驱鬼环节中使用。先在大竹盘底部放沙子并抹平，在中央插入用稻草制成的木偶鬼——米格（མི་རྒོད།）[283] 及一片羌普木板，然后在大竹盘上撒一层爆青稞与爆玉米花，再放入象征各种邪祟的物品，如称为“扎郭”的破瓦罐，头发、指甲、旧头梳、各种坏饼子及一块称为“米格措”的好饼子，还有其他如酒醪、糖果、香烟、果冻、核桃、动物油脂、辣椒、红糖等食品及一些如废铁丝旧塑料等

米格侣　2014 年

緎侣与坎巴草　2015 年

破旧之物。这些物品主要由仪式举办方放置，他人可以往竹盘里丢入不祥的物品，也可以放一些小额人民币。

在仪式中，米格侣将由仪式举办方的成年女性抱到特定地点，倒覆在地上。米格措将在倒覆之前扔出去，由法师捡起，再送到举办方家中，由其家人与主持仪式的洛苯法师分享。

絋侣（ཧྲིའི་གླུད།）：用糌粑混着祭鸡的血捏制而成的高约 15 厘米的人偶俑，其下部为圆桶形底座；上部捏有嘴巴大张的头与向外张开的双手；胸部像袋鼠似的有个口袋，里面装有祭鸡的内脏与血。它作为亡者或病人的替身，在仪式中将被摧灭，为洛苯歇将仪式及堆垛仪式中的重要法物。

垛坚

垛坚（གཏོར་ཆེན།）意为“大垛或主要的垛”，也可以称为“朗郭却炯”（གླང་མགོ་ཆོས་སྐྱོང་།），意为牛魔法物，它的主体为牛魔王。在仪式的最后，它将被降伏并焚烧。此垛一般在一年一度藏历新年的堆垛仪式上制作，为陈塘夏尔巴的集体行为。在私人举办的哈玛仪式中也须制作。它是陈塘民间信仰中最复杂及最特殊的法物，其制作流程如下：

1. 搭建骨架

先用木板做出三个相同的直角梯形，直角面

准备焚毁垛坚　2014 年

焚毁垛坚　2015 年

制作中的垛坚　2015 年

为底，最长的边以“┤”形竖直地靠在一根大小合适的竹竿上，木板的尖端须与竹竿绑紧，然后放到装满泥土的平底大铁锅上；用泥土把木板及竹竿埋上一部分，压实固定好；用混合了红色郭玛[284]染料的糌粑泥涂抹木板的表面。

2. 制作牛魔俑

在木板外沿贴上一个个向外卷起的红色火焰“米日”后，把一个用糌粑做的张着大嘴、长着两颗大獠牙、吐着长舌头的牛头插到竹竿与梯形尖端的上面。牛头方向与“┤”形木架平的一面相同，有时牛舌头也会被涂成红色。用黑白两色在牛头上画三只眼睛，白为眼，黑为睛。用黑白色在“┤”形平的一面画一个黑色的心形，外面画一圈白边。在“┤”木架的每一侧分别放入 7 个

将插入垛坚中的两张孜嘎利　2015 年

小的称为“米炯”（མི་རྒྱང་།）的糌粑人俑，三组共 21 个；在人俑外侧再放 7 个称为朵炯（གཏོར་རྒྱང་།）的尖锥朵玛（有时会涂成红色），三组共 21 个。“┤”直角的三侧还要放入三个大的尖锥朵玛，一个黑色、一个白色、一个红色，它们分别与三组

朵炯对应。有法师认为，米炯为牛魔王的属下，所以须做出同等数量的朵炯进行压制。

3. 置入法物

铁锅外沿插入两两交叉的木橛，尖端向上，围成一圈（可能代表着场地的边界）；插入五根比牛头高出不少的竹竿，顶上分别系着白、红、蓝、绿、黄五色哈达；插入两根用鹰羽做箭羽的竹箭；紧贴着牛魔后脑插根固定有两张扎嘎利的竹竿。扎嘎利高出哈达与竹箭，最上方扎嘎利图案为护法神，如大鹏金翅鸟、金刚手菩萨等，称为“恰那多卡”；下面的大一点，称为“朵格儿”（འདུ་དཀར།），它为外方内圆的形制，中间是写满经咒的坛城。这些扎嘎利为主持仪式的法师提供，所以每次的图案也不一定相同。

4. 搬入仪式现场

垛坚搬入仪式现场后，放在格隆锝、交普锝旁，铁锅要放在垫有藏毯的三脚铁架的上，不能直接置于地面。献祭的羊宰杀后，把它的肠子洗净，吹气让它鼓胀，再缠绕在铁盘及交叉的木橛上面，这羊肠是代表人肉供施给神灵的。垛坚摆放后，将在下面的仪式中，按仪轨进行焚毁。

在制作垛坚时，还须制作出一男一女的裸体俑侣直巴（ལུས་འདྲེས།），把男女的生殖器都涂成红色

制作裸体男女俑“侣直巴” 2015 年

后再成合体状，它们先用纸包着，之后将被放置在垛坚的铁锅之下与垫毯之上，再用纸轻轻覆盖。

在《西藏的神灵和鬼怪》[285] 中，记载了一个宁玛派为了祛退瘟病魔和祟鬼，利用名叫那保郭松的魔神的帮助而举行的一种赎死仪式，其中称为“投施黑朵玛”的供品，与陈塘的垛坚有些相似。那保郭松意为三头黑神。

仪式开始时，先用糌粑和芦苇片做成那保郭松的俑像，俑像的上半部分涂成黑色，下半部分做成盘旋蛇尾状，涂成红色。在俑像的躯体上还要做出三个头，中间是公牛状红头，左边是猪头

状蓝头，右边是虎头状黄头。俑像有双手，向外摊开，手指施克敌法印。左边手掌上有几粒白芥籽，持用毒木做成的弓箭，或者将双手搁在胸前，端一朵玛。俑像的背上要做一对翅膀，画一个九宫格图案作为它的肚脐。在三个头上各放一盏小酥油灯，不过有时也只在中央那个头上放酥油灯。在中央的头后面插一架大朵，在两边的头后插一小朵；或者在左边的头后插黄色的天朵，在右边的头后插红色的天朵。最后将带有猫头鹰与秃鹫羽毛的拘鬼牌插在俑像的后背。

在一个大平底铁罐内先铺上一层土，然后将俑像放在中央。在那保郭松俑像的右边放一支箭，在左边放一只纺锤。俑像的周围用涂成红色的小木剑填塞，有时也用洗过的动物肠子吹气后把铁罐缠起来。然后把黑色的小萝卜、葱、蒜、劣质茶叶、做酒的曲子等“不喜物”一股脑儿装入一个小包里，挂到那保郭松的脖子上。那保郭松的各个部分与聚到他身边的物品，每一种都能禳解一种特定的灾难。

仪式接下去是将装有俑像的铁罐放到一个铁三脚架上，三脚架下面铺的是牦牛毛织成的黑氆氇。主法师按下述三个步骤来完成仪式：祈请各路保护神，并向神灵贡献供品；念诵那保郭松仪式特有的仪轨文；施投替身。仪式的这一部分结束后，要给乞丐几个钱，叫他把俑像搬到一个荒僻的地方。

此仪式在俑像的放置、三头黑神的公牛头的捏制、涂成红色的小木剑作填塞物，有时也用洗过的动物肠子吹气后把铁罐缠起等仪轨，都与陈塘的朵坚相同。但在供品的品种、数量及种类上

朵坚搬入现场，其铁锅之下垫毯之上放有用大叶子包着的侣直巴　2014 年

有很多差别，尤其是祈请的神灵与最终的处理方式——陈塘垛坚的俑像是牛魔王，所以在仪式的最后，要进行焚毁，而那保郭松为三头黑神，处置方式是置于荒僻的地方。但若从施投后产生的效果及同为年节上最重要的施投对象进行考虑，它们之间必然有着某种联系。

民间信仰中的其他法物

却炯（ཆོས་སྐྱོངས།）：它既是一个法物，也是护法神。作为护法神，传说它自内地五台山，经法师召请后，沿着与哈玛女神一样的路线来到陈塘，依附于专门为它制作的却炯上。在仪式中，将此法物放在人的头顶，吸附他们身上的污秽邪祟，再把它抛掷出去。有人认为，却炯是一个缩小化的垛坚，其威力较小。

作为法物的却炯[286]，它放在一块称为“果夏”的石板或木板上，下面是用糌粑面做成的意为五台山的数个山峰形状，上面插着数根松明棒，还要插一把雨伞及一根带籽的油菜枝。雨伞伞盖用白纸做成，用一根竹竿插在中央，伞面的上下用小块糌粑团固定。有法师说，因为却炯是从内地秘密过来的，不能让天上的星星月亮及天界的拉神看到，故做了雨伞来遮掩；又怕人传出去，所以一定要用夏尔巴称为“龙嘎尔”的油菜籽平息大家的口舌。松明棒在夏尔巴语称为“加赤”，小指粗，上面劈出一些相连的小片，方便点火。

却炯有祛病、防盗、除污秽之物、平口舌之争等功效，所以法师都要在仪式参与者的头上放一下，以此获得它的加持。在抛掷却炯前，须点燃却炯中的松明棒，然后反手向外抛掷出去。之后也须用三块石头制成“忒部”，参与倒覆的人也不能回头，口中要叫着“哦永嗦”，意思是“我回来了”，直至仪式举办场地。相传法力高强的法师抛撒却炯时，打石石破，打人人亡，打湖湖干。

措盘[287]：陈塘夏尔巴称为“措”（ཚོ།）。用一个竹盘或木盘装不同粮食的饼子，如麦面、荞麦、大麦及玉米饼子，视仪式的不同，有 3 到 5 种粮食，每种饼子都为大小相叠的两块。再在上面放入一大块“彭纳给度瓦”糊、水果、鸡蛋、土豆等物，插入分别代表颇拉、松玛、夏本、喜布达的四支竹箭，是为措盘。竹箭都是用手指粗的青竹竿做成箭身，其中颇拉箭的箭羽用野鸡毛做成，下面有白丝线系着的一把小刀；其他三支都是用青杠树树叶做成的箭羽，下面用各色丝线系着不同的物品；松玛箭是用蓝线系着一颗绿松石，夏本箭是红线系着红珊瑚珠，而喜布达箭是黄线系着蜜蜡珠，这三支箭的宝石也可以用颜色相同的

却炯　2017 年

放入祭鸡的措盘　2017 年

其他珠子代替。其中，松玛箭能挡“非人非天”的侵袭，夏本箭可扔出去打鬼。

在一些仪式上，须在措盘上再放置仪式中献祭的鸡，鸡已经褪好毛、去除了内脏并被煮成半熟。用献祭的羊做成的血肠也要放一部分到措盘上。有时，措盘是作为“食无虞”的象征白法师代表神灵赐予受益者的。

柱那盘：把大米或青稞等粮食装入大铜盘，在中央放一盏酥油灯，然后在酥油灯旁用粮食的穗、土豆或时令鲜花围绕一圈，即为柱那盘（འབྲུ་སྣོ།）。粮食穗有鸡爪谷穗、玉米穗、麦穗等，时令鲜花以杜鹃花为佳。仪式结束后，把它置于家中藏柜的高处，直至油尽灯灭。它有清净受益者身体，延长寿命的功效。

绵扎盘：“绵扎”（མན་གྲུ།），其形式与柱那盘很相似，也是在粮食的中间放入鸡爪谷或玉米及时令鲜花，只是中间没放置酥油灯。它代表着美好的事物，有时会插上白叶蒿。

火梭：夏尔巴称为“梭尔”（ཐོར།），它用糌粑捏成锥形并插有两根竹条，在需要施放火梭的威力时，把准备好的松明棒插到上面，再点燃松明用力投掷出去，有驱魔打鬼的能力。其投掷的方向有时是东南西北四个方向，有时是法师按神灵指示的方向再进行投掷的。

羌达彩箭：夏尔巴称为“羌达”，它是一种顶端挂着五色丝带的竹箭或铁箭，有时也用五色哈达来缠绕，有的彩箭会挂上一面小铜镜及数颗宝石。它是神灵“达达米诺参那”的居所，是夏尔巴福运的象征物，每家每户都供有一支，而且在很多仪式上都会使用。上文的婚礼与葬礼中就有使用羌达彩箭招“恰”与“央”或避免它们的失去。

拉冈：“拉冈”（བླ་ཀང་།）是指在一些仪式中，把羊献祭后尽快把其右后腿送到法师的身前，由他把羊腿骨削下来，去除上面的肉，再用五彩丝线缠绕；在仪式结束后，挂在女主人或女孩的身上或挂于室内，即拉冈法物。经过仪式加持后的拉冈，有各种神灵安驻在里面，不仅能避邪祛病，还可让受益者的“腊”（བླ།）[288] 安驻于体内或把它招回来。

点燃酥油灯的柱那盘　2015 年

洛苯法师在仪式上抛掷火梭　2015 年

居必堪卓玛挥舞着羌达彩箭，给受益者加持　2015 年

洛苯法师把“拉冈”赐给受益者　2015 年

拉垛拉夏拉羌盘：把制作拉冈时削下的羊肉放入火中烧熟，放入一个装有米饭或糌粑团的铜盘内，在铜盘内再放入装有酒的杯子，即为拉垛拉夏拉羌（ལྷ་སྟོ་ལྷ་ཆང་ལྷ་ཤ།）盘。它一般摆在祭坛上的赤垛前面，在仪式结束后，放入朵玛盘上的部分朵玛，由仪式受益者独自享用，也可分食。

赤匈碗：“赤匈”（ཚེ་གཞོང་།），它常与上文所提的赤垛一起使用，可占卜受益者的运势福祸等情况。受益者都为女性，把她最常用的碗做好标记，在碗底倒上一层酥油，再用酥油在碗沿捏出首尾相连的“墙”，然后放到仪式现场。法师在仪式上抛撒的青稞会随意地落到碗内，按仪式的进程，在碗中倒上白酒，再倒上混合有郭玛颜料的融化酥油，待酥油冷凝后，是为赤匈碗。仪式结束后，法师把面上红色的酥油层拨开，观察下层的青稞粒方位，来推测受益者今年的运势及禁忌。以碗上的标签为标记，下层酥油上的中央及上下左右五个方位都有青稞粒，则为最佳。不同方位上的青稞粒分别代表着不同的运势，中央的青稞粒，代表受益者今年运势很好；上下左右分别可占卜家中子女、粮食收成、娘家的兄弟运势及是否有贵人包括法师的相助等情况。赤匈碗两层酥油中间的白酒，被认为是具有好功效的饮品，将会被受益者饮用。

熊皮帽：陈塘夏尔巴称为“通不烈”(དོམ་རས།)，用狗熊脖子上的皮制作而成。它可能是资料中的礼帽：“一种带有苯教特征的礼帽。用一种淡红色的熊类动物的皮毛制成。”[289] 它即是洛苯法师的装扮，也是法物。在甘肃南部的舟曲县的苯教法师及昌都地区的贡觉县宁玛派打么寺中也有这种帽子。据介绍戴这顶熊皮帽有众多好处，打么寺僧人说戴此帽有明目利眼之功效；陈乃文先生认为熊皮帽带着熊的气息，能给小动物带来震慑，保护法师及与帽子放在一起的物品；在下大雪时，利用熊皮帽上的熊毛，当作雪镜，也是一种可能的用处；也有可能是利用熊与生俱来的凶

拉垛拉夏拉羌盘　2015 年

仪式上的赤匈碗　2017 年

残威猛，让戴此帽的洛苯法师在潜意识中也多了一份熊的属性，而且熊毛外张，让法师在信众的心里更威武，仪式也增添了一份庄严感。

夏纳法帽：夏尔巴语中的夏纳（ཞྭ་ནག）指的是一种宽沿大毡帽，帽檐饰有粗厚的一层黑色毛线；帽尖圆锥形，从下到上依次镶着布制的月亮、太阳及五根用不同颜色的哈达编成的金刚结；正中镶着骷髅头，顶端插有孔雀翎；帽尖旁有左右对称的布板，两侧各有向上翘的飘带，飘带上绘有云彩。法帽背后还饰有五根下垂的五色哈达。

洛苯经过学习及闭关，成为一个合格的洛苯后，就有资格戴上此夏纳法帽。如今在陈塘约有十几顶夏纳法帽，也有人介绍说，古时整个陈塘只有一个洛苯法师有资格戴此帽。

斥热围巾：陈塘夏尔巴称为斥热（ཚོས་རེས།），藏语称为“整匝”。它是一种红白相间条纹的大围巾，长达两米，宽近一米，棉麻制，两端饰缀有小布线穗。在一些地方的藏族中，有资格披挂这种围巾，是对在家修行居士、密咒师能力的一种认可。在陈塘，斥热围巾只限男性使用，它更多

头戴熊皮帽的洛苯法师　2015 年

法师与他的夏纳法帽　2017 年

夏纳法帽背面　2015 年

披着“斤热”围巾的法师　2014 年

代表着身份的转变——从普通人转变为法师或其他角色，比如婚礼上的司仪就要披上这条大围巾，藏戏表演时，有的演员也会披上它。在一些小的仪式上，洛苯法师也可只披此围巾，不穿法衣及戴熊皮帽。

念珠：陈塘夏尔巴称为“称啊”（ཕྲེང་ང་།）。普通的陈塘夏尔巴并不像藏族信徒一样，闲时手持念珠，口诵经文。在古时只有法师才会持有象征信仰与法力的念珠，一串念珠多由 108 颗珠粒组成，有菩提子、普通木、檀香木等材质，还有特殊的用蛇骨制成的念珠。在平时念珠并不随身挂着，也不用来计数念诵经文的数量，它更多的是作为武器，祈请神灵并击打相关的鬼怪。洛苯法师使用念珠可能与苯教中四因乘中的楚辛乘有关：“于楚辛（འཕྲུལ་གཤེམ་།）朱普，广泛讲述楚辛乘（འཕྲུལ་གཤེན་ཐེག་པ།），其内容包括：即用神变于房顶用特殊刺子穿制的念珠，分班次修炼，念诵恶咒，用压伏焚烧，投击等之力以制服劲敌之法。”[290] 其常见的念珠，是用印度（尼泊尔）产的六瓣金刚菩提串制作而成，有的由于年代久远，皮壳变为

戴蛇骨念珠的老人　2010 年

将决法物　2018 年

巧克力色，极其油润漂亮。洛苯法师还把自己的念珠当作法脉传承的依据——当儿子或徒弟成为合格的洛苯时，会把祖传的念珠分一颗或者数颗给他，代表着法脉的延续。若是独子且为洛苯法师，便可以得到整串念珠。

将决："将决"（རྒྱང་མཆོད།）为一支保留上端枝叶，前端绑着黑色、白色及黑白相间的三束粗羊毛及两根黄色、红色的毛线（蓝、绿色也可）的长白叶蒿坎巴草。有法师认为它的白色羊毛束祭给鲁神，黑白相间的羊毛束祭给堪布瓦，黑色羊毛束祭给年神，黄色毛线祭给土地神喜布达，红色毛线是捕赞鬼的武器赞达尔。黑白相间羊毛束的制作方法是先把白羊毛梳理成束状，然后在锅烟子上把一部分"搓"成黑色，使之形成黑白相间的羊毛段。

仪式结束后，把将决插到门前或畜生圈旁，可以阻挡鬼怪的进入。

帕桑：它为一种只系有白色羊毛的坎巴草，"帕"即羊毛，必须用纯白的羊毛，是祭祀给鲁神的法物。

法师查看手中剩余青稞的数目，以此进行预测与卜算　2011 年

古瓦壶　2013 年

青稞：青稞主要有三种用法：一是作为下层的铺垫物；二是占卜之用，除了赤匈碗占卜，在一些仪式中，右手五指掇一把青稞，抛撒一部分出去，查看手中留下的青稞，可卜知凶吉、好坏、成败等，最好的青稞粒数为 1、3、5，次好的为 6、9、12，最坏的是 2、4、11，不好不坏的是 7、8、10；在占卜方位时，若抛撒的青稞只剩下 1 粒，就意味着东方，2 粒为西方，3 粒是南方，4 粒为北方；三是作为法器，用力向外抛掷，有清净场所、消除环境中的污秽等效果。

在堪卓玛的仪式上，可从剩余青稞数量算出是哪类鬼怪暗中作祟的。

古瓦壶："古瓦"（ཀུ་བ།），是把干葫芦内部掏空后做成的盛酒器，外面包有用竹篾编织而成的瓶套，里面装着酒，一般用苞谷叶塞紧。它一般作为神灵的酒器，是民间信仰与人生礼仪中常见的法物。

洒酒器：陈塘夏尔巴称为恰尔多（ཆབ་འཐོར།），将一根细长竹棍的端头轻划慢劈成细丝，如一小拂尘，在仪式上专门用来洒供酒杯中的酒。下文

法师在仪式上用“恰尔多”给祭坛洒供酒　2014 年

瑟内盘　2017 年

简称为洒酒器。

瑟内盘：陈塘夏尔巴语“瑟内”（ཟས་སྣོ།），意为丰食盘，盘为贴有“赞尖”的铜盘，其上放有不同种类的食物如水果、饼子、土豆、白米饭、肉等物品。在仪式上，法师代表神灵把它赐予受益者，代表在今后的日子里，受益者将有丰盛的食物，“食无忧”。

法器盘：“迟垫”（ཁྲིས་གདན།），为放置仪式上所需要的小件的法器，如念珠、熊皮帽、金刚杵、单面钹、金刚铃、金刚橛[291]等的铜盘。仪式中法器使用后，一般都要放入这个铜盘内，其底下铺有青稞，供法师在仪式上抛掷。

放在法器盘上的熊皮帽及法器　2011 年

第六章　洛苯的传承与经典

如今很多陈塘夏尔巴感慨洛苯法师的法力没有以前强大了，而且很多重要的法术也失传了，比如，传说以前有个会飞行术的洛苯法师得了不治之症，在死前告诉家人，死后三天之内不要搬动尸体，我还是会回来的——其实法师的魂魄已出窍，正满世界寻找治病药品。三天过后，找到良药的法师回到家中，发现身体早已被家人火化，没有了身体，他就不能死而复生了。从此他掌握的很多独门法术，包括飞行术也就从此失传了。

但是，近些年来，陈塘洛苯法师的人数却在不断增加，从人口比例也看得出来：1980 年陈塘总人口数为 1080 人，洛苯法师为 16 人，占人口比例约为 1.48%；2000 年，总人口数为 1628 人，洛苯法师为 28 人，占人口比例约为 1.72%；2013 年，总人口数为 2120 人，洛苯法师 44 人，占人口比例约为 2.07%；2016 年总人数为 2387 人，洛苯法师为 48 人，占人口比例约 2.01%。从总体数据上分析，1980 年到 2013 年洛苯法师在夏尔巴中所占的比例逐渐变大，2013 年后，就基

洛苯法师多吉平措　2010 年

比塘村的洛茶法师诺布与丹增兄弟　2017 年

洛茶法师表演法舞　2015 年

本稳定在 2%。

2013 年 44 个洛茶法师中，又分“合格”的洛茶法师 36 人，正在学习、有意成为洛茶法师的 8 人，“合格”的洛茶法师名单如下：

萨里村共 7 人：多吉、群培、边巴次仁、杰昂、朗木加、举巴、却旺。

比塘村共 7 人：多吉平措、群培、丹增、当巴扎西、顿珠、巴桑、诺布。

沃雪村共 10 人：班杰、次旺、嘎旺、吉阿、索朗、吉加、坚叁、多吉嘎多、群培、诺布。

修修玛村共 11 人：拉巴旺堆、旺布、南加、尼玛次央、塔杰、赤烈、增巴、普布、群培、赤烈（小）、群培烈加。

那塘村：塔杰（入赘到那塘村）

正在学习的洛茶法师有 8 人，名单如下：萨里村的边玛，比塘村的达娃，沃雪村的尼玛桑决、小索朗、丹增、大索朗，修修玛村的排南、次仁。

洛茶的传承

洛茶有条自古相传的规矩：若父亲是洛茶，其儿子中必须有一位成为洛茶法师，以给他养老送终的小儿子为最佳人选，否则会给家庭所有成员带来恶果。比塘村的巴桑就是这样的例子，他的爷爷贡布与父亲都是洛茶法师，然而他的兄弟都对洛苯不感兴趣，所以作为最小的儿子，他在2006年已经30岁的时候，师从父亲开始学习洛苯。成为洛苯法师的儿子能继承父亲的宗教财产，若有几个儿子都是洛苯，则按父亲的意愿在其生前进行宗教财产的分配。相传洛苯过世后，会转世成为更高级别的“居必”嘛喇，即拥有秘密传承的上师，这也是有些人学习洛苯的原因。

洛苯法师一般是通过父子、兄弟与师徒这三种方式进行传承。陈塘的扎西次仁家族就是一个最好的例子。扎西次仁是陈塘夏尔巴著名人物，人称“陈塘扎西”，曾经是陈塘治疗骨科最好的藏医。他自1976年开始在定结县统战部工作，1990年逝于任内。他师从其父成为洛苯，在统战部工作期间，放弃了洛苯的身份。

扎西次仁有三个儿子，都为洛苯，大儿吉加（亡）传其儿子举巴；二儿塔杰传儿子赤烈及增巴；小儿多吉平措传儿子群培、丹增及诺布。扎西次仁还收有徒弟拉巴旺堆（亡），徒弟又传给儿子南加，南加再传给儿子尼玛次央。扎西次仁的弟弟丹巴扎西也师从其父成为洛苯，后传儿子顿

比塘村的洛苯法师巴桑　2015年

洛苯法师多吉平措也是藏医　2014年

珠——即为上文比塘村主持巴沃塔各仪式的“指定”法师。

这样，在比塘村的7个“合格”洛苯中，扎西次仁系统（含其弟）的有多吉平措、群培、丹增、当巴扎西、顿珠、诺布6个洛苯。而在陈塘镇36个“合格”洛苯中，扎西次仁系统中共有12名，占1/3的比例。[292]

也有兄弟相传的，比如向笔者讲述廓让古遗址的沃雪村老人吉阿，他的老师就是哥哥班杰。其具体传承为：爸爸次旺多吉，传班杰，班杰传其弟吉阿及其两个孩子巴桑与次旺。吉阿有三个孩子，只有索朗一人为洛苯法师。

扎西次仁的小儿多吉平措如今是民间组织“陈塘镇洛苯联合会”的会长，2012年因一场大病，在日喀则人民医院住院治疗，病愈后回到陈塘，为自己举行拉薪仪式后，身体状况大有好转，

“陈塘镇洛苯联合会”会长多吉平措（图中白上衣者）在指导洛苯法师跳法舞　2015年

并能下地干农活。他认为，除了洛苯世家下一代必须有一人成为洛苯的规矩外，要成为一个合格的并被陈塘人认可的洛苯法师并不是一蹴而就的，是一个不断学习与提升的过程。有志成为洛苯法师的梯格巴茹居的青年，必须给老师献上哈达及一份厚礼，这个礼节在父子之间也不能避免。师父也要看弟子发心、身体素质、接受能力、脑子是否灵活等再做决定。“兴趣是最好的老师”，有成为洛苯的信念是必须的，当然徒弟有藏文基础更好。

学习过程按部就班，类似于如今从小学到中学到大学的体系。它大致有以下进程：

一、学习最基础的藏文。

二、从最简单的仪式开始，比如学习吃饭喝酒前给神灵“献新”的“瑟金”仪式、煨桑等。瑟金仪式又有“颇举瑟金”（ཕུད་རྒྱུད་གསར་སྐྱེམས།）与“底吉瑟金”（ཕྱིབ་ཚད་གསེར་སྐྱེམས།）等不同做法。

三、开始熟习宗教经典及法器的应用。洛苯的法器很庞杂，有称为“却哥”的黑袍法衣、熊皮帽、长柄鼓、单面钹、金刚杵、金刚铃、金刚橛、贲巴壶、朵玛、弓箭、长矛、铜锅、赞达尔、弯刀等等，对这些法器的功效、对应的神灵及使用方式等都需要学习并熟练掌握。

四、进行稍微复杂的仪式的学习，如新生儿出生

萨里村的朗木加与其小儿都为洛苯法师　2015 年

长柄木鼓是洛苯法师最重要的法器之一　2015 年

后举行的托桑仪式、清除污秽的卡淇仪式、挂经幡等。

五、学习仪式上所需的各种朵玛、锝、侣及其他法物的制作。

六、学习有献祭的仪式，比如祈请相关神灵享用献祭的动物，背诵相关的经文等等。

七、学习复杂的仪式及过程，比如夏呀仪式、对亡者超荐的歇将仪式，火葬的仪轨等等。

八、学习最复杂的仪式，如堆垛仪式、哈玛仪式等等。有的人还有可能学习一些黑咒术，如“牛角咒敌之术”：把仇敌的头发、指甲等身上之物（若找不到也可以找仇敌用过的物品）、名字及生辰八字等放入一只牛角中，按相关仪轨把牛角埋在一棵大树下或岩缝中，当牛角上的盖子被自然之力打开后，就会给仇敌带来厄运。有人说现在在一些岩缝中还能见到这种牛角，里面装有各种粮食、海贝等物品，其他的已难以分辨。

学习的方式也有几种，比如在老师的指导下念诵及背诵经文，加深对经文的理解；熟记并练习各法器的运用及仪式上的动作；跟随老师一起参加各种仪式，近距离深入地观察老师的仪式流程；根据学习的程度闭关修行等等。随着参加仪式次数的积累，他们掌握的仪式数量越来越多，“技艺”日臻完善、娴熟，在进行多次的闭关修行后，其地位不断提升，最终成为一名被陈塘夏尔巴认可的“合格”的洛苯法师。

在仪式上，师傅对徒弟进行指点 2015 年

在仪式现场上，对徒弟进行指点，是他成长的一个好方法 2014 年

洛苯的闭关

陈塘夏尔巴称闭关修行为“仓果”（མཚམས་སྒོ།），它是指法师独居一处，根据要求静心修法，不与其他人交往，满一定期限才外出的修行方式。闭关修行是洛苯学习的一种方式，它是如此的重要，以至于每次洛苯的“入关”与“出关”都会举行一个准自发性的仪式。

贡巴拉神山上有三个传统的洛苯闭关修行地：角嘎拉、赤烈林及玛贡，都位于邦给巴火葬场的上方，其中赤烈林还是火葬后的遗骸主要存放处，在火葬场附近闭关静修，对参与者的心智有一个很大的提升。为了方便管理，陈塘洛苯联合会分别为它们设了三个组长，以管理闭关事宜。这三个闭关修行地或修有简易的房子，或利用石壑进行简单改造，以供闭关者居住，这些房子被称为“仓康”（མཚམས་ཁང་།）。其中，角嘎拉为洛苯最大的修行地，赤烈林加持力最大，玛贡对提升医药方面的能力最有效果。下面从“入关”“闭关”“出关”三个方面对闭关过程加以叙述。

入关

师父在全面权衡徒弟的学习水准及心理准备等情况后，会适时安排徒弟的第一次闭关修行。

“角嘎拉”闭关地　2017 年

本文以 2017 年 3 月 12 号洛苯法师赤烈的入关仪式进行介绍。确定好闭关时间及闭关地点后，他们一边准备相关物品，一边邀请其他洛苯法师等相关人员参加。入关的当天，闭关者的阿亚会沿着陈塘镇巷道叫着“某某要去闭关修行，请大家来参加”，如此通知有关人员与信众。相传如果能求得法师在闭关期间为自己祈福驱邪，有更加灵验的效果。所以，参加入关仪式，是陈塘夏尔巴比较在意并乐意的事。

其他洛苯法师来到闭关者房内，在正对着佛龛的卡垫上依次就座后，闭关者身着白色氆氇的藏装，腰围“斥热”围巾，走到卡垫旁，向座上的法师一一敬礼。法师们手持法器或把手掌放到闭关者的头上，口中念念有词，对闭关者进行加持及祈福。然后闭关者坐到师父边上——他的座位离佛龛最近。

前来送礼的一般是家中主妇，很多都带着小孩，礼品大多是一个“绵扎”盘及两条哈达，一条哈达先献给师父，另一条献给闭关者。献完礼的主妇躬着身体，依次到师父、闭关者及其他法师跟前，让他们给自己及小孩摩顶加持祈福。重要的男性成员必须敬桶颇羌并置于其座前，对于其他成员，身着布列孔当的主妇及闭关者的母亲都微笑着拿着碗敬上森玛酒或白酒。

闭关所用的经书要包好放在一个竹筐内，在竹筐上方，放一把刀及闭关者家中的羌达彩箭，再用哈达把刀、箭与竹筐绑好。闭关中所需的鼓、贲巴壶、金刚铃、金刚杵、金刚橛、单面钹、长矛、弓、装有箭的箭筒、做朵玛用的糌粑等物准备好，寝具、炊具、食物（包括一袋青菜）打包好，当然也不会遗漏闭关时照明及充电用的移动太阳能电池板。整理妥当后，就可以出发去仓康了。

在出发之前，所有男性送行人员右手抓一把青稞站起来，一起叫“哦索，哦索，哦索索”，然后把右手抬到肩部，把手中的青稞往外抛撒，抛撒三次后，观察手中剩下的青稞的数目是否吉祥，若是吉祥的数目，将把它们带回去保存。

之后，送行的男性成员背上准备好的物品，依次走出房门，最后才是手持贲巴壶的师父及手持长矛的闭关者。他们走在巷道上，守候多时的信众不停地向他们敬献哈达及敬森玛酒或白酒——这让师徒俩走得很慢。在一个有旗幡的房屋[293]前，自发前来的身着布列孔当或身着夏尔巴盛装的妇人们右手拿着酒瓶，左手捧着酒碗，等着闭关送行队伍的到来。妇女们依次向送行队伍的所有人敬酒，这酒不能浅尝辄止，更多的时候是要“三口一杯”，这样，送行的人能品尝到多种不同味道的酒，酒碗也是被数十人喝过的。师父及闭关者到来后，气氛就更热烈了，她们一个接一个地往师父与闭关者的碗

在闭关者与老师将要出发时，所有法师及男性送行人员撒青稞祝福他们　2017 年

妇人向闭关者敬完酒后，再向其他送行者敬酒　2017 年

中添酒，或用带来的碗盛满酒，送到他们的嘴边请他们喝，并敬献哈达。师父与弟子要在此地祈祷，我们要闭关了，请求神明保护闭关平安，不要生病，以及闭关时修行精进等等。

出了村落，往山上而去，敬酒及哈达的信众逐渐没有了。陡峭的山路把送行的队伍拉长，提着塑料桶或烧水壶等轻便物品的小朋友亢奋地在前面跑着；山体变宽后，整个队伍也散开了。在到达这次的仓康——玛贡之前，有三块列石，呈“山”字形排列，它是神灵加持过的圣地，为进入仓康的第二道“门”，每个闭关者及师父都要给它们献上哈达，击鼓祈祷，愿闭关顺利、修炼有成。相传这处圣地是最早的居必堪卓玛尼姑参嫫“发现”的，是贡巴拉神山的一个神灵驻集之地，每年须在此地举行与“拉卜则”相关的仪式，且必须由居必堪卓玛来主持。

玛贡修行地在三个修行地中地势最高，也处于最中心的位置。仓康利用一块巨石与地面的空隙，用石块在外面砌了道墙，形成了简易的房子。雨水沿着石壁下流，风透过石墙的缝隙，屋内高不能直立，宽不能伸直腿，空间十分逼仄。石墙表面青苔密布，想必是在垒建已久，不知道曾经有多少位、多少代的法师在此地修行呢？

在三块石头即第二道门处举行仪式　2017 年

众法师在仓康前制作“棋勒”朵玛　2017 年

随行的其他洛苯法师用背上来的糌粑按仪轨捏出称为“棋勒”（བྱིན་རླབས།）的各种朵玛，它们将全程伴随着闭关者的静修，因此将具有大“法力”。闭关结束后，闭关者把它们带到陈塘，作为“圣物”分给信徒。闭关者分发棋勒朵玛时，每人只分发一点，并用贲巴壶给他们加持。

送行的人在喝了在仓康附近烧的茶水后，留下背来的各种物品，纷纷下山。仓康安静了下来，闭关者的静修生活就此开始。

闭关生活

闭关的时间一般为 14 天或 21 天，最长不超过 21 天。一般来说，只要开始闭关，无论出现什么情况，都要坚持到最后，不能因故缩短闭关的天数。徒弟第一次闭关时，师父必须全程陪同；之后的闭关师父只需要一周去一两次进行指导。师父不在的时候，复习师父以前指导的内容和方法，还要按师父指出来的缺点、短处进行学习或观想。

摆上朵玛，敲起鼓，复习如何祈请及观想神灵是一个必修的功课，班 · 多杰许努就是闭关时需要观想的一个神灵。有洛苯法师介绍说，由于在火葬场附近修行，进行观想时，能看到在仓康

洛苯顿珠（后者）的学生赤烈（前者）是第一次闭关，他须全程陪同　2017 年

里进出的亡魂。第一次看到时，自然会很害怕的，习惯之后，就帮这些亡魂做超荐仪式，但有些亡魂可以超度往生，有些是超度不了的。

闭关时要盘腿而坐，头正背直，不得像平时那样卧睡，且逼仄的仓康也无法正常卧睡；禁止饮酒，食用比平时少的食物及茶。除了取水、解手、烧火之外，要尽量避免外出，严禁与外人见面及讲话。他人前来给闭关人员送食物、衣物等必需品时，先在仓康外击石为号，闭关者摇法铃示意知道后，将物品放在预先指定的地点，随即离去。待人离开，闭关者再出来取。闭关者如有物品要捎回，也要摇铃通知，把它放到指定位置，让来者自取。

闭关的次数视人而定，最少三次，从某种意义来说，闭关的次数越多，时间越长，其法力也就越高，但最多不会超过 7 次。洛苯巴桑从 2006 年到 2013 年，共闭关 4 次，每次都长达 21 天。而吉阿老人，则有 5 次闭关经历，其时间或 14 天或 21 天不等。闭关后，对人的精神状态都有很大的好影响，这似乎是洛苯法师们的共识。

出关

由于笔者没有亲历过闭关者的出关仪式，下文内容出自张国英先生的资料："坐禅期满，村民们得去崖洞口迎接，先为两巫师（即洛苯法师）在洞口附近设座。然后巫师头戴熊皮帽，身着绣有龙、狮子及用海贝镶成十字形图案的配以红、黄布条衣边的黑色法衣，盘腿而坐，为前来迎接的人们念经、祈祷。巫师时而起身跳神，时而又将坐禅时群众送来的衣物、供碗、供品等，从崖洞中取出，一一归还原主，让他们将送来的衣服穿上，将供碗[294]中凝固在水面上的一层酥油拨开，看其花纹，为主人占卜吉凶。巫师们回村时，更有许多人在村口手捧酥油茶和鸡爪谷酒迎候。到达自己的家门前，须摇法铃、击鼓跳神约半小时，然后才到室内在张好伞盖、摆好神像、供品的桌边落座。这时群众依次给巫师叩头作揖，送供物。巫师要一一给群众摸顶、赐给白布条做成的护身符，并不时击鼓，念经或起身跳神。前来迎接巫师的群众也和巫师一起跳。从离开崖洞起整个迎接坐禅巫师要进行整整一昼夜，直至第二天拂晓才结束。跟师父坐禅的徒弟，返村后即可出师。”[295]

经过长时间的学习及闭关修行后，通过法师们的认可和“考核”，成为一名“合格”的洛苯法师后，就可以拥有并戴上象征着地位的“夏呐”法帽。他可以应信众的要求，主持举行各种仪式，以达到祛病、除秽、禳解、祈福、增寿、安魂、超荐、沟通神灵等功效。有位洛苯法师说：“当洛苯的感觉是挺好的，若是因为有人家里闹鬼，或是人有病的话，去作法除鬼，治病人，然后除完鬼，病人治好了，自己的心里也会很舒服很高兴。”

在平时，洛苯与他人在一起时，不分高低，平等相处，但是在仪式过程中，当长柄鼓敲响，梵呗念诵，洛苯的表情、神态及动作就会摇身一变，变成庄严的祭司，威武的神巫，人们对他的

穿着便装演示法器的洛苯法师　2011 年

给信众加持的洛苯法师　2017 年

态度，也就从平等转变为类似敬畏神灵的态度。这也是仪式中令人着迷的一点。

洛苯法师的手抄经书及符咒

洛苯法师没有印刷的经书，他们的经本都是用藏文撰写的被称为“毕加”（དཔེ་ཆ།）的手抄经书。

手抄经书

手抄经书有《麻必（མ་དཔེ།）》《瑟金（གསེར་སྐྱེམས།）》《桑呗（བསང་དཔེ།）》《事呗（ཕྱི་དཔེ།）》《米兴败恰（མི་ཤི་དཔེ་ཆ།）》《松阿麻呗（སྲུང་ང་མ་དཔེ།）》《哈玛（འ་ཧྨ།）》《麻呗夏热（མ་མོའི་ཞལ་རས།）》等多种，它们或是只含一个仪轨的单本，或是一些仪轨的合集，其中《麻必》为洛苯所有经书的总集。

因传承不同，一些经书内容有些许的差别。在装订方式上，与传统的藏族经书[296]不同，都为与现今书籍相似的“蝴蝶装”的样式，有些老经书的封面及封底会用獐子皮或麂皮进行包装。转抄者的身份与年代的不同，也让经书的封面、字体、大小、纸张等方面有细微的差异，这让每份手抄经书呈现出不同的面貌。

手抄经书在仪式中频繁使用，长时间的磨损让字迹模糊不清，尤其是一些老经书还有破损、失页等现象。承蒙塔杰[297]、多吉平措、巴桑等洛苯法师的厚爱，无偿提供经书以拍照记录，又有幸请得德庆多吉[298]、穷达[299]及夏吾卡先[300]等多位老师对这些经书进行

洛苯法师塔杰的古旧《麻必》经书　2013 年

麂皮封面的经书　2013 年

了粗略的翻译。

手抄经书中出现大量的错别字，是一个无法弥补的遗憾。其原因可能有三：一是有些藏文错误可能是有意的，这样让经文更符合夏尔巴口音，让法师们更好地理解经文中的意思；二是抄写者的藏文水平不高，很容易发生错误或错别字，在亘复的誊抄下，积攒下来的谬误也就更多了；三是祖传经书在长时间使用磨损甚至遗失页码的情况下，找不到更好的经书进行勘误，当然在相对封闭的自然与交通环境下，抄写者普遍不高的藏文水平及不甚全面的宗教知识也是不容易发现错误的。

在仪式上看着手抄经本诵经的洛苯法师　2018 年

除了仪式总集《麻必》之外，很多手抄经书都是单独的仪式指导书，如《瑟金》是关于给神灵献新的，《桑呗》是煨桑时所念诵的经文，《米兴败恰》是指导亡者超荐仪式的；《哈玛》的内容为祈请哈玛神及与她相关的一些仪轨。在仪式上只需念诵仪轨所对应的经文，并不需要念诵全部经文。有一部分经书对应民间信仰中的各种神灵，似乎反映了陈塘夏尔巴的信仰体系及其构建的基石，它独立于藏传佛教与雍仲苯教之外，是最难辨识但也是最有价值的，如第七章中提到的《颇拉扎拉赞颂经》。若需要对陈塘夏尔巴的民间信仰进行深入的研究，这些经书可能会提供纲领性的指导。

经辨识，洛苯巴桑有一本手抄经书应源自宁玛派，其母本极可能是来自色拉寺印刷的法本；在用藏文转写梵文的文字中能看到一些藏传佛教神灵的“密咒”。经书能辨识出有《金刚总持咒经》《忿怒莲师咒经》《大白伞盖佛母赞经》《淌金·多吉林巴忏经》《前行忏悔经》《普巴金刚咒经》《大鹏金翅鸟咒经》《莲花生大师颂》《罗睺罗本尊祈请经》等等。经文中独特的风格与高超的文学技巧，让各位神灵栩栩如生地展现出来，比如淌金·多吉林巴护法神的祈愿文：

您住在大愤怒的尸陀林的城堡之中，

金刚，您挥舞着金刚杵的法器，

随时准备前往各处伏敌，

当我听到“五巴”猫头鹰“呵呵”的不祥恶兆的声音响起，

我向您祈请，

您从何方而来，您从雅木塘[301]而来，

您从何方而来，您从印度金刚座[302]而来，

您从何方而来，您从里域[303]而来，

您从何方而来，您从大食[304]而来。

……

又如祈请大黑天[305]护法神的祈愿文中出现了洛苯，可能是根据陈塘夏尔巴的情况进行了修改：

大黑天护法神呀，

您穿着虎皮裙，

手上拿着三叉戟，

骑在一匹有着绿松石颜色鬃毛的雪白雪域神狮之上，

您在虚空中现身。

您，西藏最古老的护法神呀！

您在山中修行，

夏天您住在雪山深处，

冬天，您隐入森林秘境。

我们以金刚的名义供养您：

若在印度，您将是佛法之王；

如在内地，您将是历法之王；

而在象雄[306]，您是玛卡拉的护法；

在北部牧区，您是部落头人的保护神；

来到南部林区，您是洛苯的护法神；

在战乱之时，您是威风凛凛的将军；

若外出时，您是大家的引领头人；

您是那长长商队的头领；

歌舞升平之地，您将是王者；

……

若咒师的法力不好，请接受咒师的歉意，希望能得到您的宽宥。

……

我们制作朵玛供品给您，希望您能接受，

希望您能行利他事业，调和男人与男人之间的战争，

惩罚那些不遵守因果的人，彻底毁灭背叛佛法誓言之人。

在手抄经书中，大部分都为藏传佛教经典，

在仪式中，其他法师为主法师念诵经文　2017 年

藏传佛教很多重要的上师、佛、本尊及护法在经本中都有祈请文，有些还有详细的仪轨，比如五方佛、莲花生大师、莲师八相、班丹拉姆、大黑天护法、大梵天神[307]、淌金·多吉林巴、犀甲护法、般若佛母、普巴金刚、尸陀林主、阎魔敌、四大天王、财宝天王、二十八星宿、十方护法[308]、来自印度金刚座的护法神、来自内地五台山的护法神、西藏的雅拉香布及念青唐拉大山神等等。

有个与普巴金刚相关的仪轨经书，其传承始于“乌金·达东巴楚巴”上师，应与宁玛派有关。经本还在咒语下面标出红色，方便法师念诵时加重语气。文本前面为益寿延年的仪轨，然后祈请阎罗王、马头明王、多吉普巴、甘露明王、益甘杂度[309]、轰嘎拉等各种明王护法的到来，要用各种动物的血献祭给他们，如各种鸟：雄鹰、杜鹃鸟、猫头鹰、乌鸦、燕子、布谷鸟……各种猛兽：老虎、熊、狼……还有掘藏师“娘拉桑杰”在“萨龙普巴”掘出“伏藏经书”，它是莲花生大师关于亡者解脱的仪轨文，经文中祈请无量光佛超度亡者，文末向“桑杰主奔”“曲杰桑杰”等上师祈祷顶礼。

手抄经书中也有一些苯教的经典，其中有苯教神明，如格闹[310]、达拉美巴、斯巴嘉母[311]及十二尊丹玛女神等神灵。格闹本尊的《清净仪轨》弥足珍贵，它先是介绍煨桑的各种原料的好处，然后把煨桑中的香烟敬奉给天上、地上、地下的 360 个格闹本尊的化身。格闹本尊的父亲是“南喀乌金杰布”，母亲叫“玛夏乌兹杰布”，智慧的格闹有三个，强壮的格闹有三个，因缘的格闹有三个，高山顶上的格闹有三个，把煨桑中的香烟敬奉给他们，消除污染他们的所有不净，让他们变成洁净之身。之后，把桑烟敬奉给长寿五姐妹[312]中的老大扎西次仁玛，再之后是苯教重要本尊达拉美巴等等。经文中还有祈请护法神斯巴嘉姆的赎替仪轨，护法神赎替的“助手”里有非人生灵“八部”[313]和“多吉曼琼”等神灵。

还有另一个版本的《清净仪轨》，大致意思是：天上灵界有金刚持佛；灵鹫山上有十尊“释迦狮子”；沃日白玛向之地有莲花生大师；在坛城中，本尊与各类明王进行集结，把王系神、空行母等各类护法请过来，“今天是吉日，给你们煨最好的香”，介绍完各种香的好处后，再迎请“衮德桑波”等三界神灵，各种世系的世尊，各位持明上师，莲花生大师，把象雄地方的各种神灵与尼泊尔地方的桑杰神请过来，希望神灵们制伏各种疾病与厄运、灾恶等等。

在指导洛苯法师进行煨桑喷酒的清净仪式的《瑟金》经书里上，出现了史诗《格萨尔》中的猛将辛巴玛本[314]。这仪式大致是把不同的神灵请来，献上不同的供品，安抚他们的情绪，请他们不要做不好的事情，保护家庭、牲畜、粮食的平安。先是祈请包括辛巴玛本等各种神灵，然后供奉肉、酒、“香烟”[315]等给他们，请他们享用。再请鲁神、赞鬼、年神等前来享用这些供品，并祈请他们保护家庭，保佑平安。接着把供品供奉给颇拉、相拉、扎拉、媄拉、喜布达等神灵，祈请他们消除身上不洁的晦气及大小疾病。在其他的经 书里，

在拉薪仪式上，洛苯法师按手抄经本念诵经文　2014 年

也能找到有关“五舍守神”的祈请文及仪轨。

在一本经书里上，明确有经书的施主：洛苯达瓦，他资助了一本由瑜伽士洛桑坚赞[316]编撰的经书的抄写，被资助者在某年的藏历九月三号完成抄写后，把抄写经书的功德回向给洛苯达瓦及其家人，并祝愿他们财富增添、身体安康、事业蒸蒸日上。

在经书中也能找到有关于天文历算的内容。它先是祈请“夏杂”罗睺罗及“曼日增”光明佛母，然后用占卜的手法来确定东西南北各个方向中潜在的灾害，从而避免这些灾害的发生。并确

法师与“班·多吉许努”唐卡　2015 年

定哪天是吉日，哪天是不好的日子，在某些日子里适合做的工作，不适合做的事情等等。

虽然有相对明确的经书，但由于种种原因，对于一些十分重要神灵的身形及手持物，有的洛苯的理解已经与正确的有了偏差。比如“洛苯的最大的菩萨，在经书上有的”，而且在仪式上要多次祈请及闭关时需要观想的神灵班·多吉许努，在陈塘最有学识的洛苯法师口中的形象是这样的：它有三个头，脸色分别是左脸红色，右脸白色，中间黄色；有六只手，最上右手持一长矛，最上左手持发宝光的金刚杵、手臂弯曲向内抱有小孩，中间两手当胸抱着状如海螺并写有藏文“吽”的宝贝，下方双手合十；有四只脚，后面两脚分别踩着豹子与害人的鬼怪，前面两脚分别杀掉仇敌与鬼魂。这种抱着小孩的奇特造像，在藏传佛教及苯教造像系统中难以找寻对应的神灵。在洛苯珍藏的绘于 30 多年前的班·多吉许努的唐卡中，其形象是藏传佛教宁玛派所尊的密相马头金刚，那被抱着的小孩，是为金刚的明妃。密相马头金刚身形为三面六臂四足，与法师讲述的一致，但细节相差较多：其三面右白中红左绿，六臂中，右左首臂当胸持莲花与盛血颅碗并抱明妃，并非法师说的宝贝；剩余的右二臂分别持铁斧与法棒，左二臂分别持绳索与宝剑；四足中右二足踏男魔之背，左二足踏女魔之胸，并没有豹子与鬼魂。这其中虽有翻译的误差，但法师所描述的还是与唐卡中的形象相差太远。

唐卡中的班·多吉许努形象稚拙，明妃也长了一张稚嫩的孩子脸，不知是否受此影响而认为是小孩呢？夏尔巴手抄经书中多处出现密相马头金刚的祈请文、经咒及仪轨等，对其身形也有描述，还有特意定制的唐卡，应该不会出现这么大的偏差。这种情况是否反映了洛苯法师并不会深究一些藏传佛教及苯教经本中的奥义，对这类经书上重要的神灵体系不甚了解，而更在乎念诵，更在意仪式上的表象行为，尤其在闭关冥想时也是如此？或者说，有法师即使对一些藏传佛教及苯教经书倒背如流，但因为学识所限，只能照本宣科，依葫芦画瓢，对它们的内涵一知半解。是否可以说，洛苯法师也许并没有全盘接纳藏传佛教或雍仲苯教的核心内涵，很多宗教经书上的神灵只是“壳”，是为表象，他们最在意的或者说各仪式中的主角，是在仪式中处于最重要地位及最重要的献祭对象——民间信仰中的各种神灵，尤其是五舍守神、堪布瓦、喜布达，它们是内在，是核心，是灵魂，是根本。

贴在外墙上的符咒　2014 年

专门制作护身符的经书《松阿查扎》 2014 年

符咒

上文提到陈塘夏尔巴有种特殊的符咒，它是用白纸或藏纸在称为巴尔嘎的木雕印板上拓印出来的，也有购于外地的符咒，它们可张贴在墙壁、窗户、大门、门框、衣柜、床头等处，有着抵挡恶鬼、精灵或对人有害的污秽进入房内的功能。它们有各种图案，如各种动物，比如野猪、蛇等。有时外围是神灵或动物，在它们的肢体上是一圈圆形的经咒，比如青蛙、大鹏金翅鸟、交缠的蛇，也有一些为单纯的藏文经咒。

洛苯多吉平措的经书《松阿查扎（སྲུང་ང་ཙག་གྲ།）》，是专门用来制作护身符的，其中一页上画着三个同心的“圆符”，下方是对这圆符的藏文说明。圆符内层为印度梵文或图案，外圈写着藏文。

虽然此经书的藏文错误很多，梵文看起来像是画上去的，但洛苯们还是能按照不同的目的，从上面找出对应的圆符，誊写在纸片上，按仪轨要求制成陈塘常见的“雄啊”护身符。它戴在脖上或挂在门前具有祛病避邪挡灾之功效，还能消除亵渎、干扰神灵等不好的情况。戴在脖上时，必须贴肉而戴，时日长了，护身符被磨得乌黑，并呈现出油光的包浆。为了得到更多的加持，有时脖子挂十几个也很常见。

还有一种专门用来治病称为“洒益”的符咒，用巴嘎木雕印板印出的称为“洒益巴嘎”（ཟ་ཡིག་སྤར་ཀ།），手写的称为“洒益祈麦”（ཟ་ཡིག་ཆི་མ།）。服用时都是把经咒卷成一团，不能咀嚼地吞服入肚。在一片祖传的洒益巴嘎印经板上，雕有不同大小的刻着各种咒语的方格，每一方格的功效如下：

能治各种疑难杂症的“洒益巴嘎”木雕印板　2014 年

印制洒益巴嘎　2015 年

第一方格能治全身的毛病；

第二格可治疗与“胆脏”方面相关的疾病；

第三格能防止家里闹鬼；

第四格能让人喝酒不醉；

第五格可治疗食欲不振；

第六格可治疗便秘；

第七格可治疗头痛；

第八格有延年益寿长命百岁的效果；

第九格有勾取财物的功效；

第十格能保证当官者的权力不受破坏；

第十一格可让服用的药品充分发挥效果；

第十二格能帮助妇女怀上男孩；

第十三格能防止别人对自己的故意伤害；

第十四格能防止女鬼巴姆[317]的伤害

第十五格能防止别人下毒；

第十六格能超度灵亡；

第十七格能让自己见不到不愉快的事；

第十八格能防止鬼邪的伤害；

第十九格能有效躲避山上的野人；

第二十格能让酿坏的青稞酒变成好酒；

第二十一格能防止挤好的牛羊奶变坏；

第二十二格能让人具有好运气来实现自己的理想或梦想；

第二十三格能全面防止鬼的伤害。

纵观洛苯的手抄经书及符咒，它有以下几个特点：

1. 虽然洛苯自称为苯波，其经书里也有苯教内容，但大多数的经书与藏传佛教，尤其是宁玛派的经书高度重合。这两个教派跨越界限，相聚在陈塘，也为洛苯使用苯教特有法器及藏传佛教法器如金刚杵、金刚铃等找到了一个解释。

2. 现在藏地已经式微的古老神灵，如颇拉、相拉、嫫拉等，如今在陈塘还相对完好地传承着。

3. 经书的神灵繁杂，出现大量陈塘本地的土著神灵，这应是定居陈塘的夏尔巴，把山水土地神化后的结果。

制作护身符 2011 年

4. 经书及符咒以实用主义为主。经书的母本年代跨度大，有专家认为有的经书行文方式与敦煌出土文献相似，其最早的母本可能有七八百年了。

【专文：夏尔巴的野人传说】

在喜马拉雅东南麓密不透风的原始森林中，除了黑熊、雪豹等凶猛动物，传说还生存着野人。野人在夏尔巴语中称为“直”（གྲིབ།），比普通人高，长有与野牦牛一样粗的体毛，有的体毛是黄蓝色的，有的是灰白色的。男性野人与女性野人对待捕获到的人的态度不一样：女野人叫“姆直”（མོ་གྲིབ།），她抓到人后，先是把人当作玩具，好好地戏耍一番，玩腻后再把人吃了；男野人叫“普直”（ཕོ་གྲིབ།），他抓到人后，则马上吃掉。

《西藏“野人”之谜》记录了一则陈塘人偶遇野人的口述：“陈塘村生产委员会的藏族委员耐穹，四十岁，1968年前后去林中打猎，一天于半

普琼在“压”有野人的石头前讲述先祖宗巴旺久杀野人的传说 2018年

山腰处找到一个可供四五人住宿的洞穴。他见天色已晚，吃了点干粮后靠着篝火和衣而卧。午夜时分，被怪叫及砸石块的声音惊醒。他定神一看，只见洞外的小径上站着一个并非猿猴的怪物。它比人高，全身灰白毛，头发较长，双目炯炯有神，在火光辉映之下，全身发出白光。它正不断用石头砸过来，并发出怪叫声以示威胁。洞穴上方似乎也向下压得发出噼啪的断裂声。耐穹吓得不敢动弹，只得将备好的树枝不断架在火上燃烧，以防‘野人’逼近。‘野人’如此打闹了两三个小时后，天色渐白，才逐渐退走。据耐穹猜测，可能是他占据了它们的洞穴，因而受到攻击。”[318] 文中还介绍遇到野人后的逃避方式：“居民在追猎途中有时与‘野人’邂逅于密林中或小溪旁，但大多互相自行躲开；他们若主动追人，人们必须向山下绕着树木或巨石迂回而逃。因为野人体高力大，善于攀登，人若直线奔跑，或向上登爬，双腿赛不过他们；唯有下山或迂回前进，他们不如人机敏，他们的长发及女性大乳房妨碍行动，速度减缓，人才得以逃脱。”[319] 在实地调查中，还听闻另一个版本：男野人因为头发长，遇到时，要往上跑，它会因为头发不时遮住眼睛而跑不快；而女野人的乳房太大了，所以遇见时，要往下跑，它

会因其重心不稳而跑不快。

除了这些故事，陈塘还流传着另一些关于野人的传说。比如在定日县的卡达豁卡与陈塘之间的朋曲藏布岸边，有座宁玛派[320]寺院打索寺。某天一个野人闯入寺中，把寺中的僧人抓起来吃了，有个侥幸逃出来的僧人请求陈塘洛苯法师宗巴旺久（འཛོམས་པ་དབང་ཕྱུག）[321]杀了他们。宗巴旺久法力高强，以杀水怪纳嘎玛（ཉ་ཁ་མ།）而出名。此水怪生活在乌布其桥的嘎玛藏布中，当行人尤其是妇女通过此桥时，就向桥上喷水，行人因此站立不稳掉进河里后，它就出其不意地把人吃掉。宗巴旺久听闻后，就特意扮成妇人从桥上经过，在水怪喷水时，他飞了起来，然后在空中用刀把水怪的头砍了下来。被砍下头的水怪没有立即死去，尾巴因巨大疼痛而剧烈摇摆，打向山体，所到之处，岩石崩裂，最后在乌布其桥旁形成了一个扇形地貌。宗巴旺久来到打索寺，先用干草做出个稻草人，当野人经过稻草人时，误认为是真人，就在野人攻击稻草人的时候，他伺机射出毒箭，杀死了其中的一个野人。

猎杀野人还有另一个版本。打索寺的周边经常有野人出没，可是寺里的僧人却对野人无可奈何。一次，陈塘有九个信徒去打索寺朝拜，晚上打尖于半路上的一座房屋内。有个睡不着的信徒，走出房屋，看到月亮又圆又大，于是爬到一棵大树顶端赏月观景。不久，他看到有个野人抱着大石头，来到房内，把其他八人给压死了。野人清点尸体时，发现有九床被子，但只有八具尸体，于是就四处找寻这个漏网之鱼。由于他藏于树顶，见状后又屏住呼吸，所以没有被野人发现。野人走后，他急忙赶回陈塘，第一时间把野人的事情告诉宗巴旺久。于是他带着刀与毒箭来到打索寺，把毒箭射入野人的心脏，野人毒发身亡。

传说的最后都是宗巴旺久为了证明他杀死了野人及遵守大猎物的头颅要拿回陈塘的传统，割下野人的头，带回陈塘，与砍杀的纳嘎玛水怪头

喇嘛在压有野人头及纳嘎水怪的石头上举行仪式，以让它们不能出来作祟　2015 年

一起，埋在他家附近的田地中。他的后裔普琼（ཕུར་ཆུང་།）是萨里村人，出生于1946年，是一位十分健谈的老人。普琼介绍说从宗巴旺久算起，到他已经第九代了，是为梯格巴的孔玛茹居。宗巴旺久砍杀水怪所用的长刀如今还在家中完好地保留着，此长刀铁质直柄，长约一米，如一把单边开刃的宝剑，刀柄已腐朽，刀鞘为简单的两块木料拼接而成。还有一个几千年的宝贝，因为太过古老，普琼从来没有给如今身为喇嘛的儿子吉巴看过，也不能给我们看。野人头与水怪头就埋在普琼家旁的耕地下面，上面各压着一块石头，大石头压的是野人，小石头压的是水怪。2015年，宗巴旺久的第十代后裔吉巴在尼泊尔闭关修行后，回到陈塘进入房门前，先在这两块石头上举行相关法事，让压在地下的它们不能作祟。普琼还说几年前有人悄悄把野人头给偷走了，所以压野人的石头从红色变成现在的白色，但因为没有挖掘证实，所以也只是传闻。

关于野人还有另一个传说：一个野人顺着朋曲藏布往陈塘走，优领巴茹居的洛苯法师多琼听到消息后，与其弟一起去伏击野人，走到沃雪村上方的隔珠玛高山牧场时，弟弟累坏了，并贪念于牧民的牛奶、酥油等美食，就耍赖不走了。独自一人的多琼终于在比塘村上面的四仁玛处看到野人正专心地在地上找野人的美食——蚂蚁，没有发现他。于是他暗中准备好弓箭，并大叫一声“嘿”，就在野人转头的时候，他射出毒箭并射中野人。惊吓过后的野人与多琼进行了激烈的厮杀。最终野人毒发逃跑了。而多琼与野人搏斗时，也身受重伤，最后在弟弟的帮助下，回到陈塘，很快就不治身亡。后来大家在四仁玛的附近，发现了野人的尸体。原来野人中箭后，也毒发而亡。陈塘夏尔巴对待野人这种“超级”动物并没有怯懦的逃避，而是勇敢面对，与其厮杀决斗，利用毒箭的巨大威力，最终获得胜利。这也从一个侧面反映了他们直面凶猛动物的无畏勇气及担当。

还有一个野人传说，则体现了陈塘夏尔巴莫大的智慧。嘎玛藏布上游的萨基塘与乔木的瑟[322]中间有一个叫拉巴的地方曾经生活着一群野人，喜欢模仿人类的行为，这严重影响着陈塘人的生产生活秩序及生命安全，可是人们又打不过杀不了身高体壮力大无比的野人。最终，他们根据野人喜欢模仿人类的这一习性，想出了一个好办法：背着很多桶鸡爪谷毒酒、大量铁刀及与真刀相似的木刀来到拉巴山下。准备妥当后，人们开始假装吸酒，露出快乐的笑容。之后拿起木刀假装进行决斗，并纷纷装出被刀砍后，愉快地倒地的样子。最后留下了鸡爪谷毒酒和真刀，带上木刀悄悄地回去了。他们一走，山上的野人纷纷下山，模仿人们的举动，先吸鸡爪谷毒酒，然后拿起真刀进行决斗。有一个怀孕的女野人，因为肚子及乳房都很大，所以下山时走得很慢，她一边下山，一边叫喊着："给我留一点，给我留一点"，可是等她来到山下，所有的野人不是被毒死就是被其他野人砍死了。

伤心欲绝的女野人与其遗腹子最后不知所踪。当问及宗巴旺久及多琼射杀的两个野人是不是这女野人的后代或者有无联系时，回答很有意思：宗巴旺久及多琼杀的两个野人，是陈塘夏尔巴亲眼看到的；而拉巴地方的野人，比他们早，那是老人们讲的传说，谁也没有亲眼见到过，所以不知道这传说的真假。

而远在千里之外的西藏嘉黎县的忠玉乡也有类似的野人传说[323]，这是否说明了古时的陈塘与外界的交流可能比想象中紧密？或者说这种版本的野人传说源自一个未知的模板？

第七章　洛苯的仪式

洛苯把疾病与不适看成两种，一种是身体出问题而产生的病患，这必须去医院找医生治疗，他们对此毫无能力；另一种是“触犯了神灵，神灵在暗中做了手脚，伤害人的福气运势，导致了疾病”，他们可以举行仪式进行禳解，代表主人与神灵交流沟通。这些仪式（举行仪式的目的不仅限于治病）规模有大有小，有只需一个洛苯法师或几个法师甚至需要全体洛苯法师参与的，还有需要堪卓玛及喇嘛一起参与的；有不需要献祭的，有需献祭的。献祭品都为鸡与山羊，按举行仪式的仪轨，来确定献祭品的公、母及数量——仪式的重要性及复杂程度似乎从献祭品的数量中得到了某种体现。

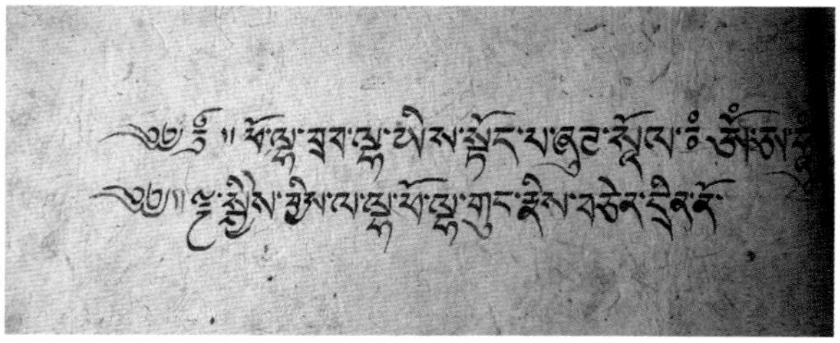

颇拉扎拉赞颂经（ཕོ་ལྷ་དགྲ་ཡི་བསྟོད་པ་བཞུགས་སོ།）2017 年

在洛苯法师举行的仪式中，献祭鸡为一大特点。为什么献祭鸡，在手抄经本《颇拉扎拉赞颂经（ཕོ་ལྷ་དགྲ་ཡི་བསྟོད་པ་བཞུགས་སོ།）》中有相关的讲述，大意是：有位骑着大白公鸡的人来到了神界十三天，打破了神界的宁静，引起众神的注意，开始纷纷议论这个奇怪的人，这时有女神回答了他们的问题：

“为什么他的肚皮是黄色的？”

“这是他父亲的标志，这是他母亲的标志，他喝了黄色的青稞酒，并为大家献祭了酒新。”

“为什么他的牙齿像小朋友的牙？”

“这是他作为密咒师的标志。”

“为什么他的身上长着翅膀，而且抖动不停？”

“因为他要从地上飞到这‘十三天’上面。”

“为什么翅膀里面有鸡爪？为什么翅膀还沾着鸡血？”

“那是他献祭了公鸡。”

“为什么他的头上戴着白色毛线帽？”

“他是一个守戒的密咒师，这样他就能与神灵交流了。”

“为什么他的左侧有责巴瓶，右手拿着柏树枝与白蒿草？”

“这是除去污秽的，是避邪的，能除掉仇恨，清净被沾污的世界及不洁寡妇所带来的秽气等等。”

……

无独有偶，在拉仪式、堆垛仪式及哈玛仪式[324]中，负责祭祀所有动物的洛苯法师都称为“拉苯”（ལྷ་དཔོན།），头戴用白色羊毛线制成的圈帽，与上文的《颇拉扎拉赞颂经》中与神灵交流的密咒师的帽饰一致。羊毛线圈帽在夏尔巴语中称为拉苯甲义特嘎（ལྷ་དཔོན་རྒྱ་ཡི་ཐོད་དཀར།），意为拉苯的白色帽子。拉苯可能为苯教四因本中的现象辛乘：“现象之辛饰羊毛头巾者能招福招运，祈神祛病，求得吉祥如意、富足安乐而人财两旺。”[325]

拉苯在室内献祭时，必须戴白色的毛线帽，有时在室外可以不戴此帽，但献祭时必须把斥热

拉苯法师祭祀鸡 2017 年

围巾从后腰往前搭在左右肩上；左手捧着一盆青稞，右手握金刚杵并抓着祭鸡的鸡爪；口中念诵献祭的经文，把鸡抬起到肩膀，又放下。献祭从最大的公鸡开始，接下来是第二大的公鸡、最大的母鸡，直到最后一只。献祭好一只，拉苯法师就把鸡递给等候在一旁的玛巴，由他来砍杀。玛巴先用左手把鸡抓牢，鸡背朝上，然后右手用弯刀刀背猛击鸡背数下致死。若第一击时，鸡嘴流血，意味着神灵接受献祭，为吉祥之兆，并且鸡血越多越吉利。若献祭山羊，则在献祭第三只鸡后开始，接着再献鸡。法师右手握着金刚杵，从左手的青稞盘中抓一把青稞，口中念念有词，把它抛撒在山羊的身上。如此数次后，夏玛把山羊抓住，由玛巴用力把刀背砍向山羊背及脖子，直

至死亡。这期间，法师需多次往山羊身上撒青稞。之后的祭羊先是在脖子上割一刀放血，然后剥皮。第一时间取出它的膈肌、脾、腰子、肝、肺、心，按顺序插在竹竿上，做成“夏干玛”祭器后送到仪式现场。

祭羊视仪式的不同，将献祭给不同的神灵，主要是三个：堪布瓦、淌金·多吉林巴、交普神。其中拉仪式献祭给堪布瓦，夏呀仪式献祭给淌金·多吉林巴，堆垛仪式与哈玛仪式献祭的两只羊都是分别献祭给交普神与堪布瓦。献祭的羊宰杀后，祭羊身体的不同部分有不同的用途，有时也代表着不同的意义。

在陈塘相对潮湿的条件下，长柄鼓使用一段时间后，声音就会发闷而不清脆，所以在仪式的间隙，就需要让它烤火，去除湿气　2019 年

在陈塘一只鸡的市价为二百到二百五十元，而最大的公羊一只也只有七百元，但在仪式仪轨的要求下，价格并不影响仪式上的需求。

有人说关于洛苯的献祭，可能受到尼泊尔、印度的影响。2016 年的 10 月 9 号，是尼泊尔最大的节日——德塞伊节。当天陈塘对面的尼泊尔基玛塘卡村村民要杀鸡杀羊杀牛祭祀及庆祝节日，相传此日若能下大雨，则预兆来年丰衣足食。果不出所料，上午艳阳高照，下午却下了大雨，陈塘也不能幸免。雨点打在铁皮屋顶上，叮叮作响，此时有陈塘夏尔巴开玩笑说，虽然在不同的国度，但天气是一样的。

由于每个法师的传承与对仪式的理解及仪式的主要诉求点不一样，不同的法师为不同的人举行相同的仪式时，也会有差别。下文皆为笔者亲身经历，按照仪式献祭动物的数量及复杂程度，对洛苯的各种仪式进行介绍。

洛苯仪式献祭动物数量表

仪式名称	公鸡数量	母鸡数量	山羊
洛赞仪式	受益者若为男性，献祭公鸡一只；若为女性，献祭母鸡一只。		——
歇将仪式	1	——	——
拉薪仪式	2	1	——
拉仪式	2	3	1
夏呀仪式	3	2	1
堆垛仪式	3	2	2
哈玛仪式	4	3	2

嘎过与卡淇仪式

陈塘夏尔巴语中的“嘎过”（སྐ་ཀོ།）有施救、救赎与治疗之意，若人有莫名肿痛、突发小恙、经常性做噩梦等情况，可能是触犯了神灵鬼怪而导致了它们的报复，则可请法师举行此仪式。有时为孕妇保胎安宫也会举行此仪式。准备好各种物品，洛苯在佛龛旁的卡垫上盘腿而坐，其前方有一矮凳作为供桌，桌面从内至外放着置有念珠、熊皮帽、金刚杵、单面钹、金刚橛等法器的法器盘；柱那盘；一条横过桌面的白哈达，它在法师一侧与放在矮柜下的藏刀相连，是为颇拉的武器；一份放在酥油灯里供给鬼怪的酒醪；一包放在矮柜下的盐巴。供桌的另一侧放有卡垫，仪式受益者将与法师隔着供桌面对面地坐在卡垫上。

洛苯法师为受益者举行“嘎过”仪式　2018 年

法师示意他人煨桑，点燃柱那盘上的酥油灯，嘎过仪式开始。法师盘腿坐下，用斥热围巾把双脚围上，一端搭在右肩上；挂上念珠，然后右手握金刚杵，从法器盘抓取一点青稞，用力向前方抛掷，以洁净卡垫及场地。受益者向法师磕三个头后，坐到卡垫上，双手在胸前合十。法师放下金刚杵，戴上熊皮帽，双手放在盘腿上捻着念珠，开始诵经。诵经是从“唉，吽～～”开始的，法师先祈请居必喇嘛、乌坚古汝（莲花生大师）、颇拉（为受益者的茹居颇拉）、相拉（受益者的茹居相拉）、喜布达、巴沃钦布等，也有藏传佛教护法神灵多杰许努、金刚手恰那多吉，观音、班丹拉姆等神灵。在多次双手拿着念珠在胸前合十及在胸前击掌后，法师示意旁人把供给鬼怪的酒醪拿出房外洒出去，拿回来的酥油灯倒覆在原处。法师把仪式开始时放在柱那盘上的一粒藏药放入煨桑炉中，由他人拿此炉从受益者开始一一对着场内人员的脸吹口桑烟，再把它放回原处。法师左手拿起一个装荞麦的盘子，右手持念珠并在碗中翻动荞麦，口中念金刚手菩萨、莲花生大师等神灵的经咒，念出一个，就对着荞麦盘“呸呸呸”地吐口水，意为把神灵的法力“加注”到这荞麦中。

法师放下荞麦盘，把念珠挂到脖子上，示意他人把煨桑炉拿到受益者旁，并煨桑。他左手摇动单面钹，右手握金刚橛对着受益者念诵经文，然后右手从荞麦盘中抓出一点荞麦，放到嘴边念念有词，再往佛龛对面及空中用力抛掷出去，同时用力叫到“嘿”。法师右手再拿起金刚杵与握着的金刚橛一起抛掷荞麦，其间要抓一点荞麦，放入供桌下面的盐中，以净化盐。法师再把握着金刚杵与金刚橛的右手当胸与念珠放在一起，念诵经文。把右手的金刚杵放下后，摇动左手的单面钹，右手拿起与哈达相连的颇拉的武器——藏刀比画几下，再放下藏刀，挥动金刚橛并向外抛掷荞麦。左手与右手握着法器向外合掌三次后，给

在嘎过仪式中，法师正在使用与哈达相连的藏刀　2018 年

受益者头上贴上酥油，念诵一段经文之后，用左右手把所有法器一起放到受益者的头上并念诵金刚手、莲师、颇拉等神灵的名号进行加持。

当法师把法器从头上拿下来，旁人要给受益者披上一件新的藏袍（女性可披布列孔当长衣），他拿着法器继续诵经，并向受益者及四周抛撒数次法器盘上的青稞，右手握着金刚杵与金刚橛放在受益者头上加持。最后，法师放下所有法器，右手握金刚杵抛撒青稞。若数目吉祥，就把这青稞放到桌面上的哈达里，包裹出一个结扣，然后

把剩下的哈达编织三个结扣做成称为“参兑”（ཚེ་མདུད།）的金刚结，在柱那盘里的酥油灯上方放三次后给受益者系上，结束仪式。

卡淇（ཁ་ཚིས།）仪式是用各种法器法物为媒介，进行加持与清净，祛除不净及邪秽，迎来好运气。为了以新的面貌迎来新的一年，在索朗洛萨与米罗钦布洛萨两个年节中举行此仪式的家庭最多。它可以单独举行，也可以作为大仪式中的一个环节。从某种意义上来说，卡淇仪式可以认为是嘎过仪式与之后的“森玛酒喷洒”环节组合而成的仪式。相对于嘎过仪式“一对一”的救赎，它是“一对多”的救赎与清净，仪式的受益者一般为数个小孩，有时其他家庭成员也会一起参与。

因为仪式参与者多，需在房内空处摆上数个矮凳，两边铺上卡垫，法师与受益者分坐两边。除了藏刀，法师前面摆着与嘎过仪式几乎一致的物品，受益者前面的矮凳都摆有一个碗[326]。按照嘎过仪式的流程进行到抛掷最后一次荞麦时，法师不去拿颇拉的武器——藏刀，而进入卡淇仪式的流程。他用右手拿着金刚橛与金刚杵，依次在每个受益者的头上加持一下。之后，法师脱下熊皮帽，放下金刚橛与单面钹，右手握着金刚杵，口中念念有词地给每个碗沿贴上酥油赞尖，贴好一

法师向受益者头上贴酥油　2017 年

个，就有父母双全的倒酒人满上森玛酒。贴好酒碗后，法师右手握金刚杵再依次给每个受益者头上贴上三片酥油，此时法师口中念诵的经文有颇拉与相拉，须按受益者的茹居情况念出对应的颇拉与相拉名称。受益者一贴好酥油，旁人就会给他们穿上或披上准备好的王装：藏式衫衣或藏袍；仪式举办方的女主人要穿上布列孔当，没有藏装的幼儿就穿上最新最好的衣服。在受益者贴完酥油后，有时旁人也会到法师跟前，请他为自己在头上贴片酥油，法师也会给自己贴片酥油。

贴完酥油，依次给各个受益者献上哈达后，法师戴上熊皮帽，左手摇着单面钹，右手持金刚杵，开始念诵经文，不停地从法器盘中取一点青

稞，抛撒三次后，若剩下的青稞是吉祥的数目，就把它放到柱那盘里；若不是，则全部抛撒出去。法师把单面钹放下，左手拿起桑烟正燃的煨桑炉，来回在每个受益者的前面“游走”着，并念诵相关经文。放下煨桑炉后，继续念诵经文。然后端起两碗森玛酒，边念诵着经文，边把这酒送到受益者的面前，说道：“嗦～哟”（意为喝哟）。受益者接过酒时，周边的人要同声喊道“嗦～～取”。受益者喝一口森玛酒后，倒酒人再往酒碗中象征性地倒上三次酒。之后，法师又端起另外两个受益者的酒碗，重复着前面的步骤，如此，把酒碗送到所有的受益者手上。再后，法师伸出左手，让倒酒人在掌窝处倒满森玛酒，再把酒吸到嘴中，右手握金刚杵贴在胸前。之后，分三次有节奏地把嘴中的酒像“雾”一样向着某个受益者喷洒出去。这喷洒的酒有清洁各种邪秽的效果，旁人要同时喊着：“嗦～”。如此重复，当法师喷洒完所有的受益者之后，还要再对室内的四面八方各喷三次酒，旁人也要喊着：“嗦～”。

在仪式的最后，法师依次把每个受益者的哈达拿回，抛撒青稞，若数目吉祥，就把这青稞放到哈达上，打成一个结，然后编织三个结扣做成金刚结，再献给受益者。当每人的金刚结编完后，

卡淇仪式上法师把森玛酒喷向受益者，以清净受益者　2015 年

卡淇仪式中请受益者喝森玛酒　2015 年

瑟内杜比卡淇仪式，上排从左到右分别为堪卓玛、洛苯与喇嘛　2014 年

把碗中的酒喝干，仪式就结束了。有的受益者还是婴幼儿，干了这碗酒后，站立不稳，甚至于原地转圈后摔倒在地——这可能是他人生中的第一次醉酒经历吧。

洛苯与喇嘛都可以举行卡淇仪式。有时，也可举行由堪卓玛、洛苯及喇嘛一起进行的称为“瑟内杜比卡淇”的最盛大的卡淇仪式。这时从堪卓玛开始，再依次洛苯、喇嘛，按特定的仪轨为受益者进行加持。若是在三四月份举办卡淇仪式，常有受益者的长辈拿着杜鹃花或时令鲜花，按“男右女左”的原则，在每个受益者包括法师的耳边插上一朵鲜花。这鲜花在以前有替代哈达的作用，也蕴含着供奉美好事物之意。

安宅的萨内仪式

建新房对于陈塘夏尔巴来说是一件大事，它需要几辈子的财富积累、亲朋好友们的无私帮助、阿亚的出谋划策等等。而且他们还认为，建新房时伴随的砍伐树木、挖掘地基、破坏岩石、搭屋盖瓦等全部过程，都会对喜布达、鲁、赞等各种神灵造成滋扰，引起它们的怨恨，所以新房落成后，须尽快地举行“萨内”(ས་གནས།)仪式来抚慰它们，避免它们的报复。

萨内有安宅之意，此仪式一般在傍晚举行，同时要请亲朋好友过来一起载歌载舞，共庆新房落成。它可由洛苯或喇嘛主持，若由洛苯法师主持，大多会在同日举办拉薪仪式，在拉薪仪式结束后，再进行此仪式。仪式举办方要提前几个星期就开始做准备，酿颇羌，预约法师并与其商量举行仪式的时间，通知相关人员等等。在举行仪式的当天，洛苯法师在一旁进行拉薪仪式。新房内，在阿亚、阿玛羌玛、阿玛垛玛及夏玛等帮工的帮忙下，井井有条，盛装的主人反倒没有多少事干。

仪式前，要由木匠或男性帮工做出木质的

拉“米格扎嘎”到主梁上 2019 年

"米格扎嘎"，即由木棍雕成的男根与菱形木板画成的女阴钉在一起呈 T 形的器物，它有繁衍子孙后代、家庭和睦及阻挡他人妄言等功效，制作时要不停地往上面"呸呸呸"地吐口水。做好后，在木板的一端系上哈达，绑在一根竹竿中央，再由两男性少年"嘀嘀嘀"叫着，摇晃地抬入房内，再绑在新房的主梁上。绑在主梁时把哈达一端从主梁上方穿过，再拉着哈达把米格扎嘎往上提，这时拉提者及房内的其他人要叫着"秀嗦，秀嗦"，意为好日子升起来了。除了现金，亲朋好友的礼品各种各样：一袋鸡爪谷、数根苞叶系在一起的玉米、一箱或半箱拉萨啤酒等等，这些物品都要用哈达系上，如米格扎嘎一样，叫着"秀嗦"，拉到新房的梁上。亲友在送礼时，有时还会再抱一桶颇羌。

开始安宅仪式前，法师须在新房内做出两组朵玛：一组为三排尖锥形的朵玛群，它们是敬奉给各位神灵的，最前面一排献给桑东玛（མེང་གདོང་མ།）[327]、哈玛、旺久玛、次仁玛（ཚེ་རིང་མ།）、热章玛（ར་ཅང་མ།）等五位女神，后面二排供奉给淌金护法神、颇拉[328]、相拉、怡当（ཡི་དམ།）[329]等神灵；第二组是却炯，它置于朵玛群旁。这些朵玛的尖锥形顶端都要贴上酥油。放置好高低不同的两个矮柜，上铺白纸或布，形成一个两层的"祭坛"（若有佛龛设在佛龛旁）。先把两组朵玛放入上层祭坛，接着放上置有酒醪的酒杯、洒酒器及一盏点燃的酥油灯，贲巴壶与贴有酥油的弯刀放到下层祭坛上。

接着，在法师前面置个矮凳，上面放置他的法器盘及仪式上念诵的经书。摆好上述物品后，需把男主人的阿亚楠玛请过来，一起全程参与仪式。法师盘腿坐下，戴上熊皮帽，击长柄鼓，从拉

法师持金刚橛向鬼怪"施法" 2017 年

武士 2019 年

长的“唉～”声后开始念经书，一一祈请相关的神灵。他时而用洒酒器给所有朵玛供酒，时而抛撒青稞；再把单柄鼓靠在右肩，鼓面与人脸平行，鼓柄用脚固定好，用右手击鼓。空出的左手先是握着金刚杵做着各种动作，再握起金刚橛，猛力刺击各方位，嘴中大喊道：“嗨！”

法师休息时，要请个与男主人大茹居相同的身强力壮的小伙子，扮演武士角色（下称其为武士），助力神灵。他头戴毡帽，身穿白色藏式长袍，把斥热围巾从后腰往前向上披到左右肩上，向法师磕三个头后，法师把祭坛上的弯刀拿给他，他再右手持刀往后退三四米，面对着佛龛站立着。之后，法师给所有朵玛洒酒，击鼓念诵祈请咕汝仁波切、恰那多吉、颇拉与相拉等神灵的经文。这时，武士把刀刃向内，向上举着，口中叫道：“嗦～，拉～～加啰”，配合着鼓点，右手上下抖动刀，并摇晃着身体，配合着法师的动作，叫着“喔～哈哈”“喔～哈哈”。

之后，法师又把鼓靠于右肩，空出左手握着金刚橛及金刚杵，金刚橛的橛尖向外，做出各种手势，再把左手的法器放下，握紧鼓柄，手臂伸直，右手用力击鼓，诵经声音也提高不少。不久，法师把鼓与鼓槌一并交给助手，让其击鼓，而他则左手摇单面钹，右手持金刚杵念诵经文，然后阿亚打开一瓶白酒，倒入一个银碗内，法师用金刚杵杵头在银碗中沾点白酒，再把它洒到所有朵玛上，如此三次。随后法师左手摇动单面钹站了起来，在鼓点的配合下，跳着各式“舞”步，右手的金刚杵做出各种手势——除了在所有朵玛上方游动，上下左右摇动之外，法师还会把金刚杵放于头上，放于左右肩、左右腋，似在祈请五守舍神加持。当法师右手再抓起金刚橛，与金刚杵一起在空中挥舞时，鼓点节奏变快，他的动作也变得狂野起来。武士的“喔～哈”叫声变快、变大，双脚在地板上蹦跳着，有时快速地往前冲再往后退，手上的弯刀划动的幅度也更大了。

不久，法师左手把金刚橛与金刚杵一起抓住，继续摇着单面钹，右手拿起祭坛上的却炯，先在祭坛周围前后左右上下举着，然后走下卡垫，把却炯依次在每个人的头顶上放一下，再走到房门、火塘、窗户等地方，把却炯摇晃几下。他把却炯交给祭坛旁的一位助手后，摇着单面钹走出房屋，这时打鼓的助手、拿却炯的助手、举着刀的武士、举着火把照亮的助手等跟随其后。他们全是清一色的男性。

此时，已是深夜，漆黑笼罩天地。法师来

法师用却炯清净新房　2019 年

在室外抛“却炯”　2017 年

到一处位于悬崖边的田地，停下来，舞动着手上的法器，武士喊叫着杀鬼的咒语：“哦～仙那～，哦～仙那～哦哈”（意为：哦，杀，杀）。然后，法师用火把把却炯上面的松明点燃，念诵咒语之后，把它倒覆在地上，再拿三块条状石头，做个式部把它压好。

回去时，大家要径直向前，不能往回看。当法师与助手们回到新房门前，此时房门紧闭。法师在门前摇动单面钹，挥动着法器，念诵经文，助手的鼓点合着单面钹的节奏，武士还是喊叫着：“哦～仙那～，哦～仙那～哦哈。”不一会儿，鼓点变得急促，武士叫着“哦哈，哦哈，拉加啰”，推门而入，其他人也随后跟进。此时门左侧有一女性执贲巴壶，拔出上面的孔雀翎向进门的助手洒水。同时门右侧有一男性端着装有面粉的盘子，把面粉撒向助手，口中叫道：“赤嗦罗，赤嗦罗。”法师最后一个进房，他把房门关好后，也要被洒上水与面粉。此时房里的其他人包括所有帮工与祝贺的亲友都盘腿坐在地板上，撒面粉的助手再走到他们的身边，把面粉撒到他们左右肩或只撒在颇拉的“驻地”右肩上。

法师在原来的位置坐好，武士跪坐在他前面，法师拿起他的刀，在胸前比画着，念起咒语，大致意为：鬼杀完了。刀尖向下，鬼的血像河一样流到地下；刀尖向外一横，鬼像草一下被割倒；全部鬼都杀完了。他每念完一句，新房里面的人就击掌或敲打地板或矮柜发出声响，口中叫着“哦～”。当法师念完最后一句：“滴滴索索拉加啰”时，敲打声及“哦～”声是最大的。

法师再从祭坛旁拿出一盘酥油，口中念诵着经文及祈愿的吉祥话语，给新房中的主梁与绑在上面的米格扎嘎及其他房梁柱子贴上酥油。如今的房子比以前的高大得太多了，法师只有被别人抱着才能够得着房梁。之后，法师从祭坛开始，口中念诵经文，按先男后女的顺序，给现场所有人的头上一一贴上酥油，主人的阿亚随即给他们献上哈达。法师左手持单面钹、右手持金刚杵，背着房门站在新房的中央，武士手捧盘白芝麻站在其右侧，另有一男性捧着法器盘站在法师左侧。法师摇动单面钹与金刚杵，口诵经文，不时从法器盘中抓出青稞抛掷。然后，法师走到祭坛，右手握着金刚杵拿出古瓦壶后，又回到刚才的位置，摇动单面钹，念诵一段经文后，喝三口古瓦壶中

抛掷“真言芥子” 2019年

的酒，再把含在嘴里的酒吐出来。这之后，法师每喝一次瓶中的酒，都要分三次有节奏地把含在嘴中的酒像“雾”似的喷向现场人员，喷酒的顺序也是先男后女，众人要同时喊着“嗦～”。与卡淇仪式一样，这喷酒有清洁各种邪秽的效果。

法师向众人喷完酒后，再向新房的四面八方及门外喷洒酒。此时，主人的阿亚会在每个人的手上放一点白芝麻。法师放回古瓦壶，回到房中央，戴上熊皮帽，左手摇单面钹，握有金刚杵的右手再握上金刚橛做着种种动作。口诵一段经文后，右手从身边的芝麻盘及青稞盘分别抓一点芝麻与青稞，向上向外抛撒三下，众人与法师一样也抛撒三下芝麻，抛完后，口中要叫道：“扎西秀～扎西秀。”如此重复数次后仪式结束。白芝麻在仪式中可能具有真言芥子[330]的功能，将其抛撒除了可驱除恶鬼、精灵，陈塘夏尔巴还认为它能有效地防止因建新房而招来的嫉妒、诋毁及伤害，平息口舌之争。正因如此，手上还有剩余白芝麻的人，都会开玩笑地向他人身上抛撒。

法师回到祭坛后，有时会告知举办方他在仪式中获得的“神谕”，比如一个星期不能出门，几天之内必须绕过某处而行等等。之后主人的阿亚披着斥热围巾，向法师、阿玛羌玛、阿玛垛玛、

阿亚楠玛向帮工、法师等人一一致谢　2019 年

夏玛及参与仪式的亲朋好友一一致谢，并表示：今天举行的萨内仪式很符合仪轨，将会有很好的效果，感谢大家的付出与辛劳，下面请大家喝好酒、唱好歌、跳好舞等等，通宵达旦的“康索”歌舞庆祝活动正式开始。

仪式做的朵玛，洛苯法师只带走一个，其他的将由举办方家分食。

与神灵交换的洛赞仪式

陈塘夏尔巴认为，人体内除了五守舍神之外，还有一种与汉族灵魂观念特别相近的“腊”（བླ།）。它也是身体内的一种魂灵，与生俱来，对自身有保护作用。正常情况下，它可以离开人体，并可寄留于他物中。若腊受到侵犯或惊吓，与身体失去正常的纽带关联，离开身体在外游荡或被赞鬼或被其他神灵所拘禁，就会出现胡言乱语、莫名不安、神志不清、昏迷不醒、知觉模糊等症状，在山上水边也会常受到不明之物的惊吓，发生虚惊一场的意外如摔跤、从山下滚落、掉到水中等情况。这时候就要请洛苯法师进行“洛赞”仪式，使它重回体内，让身体与灵魂都恢复正常。

在夏尔巴语中，洛赞（སྲོག་ཚབ།）有交换生命及负责让生命安定稳固之意。从某种意义上来说，洛赞仪式可以理解为用祭祀的鸡替换或交换“失

法师与玛巴一起举行洛赞仪式　2015 年

魂者”的腊，在仪式上洛苯法师作为祭司与神灵沟通，用鸡的腊与人的腊进行“以物易物”的交换约定，这样，神灵接受了鸡，放过失魂者的腊，使之与身体合体，并且得到安抚。因为要杀鸡，喇嘛法师不会举行此仪式。

举行仪式前，洛苯法师需根据受益者的情况卜算出拘禁腊的神灵与它的方位，然后确定仪式的举办点。开始时需在家中准备两支竹竿，一支前端插着将决坎巴草，另一支竹竿插有塔各竹箭，在此仪式中，塔各竹箭是祭给巴沃钦布神的，是为它的利器，所以在冬营地陈塘镇举行此仪式时，最好是在能看到巴沃钦布瀑布，而且没有任何建筑物阻挡的地方，比如达谷玛、强曲玛等正对着瀑布的“边缘”之地，有时正对着林琼孔方向的朋曲藏布举办也是可以的。修修玛村及萨里村看不到巴沃钦布瀑布，故在这两村内举行洛赞仪式时，就不需要准备塔各竹箭。

法师与“失魂者”家的玛巴（若玛巴没有时间，也可以另找个年轻男性）带着仪式上所需的物品，包括两个分别装着青稞、爆青稞的边缘贴有赞尖的铜盘，选定的位置后，由玛巴抱着献祭的一只鸡（若受益者是男性，献祭公鸡；若为女性，献祭母鸡），腰插弯刀在一旁“伺候”。法师把斥热围巾的中部置于后腰，然后把围巾的两头往前向上搭于左右肩上。左手抓将决的竹竿，右手握金刚杵并握着塔各竹竿，念诵经文，再把它们牢牢地插在地下。然后接过玛巴抱着的鸡，左手抓着鸡爪，举起鸡到肩部，念诵冗长的经文（有时也面向左右或把鸡放下再举到肩部）。念完经文，把鸡交给玛巴，由他用刀背猛击鸡背，再仔细看鸡嘴有没有流下血水，流下的血水越多就越吉祥。之后，法师薅一把鸡毛向外撒去，玛巴也薅一把鸡毛，撒在地下。然后留下一地鸡毛，提着鸡回家去了。

法师继续进行仪式，口诵经文，左手拿起装有爆青稞的盘子，右手握着金刚杵把爆青稞一点一点地敬献出去，敬奉的神有受益者的颇拉及相

祭鸡之后，法师抛掷爆青稞花供养鬼怪　2015 年

拉、鲁神、战神、喜布达、堪布瓦及巴沃钦布等等，最后念诵道："思吉颇各累马，晕吉颇各累马，拉节嗦累，希吉"，大意是：金子银子都给神灵你们了，请忘记他的错，有什么错你们不能记得呀。把爆青稞全部撒出去后，左手又拿起青稞盘，边念诵着祈请颇拉、相拉等多位神灵的经文，边用右手抛撒青稞，并观看手中剩下的青稞数量是否吉祥。

在面对着巴沃钦布瀑布的同一个地方，举行两次洛赞仪式后留下的四根竹杆竿 2017 年

法师回到受益者家中时，要对着受益者大声地说：神灵把鸡的腊拿走了，被今天的巴沃钦布、林琼孔、阿亚亚云巴拿走了，不要担心，你的腊就会安驻在你身上的。之后，法师与玛巴要喝一桶名叫"懂羌"鸡爪谷酒，结束仪式。

仪式中献祭的鸡作为报酬的一部分，给予法师。除了祭鸡之外，洛赞仪式比安宅仪式简单。

超荐亡者的歇将仪式

"歇将"仪式是陈塘夏尔巴为亡者举办的一种传统超荐仪式。根据不同情况，歇将仪式将在不同的地方举行：若是亡于家内，则在家中举行此仪式，再于传统的火葬点火化；若亡于家外或外地，把尸体尽快运回陈塘镇，在镇入口处举行此仪式，再在贡巴拉的邦给巴上火化；三是失踪的情况，从失踪之日算起，49 天后在镇入口给亡者举行歇将仪式。

歇将仪式的流程大致相同，一般会在亡者的身旁进行。在这种情形下，若对仪式进行记录与拍摄，事关亡者的尊严、隐私及各种禁忌，所以只能通过第三方的描述来进行记录。此文记录的仪式是为沃雪村失踪村民举办的。2017 年 1 月 13 日此村民因病在日喀则市人民医院就医，14 号下午 7 时左右发现失去行踪。家人报警后一直没有得到警方的确切音信，加之病人体质虚弱，会经常性晕倒，所以家人揣测他已死亡。于是在失踪第二天之后的第 49 天，即 3 月 4 号凌晨举行歇将仪式，以超荐他的亡魄。因笔者与亡者相识，与其爱人及很多直系亲属也都是好朋友，故被允许在角落里观察仪式的过程。

歇将仪式大致可以分四个环节或阶段。

第一个环节是准备。需搭建一个祭坛，制作朵玛、火梭、却炯等法物，按仪轨的要求进行各种物品的摆设。

第二个环节是颇瓦。上文葬俗中有提及：夏尔巴认为，人死后会经过七七四十九天的“中阴”阶段，这是此仪式于亡者失踪后的第 49 天举行的原因。

第三个环节是抛掷却炯。在歇将仪式中，抛掷却炯之前要献祭一只公鸡，它像洛赞仪式的祭鸡一样，是为亡者腊的交换品。法师在仪式中与相关神灵进行“约定”，用祭鸡的腊替换亡者的腊，这样亡者在转世过程中所受到的滋扰，将转嫁到公鸡身上。

第四个环节是却巴（མཆོད་པ།）祭祀。在祭坛下方的竹席上制作圆形的歇将却巴（ཤ་སྐྱབ་མཆོད་པ།）。里面的弑侣及猴头骨（སྤྲེའུ་མགོ།）被白绳围住，并用五组两两交叉的木橛围住五个方位。献祭鸡血之后，进行一系列复杂又精心设计的仪轨，代表亡者的弑侣将被摧灭，而亡者在世时的所有恶业被转移到猴头骨内，并用蜂蜡封印在里面。

在歇将仪式中，除了藏传佛教中常见的神灵，法师还要祈请颇拉、相拉、堪布瓦、淌金 · 多吉林巴、旺久玛、得赞玛（བདུད་བཙན་མ།）[331]、巴沃钦布、松玛等神灵，亡者将在这些神灵尤其是淌金 · 多吉林巴及旺久玛女神的帮助下，避免转世过程中的种种无明及非难，得到好的结果。仪式中的颇瓦环节可由洛苯法师或喇嘛来举行，为亡者进行颇瓦超度的法师将在葬礼上作为亡者的“领路人”。但由于喇嘛不能杀生，所以第三与第四环节只能由洛苯法师举行。

下面按时间的顺序，介绍仪式的过程。

准备环节

2017 年 3 月 3 日

19 : 30“雷米亚”（ལས་མི་ཡ།）[332] 开始在陈塘镇东边福利院北侧的空地上搭建举办仪式的简易棚

屋，它三面及上方用彩条布围起，西边用两片铁皮做隔墙，敞开的东面对着田地，也对着从台阶路上到陈塘镇的北面路口[333]。非正常死亡及失踪者的灵魂神识未经歇将仪式的禳解及安抚而进入陈塘镇，会造成不良的后果，所以棚屋敞开的一面对着路口及田地，既能让亡者的灵魂神识进入仪式现场，也可把它们“安全”地控制在棚屋内，阻止它们进入镇内。

为法师烤鼓的帮工“雷米亚” 2017 年

19：50 棚屋建好，雷米亚开始在其东边外侧搭三石灶，背来柴火、水、烧水用的大圆锅及大桶的颇羌。搬两块一面平整的石头，放在铁皮隔墙下，小块石头上面将放置却炯，大块的石头将作为祭坛，放置朵玛与其他供品法物，棚屋中央须铺上一张大竹席。

21：10 制好点燃火梭与却炯的松明条。背来矮柜卡垫，在祭坛前面呈直角地放置矮柜，卡垫放在矮柜下面及对面的棚屋下。

23：40 主法师及助手到现场，开始做朵玛、却炯、火梭等法物，并把制好的法物按仪轨摆放在祭坛上。把以四臂观音为主尊的雪域三怙主扎嘎利固定在一根小木棒的上端，再把这木棒固定在祭坛中部的后上方。唐卡的上方搭着一条献给神灵的小哈达，祭坛前面放有一瓶瓶口塞着苞谷叶的森玛酒，它后面的铁皮隔板上系两条白哈达，并倚放有竹弓、箭筒、长矛及藏刀，它们都要贴上酥油。祭坛上还须放上两盏燃油为菜籽油的沿口贴有赞尖的酥油灯。矮柜上摆上装有金刚杵、金刚铃、金刚橛和单面钹等法器的法器盘与贲巴壶，下面放置着装有青稞的小桶。

颇瓦环节

2017 年 3 月 4 日

0：30　亡者的父母、岳父母及其他长辈陆续到达棚屋，坐在矮柜对面的卡垫上。法师带着法器盘及经书离开棚屋，在不远的一处空地上坐下，面向南方[334]，开始念诵颇瓦经度化亡者。由于太暗，其他人用太阳能灯光照亮经书。他在念诵颇瓦经的时候，用的法器大致为金刚杵、金刚铃及金刚橛，还有抛撒青稞的动作。

1：15　颇瓦仪式结束，法师回到棚房。随后主人给仪式参与者提供食物：彭纳给度瓦及大米饭的主食加牛肉汤。法师是最先供养的，他的法桌旁加了一个矮柜，上面放着彭纳给度瓦和牛肉汤，他先用金刚杵放在食物上面进行加持，然后开始进食。分食的顺序是按地位的尊贵程度来进行的，每一个人都会分得食物。

抛掷却炯环节

1：50　法师把斥热围巾在腰间围绕，双手抓着围巾两端，向祭坛鞠躬，并念诵经文，随后开始给神灵祭祀公鸡。在棚屋外的玛巴用刀背打死公鸡后，开始褪毛，再划开肚膛，第一时间取出鸡心脏，放到苞谷叶上，送到祭坛，再由法师套在火梭群中的两个朵玛上，献给淌金·多吉林巴[335]、旺久玛及其他神灵。玛巴掏出鸡内脏后，用鸡血制成“热达”（རག་ཏ།）[336]木勺，置于祭坛旁，最后把鸡塞进三石灶燃烧的柴火中，把鸡毛烧二

洛苯法师面对亡者失踪的方向念颇瓦经　2017 年

挖出鸡血及鸡肺盛于长柄木勺中，并使勺体表面都染有鸡血，以制作“热达”木勺　2017 年

净，再放到祭坛森玛酒旁的一圆盘上。

在玛巴处置献祭公鸡时，法师坐在卡垫上，斥热围巾围盖在双腿上面，他先用洒酒器沾酒醪给祭坛上的朵玛供酒，然后右手拿起金刚杵，并抛撒青稞粒，口中念念有词。鸡放到祭坛前的圆盘后，法师第一次戴上熊皮帽，右手握金刚杵抛撒几次青稞粒，开始击鼓，同时念诵经文。

2：30 女眷们从亡者家出发，一路哭喊而至。亡者妻女及其他女眷到场后，在棚屋东侧与三石灶之间的空地上依次坐下。仪式不会受妇女的哭泣声与她们吟唱的“图孜”丧歌影响，还是按部就班进行着。有时只听到主妇的哭诉声，大意是怀念亡者的好，诉说对亡者的想念及日后的艰难；也有个性化的：以前我骂过你，现在后悔了，你怎么走得这么快呀，还来不及向你道歉等等。这哭诉声似乎沿袭一个曲调或是格式。长辈们不时插入话语，劝说主妇想开一点，亡者已经回不来了，将来的日子在大家的帮助下会更好的，这段时间受苦了，要吃好睡好等等。在长辈们说这些话的时候，单面钹会停下来。随后，单面钹与鼓声响起，妇女们又开始唱丧歌，当此起彼落的丧歌暂停时，法师们用一种类似长调的曲调颂念经文。

2：50 法师休息。

3：00 法师戴上熊皮帽，左肩斜披斥热围巾，围巾在右腰上打了个结，开始抛掷却炯。左手用洒酒器给朵玛洒酒后，他先是盘坐着，右手击鼓，念诵经文，另有助手合着他的节奏击鼓。约二十多分钟后，法师站起来，把鼓交给另一个助手，然后在两个鼓声的伴奏下，弓着身体，用一种特殊的步伐跳着，右手的金刚杵击打着左手的单面钹，发出“锵锵锵”的声响。跳了一会儿，右手再拿起金刚橛，橛尖向外，做出刺击的动作时，口中大喊着“呸、呸、呸”，此时，鼓点越发急骤，法师的动作幅度变大，变快。随后来到祭坛前，把手上的金刚橛、金刚杵及单面钹放到祭坛上的物品上的法物上方，进行加持。如此重复三次。这时，妇女们也合着鼓点，用一种特别的腔调唱着图孜丧歌，她们或独唱，或合唱，起伏有致，声音苍凉，直达人心。

3：50 法师走出棚屋，还是左手持单面钹，右手持金刚杵与金刚橛，来到刚才举行颇瓦仪式的地方。他后面跟着三个助手，一个举着火把，一个捧着却炯，一个打手电筒照明。念完经后，法师右手接过却炯，用火把把它上面的松明点燃，急骤地摇着单面钹，摆动着身体，大声地念着咒语，有时发出“呸呸呸”的声音。此时，在火光的照映下，他的脸如暴怒而产生变形，像护法神附体似的，随后，猛力把却炯抛掷出去。这却炯是亡者“独享”的，它在金刚杵、金刚橛及却炯所代表的神灵的加持下，将带走亡者生前所造成的污秽与邪祟。之后，帮工拿来燃烧的木柴放到地上，并把贲巴壶递给法师，法师接过贲巴壶，念经做法，再把壶中的水洒向地上燃烧的木柴。之后，脱下熊皮帽念经祈祷。这用贲巴壶里的圣水洒浇燃烧之火的行为，是否与清净地狱之火有关呢？

法师在抛掷却炯的时候，棚屋内的击鼓并没有停止，妇人的丧歌也继续着。他回到棚屋后，

法师为亡者抛掷“却炯” 2017 年

急促地摇动几下单面钹，与鼓声一起停下来，结束却炯仪式。妇人的丧歌继续一会儿后，也慢慢停止了。

却巴祭祀环节

4：10　摆放歇将却巴（ཤ་སྐྱབ་མཆོད་པ།）。先要取出猴颅骨[337]——它包裹在用牦牛毛制成的毯子里，外面缠着用得蹋（འདས་ཐག）[338]树皮制成的白绳。在白绳与猴颅骨之间，插着 21 根中间粗两端尖的木橛，这种裹缠猴颅骨的方式夏尔巴称其为“益章”（ཡིར་ཙང་།），需依次拔出木橛与解开白绳才能取出颅骨。歇将却巴（下文简称却巴）摆放在祭鸡圆盘前面的竹席上，其形制为：用包裹猴颅骨的白绳围成一个圆圈，是为却巴的外沿，圆圈内要撒上白色粉末，白绳上面有等距离的五组十字交叉的益章木橛，交叉点都压在白绳上，代表着“东西南北中”五个方位。热达木勺从白绳下方穿过，勺柄在白绳外，勺体伸入圆圈内并放在一块混有鸡血的糌粑上面，勺内的鸡血上塞着白色的羊毛。贲巴壶挨着白绳放在却巴外面，壶嘴正对着处于却巴中央的嘴巴大张的紻侣。在紻侣与贲巴壶中间，放着刚取出的猴颅骨，它正面对着紻侣，后脑勺对着贲巴壶。

4：20　法师穿上黑袍法衣，口诵经文，坐在

歇将却巴　2017 年

卡垫上给祭坛的朵玛供酒。同时，三石灶上正烤着两个长柄鼓的鼓面，这样可以让鼓声更加洪亮。法师供完酒后，戴上熊皮帽，右手拿着金刚杵，盘腿坐在卡垫上念诵经文。鼓烤好后，鼓手们开始有节奏地击打，鼓声从轻到重，鼓点急骤到极致后，又由重到轻。法师右手摇动单面钹，左手拿着藏刀，赤着脚来到祭坛下的竹席上，按特定的仪轨摇动着单面钹，挥动着藏刀，在竹席上蹦跳着，并做出各种动作。把藏刀放回原位之后，右手握着金刚橛、金刚杵，左手摇着单面钹在竹席上跳神舞。再回到卡垫后，法师与助手一起站着念诵经文，并做着各种动作：有时法师用金刚杵击打着金刚铃的外沿；有时摇着金刚铃，挥着金刚杵，晃动及转动着身体。

5：24　法师放下金刚铃，拿起单面钹，舞动着来到竹席。鼓点变得十分急促，他在竹席上极力蹦跳着，快速地舞动着法器，或是用金刚杵击打着单面钹。忽然间，他拿起竹席上的贲巴壶，放到头顶上，高速旋转几圈后，拿下贲巴壶，在左右肩分别放一下，再跳几下后，把贲巴壶放到原位置。接着，法师拿起金刚橛，先是刺向各个方位，再半蹲身体，用力把金刚橛刺向却巴的上空，如此重复几次。放下金刚橛，然后右掌向下，把金刚杵放在却巴上方“游走”。之后，法师左手拿起热达木勺，右手用竹条挑起勺中的沾满鸡血的羊毛块，站在却巴前面，念诵经文。然后走到祭坛前，把鸡血供给祭坛上的朵玛。再走到却巴旁，供奉鸡血。之后把鸡血洒向四面八方，供给各路神灵，最后要洒向帮工雷米亚及妇人中间，似要划出一条通向外界的“路线”。把勺子按原样放回却巴后，法师用金刚杵击打单面钹，站在竹席上念诵经文，然后再次拿起热达木勺，重复之前的步骤再供奉一次鸡血。第三次拿起木勺时，他发出箭哨似的尖锐刺耳的声音，带着勺子走出棚屋洒鸡血。然后倒退着回到棚屋，把勺子放回

法师拿起孔雀翎与塑料花，向除祭台外的三个方向上上下下地摇动后，准备插到祭台上　2017 年

法师赤脚踩在布满炭火的竹席上“施法”　2017 年

原处，又开始重复用金刚杵击打单面钹。

6：05　法师右手拔出贲巴壶上面的孔雀翎与塑料花，向除祭坛外的三个方向上上下下地摇动着，左手的单面钹也不停地摇晃，转到祭坛方向时，大步向前，把孔雀翎与塑料花插到祭坛。有法师介绍说孔雀翎上的“眼”为女神旺久玛的眼睛，这样就能让她看到亡者的灵魂在何处。再走回矮柜后，法师从青稞桶里抓起一把青稞，退到却巴前，用力向祭坛及却巴抛掷。

助手把孔雀翎与塑料花插回贲巴壶，另一个助手从三石灶中抽出一根熊熊燃烧的柴火，拿到竹席的上方用刀刮下红火的炭火，让炭火布满竹席，再把它扔到竹席上。法师左手摇动着单面钹，先把柴火扔出棚屋，再赤脚踩在布满炭火的竹席上，不停地走动着，右手握着金刚橛向祭坛、却巴及四方用力抛掷青稞。此时，助手向祭坛祭酒后，拿出一个火梭给法师，法师抛撒青稞，若剩余的青稞是“吉祥”的数字，就把它按入火梭，放在嘴边念经文，念了几句后把火梭丢到地上，如此重复几次，再把松明条插进火梭。把松明条点燃后，要在祭坛及却巴上方“游走”一番，然后，法师走出棚屋，把它扔出去，当他回到棚屋后，双条胳膊伸得笔直地只用手腕摇动着金刚橛与单面钹。这时，妇人们被要求回家，雷米亚与长辈们也陆续回去，现场开始安静下来，但仪式还是按仪轨一丝不苟地进行着。

7：15　法师用金刚橛把弑侣击倒，扔出棚屋，再把热达木勺打断并扔到外面，然后从三石灶中拿出一根燃烧的薪柴扔到竹席上，把炭火撒在上面，用以清净竹席。此时已经有助手把竹席上的猴颅骨拿起来，用白绳捆绑，并插上木橛子——还原取出时的状态。捆绑后的猴颅骨还要

把猴颅骨用木橛子及白线包后，并用“蜂蜡”封印　2017 年

把弑侣击倒，拿出猴头骨，帮工用燃烧的柴火清洁场地　2017 年

用印章封住：把蜂蜡在火上烧融，按到猴颅骨上，这样转移到猴颅骨的亡者所有恶业都会封印在猴颅骨内——恶业将不会对亡者有丝毫的影响，而且对亡者的儿女来说，他们将获得比亡者更长的寿命，亡灵将不会影响家中的正常生活。最后，把捆绑好的猴颅骨放在祭坛的下方。

若是正常死亡，此时还要举行查烈（འབྲུགས་ལས།）环节[339]。因此次歇将仪式是为失踪者举行的，此环节跳过。

若举行查烈环节，需有两位雷米亚扮演铁匠，身着单衣，裤子与袖子都往上卷起，光着脚，在外面一个临时搭好的小帐篷内的点燃的柴火上模仿铁匠打铁，一个对着柴火堆用力摇着鼓风机，一个装做打铁的样子，不能有丝毫停歇。这个过程必须秘不示人，不能让日月星辰及鬼怪看到，所以要在帐篷内进行，而且二位铁匠与法师之间不能说话。柴火须放在洛苯法师用铁夹子画出的数个环环相套的三角形上，其被“打”的铁器一般是一个铁锄或耕地的铁犁，都必须尖部朝下。当法师点燃第二个火梭，走到棚外把它扔出去时，要来到帐篷里，把口水“呸呸呸”地吐到铁器上，以示意铁匠把火烧得更旺。点燃第三个火梭扔到外面时，就用铁夹子把铁匠“打”的铁器夹到死

法师抛掷长矛　2017 年

者头上转几圈，之后，还要放在现场其他人的头上转几圈，并让一个或多个死者家人抓着夹子，用牙咬或用舌头舔这个铁器，再之后，法师用牙用力咬这个铁器，并走出房外把它扔出去，还要把铁夹子[340]放到大门口。两个铁匠蹲在大门内两侧，不能随意走动。接着，洛苯嘴上咬着金刚杵，用双手给仪式现场所有人揪一次头发，再喝一口森玛酒，如卡淇仪式一样，向两位铁匠喷洒森玛酒，之后，这两位铁匠就能随意活动并喝酒了。

仪式最后，法师向外射出一支箭，把长矛掷出去，等助手把长矛捡回来后，点燃最后一个火梭扔出去。射出的箭、掷出的长矛及扔出的火梭[341]的方向都有讲究，必须严格按照仪轨来进行。长矛的矛稍缠有黑白羊毛，在陈塘民间信仰的语境中，是山神堪布瓦的专属兵器。扔完最后的火梭，收拾好祭坛上的物品及各种法物，大伙打道回府。

回到家中，法师须赶在天亮前把猴头骨用四条哈达包好，放入亡者家门口正对面路中央事先挖好的坑中，在上面倒入净水和烧红的木炭后，用长矛、弓和装满箭的箭筒在上面“镇压”一下，最后在猴头骨上压三块石头做成“忒部”，盖上土后，任人踩踏。

这时空空的举行歇将仪式的祭坛上只剩下一盏酥油灯幽幽的发着暗光，点亮黎明前最暗黑的时光。

7：50　结束。

沟通神灵的拉薪仪式

树木的枯荣交替如周而复始的生命；其高耸入云，仿佛是能够通天地而与神灵相通。自远古以来，生命力旺盛的树木在宗教中总是占据着非常重要的地位。陈塘夏尔巴也一样，他们以树木为媒介，举行拉薪仪式，与祖先及神灵交流。

拉薪（ལྷ་ཤིང་།）仪式中的“拉”（ལྷ།）一般指对人类保持善意的那一类神，“薪”的意思为树木，“拉薪”能理解为沟通神灵之树，仪式中借助神树与神灵交流沟通，以得到它们的护佑，或者说是“神灵凭依之树”，将神灵祈请来后的暂驻之所。拉薪仪式也可称为“颇拉嗦巴”（ཕོ་ལྷ་བསོས་པ།），有为颇拉供神食、请它驻居休息等意，据此有夏尔巴说这神树是请茹居颇拉神的，表示对它的敬仰，并祈求它的保佑，这虽然可能缩小了拉薪仪式的内涵，但表现了与颇拉交流的意愿。它也可以称为“扎拉旺堆”（དགྲ་ལྷ་དབང་འདུས།），有扎拉神权力圆满，祈请扎拉降服鬼怪之意，也表现了与神灵交流的意愿。有人认为“拉薪为生命之树的意思”[342]。有法师认为拉薪树可能是因为具有大地的能量而变得强大，才具有沟通神灵的能力，而且也可以作为神灵的驻扎之所，具有大加持力。

“普薪达巴，姆薪朗玛”是陈塘夏尔巴对拉薪树的说法，翻译过来就是男性的神树是红皮桦树，女性的神树是柳树。这暗合苯教的传统：“桦木和高山柳木一般称作‘阳木’和‘阴木’。”[343] 桦树与拉苯的关系密切，有经典这样描述：“这时，一粒

玛巴迎请法师　2019 年

法师献祭鸡　2019 年

优质种子像风一样进入桦木（达巴觉仁）胎中，生下一子，取名光称王之子贡斯，作了聂赤赞普的拉苯（本尊神），高举妇人卓夏吉觉的酥油灯，照亮前面的路。”[344] 纵观整个拉薪仪式，把主持仪式的法师视为拉苯也并无不妥。

砍伐拉薪树的人也有讲究：若是为全体家庭成员而竖立的拉薪树，则要由玛巴，最好是大女婿去砍；若只是为某个特定的家庭成员而举行仪式，则由这位成员的舅舅去砍。拉薪树的高度要超过成年男子三个两手伸直的长度，以有三个大枝干为佳。仪式的主要受益者一般以男性成员为多。

笔者观察了很多次不同法师举办的拉薪仪式，发现虽然总体框架是一致的，但在细节上有些变化。这里以 2015 年 2 月 25 日举行的拉薪仪式[345] 为蓝本。在仪式开始前，砍伐拉薪树、预约法师、挑选吉日、邀请亲朋、准备仪式用品等须安排妥当。然后玛巴去法师家迎请法师，再由他背着法师的长柄鼓走在前面，法师背着装有法器、经书的包跟随其后面，直到仪式举办方的家中。

拉薪仪式需要搭建一个半封闭的空间——用竹席或其他物品围成半圆背屏，然后把仪式的相关法物与物品按仪轨摆放在背屏内，最终形成一个陈塘夏尔巴称为却巴的祭坛，仪式也主要在这祭坛旁进行。仪式中需要的各种法物由法师、玛巴等人在祭坛旁制作。为了节约笔墨，所需的法物与摆放位置见“祭坛（却巴）法物摆放示意图”。按仪轨献祭两公鸡一母鸡，献祭的次序及主要神灵与上文的介绍相同：第一只大公鸡献给颇拉，法师还要从第一只献祭的大公鸡身上抓一把鸡毛扔在措盘上；第二只大公鸡给山神堪布瓦；第三只为母鸡，献给土地神喜布达。这三只鸡的鸡心也将依次套在代表这三个神灵的朵玛上。在仪式中，主人家会在煮鸡的汤水中加入切碎的鸡胗、小蚕豆、鸡爪谷糌粑粉及辣椒粉熬制成粥，分食给仪式现场中的所有人。此粥微辣，味极鲜美，实为冬季微寒陈塘的最佳美食。

祭坛（却巴）法物摆放示意图

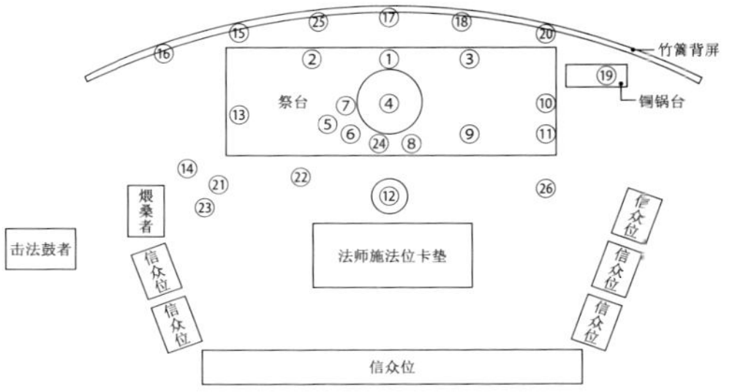

拉薪坛城俯视图

祭坛中的各种器物如下：

① 贲巴壶。

② 恰古披交，上点有酥油，仪式结束后放回家中佛龛。

③ 日觉伦布披交，上点有酥油，仪式结束后由法师带回家。

④ 朵玛盘，如上文所述，有 108 个朵玛，各自代表不同的神灵。有时，与颇拉、堪布瓦、喜布达相连的朵玛顶端也要套鸡脾肺，代表着他们的女性伴神或妻子。

其摆放情况如下图，其中 1 与 7 的位置是重叠的，都为朵玛盘的中央：

⑤ 用糌粑捏制成女性的生殖器，然后在上面放块酥油，夏尔巴称为“措凶”（མཚོ་གཞོང་།），是鬼灵进入却巴坛城的场所，也为酥油的容器，在仪式上使用的酥油将从此处取出。

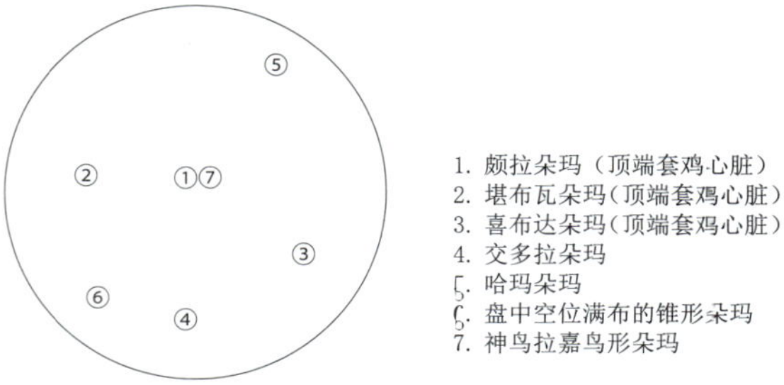

坛城构件④朵玛盘详图

祭台上的朵玛盘　2014 年

⑥ 把献祭的三只鸡的鸡肝煮熟，用竹条串在一起，为献给松玛的供品，称为“松玛措”（སྲུང་མ་ཚོ།）。在仪式结束后，是洛苯法师独享的美味。

⑦ 分两大类，一类是糌粑捏成头上贴有酥油的野山羊、獐子、黑狗熊的形状，为山神堪布瓦的坐骑；另一类是四个呈十字形的朵玛俑，其顶端沾有鸡心血，代表着堪布瓦的四个随从：占学（བཙན་སོགས།）、底学（བདུད་སོགས།）、曼学（དམན་སོགས།）、顿布（ཐུམ་བུ།）。有法师认为不仅堪布瓦，颇拉、相拉及淌金·多吉林巴也都有这四个随从，仪式结束后，这四个朵玛将摆放在家中高处，以保护家中安宁。

⑧ 装有酒醪的酒杯，仪式过程中，用洒酒器把酒洒在朵玛上，给神灵供酒。

⑨ 酥油灯。

⑩ 拉达盘。

⑪ 金刚铃。

⑫ 法器盘，图 11 的金刚铃平时也要放在里面。此次仪式在它的旁边还放着二两红星二锅头白酒，供法师享用。

⑬ 措盘，献祭的三只鸡被举办方褪毛去除内脏后，煮成半熟，按与献祭一样的次序依次摆在措盘上，最后要在鸡身上贴片酥油。

⑭ 放着木碗的铁盘，是玛巴喝水喝茶的器皿。

⑮ 扎侣，放在祭坛边并靠立在竹篱背屏上。

⑯ 坎巴草两支，一支为将决坎巴草，一支为祭给鲁神的帕桑坎巴草，都插在竹席上，在仪式结束后，将它们插在牲畜圈外，旁边的竹席上再搭上一条红布条。

⑰ 拉薪组合，中间为拉薪树，用木棍支着固定，有时在拉薪树中还会插根枝叶繁盛的青竹，是献给松玛的。拉薪树自上而下挂以下物品：

A. 夏本锝

B. 弓

C. 箭筒

D. 头盔，其顶端有羚牛角装饰

E. 哈达，敬奉给颇拉神

F. 盾牌

“定型”之后的却巴祭坛　2015 年

⑱ 塔觉茹居旗，高三米，最顶端为一面白旗。

⑲ 为一矮台，上放着一口铜锅，铜锅下面有草做的圆垫子。有种说法是夏尔巴家中蓄水的主要工具是大锅，在仪式中用铜锅碰触拉薪树，求得加持，可让家中不缺水；还有人说，铜锅一般是用来装水的，有净化的力量。但大多数法师认为，它是夏本神的武器之一。在仪式中，把弯刀与红布条在仪式中一起放入铜锅，是为夏本神的

武器组合。

⑳ 弯刀与长矛，刀刃贴有酥油，刀尖向上，刀柄倚靠在竹篱背屏上，为颇拉的武器，刀也可以是其他形制的长刀。长矛放在刀旁，矛梢系有黑白羊毛段，为堪布瓦的武器。

㉑ 放有爆青稞的斗及装有荞麦的盘，供洛苯法师仪式上抛撒之用。

㉒ 颇羌酒桶及吸管，垫有盘子，为法师专用。

㉓ 用军用罐头改制而成的简易煨桑炉。

㉔ 恰尔多洒酒器

㉕ 羌达彩箭。在箭头上面要各贴一块鸡爪谷糌粑及酥油。

㉖ 法师经书：放在法器盘的矮柜之上，法器盘的边上。

下面的拉薪仪式可以分为以下五个环节：祈请神灵、赍巴壶加持、抛扎侣、卡淇仪式、招恰与央。

祈请神灵

当祭鸡在措盘上摆好后，法师身着白色藏袍，戴上熊皮帽，盘腿坐下，双腿围着斥热围巾，左手握单柄鼓，右手拿鼓槌击鼓，开始念冗长的经文。经文从长长的一声“唉”开始，祈请淌金护法神、咕汝仁波切、颇拉、相拉、扎拉、堪布瓦、

拉薪仪式上的幼儿 2019 年

喜布达等神灵。

念经文的同时，把单柄鼓靠在右肩，鼓面与人脸平行，鼓柄用脚固定，右手击鼓，左手用洒酒器在酒醪酒杯上沾一下，然后再往朵玛盘、拉达盘、措盘上供酒。根据经文中的不同内容，左手还要持金刚杵、金刚橛、单面钹、金刚铃等做出不同的动作。有时左手还要同时握着金刚铃与单面钹摇动，再加上右手的击鼓声，感觉是好几个人在同时举行仪式。

众男子右手持刀，扮演武士为仪式助力 2015 年

在此环节的最后，要请家中的男性成员及其他男性，手持祭坛上的弯刀、长矛及其他刀具，或是举起右手大拇指，贴上酥油后，刀刃向内，站成一排，嘴上喊叫着："索和，索和，索和，拉加啰"，为神灵与法师助力，它与婚礼上的孔桑仪式是一样的。祈请的神灵中有颇拉、相拉、扎拉等。

贲巴壶加持

法师稍做休息，然后开始击鼓，给所有朵玛洒酒，念诵经文。之后，法师把措盘上的"夏本箭"扔出去，让它去"打鬼"。在扎侣被扔之前，再把夏本箭捡回来，重新插到措盘上。

举办方的家庭成员及信众在卡垫上坐好，法师念完经文后，站起来，把单柄鼓交给助手让其击打，再把斥热围巾围在肩上，左手摇着单面钹，左手握着金刚杵，做着各种动作，口中不停地喊着"嗨～嗨嗨"；和着鼓点，跳着特殊的舞步，有时是单脚跳，有时是双脚蹦，有时是转圈，有时把金刚杵放在嘴边，对着祭坛念念有语，有时右手握着金刚杵，再抓起金刚橛，也是跳着做出各种动作。之后拿起放在祭坛上的弯刀，碰一下神树，把搭在竹席上的红布条取下，放在左肩上，再以一种更激烈的幅度进行各种动作。

法师把弯刀与红布条放入铜锅后，握有金刚杵的右手又把金刚橛抓起，橛尖向外，再从法器盘中抓一把青稞，在金刚橛刺向拉薪树时，青稞也随之用力地撒向拉薪树，如此三下，再抓起一把青稞，与刺向信众的金刚橛一起依次撒向信众，口中大叫"嗨"。这青稞的力度是如此之大，打到脸上隐隐地疼。法师把金刚橛放到法器盘中，再咬住金刚杵，左手摇动单面钹，右手端起放着刀与红布条的铜锅，顺时针与逆时针各转三圈，左手再把金钢杵从口中取下并握在手中，右手把铜锅放在拉薪树附近游走，口中不停地大声叫着"嗨"，再把铜锅放回原位。之后，法师右手握金刚杵跳着近乎癫狂的舞步，左手的单面钹摇动的速度也更快了，不一会儿，他右手拿起铜锅内的刀与红布条，在拉薪树上放几下，转过身，把刀依次在每个信众的肩上放

法师用铜锅触碰拉薪树　2015 年

玛巴和着法师的鼓点脱下“扎侣”的衣物饰品　2019 年

一下进行加持，口中大叫“嗨”。

法师再次把刀与红布条放入铜锅内，拿起贲巴壶放于头上，高速旋转，把贲巴壶从头下拿下来后，先是往四方喷洒壶中的圣水，再依次放到每个信众的头上。贲巴壶放在信众的头上之前，要倒出一点水到信众的手心，信众要伸直腰板。当法师把贲巴壶放到信众头上时，会松开抓着贲巴壶的手，若不倒不滑下，则轮到下一个人；若贲巴壶倒下或滑下，则快速拿起贲巴壶，在头上再放一次。

有法师介绍说，此环节为祭祀祈请夏本神，法师被夏本附体后，使用夏本的法器弯刀、红布条及铜锅等为信众加持。贲巴壶受夏本的加持或者它的法力已注入的话，法师能顶着它高速旋转而不掉下，放于受益者头上时，就会稳而不倒，这表明受益者受到夏本或是它附于贲巴壶上法力的加持，若掉落，则需再次放置。

抛扎侣

法师稍做休息，又盘腿坐下，洒供酒，击鼓念经。玛巴把扔出去的夏本箭捡回来，重新插到措盘上。法师在一个铁锅上燃烧起动物脂肪，抛撒爆青稞，主要供养 28 种喜布达、32 位堪布瓦及游荡在四周的鬼怪神灵。

之后，法师示意玛巴把扎侣从祭坛上拿下，他的鼓点变得平稳清脆。玛巴坐在地上，双手抓着扎侣，和着鼓点上上下下来回抖动。三五分钟后，玛巴依次取下扎侣上的帽子、衣服及首饰，只剩下裸露的干草躯干，并继续和着鼓点上下抖动着。法师把鼓放到右肩，空出左手后，手持金

卡淇环节　2015 年

仪式结束后，玛巴分配供品　2015 年

刚橛念诵完经文，玛巴把扎侣扔到法师指定的地方，意味着带走了女主人身上所有的疾病、死亡的威胁及招致灾祸的种种魔障。

卡淇环节

与本章第一节卡淇仪式的后半程基本一致。此时的仪式受益者基本上是举办方的家庭成员。在祭坛的一边摆上矮柜，上面放着与参与者人数相同数量的碗。在碗边贴上赞尖，倒满森玛酒。点燃煨桑炉，撒青稞，给参与者头上贴上三片酥油，献上哈达，把酒碗端给参与者，先向祭坛喷三下酒再给参与者喷酒，再撒青稞，把好的青稞送给参与者或打成金刚结。

招央与恰

卡淇仪式之后，把矮柜搬离现场，法师面对祭坛继续仪式。玛巴左手拿着祭坛上的酒醪杯，右手持洒酒器，面对祭坛，在法师身后一米有余处站着，配合法师念诵经文，用洒酒器在酒杯上沾一点酒，向外洒去，口中叫道：“喔，确垛”[346]，如此重复几次。之后把它们放回原处，再用左手捧起恰古披交，右手拿着羌达彩箭，还是站在原先的位置，按法师念诵的经文，伸直右臂，在空中挥舞着羌达彩箭，并叫道“喔，恰咕列，央咕列，恰咕列，央咕列”。如此重复几次，整个仪式就此结束。

仪式结束后，需要对祭品进行分配：三只祭鸡的头及脖子给玛巴，最大的鸡给法师，中等的鸡给主人家，最小的鸡由玛巴与法师一人一半；措盘的物品及朵玛由三家平分；拉达盘的饼子、铺在祭坛上的青稞及松玛措为法师独享。

吸秽除障的拉仪式

拉仪式也可以称为“拉领呗”（ལྷ་ལེན་པ།）仪式，它借助神灵的力量，禳解受益者身上的邪秽、障魔及病患等，并获得护佑。仪式中也存在夏本神祭祀的环节，为了更完整地展现仪式，这里选择有此环节的仪式作为母本。

此仪式由三个分工明确的法师共同举行：一法师为“却苯”[347]或称“却香巴”（མཆོད་གཤོམ་པ།），主要负责制作朵玛及其他法物；一法师为“拉苯”，除献祭祭祀的动物之外，还要在仪式中担任重要角色；还有一法师为“多吉洛苯”或“扎伊喇嘛”，在仪式中地位最高。下文分别称这三位法师为却

夏玛们在制作各种法物　2017 年

拉苯与却苯一起摆置祭台，却苯正在给夏本锷上放置朵玛　2017 年

苯、拉苯与洛苯。

与歇将仪式一样，拉仪式也要先搭建一个简易的三面围起一面敞开的棚屋，里面用木板搭成地板，上面铺着竹席，内侧靠墙放置祭坛。棚屋内外都摆有大桶的颇羌，插着吸管，供帮工夏玛们享用，旁边搭有简易大灶台，用来烧水及煮食物。仪式中所需的堪布瓦锝、夏本锝、玛米锝、拉侣、扎侣、却炯、拉达盘、措盘上的四支竹箭、将决坎巴草、帕桑坎巴草、赤匋碗、拉垛拉夏拉羌盘、赤垛及各式朵玛供品等法物都要在现场制作。夏玛们显然对这些法器都十分熟悉，在却苯与拉苯的指点下，每个人都分工明确，各司其职，复杂的法物很快就做好了。

堪布瓦锝制作完成，贴上酥油后，在下层锝中央挂上受益者的一件首饰，随即被插到祭坛后墙外的中央位置。在准备期间，为了得到仪式的加持，不断有人送来一盘青稞或糌粑面，由帮工拨一点到祭坛的青稞上或做朵玛的糌粑团中，再送到仪式举办方的家中。

献祭

为了节约笔墨，关于现场各种法器的摆放位置及拉苯、洛苯的座次，将在它们定形之后以图来标示。准备工作完成，洛苯到场后，拉苯开始了两只公鸡三只母鸡及一只羊的献祭。拉仪式献祭的羊基本上为没有阉割过的公羊，若主要受益者为女性，也可以献祭母羊。祭羊的各个部位及祭鸡的心脏在仪式中都有特殊的用途。

拉苯要先在举办方的家中献祭一次鸡。他戴着白色的羊毛线圈帽，面对着佛龛站在二米外。在拉苯右手握金刚杵念诵经文时，玛巴把鸡头、鸡爪都洗干净的祭鸡递给他。他一边念诵经文，一边把鸡举上肩头再放下，待经文念诵完毕，倒退数步把鸡递给玛巴。玛巴把鸡抱回鸡笼，再抓出另一只鸡给拉苯。如法炮制地把所有的鸡献祭一遍，其次序是最大的公鸡、次大公鸡、最大的母鸡、母鸡、最小的母鸡。之后，拉苯又来到棚屋前面，祭羊也旁边拴着，此时的献祭次序是：

拉苯法师与玛巴一起在屋内给神灵祭祀鸡　2019 年

最大的公鸡、次大公鸡、最大的母鸡、羊、次大母鸡、最小的母鸡。这次经文念完后，祭鸡由玛巴击背致死，再由夏玛褪毛取内脏，与拉薪仪式一样，处理好的祭鸡也要放入措盘里。法师介绍这五只鸡献祭的神灵分别为：最大公鸡给颇拉，次大公鸡给山神堪布瓦，最大母鸡给淌金·多吉林巴，次大的母鸡给土地神喜布达，最小母鸡给得赞玛。这些鸡的心脏也要套到对应的朵玛顶端。羊是献祭给堪布瓦的，由却苯把它的脏器做成夏干玛后，在堪布瓦锝上擦几下，再摆在祭坛的上方，把羊脖及左后腿用一根竹竿插上，放到祭坛上，把羊蹄子、羊睾丸及羊肺送给拉苯，把羊的右前腿送到举办方的家中，给其家人享用，羊的右后腿也必须尽快送到洛苯的矮柜上，由他制作

洛苯在制作“拉冈”法物　2019 年

室外献祭现场　2017 年

羊血肠“久玛”　2014 年

拉冈，再由夏玛把制作拉冈剔下来的肉烤熟制成拉垛拉夏拉羌盘。

羊的脑髓与舌头将被切成小块，放入煮鸡的汤中，加上辣椒及糌粑粉，在棚屋旁的三石灶上煮熟后，分食给众法师及玛巴。羊血也将合着糌粑粉与调味品，灌入洗净的羊肠中，做成血肠及一个久玛，煮熟后，血肠及汤分食给仪式现场的所有人。仪式所需之外的羊肉煮熟后，由夏玛按现场的人数，分成大小相仿的小块，一一分给大家。

祭坛中的各种器物摆放妥当后，祭品的位置如下：

① 两根坎巴草，一根为将决，一根为帕桑，都插在竹篱笆上。

② 矛梢系有黑白羊毛的长矛，靠在竹篱上。

③ 扎侣，靠在竹篱上。

④ 搭在竹篱上的赞达尔。

⑤ 两根竹竿，分别为夏干玛及插着羊脖与羊腿的竹竿。

⑥ 堪布瓦锝，它挨着竹篱，插在棚屋外。

⑦ 夏本锝，靠在竹篱上。

⑧ 刀及白色的哈达，刀上点有酥油，靠在竹篱上，哈达搭在竹篱上。

⑨ 铜锅，放在竹篱旁的一个矮凳上。

⑩ 赤垛及赤匈碗，放在竹篱旁的矮凳上，下面压着受益者的藏袍或布列孔当。

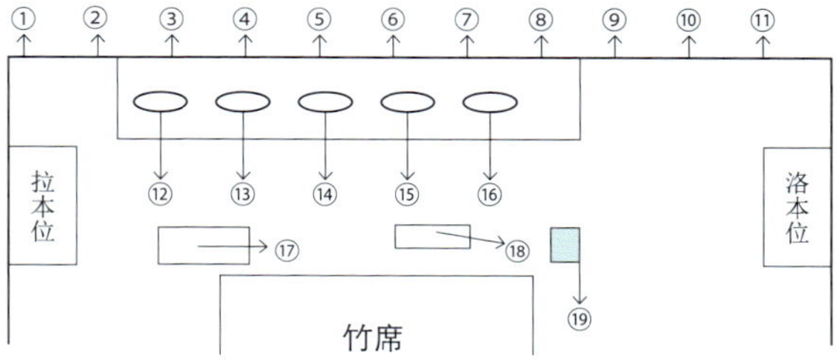

⑪ 羌达彩箭，插在竹篱上。

⑫ 措盘，上面放着所有祭鸡、羊血肠及一根煮过的羊肋排。

⑬ 却炯

⑭ 朵玛群。在祭坛上先铺一层布，布上铺一层青稞，朵玛再放于其上，敬奉给重要神灵的朵玛上要套上鸡心或鸡肺，但其排列不是朵玛盘的圆形，而是长条形，其中除了朵玛盘供奉的神灵之外，还有喇嘛贡觉杰布、怡当、桑觉巴佛、桑东玛等等，所以其数量比朵玛盘的多，有 120 个。火梭置于朵玛群最里面，靠竹篱成排摆放。鸡肝也要串起来，放在朵玛群一旁。

⑮ 拉垛拉夏拉羌盘与拉冈，把拉冈制作好，放到祭坛后，洛苯法师念诵经文把金刚杵贴在拉

岗上，同时抛撒青稞，若剩余的青稞数量吉祥，就把此青稞放到拉岗上。

⑯ 拉达盘

⑰ 拉侣

⑱ 玛米锝

⑲ 煨桑炉

制作“玛米锝”时，在锝内放入受益者使用过的物品或首饰　2017 年

祭坛准备妥当，却苯法师面向祭坛，开始煨桑，念诵经文，右手握金刚杵抛撒青稞，用洒酒器给玛米锝、拉侣及祭坛上的各种法物供酒。

却苯供祭之后，拉苯与洛苯一起诵经。洛苯戴上熊皮帽，先是双手击鼓念诵一段经文，把鼓放下，右手握金刚杵，左手摇动金刚铃念诵各种神灵的祈请文。有时，这冗长的经文也可以由徒弟或他人代念。之后，洛苯左手摇动单面钹，右手握着金刚杵，拿起一个火梭，做完各种动作后，把火梭放到酥油灯上点燃，大叫一声“嗨”，再把火梭用力抛出棚屋。这时，却苯把盛有混着郭玛染料的酥油的长柄小铁锅拿进棚屋，它先是被拿到拉苯面前，让拉苯对着酥油“呸、呸、呸”加持几下，递给洛苯，由他给赤匈碗倒上酥油，再拿到拉苯面前，由他往羌达彩箭上滴几滴酥油后，拿出棚屋。随后，拉苯随着洛苯的鼓点及诵经声

洛苯用洒酒器给朵玛群供酒　2019 年

摇动着羌达彩箭，把彩箭放到祭坛上，又在原位坐下，敲击着鼓，念诵着经文。

休息的时候，夏玛为法师与玛巴端来羊脑髓与舌头汤，及彭纳给度瓦与煮熟的羊血肠，按洛苯、拉苯、却苯、玛巴的顺序请他们食用。这时，举办方的阿亚楠玛要过来致谢，并由夏玛给法师

洛苯与拉苯一起击鼓诵经 2017 年

插在粮食盘里的仪式报酬，法师们一般只取一部分 2019 年

玛米锝小祭坛 2017 年

——端上一个插有现金的青稞铜盘，此为法师的酬金[348]。阿亚需按洛苯、拉苯、却苯、玛巴及夏玛的次序致谢，再向颇拉、阿亚亚云巴等神灵致谢，结束时，夏玛们叫道："哦～拉索。"

玛米锝吸秽

用餐之后，洛苯击鼓念经，这时帮工们及盛装的主人要拿着刀、长矛、小刀，甚至小孩子也要跷起大拇指，口中喊道："索和，索和，索和，拉加啰"，扮演武士为神灵助力。之后，洛苯与拉苯一起击鼓念诵经文。此时却苯在竹席的中央摆上一只矮凳，上面放着责巴壶、装着酒醪的酥油灯、装有一只鸡和少许羊肠及面饼子的铜盘、酒酒器等物品——它们都是从祭坛上取来的。矮凳的两侧各摆一个盘子，其中一个放着爆青稞，供洛苯抛撒，另一个是法器盘。却苯再把玛米锝搬到矮凳靠着祭坛的那一侧，这样它与矮凳及上面的物品就形成了小祭坛。

受益者在棚内地板的外侧坐好，拉苯与洛苯的鼓交由助手击打，洛苯穿上黑袍法衣，头戴熊皮帽，左手摇着单面钹，右手握着金刚杵，走到矮凳前，同时拉苯不停地大声念诵经文。洛苯先是站在地板下面，脱下熊皮帽，念诵经文，祈请完莲花生大师、颇拉、怡当、堪布瓦、喜布达等神灵后，又戴上熊皮帽，躬着身体，左手持单面钹放到头部摇动，右手握着金刚杵做出各种动作，之后把金刚杵放到玛米锝的上层锝上，并不断地摇动着，整个锝也随之摇晃。跨上地板后，洛苯转着圈，摇动单面钹，右手的金刚杵或是击打着单面钹，或是把金刚杵放到身后，同时顺时针或逆时针绕转玛米锝与矮柜的小祭坛。之后，他拿起金刚橛，走下地板，刺向四面八方，并抛撒青稞，随后再走上地板，绕转着小祭坛做着各种动作。

洛苯示意加快鼓点，然后拿起小祭坛上的贲巴壶，放到头上，高速地旋转几圈，然后径直走到受益者面前，把贲巴壶放到她头上。有法师说，

与玛米锝丝线相连的受益者　2017 年

洛苯念诵经文，绕着玛米锝做出各种动作　2017 年

此时有神灵附体于洛苯体内，此神灵是颇拉、莲花生大师或其他不能言说的神灵。把贲巴壶在受益者头上放稳后，洛苯用金刚杵击打着单面钹，并念诵着咒语，很快，他取下贲巴壶放回原处，

又绕转着小祭坛做各种动作，并间或抛撒青稞、爆青稞、供酒等。

却苯把小矮柜上的物品放回祭坛后，洛苯的动作更加激烈，突然间，他快速地走到受益者的面前，把她（此次仪式的受益者为女性）一把拉起，拽着来到矮柜前坐下，快速脱下她的鞋袜，使其双手合十盘脚坐着，然后洛苯起身，摇动单面钹。却苯上前从玛米锝抽出五根线[349]，分别缠绕在受益者身体的五个部分：左手无名指套红线，右手无名指套白线，左脚趾压着黄线，右脚趾压着蓝线，头上套着由上面四色线与黑线捻成的五色线套。这时洛苯口诵咒语，摇动着单面钹与金刚杵，再把受益者手脚上的四根丝线一根根拔下并缠绕在玛米锝上。又拿起一个火梭，与金刚杵一起在受益者的头上放着，再把她头上套着的丝线拔下后，也要缠在玛米锝上，随后，洛苯从受益者头上拿起火梭与金刚杵，却苯快速将受益者转过身去，背对玛米锝并扶其急速坐到棚屋的角落里，并把她的头部用衣物盖住。之后洛苯点燃火梭，抛出去，却苯再点燃玛米锝里的酥油灯，端出棚屋，置于田地的边缘，在其旁边用三块石头做成式部后，回到棚屋。

拉苯法师拔出措盘上的夏本箭，之后将扔出棚屋让夏本神在外制鬼怪　2019 年

贡巴壶加持　2017 年

抛却炯

抛却炯是仪式中信众最多的一个环节，除了主人的家庭成员，给仪式送来粮食、糌粑、面粉等物的家庭也会来参加。所有的信众盘腿坐于棚屋的外侧，双手合十，围成半圆。

这个环节由拉苯法师主持，他身穿藏袍，肩部斜搭斥热围巾。他先把矮凳上的铜锅拿到祭坛下，并在里面放把刀，然后左手摇动单面钹，右手握金刚杵，开始念诵经文。之后，右手又拿起金刚橛，向四面八方刺着，并抛撒着青稞。单面铙上上下下地摇动着，金刚杵及金刚橛刺向“虚空”中的敌人，时而急，时而缓。再后，拉苯拿起责巴壶，在头上放稳后，摇着单面钹并挥动着金刚杵在竹席中央转几圈，把责巴壶拿下，往四方喷洒，再依次放到每个信众的头上。这过程与拉薪仪式上的“责巴壶加持”是一样的。

“武士”与鼓　2018 年

加持完所有信众后，拉苯先是摇着单面钹，右手握金刚杵向四方抛撒青稞，再拿起铜锅中的刀，时而像武士一样进行砍杀，时而把刀尖对着单面钹，来回摆动，时而把刀放到身后，转动身体，时而平举着刀，蹦跳着。之后，拉苯依次把刀放在信众的头上，并在胸部轻刺几下，口中叫着：“嗨。”用刀加持完信众后，还继续用刀做着与上面一样的各种动作。之后用刀把竹篱上的红布条挑下来，与刀一起放到铜锅之中，右手抓着铜锅，左手摇动着单面钹，转动几圈，再把铜锅一一放到信众的头上加持一下。如此加持完信众，拉苯把铜锅放入男主人的怀中后，再拔出措盘中代表夏本的系红丝带的

拉苯代表神灵把拉达盘赐予受益者，这能保佑母子平安　2017 年

竹箭，在空中做出各种刺杀动作，然后摇动着单面钹，把它扔到棚屋外面，右手握着金刚橛抛撒青稞并刺向四方后，把祭坛中的夏本锝取下，交给男主人。如上文所述，此环节为祭祀祈请夏本神，拉苯法师附体的神灵即为此神灵。

此时，在棚屋外面，有一个和举办方男主人茹居相同的成年男子扮演安宅仪式上的武士角色，不仅装扮一样，动作一样，身份也一样，口中也要叫着“喔～哈，喔～哈，拉加啰”等等。

把之前扔出去的夏本箭捡回来，插到措盘中后，拉苯左手摇动着单面钹，右手或握金刚杵或同时握着金刚杵与金刚橛，对着祭坛及上面的却炯做各式各样的“加持”动作。接着，拉苯站起来，拿起祭坛上的拉达盘，一一放到信众的头上加持，最后放到举办方最小的孩子的怀中。之后，拉苯端起祭坛下的森玛酒，含一口酒在嘴中，摇动着单面钹，再对着信众喷出去，这时信徒要叫着“嗦曲，嗦”。喷完酒，拉苯拿起却炯，依次在每个信众头上加持，再走出棚屋，把却炯抛出去。这与安宅仪式上的抛却炯的过程一样，只是多了一只鼓，共有两只鼓来配合。

抛扎侣

拉苯回到祭坛后，由助手敲打的两个鼓就要交给拉苯与洛苯，仪式的主动权也交给洛苯——拉苯主要配合洛苯的节奏击鼓及用洒酒器给朵玛群供酒。这时，信众大多回去了，场地清净不少。有时，洛苯与拉苯击鼓的动作比较癫狂：右手的鼓槌以最大力量槌打着鼓面，左手持鼓向外伸直，盘腿而坐的双脚上上下下用力抖动着，致使整个身体也上上下下地抖动着，癫狂到极致，突然间，戛然而止，法师深吸一口颇羌，鼓声又由小变大，周而始复。此时祈请的神灵或附体的是法师的本尊神，法师深吸的那口酒，叫作“怡当通羌”（ཡི་དམ་གཏོང་ཆང་།）。

抛扎侣是拉苯来主持的，与拉薪仪式一样，玛巴按仪轨抛完扎侣后，招央与恰。之后把拉侣移到竹席中央，玛巴在拉苯、洛苯法师的梵呗下，

抛扎侣草偶　2019 年

分配供品及祭祀物　2019 年

在拉侣的上方用洒酒器供酒，然后由却苯抱着把它抛出去，回来时，所有人叫着“哦永嗦”，不回头地走回棚屋。

回来后，洛苯、拉苯与却苯都要向祭坛磕三个头，再由玛巴把献祭的鸡按仪轨分成五份：献给颇拉的大公鸡分给洛苯；拉苯获得献给堪布瓦的公鸡；却苯得到最大的母鸡与夏干玛上的脏器；玛巴获得五个带脖子的鸡头；举办方分得最小的母鸡；次大的母鸡称为“玛米夏热”，此鸡的两个鸡腿各分给洛苯及拉苯，两位鼓手分得此鸡剩余部分。制成拉冈后剩下的羊右后腿与左后腿分给洛苯；羊蹄子、羊睾丸、羊肺及羊脖子分给拉苯。

赤垛赤匈碗加持

分完祭品后，仪式还有没结束。洛苯、拉苯及却苯在鼓声的伴随下一同来到举办方的家中，由洛苯举行最后的加持环节。

此时的受益者前面放着矮柜，其中央有盏点燃的酥油灯。洛苯戴熊皮帽、着藏袍、围斥热围巾站在矮柜前，对着受益者口诵经文；法师的一旁，有捧着法器盘、赤匈碗、赤垛、摆放在祭坛旁压在赤匈碗及赤垛下的布列孔当（成年女性服装）或藏装（未成年人及成年男性服装）、拉垛拉夏拉羌盘、羌达、拉冈（装在青稞盘上）等法物的夏玛。

洛苯先是双手抓着念珠诵经，再把念珠挂回脖子，然后左手摇着单面钹，右手握金刚橛，橛尖向外，用力地向受益者抛撒青稞数次，之后在受益者头上贴片酥油，把法器放入法器盘后，双手捧一个赤匈碗，放在其主人的头上，念诵经文后，代表神灵把赤匈碗递到受益者手中，再由受益者放到矮柜上。接下来也是手持单面钹与金刚橛诵经，再把赤垛放到受益者头上加持，“赐”给受益者并由受益者放在矮柜上，然后是赐予布列

洛苯代表神灵“赐予”仪式受益者各式物品　2019 年

洛苯代表神灵“赐予”仪式受益者衣物　2019 年

却苯给仪式受益者解读赤匈碗所反映出来的福祸运势　2019 年

孔当及藏装，此服装陈塘夏尔巴称为“赤各”（ཆེ་གོས།），受益者须立刻穿上。再下面是每人一小包仪式中撒出后剩下的吉祥青稞，陈塘夏尔巴称为“赤内”（ཆེ་ནས།），给特定受益者的拉垛拉夏拉羌盘，给成年女性的羌达彩箭（需她抱在怀中）。法师给受益者头上再贴片酥油后，再如法炮制地把拉冈赐给其中的特定受益者，并由受益者挂到脖子上。最后为所有的受益者贴酥油，结束仪式。在法师赐给受益者上述法物时，现场的人都要叫道“阿拉拉～吽”，意为“收到了”，赐一个法物叫一次。随后，受益者可请却苯或拉苯拨开赤匈碗上的酥油，卜算今年的运势及忌讳。

有次在仪式快结束时，醉酒的亲友因口角而动了刀剑，伤者在凌晨四点被送进陈塘镇卫生院进行抢救。第二天，双方又握手言和。可能神灵最难调伏的还是酒魔与心魔吧。

神灵赐食的夏呀仪式

夏呀（ཤ་ཡ།）仪式中的“夏”为肉之意，在当地语境中，“夏呀”仪式可理解为“神灵赐予肉食”的仪式。此仪式参与者众多，需要三位洛苯法师，他们的身份与拉仪式上的却苯、拉苯与洛苯相似，需一位堪卓玛与喇嘛法师，需两位称为“啊根”的鼓手与一位称为“普迦”的钹手，途布、相布、明沃、玛巴及数位夏玛等众多参与者，角色复杂。在仪式中不仅祭祀战神扎拉，似乎还间杂着古时部落行军布阵的遗存。根据举办方对仪式要求的不同，仪式过程可能会有差别。仪式中也存在夏本神祭祀环节，为了更完整地展现仪式，本文选择了有此环节的仪式作为母本。

拉苯在祭坛的法师侧祭祀鸡　2018 年

献祭

与拉薪仪式一样，夏呀仪式也需要砍拉薪树，搭建祭坛。祭坛先用竹竿搭个“门”形的架子，用木板做隔断；一侧置祭坛，法师们坐于此侧（以下简称法师侧），另一侧有放置法物的矮桌，四个特定身份的成年男子途布、相布、明沃及完成献祭之后的玛巴面对着法师，按次序坐于此侧（以下简称武士侧）；他们都身穿藏袍（白色为佳），肩上斜挎斥热围巾，腰插弯刀。在仪式上，途布须穿白色藏袍，头戴用羚牛角及鹰毛装饰的头盔，扮成将军玛本，相布与明沃分别戴着用红、蓝布条围成的圆帽玛夏（དམག་ཞྭ།）[350]，他们及玛巴都为玛本的士兵，将跟随在他的后面做出各种打斗的动作。他们休息喝酒时，要把帽子取下挂到武士侧的“门”架上，陈塘夏尔巴称此四人为玛米亚（དམག་མི་ཡ།），其本意为“军人、士兵”，引申为“天兵天将”。

祭坛旁边设有简易的三石灶台，供烧水及煮食物之用。与拉仪式一样，也有妇人捧着放有粮食的铜盘到达仪式的现场，给仪式做“供养”。仪式所需的法物及拉薪树上的法物摆放与拉薪仪式的类似，拉薪树也是在顶部捆绑有青竹束，茹居旗、弓、箭筒、夏本锝、堪布瓦锝等也要依次或挂或绑

三位法师，从左至右分别为拉苯、洛苯及却苯。 2018 年

玛米亚，其身份从左至右分别为：途布、相布、明沃及玛巴 2018 年

在法师侧的树上。而拉薪仪式上的屏风，夏呀仪式用“门”架来替代，这样既方便法师在法师侧与武士侧之间“传递”法物，又让玛米亚的武器装备及法物有个挂系的地方。祭坛上的朵玛盘、措盘、羌达彩箭、扎侣、拉达盘、两个责巴壶、酥油灯、恰古披交与日觉伦布披交等摆放位置与拉薪仪式大同小异。在法师右侧的祭坛上还放置有古瓦壶、赤匈碗、赤垛、镰刀、一束坎巴草及两支箭头为铁制的竹箭等法物。武士侧矮桌置有一盏酥油灯，“门”架上挂有途布、相布及明沃使用的武器装备：二个竹盾与三张竹弓。仪式开始后，武士侧与法师侧的酥油灯都要点燃。

祭坛摆好后，洛苯、拉苯与却苯在法师侧的卡垫上就座，洛苯坐在拉苯与却苯的中间，玛本带着相布、明沃在武士侧并排站着，举起藏刀，叫着“索和，索和，索和，拉加啰”。然后玛本在前，相布在中间，明沃在最后，顺时针走到三位法师的后面，并排站立，也叫着“索和，拉加啰”。如此三次后，开始献祭鸡与羊。

夏呀仪式一共需要祭祀三只公鸡两只母鸡及一只公羊[351]。拉苯（不须戴白羊线圈）先是献祭两只公鸡与一只母鸡，其流程与拉薪仪式相同，其中最大的公鸡与母鸡分别给颇拉与喜布达，第二只公鸡给堪布瓦与战神扎拉，这些鸡也是由玛巴进行砍杀，夏玛处理，鸡心由却苯套在朵玛盘的相关朵玛上，处理好的鸡摆放在措盘之内，鸡汤加糌粑熬成糌粑汤分食。另一只公鸡与母鸡将在仪式进程中作

给在仪式现场的人分食新鲜的祭羊羊肉　2014 年

在四位玛米亚的助威及拉苯洛苯的鼓声下，却苯摇动着羌达彩箭　2018 年

洛苯法师给赤匈碗倒上混有“郭玛”红颜料的酥油　2018 年

为巴韩啊（པ་འདང་ང་།）与玛韩啊（མ་འདང་ང་།）进行献祭。之后再献祭羊，此羊献祭给淌金 · 多吉林巴，又被称为扎拉岗吉巴（དགྲ་ལྷ་ཀང་གཅིག་པ།），直译为独脚战神，具体含意可能与此羊右前腿需制成扎岗法物有关。其流程与拉仪式大致相同：羊内脏做成夏干玛祭品，放在祭坛时需在堪布瓦锝上擦几下，羊脖子与羊右后脚要插上竹竿，再靠在祭坛中间的“门”架上，羊血要制成血肠及久玛血肠，并放一部分到措盘上，羊蹄、羊睾丸及羊肺送给拉苯等等。也有一些细微的不同，比如羊的右前腿[352]要插在绑在“门”架的长矛之上，还要给仪式现场的人分食新鲜的羊肉[353]，这羊肉有的人直接生吃，也有人放到旁边的灶上烤食；还有给举办方的不是拉仪式上的右前腿，而是左前腿，被称为“恰拉”（ཕྱྭ་ལག），它可把好的运势带给主人家。当夏玛把恰拉羊腿背至举办方的家里时，要说这恰拉好重呀，一个人背过来好辛苦，给点运费吧。男主人要回答说，“辛苦了，我请大家喝森玛酒”。然后他提着大壶的森玛酒来到仪式现场，依次给法师、玛米亚、鼓钹手及夏玛等人敬酒。

与拉仪式上祭坛准备妥当后的流程相同，也是却苯先面对祭坛，给祭坛上的各种法物供酒，然后是拉苯与洛苯一起诵经。洛苯抛掷火梭后，却苯拿装酥油小铁锅让洛苯给赤匈碗等倒酥油（此时要给朵玛盘的拉嘉神鸟及拉达盘上的箭上滴一点），却苯摇羌达彩箭，拉苯、洛苯击鼓诵经后休息。休息时，夏玛端来食物，阿亚楠玛

玛本带着举办方的男性成员及夏玛们绕转祭坛　2018 年

却苯在竹席上制作“益西措”等法物　2018 年

过来致谢并由夏玛端来酬金，夏玛们也要叫道“哦～拉索”等等。

神灵赐食与驱赶楠备

休息之后，洛苯击鼓诵经。这时，身着藏袍的举办方男性成员与夏玛一起跟在玛巴后面，加入玛米亚的队伍。前面的途布、相布背着竹盾与明沃一样都是右手握弓，玛巴与其他人右手持刀，摇摆着身体，口中发出怪叫，顺时针地绕着祭坛转，当转到正对着武士侧与法师侧时，要停下来，举起手中的武器，叫着“索和，索和，索和，拉加啰”。如此转了数圈后在武士侧停下来，途布、相布及明沃把头盔、竹盾及竹弓挂到门架上，坐下休息，举办方成员走到法师侧对着法师磕三个头后回房休息。洛苯继续击鼓诵经，给祭坛供酒，在与拉仪式抛拉侣环节祈请恰当一样的癫狂击鼓后，放下鼓及鼓棰，坐在卡垫上休息。

这时，夏玛与却苯在祭坛法师侧的左边，铺上一块竹席，近武士侧的那头放着五瓶酒，中间是古瓦壶，两边分别是两瓶森玛酒及二桶颇羌，下面摆称为“塔增那啊”（དར་མཚོན་སྣ་ལྔ།）[354] 的盛着小麦、青稞、玉米、鸡爪谷及荞麦五种粮食的铜盘，再下面摆着五个相同的由米饭、鸡蛋、羊肉、土豆、水果（有人还会放入罐头鱼肉、熊肉、野鸡肉）等组成的夏呀措必（ཞ་ཡ་ཚ་ཐུད།），以前都是摆放在大叶子上，如今多以塑料布替代，在仪式结束后，它是却苯、拉苯、洛苯与仪式受益者享用的美食。最下面是称为益西措（ཡེ་ཤེས་མཚོ།）的一个大竹盘，它由却苯制作，盘沿放有三个或五

却苯把妇人送过来的森玛酒倒入喇嘛旁的“羌必”酒碗中　2018 年

“神灵赐食”的现场　2018 年

个由两个大小饼子相叠成的饼子，上面铺着土豆、鸡蛋、水果、羊肉等，然后在中间倒上一锅米饭，再在米饭上插支野鸡毛为箭羽、上端系一把小刀及一条哈达的竹箭，它在仪式结束后，将由举办方与参与者一起享用。

制作及摆放好上述物品后，两个称为“啊根”的击鼓手击鼓，阿亚楠玛在现场叫“噶羌曼扎波罗～～噶羌曼扎波罗嘿”（意为快把噶羌送过来），这时，等待在一旁的妇女们就会把瓶口用苞谷叶塞着称之为噶羌（དཀའ་ཆང་།）的森玛酒送到却苯手中，由他往祭坛上贴着赞尖酥油的酒碗里倒一点，再放到竹席的外侧。这混合着众多人家送来的噶羌酒的酒称为“羌必”（ཆང་ཕུད།），代表着送酒人家的祝福与支持。

堪卓玛与喇嘛来到仪式现场，盘腿坐在拉苯的右手侧，其前面的木柱上面摆放着不同的物品：堪卓玛前面是装着饼子、米饭、肉、鸡蛋、土豆、水果等物品的瑟内盘；戴着法帽的喇嘛前面是放着达玛茹（ཌཱ་མ་རུ།）[355]、金刚铃的法器盘及羌必酒碗；洛苯前面放着弓、箭筒、弯刀、柱那盘及白色藏袍。除了堪卓玛、嘛喇，此环节还必须有个叫洛卓瓦（ལོ་འགྲོ་བ།）[356]的法师，作为见证人他坐在

点燃“柱那盘”上的酥油灯，堪卓玛、喇嘛与洛苯一起“作法” 2018年

堪卓玛手持“瑟内盘”给受益者 2015年

在洛苯的右侧，若他不能到达现场，需由其他洛苯法师替代。此环节的主要受益者为上文中加入玛米亚队伍的举办方男性成员。最主要的受益者（可有数位）坐在途布与相布的中间，其他男性受益者在后面一排就座。这时，途布、相布背上盾牌，与明沃一起戴上头盔或武士帽，途布抱着称为“巴韩啊”的献祭公鸡，相布抱着称为“玛韩啊”的献祭母鸡。此时，武士侧的矮柜须放上与受益者总数一样的酥油灯点亮的柱那盘及亲友送过来的绵扎盘。

洛苯穿上黑袍法衣，戴上熊皮帽，给所有受益者头上贴三片酥油，回到原先的位置后，右手拿着金刚杵，左手摇单面钹，念诵着经文。这时，喇嘛左手摇动达玛茹鼓，右手摇着金刚铃诵经，堪卓玛套上布列孔当，双手不停地在胸前合十，再掌心向上放到大腿上，颤抖着身体诵经。在他们后面，有两位“啊根”击鼓，一位“普迦”奏铜钹。在武士侧，亲友们不断地给受益者及途布、相布等人敬献着哈达。

洛苯摇动着单面钹站起来，把金刚杵放在口边念念有词，给祭坛上的朵玛等供酒后，右手拿起责巴壶向祭坛上洒了几次，透过门架，把责巴壶送给特定的某位受益者，受益者接过责巴壶时，众人叫道："嗦和。"之后，洛苯坐下，手握金刚杵与单面钹诵经，却苯站起来，拿起白色藏袍，在祭坛上面摇晃几下，绕过祭坛，送到特定的受益者面前，让他穿上。喇嘛随之摇着金刚铃，口诵经文，把羌必酒放到特定的受益者前的矮柜上，堪卓玛紧跟其后，右手托着瑟内盘，摇晃着身体，送到特定的受益者前，也放在面前的矮柜上。洛苯站起来，先是拿起弯刀，刀尖在单面钹上顶几下，透过门架送给特定的受益者。再拿起弓及箭筒，打开箭筒的盖子，拿出一支箭，搭在弓上，试着射了几下，把箭放入箭筒后，再通过门架把弓与箭筒送给特定的受益者，由他抱着箭筒，右手抓着弓。这些代表神灵赐予受益者的物品似乎依次代表着：锦衣（衣服）、美酒（羌必酒）、丰食（瑟内盘）及勇猛（刀、弓箭）。洛苯右手拿起另一个责巴壶，左手摇动金刚铃，向着不同方向念诵经文，再走到武士侧，他先是往举办方男主人的头上倒三下责巴壶里的水，再依次给武士侧所有人的手上倒一点，让他们喝掉。

洛苯回到法师侧坐下后，仪式就进入了驱赶"楠备"（ཉམ་པ།）环节，陈塘夏尔巴认为人身上有不洁或不好的物质叫楠备，存在于血管的叫"爆楠备"（ཁྲག་ཉམ་པ།）、头部的叫"累楠备"（ཀླད་ཉམ་པ།）、骨头的叫"侣楠备"（རུས་ཉམ་པ།）、骨髓的叫干楠备（རྐང་ཉམ་པ།），共有 360 种。把这些不好的物质从体内赶出去，就需要借助精灵楠秘（ནམ་མིན།）的力量。楠秘又称堆布扎布烈，有人认为它是陈塘一种传说中的好的精灵，在仪式中请它过来帮忙。它一共有 360 种，存在于陈塘的山山水水中，居无定所，又了无形象，绘画、嘛呢石上面都找不到它们的形象。[357]

法师把古瓦壶里的酒喷向祭坛，边上是等着抢酒的儿童　2015 年

拉苯在鼓声与锣钹的伴奏下，左手拿着古瓦壶站起来，口诵经文之后，用嘴含着古瓦壶里的酒喷洒出去，以清净场地。与此同时，却苯左手握金刚杵，口诵经文，右手用洒酒器给祭坛上的

“驱赶楠备”现场 2018 年

堪卓玛手持镰刀与坎巴草站在抱着“巴韩啊”公鸡的途布后面，驱赶“楠备” 2018 年

朵玛盘等法物供酒，堪卓玛站起来，双手不停地合十并口诵经文，武士侧的途布、相布、明沃及玛巴也站了起来。不久，堪卓玛右手拿起镰刀，左手抓着坎巴草，来到途布身后，途布左手把怀中的公鸡抬到肩部，右手微向前伸，明沃手拿一块苞谷皮（或塑料布）站在他的旁边。堪卓玛高声尖锐地唱诵着经文，手上的镰刀与坎巴草开始慢慢抖动，抖动的速度逐渐加快，最后进入一种歇斯底里的颤抖，类似癫狂的状态。在祭坛的另一边，所有法师都站了起来，各自持法器诵经，拉苯左手摇单面钹，右手握着金刚杵与古瓦壶，念诵着经文，并不停地把古瓦壶里的酒喷向祭坛，洛苯左手摇单面钹，右手持金刚橛，不停地往祭坛及拉薪树上抛撒青稞。

据介绍，此时的堪卓玛已经被神明附体，通过途布抱着的巴韩啊公鸡，把“爸爸”即“父系”所造成的楠备从病人的身上赶出来，此时旁人要不停地叫着“赦～”。不久，途布用刀背击打公鸡致死，旁边的明沃立刻用苞谷皮接下鸡嘴流出的血。然后堪卓玛站在相布后面，如法炮制，把“母系”所造成的楠备驱赶出去，最后也要用刀背击打玛韩啊母鸡，明沃也要用苞谷皮把鸡血接住。这样，在精灵楠秘的帮助[358]下，把楠备从身体里赶出来或“洗”出来。检验的标准是鸡血，若击打后，鸡喷出大量的血，就说明在神灵的帮助下，身体中的楠备已经被打出来了，它造成的邪祟与

喷出的鸡血的多少反映了“楠备”被驱赶的程度 2015 年

洛苯拉着特定受益者绕转祭坛，周围都是抢到森玛酒的欢乐儿童 2018 年

病苦也随血而去。

仪式进行到此时已是深夜，灯光昏暗，需要打着手电筒才能看清鸡血的多少。这时很多人站在武士侧的后面，紧张地观看，尤其是途布与相布击打鸡背的时候。如果鸡没有出血，大家就会担心为什么神灵不来帮助，若是吉祥的征兆，鸡血将由却苯涂抹在受益者的头上，有人还会拔一根鸡羽，夹到右耳上，回到家后，插于佛龛或置于经书内。这时，有很多小孩挤在竹席的噶羌酒旁，等待着“抢”酒。驱赶完楠备，洛苯左手摇单面钹，右手持金刚杵，有节奏地跳着法舞。鼓声钹声加快加强，堪卓玛在武士侧和着节奏声音尖锐地唱诵着，途布与相布不停地拔出鸡毛往外扔；现场其他人随着鼓点摇摆着身体，并大声叫着“索杭，索杭”。

仪式现场慢慢地蓄积着一种野性的力量，人们的动作幅度也越发变大。突然间，洛苯快速走到竹席旁拔出插在益西措上的竹箭，来到抓着竹弓的特定受益者面前，让他抓住箭上的哈达，再拉着他顺时针绕转祭坛，其他仪式受益者跟在后面。再后面是摇动着镰刀与坎巴草的堪卓玛，不停地向外扔着鸡毛的途布与相布。他们之后是一一抱着矮凳上的柱那盘、瑟内盘、羌必酒、绵扎盘与竹席上的两桶颇羌与森玛酒的夏玛。就在洛苯拔出竹箭的同时，小朋友们争先恐后地抢着噶羌酒，并拔开苞谷叶瓶塞，手舞足蹈，或是相互间或向四周喷洒酒，口中大叫，“索杭，索杭”，现场的气氛达到最高潮。

绕转祭坛几圈后，洛苯拉着特定受益者回到家中，夏玛抱着法物与鼓手跟在后面也回到家中。特定受益者在房内坐好，其前面的矮凳，上面摆着夏呀措必、柱那盘、羌必酒碗、酥油灯、瑟内盘等物，堪卓玛把镰刀与坎巴草交给他，并用一种特殊的音调唱诵出神灵附体时的神谕，比如：“头痛头晕是难免的，也是让人伤心的，无论如何，在三天内不能出门，你命已交给了神灵，不会有事的。”洛苯摇单面钹在他们面前诵经后，结束此环节。

射扎岗

堪卓玛与喇嘛回去后，举办方的男女受益者来到现场并坐在武士侧的卡垫上。玛米亚们在途布的带领下叫着“索和、索和，拉加啰”或是发出各种怪叫，绕着祭坛转，手中的刀或是放在盾牌上，或是直刺出去，像是与敌人搏斗。之后，

洛苯带着两位鼓手逆时针高速绕转祭坛，武士侧坐着仪式的受益者　2018 年

洛苯用贲巴壶加持仪式受益者　2018 年

途布右手握着挑落下来的羊腿绕转祭坛　2018 年

洛苯在制作“扎岗”　2018 年

洛苯右手握单面钹，左手持金刚杵，带着配合单面钹节奏的一位普迦击钹手与两位啊根击鼓手，正、逆时针地在玛米亚们围成的圈子内绕转数次。

又，洛苯拿起贲巴壶转到武士侧，把它一一放到受益者的头上加持（贲巴壶也需要在头上放几秒钟而不倒下），此时玛米亚还是不停地绕转着，夏玛也须不停地叫着“索和”。洛苯回到法师侧后，把古瓦壶里的酒用嘴往祭坛喷洒，之后又拿起金刚杵与金刚橛，带着玛米亚做各种动作绕圈，并做出各种“刺杀”的动作，啊根与普迦在法师侧配合着他们的节奏。

受益者回家后不久，途布、相布及明沃站在武士侧，右手用弓的一端顶着祭坛上插在长矛上的祭羊右前腿，与右手持刀的玛巴一起叫着“索和”，在洛苯的示意之下，用力把羊腿从长矛上挑下来，若只用一次就把它挑落到祭坛上的措盘上是最好的。此时鼓声与钹声变得轻缓，仪式现场其他男性都手抓青稞，朝祭坛上抛撒。

羊腿挑下来之后，鼓声与铜钹声急骤响起，由途布右手持此羊腿，带着大家绕转祭坛，口中喊道：“索和，索和，滴滴索索拉加啰”及各种咒语，夏玛发出各种怪叫声做着种种动作跟在后面。途布把羊腿交给洛苯后，与相布、明沃、玛巴一起坐到武士侧休息，洛苯把羊胫骨部位的肉削干净，并在上面用黑锅灰画三条杠，做成叫“扎岗”（དགྲ་རྐང་། 有仇敌的腿脚之意，羊的右前腿相当于力量最大的右手）的法物。

与此同时，由夏玛在一个大竹篓里装上石头，

射“扎岗”之前，洛苯带去玛本们一起绕转祭坛，并做出各种打斗动作　2015 年

途布射“扎岗”　2018 年

并藏上少许的羊肉，放到途布右侧空地上，说道：“玛本，我们的任务完成了。”途布把竹篓里面的石头搬出，找到羊肉后，说道：“肉怎么这么少呢？”于是玛巴带着击着铜钹的普迦来到祭坛旁的三石灶旁，对夏玛说：“你们有没有藏着我们的肉呢，快拿出来。”而相布则带着一个击着鼓的啊根到举办方家中说道：“快把米饭给我们拿过来。”明沃也带着一个击着鼓的啊根到举办方邻居家中说道：“快把羌玛（酒）给我们拿过来”三人回来后，途布要与他们说“你们辛苦了”。这时阿亚楠玛带一瓶森玛酒到达现场，把酒给途布后，说道：“你们辛苦了，太感谢了呀，请享用这酒吧。”途布接过酒后给玛巴，由他分给途布、相布、明沃等人，再分给夏玛。

夏玛把装石头的大竹篓放在一旁后，与却苯一起在法师侧旁边搭建一个背面有挡板的临时小祭台，把洛苯做好的“扎岗”羊腿倒立着靠在小祭台左侧，右侧放个与弑侣相似的人俑米炯（མི་ཆུང་།）[359]，在羊腿与米炯之间及其两侧都竖直地摆放着一把坎巴草，上方挂有一个竹竿，其顶端挂着用线绑系的祭羊尾巴。摆好小祭台后，洛苯站起身，口诵经文，左手摇单面钹，右手握金刚杵，并用洒酒器给祭坛上的法物供酒。同时，武士侧的途布、相布及明沃右手拿弓与持刀的玛巴也站起来，不停地举起右手的武器，带着夏玛一起绕转祭坛，在鼓声与钹声中，做出各种杀敌镇鬼的搏击动作，口中不停地大叫着“索和～”。

洛苯或是站在法师侧用右手的金刚杵击着单面钹，或是在途布们形成的圆圈内快速地绕转着，再回到法师侧，有人介绍说此时的洛苯被“扎拉”即战神附体。不久，洛苯左手摇单面钹，右手握金刚杵及金刚橛，把相布的弓接到手中，念诵咒语加持，再把弓与祭坛上的一支有尖锥铁制箭头的称为“底箭”（ལྡིལ།）的竹箭交给相布，让他射米炯。射中后，相布须再用刀把它砍碎。然后洛苯接过途布的弓，念咒加持后，把祭坛上的另一只特制的箭头宽平的竹箭达布利（ལྡེབ་མདའ།）交给途布，由他射扎岗三条黑杠中的中间那条，并把它射断[360]。射断之后，明沃向前把羊尾巴抓住，玛巴用刀一把将系羊尾巴的线子砍断，明沃再把羊尾巴远远地扔了出去。这羊尾巴陈塘夏尔巴称之为乔克培东（བྱ་ཁ་འགོད་སྟོང་།），可有效防止诽谤及因口头之争而带来的障碍。之后，途布抓着被射断的羊腿，在却苯的带领下与大家一起绕转祭坛。却苯口中大声念着：“鬼杀完了，刀尖向下，鬼的血向河一样流到地下，刀尖向外一横，鬼像草一下被割倒了，全部鬼都杀完了。”却苯每念一句，鼓钹手要击鼓击钹回应，众人要大声喊道：“和因，和因。”之后，由途布把这羊腿上的肉切成细块，给众人分食，它代表着仇敌或鬼怪的肉，称之为“扎协”（དགྲ་ཤ།）。

玛巴抛完“扎侣”后，招“央”与“恰”。 2018 年

在仪式的最后，洛苯代表神灵赐予受益者各种物品，并说：“一年若出现天灾人祸，我来挡，这是我的责任。” 2018 年

贲巴壶加持

稍做休息后，把这环节的受益者请到现场并在武士侧就座，拉苯穿上黑袍法衣，头戴熊皮帽，

像拉薪仪式的责巴壶加持环节一样念诵着经文，玛米亚在鼓钹声的伴奏下，右手持刀，不停地绕着祭坛转圈。不久，拉苯走到武士侧的受益者前面，用责巴壶给受益者们加持后，回到法师侧；拿出放入红布条与刀的铜锅给受益者加持，之后给男主人抱着。他再回到法师侧，拿出拉达盘给受益者加持后，给女主人抱着。接下来，拉苯与玛巴一起，与拉薪仪式一样地抛扎侣，招央与恰。

上述仪式结束后，玛巴、拉苯、洛苯等人把祭坛法物与祭品进行分配。玛巴分得仪式前段祭祀的三只鸡的头脖；洛苯分得祭祀给颇拉的公鸡、所有鸡肝及祭羊的右后腿；拉苯分得祭给喜布达的母鸡及羊脖子；却苯分得夏干玛及祭给堪布瓦的公鸡的左半边，此鸡的右半边为途布、相布、明沃、夏玛等人一起分享。公鸡巴韩啊的头脖分给洛苯，两个鸡腿分别给相布与途布，母鸡玛韩啊的头脖分给拉苯，两只鸡腿分别给明沃与玛巴，这两只鸡的三个翅膀要分别给啊根与普迦，其余的鸡肉由夏玛分享。祭羊的右眼给洛苯，给他时须说："好好地看呀，仪式不要出错呀"，祭羊的右耳给拉苯，给时也要说："好好地听呀，仪式不能出错呀。"

分配完后，洛苯、拉苯、却苯及途布、相布、明沃、玛巴等人一起，把祭坛上的赤垛、赤匈碗及下面压的衣服一起拿到举办方家中，由洛苯举行与拉仪式如出一辙的赤垛赤匈碗加持环节，最后洛苯说："你们三天内不要给别人钱，三天内不要让外人到家里来，也不要出去，一年内若出现天灾人祸，我来挡，这是我的责任。"仪式由此结束。话虽如此，在一次为病人举行的"完美"的夏呀仪式后，病人隔天就因病而亡。

驱鬼焚垛的堆垛仪式

堆垛仪式是陈塘夏尔巴藏历新年中最重要的宗教仪式：参与的法师最多，在陈塘的洛苯法师都须参加；除了哈玛等个别仪式之外，献祭的动物也最多，需献祭三只公鸡与两只母鸡及两只山羊；参与人数最多，除了陈塘四村，藏嘎与那塘村也有村民参加。相传在旧时，堆垛仪式只在梯格巴茹居的称为"拉章丁沃"（ལྷ་བྲང་སྟེང་འོག）的四户人家轮流举行：位于达嘎热索广场上方的两户叫"拉章丁玛"，都为差巴江玛小茹居，为现在的吉加与巴桑两家；位于下面的两户叫"拉章付冯"，都是贡布日松巴茹居，为现在的多吉平措与当巴扎西两户。

堆垛仪式一般在米罗钦布洛萨即藏历新年前的藏历十二月二十九前举行，但因为各种情况，综合各种因素，可能会有些变化。2014年的堆垛仪式是在索朗洛萨即后藏新年举行，具体时间是1月28号到29号，为藏历十一月二十七、二十九日（此年没有十一月二十八日）。2015年堆垛仪式举办时间是2月17号10点开始到18号晚上22点结束，藏历为十二月二十八、二十九两日。2016年因承办者家中的长者过世，故没有举行。2017年[361]因藏历十二月二十九为不合适举办仪式的星期六，所以举办时间提前1天，于2月23号11点开始，24号晚上22点结束，藏历为十二月二十七、二十八两日。2018年、2019年与2020年因无人承办，没有举行堆垛仪式。

堆垛仪式开始前一天晚上，调试各种乐器　2015年

在堆垛仪式举行的前几天，仪式举办方需要把以前洛苯集资请购的一套莲师八相唐卡请回家挂好，并请德高望重的洛苯法师、陈塘洛苯联合会的会长及各组长、各位阿亚等人一起商议仪式上的细节，决定各个不同环节的举办场地、人员安排、材料安排等，其中最重要的是确定主持仪式的法师。主法师在堆垛仪式中，叫多吉洛苯，也有拉苯、却苯及数名普刚（ཕུར་ཁང་།）[362]法师等人员，法师确定之后，要给他们一一送上一小包酥油、一块牛脂肪及青稞等物品。仪式中的堪卓玛、两位鼓手、两位锣钹手及途布、相布等人也要安排好。

在堆垛仪式开始的前一天，举办方要请参与仪式的法师到家里，调试董钦（ར་དུང་།）[363]长号、铜钹等法器，由老法师进行一些“法舞”动作的演示，其他洛苯法师及信众也会到场观摩。在仪式开始的当天早上，举办方要让两位年轻的男性到参与仪式的人家中取制作赤匈碗的碗、放赤垛的盘子、女性的布列孔当或藏袍及羌达彩箭。在碗、盘子及羌达彩箭上贴上写有主人名字的小纸条作为标记，避免混淆。而多吉洛苯则会到师父家再次“求法”，请他再次传授仪式中要注意的相

在仪式开始前一晚，请老法师演示法舞　2015 年

关事项。2017 年堆垛仪式的多吉洛苯群培，在仪式开始之前，到其师父也是父亲多吉平措的家中，请他讲授相关事宜，并用小本子一一记录下来，最后也是最重要的，“借”两张祖传的扎嘎利——它们将插在垛坚的上面。

纵观整个堆垛仪式，可以把它大致分成几个环节：一是献祭，二是展舞，三是放置格隆锝及安魂，四是放置哈玛、交普、夏本及堪布瓦锝，五是赤匈碗加持，六是驱鬼，七是焚毁垛坚。为了全面介绍此仪式，放置格隆锝与夏本锝的流程将在文中介绍，在仪式的进程中，会有热心的法师到现场诵经帮忙。

献祭

堆垛仪式一般在早上九十点开始，这时夏玛在却苯的指导下制作各种各样的锝、侣及朵玛。仪式的现场可以分室内与室外两部分，室内的人员主要制作各种朵玛及为参与者制作赤匈碗与配套的赤垛。室内的地板上摆上一张竹席，用来放置各种法器及作为法师在仪式中的主要活动场所。在竹席与墙边的藏柜之间用木板搭建一个简易的祭坛，铺上青稞后，制作好的朵玛、扎侣、措盘、拉达盘、将决坎巴草、日觉伦布披交及拉垛拉夏拉羌盘等都将摆在上面，家中佛龛中的恰古披交也要拿出来摆放在祭坛上。各家各户的彩箭要摆在祭坛旁，制作好的赤匈碗、赤垛盘也要摆在祭坛附近的小台子或矮柜上。室外的人员主要制作各种锝与侣：垛坚、哈玛锝、格隆锝、赞嘎锝、交普锝、夏本锝、堪布瓦锝、拉侣等。若仪式举办方的家属中有冲巴的哒咕瓦茹居的成员，无论男女，还要做一个日增巴锝[364]，它比格隆锝稍小，但形制差不多。制作好的锝、侣与朵玛依次摆到祭坛及竹席上，哈玛锝先置于屋外高处，随着仪式的进程而被请入屋内。堪布瓦锝与夏本锝挂在祭坛的上方高处。

把各种朵玛、锝及祭品摆放妥当之后，拉苯身着与拉仪式时一样的装扮，头戴白色羊毛线圈帽，腰绕斥热围巾，左手捧青稞碗，右手握金刚杵并抓着鸡，面对着祭坛，站在各种锝及祭坛前

制作各种“锝” 2015 年

给朵玛群的朵玛贴酥油 2015 年

面，开始献祭。祭羊不需要牵到屋内，而是在侧室献祭的。献祭次序是最大的公鸡、次大公鸡、最大的母鸡、最大的羊、小公鸡、羊与母鸡。前三只鸡按仪轨是献给颇拉、堪布瓦与喜布达的，其心脏也要分别套到相关的朵玛之上，最大的羊献祭给交普神，另一只羊献祭给堪布瓦神，小公鸡献祭给交普神，小母鸡献祭给锝真玛。所有的鸡处理后，也都要放到措盘上。献祭给交普神的羊右前腿要给主人，供男主人在安置交普锝中使用；献祭给堪布瓦的羊右前腿将由洛苯做成拉冈，削下来的肉烤好后做成拉垛拉夏拉羌盘，再置于赤垛前。两只羊的内脏都要制成夏干玛放到祭坛旁，羊脖子与左后腿都要用竹竿插着，放到祭坛旁，制作好的血肠也要放一部分到措盘上，仪式所需之外的羊肉须切成均匀的小块，分给现场所有的人员食用，供生食或烤食。献祭完给交普神的羊，夏玛要把此羊的右耳给洛苯，并对他说：“要好好听呀，仪式不要出错”，把此羊的右眼给拉苯，并说道：“要好好看呀，仪式不要出错。”在仪式结束之后，夏玛还要把献祭给堪布瓦的羊的右眼给洛苯，右耳给拉苯，给时也要说着相同的话。

之后，却苯用洒酒器向祭坛及锝、侣及朵玛

堆垛仪式现场一角　2014 年

群进行施供。他先是煨桑，然后坐在格隆锝的前面，口中念念有词，不时用洒酒器沾一点酒，再挥洒出去。然后多吉洛苯念诵经文，他或是击鼓，或是交由他人击鼓，并先后舞动着金刚铃、念珠、金刚杵、单面钹、金刚橛等法器及抛撒青稞。不久，他取下念珠，像卡淇仪式上一样，拨动着念珠，并在胸前双手合十，还要拿起青稞盘，朝里面的青稞“呸呸呸”地吐口水；把念珠挂回脖子上，在他人的鼓声中，多吉洛苯摇动单面钹，手握金刚杵念诵经文，右手再拿起金刚橛，对着祭

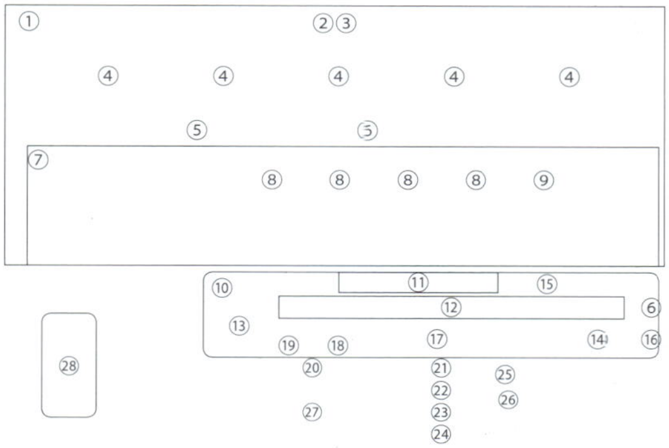

堆垛仪式祭坛摆放示意图

坛及四面八方用力抛撒青稞，口中大声叫道“嗨”，然后放下金刚橛，拿起一个火梭，把它点燃，对着四面八方摇动，再用力地抛掷出去。多吉洛苯做完这些程序后，盘腿坐下，击鼓诵经。这时，旁人把加了郭玛的酥油一一倒入赤匈碗中。

① 主人家的墙壁。

② 堪布瓦锝。

③ 夏本锝。

④“莲师八变”及其他唐卡，若此面墙挂不完，可以挂到其他墙面上。

⑤ 仪式参与者的羌达彩箭，摆放在藏柜上。

⑥ 摆放在藏柜上参与者的赤垛与赤匈碗，成套出现，若摆放不下，可摆在藏柜旁或祭坛旁。

却苯用洒酒器给祭台的各种法物洒酒供奉　2015 年

在室内制作法物并摆放祭坛　2015 年

⑤与⑥没有严格的界限。

⑦藏柜。

⑧倚靠在藏柜上的夏干玛与插在竹竿上的羊脖与羊左后腿，献祭两只羊，故有两套。

⑨矛梢系有黑白羊毛的长矛。

⑩祭坛，在藏柜旁，为垫高的数块木板，先在上面铺块布，再垫上一层青稞。

⑪火梭。

⑫朵玛群。

⑬措盘。

⑭拉达盘。

⑮扎侣。

⑯拉垛拉夏拉羌盘。

⑰酥油灯。

⑱贲巴壶。

⑲洒酒器及装有酒醪的酥油灯。

⑳古瓦壶。

㉑垛坚。

㉒交普锝。

㉓哈玛锝，将随仪式进程而搬到现场。

㉔格隆锝。

㉕赞嘎锝。

㉖拉侣。

㉗煨桑炉。

㉘法师位。

展舞

这是全体洛苯都要参加的环节，包括参与堆垛仪式的所有法师，上文有提及这是向洛苯白玛炯乃表示敬意的环节，也是向神灵鬼怪展示洛苯法师的道行力量的类似于寺院“羌姆”的环节。

法师们先在洛苯尼玛多吉的祖房里集合，他们穿着黑袍法衣，戴夏纳法帽或熊皮帽，左手摇着单面钹，振聋发聩，右手持金刚杵及金刚橛不停地舞动着。法师走出房子时，打头的是两个分别扛着代表梯格巴与冲巴的茹居旗的男子。接下来是身着藏袍头戴索夏帽的乐器队，乐器有鼓、铜钹、锣、董钦长号等。洛苯们跟随其后鱼贯而出，走在最后面的是此次仪式的多吉洛苯，其前面两位普刚法师分别拿着称之为“爱嗪朴姆”（ཨད་ཟེར་ཕོ་མོ།）[365] 的野牦牛咒角，在场的信徒会弓着身子，请法师用此咒角加持。来到指定的场所后，洛苯们先是集体跳了一会法舞，然后围成一圈站着。此时，早已等候多时的身着布列孔当或藏装的妇人，手捧酒碗走到他们面前，轮流向他们敬酒。

圈子的中心是两个举着茹居旗的旗手及举办此次堆垛仪式的家庭成员，在外面，旁观者又围成一圈，聚精会神地观看这一年一度的盛会。先

法师们跳法舞　2015 年

展舞环节法师出行时，信徒在握有牦牛咒角的法师前躬下身，以求得加持　2015 年

由戴夏纳法帽的洛苯法师或是一个或是多个跳着类似羌姆的法舞，当他们全部在场地上“绕转”跳一圈并坐下后，再由两个或多个年轻法师进行

头戴“夏纳”法帽的老法师　2015 年

妇人们轮番向法师敬酒　2014 年

法舞表演，其法舞动作与平时的仪式动作差不多，因为在屋外，场地空旷，所以动作的幅度也会大一点。法师们一停下来，就会有妇女举着酒碗，送到他们嘴边，请他们喝酒。

当所有的洛苯法师跳完后，展舞结束，参加堆垛仪式的法师回到现场，仪式继续。

放置格隆锝与安魂

从展舞现场回来后，拉苯站在竹席上念诵经文，他左手摇动单面钹，右手握金刚杵、金刚橛等法器做出各种动作。不久，一男子头戴五佛冠、身穿布列孔当、肩套云肩扮成哈玛女神，他右手持尾端系有哈达的竹箭当作“竹马”，先是在屋内跳着称为“哈玛洛”（འ་ནུ་སྒྲུ།）的舞蹈，然后走到门边，接过男主人抱过来的哈玛锝，并把它搬进屋内，摆放在格隆锝与交普锝的中间。之后，此男子还要手舞足蹈地在房内游走，并大声叫道：“外面的金子，里面的银子，主妇的首饰都是我管的，我给你们带过来了。”之后，法师坐下，击鼓，继续念诵经文，此时夏玛扮成武士，手上持刀、长矛或者伸出右手大拇指，喊道：“索和，索和，拉加啰。”

之后，在竹席上摆一个小矮柜，上面放置一个装有从措盘里拿出来的血肠、饼子及一只鸡的铜盘，铜盘的两侧再放置责巴壶及法器盘。把格隆锝搬到矮柜前面，拉苯戴上熊皮帽，穿上黑袍法衣，左手摇单面钹，右手握金刚杵，诵着经文，

“哈玛锝”需由男子扮成哈玛女神抱进屋内　2014 年

让格隆神安驻在格隆锝里面　2017 年

在鼓点的伴奏下，围着矮柜及格隆锝跳法舞。不一会儿，他拿起贲巴壶，向四方喷洒之后，来到仪式参与者中，向他（她）们喷洒贲巴壶的水及把壶放在他们的头上，也需在头上放安稳后，才能拿下再放到其他人头上。把贲巴壶放回原位，拉苯还是用单面钹及金刚杵作法，在他手握金刚橛多次用力刺向四面八方及格隆锝之后，男主人抱起格隆锝，通过梯子把它放到天花板之上。放置格隆锝的时候，拉苯要由助手端着法器盘，一路抛撒着青稞跟在后面。

格隆锝放置好后，拉苯来到祭坛前面，脱下熊皮帽，对着祭坛磕三个头。这时，已经有普刚法师在竹席上做与歇将仪式上一模一样的“歇将却巴”。接下来的“日内”仪式也与歇将仪式如出一辙：多吉洛苯也要赤脚，用金刚杵、单面钹、金刚橛作法，要用竹棍挑起长柄木勺中的鸡血[366]，给祭坛供血，也要在坛城上方供酒，用贲巴壶喷洒等。在洒出通向外界的路线时，是从屋内的最里面，慢慢倒退出来，直到屋外；把弑侣击倒，扔出房屋后，也要拿着一根燃烧的木薪到竹

法师在安魂环节中，给祭台供酒　2017 年

在放置锝环节开始时，法师在祭台前敲响铜钹后念诵经文　2017 年

席上，把炭火洒在上面，用以清净竹席；竹席上的猴颅骨也要捆绑起来，在上面插着木橛子，再盖上“封印”放到一个竹筐之内，摆在垛坚的旁边。焚毁垛坚时，它将被带到现场，垛坚焚毁后，要把它埋在达谷玛旁的巷道中央，任人踩踏。这个安魂环节不是超荐某个亡者的，而是安抚及渡化众多的亡灵，尤其是死于非命的男子，就如藏语中所说的“人死而赞鬼生”。

放置哈玛、交普、夏本及堪布瓦锝

先在竹席旁立上两根绑在一起的竹竿，上顶天花板，下接地板，再在这两根竹竿的偏上部位呈“十”地插入一根较短的竹杠，用绳子固定好；然后在竹竿前面放一高一矮两个矮柜，高的上面放着贲巴壶、酒醪杯、洒酒器及两个装着不同物品的铜盘；一个铜盘上放着从措盘中分过来饼子、糌粑团、鸡腿及羊排；另一个铜盘上摆着哈玛女神的“故乡”，即用面团捏成的内地五台山的“模型”，山峰及表面的面团都贴有酥油；低的矮柜上放着一盘青稞。煨桑后，把哈玛锝从祭坛边搬到矮柜对面，有嘎乌盒的那面朝着矮柜。

众法师念诵经文，祈请哈玛神安驻于“哈玛锝”中　2014 年

法师抱着“哈玛锝”给信众加持　2014 年

拉苯头戴熊皮帽，身穿黑色法衣，双手各持一只铜钹的钹巾，躬着腰站在祭坛前，他先是用两只铜钹的边缘轻轻敲击着，口中念诵祈请哈玛等神灵的经文。拉苯重击几下铜钹后，把铜钹交给助手，再拿起单面鼓与金刚杵，抛撒几下青稞，然后带着两位鼓手、铜钹手、右手持刀的玛巴及其他法师开始不停地绕转哈玛锝与矮柜。他们时而逆时针转，时而顺时针转，时而向前进，时而向后退，时而快，时而慢，时而原地转圈，时而站成一圈念诵经文。在带众人绕转时，拉苯时而用金刚杵击打单面鼓，时而向房内的受益者抛掷青稞。

如此半小时后，拉苯从祭坛上拿出仪式举办者家中的羌达彩箭，在哈玛锝上方挥舞几下，又开始围绕着它转，又从祭坛旁抱出其他羌达彩箭，在绕哈玛锝转几圈后，抱着它们一一放到男性仪式参与者的头上加持，再放回原处；又抱着哈玛锝到女性参与者中，把它一一放到她们头上加持。此时，其他法师继续绕着矮柜转圈。拉苯抱着哈玛锝在祭坛上方晃了几下，放回原处后继续绕圈作法，并用贲巴壶往四方喷洒“甘露”。之后，仪式举办方的主妇身着布列孔当，右手摇着羌达彩箭，左手托着矮凳上的“五台山”铜盘也加入法师们的队伍中，绕转数圈后，男主人抱起哈玛锝把它放置在天花板之上，主妇跟在后面，把铜盘与彩箭交给男主人，也一并放置在天花板上。拉苯站在下面，不停地抛撒着青稞。

接下来是安置交普锝。把交普锝放到刚才哈玛锝的位置，用洒酒器供酒后，法师们又围着它绕转作法。此时，举办方的男主人要身穿藏袍，腰缠斥热围巾，右手举着献祭给交普神的羊的右前腿，摇晃着，并叫道："恰咕列，央咕列"（意为把好的运势、福分、财富都招过来），加入队伍中。不一会儿，再由他抱着交普锝放置到天花板上，羊腿也要放在上面。此时拉苯须站在下面不停地抛撒着青稞。

放置好交普锝后，接下来被放置的是夏本锝。却苯把夏本锝从祭坛上取下，固定在竹竿的上部，然后在竹竿的横杆上挂上红布条、箭筒、弓箭、盾牌等物品，在低的矮柜上放置一个内有一把弯

在放置“交普锝”的环节里，男主人要手持祭羊腿，绕转“交普锝” 2015 年

安置夏本锝时，法师绕转挂有盾牌、红布条、夏本锝、弓箭、箭筒、铜锅、弯刀形成的临时祭坛 2014 年

刀的铜锅。拉苯头戴熊皮帽，身穿黑袍法衣，摇着单面钹，独自一人绕转着挂满武器的竹竿和矮柜，用金刚杵及金刚橛作法。不一会儿，他拿起贲巴壶给每个人加持，随后，把竹竿上的红布条拿下，放到肩上，拿起弯刀与盾牌，做着各种动作，再把刀放到每个人的头上、肩上加持。把红布条、刀及盾牌放回原处后，他手握金刚橛并向四方撒着青稞，然后拿起放在祭坛上的拉达盘，放到妇人及小孩的头上加持，最后放到女主人的头上。放稳后，他松开手走到祭坛，拿起古瓦壶，用嘴向每个人喷洒酒，再把拉达盘从女主人的头上取下，放回原处。当拉苯再拿起贲巴壶给大家加持的时候，竹竿上的夏本锝要被取下，由男主人放置到天花板之上，矮柜及竹竿上的其他物品要放回祭坛原处，为接下来的放置堪布瓦锝腾出空间。拉苯把贲巴壶放到原处后，跳着法舞，用金刚橛刺向垛坚。

在放置堪布瓦锝时，需要四人扮成玛米亚助力，其中两人分别为居必甚卓玛与咕汝堪卓玛，她们手持镰刀，着夏尔巴盛装，身披大披巾，据

法师要拿起铜锅内的刀与挂在竹竿上的盾牌，做出各种打斗动作　2014 年

在安置“堪布瓦锝”时，法师的四个玛米亚帮手，从左至右分别为途布扮的玛本，相布扮的官员及居必堪卓玛与咕汝堪卓玛　2017 年

介绍这时她们扮演狮面佛母——桑东玛的角色。一位途布身份的男子头戴羚牛角装饰的头盔，手拿弓与箭扮演玛本；一个相布身份的男子头戴噶夏官帽、身着藏袍扮“官员”角色，手拿着堪布瓦的武器——系着黑白羊毛的长矛。还需要一人在门口临时摆上的石盘上烧火，并适时燃烧动物脂肪，这燃烧脂肪的烟气是堪布瓦所喜欢的。还有身着藏袍头戴索夏帽的两个鼓手、一个铜钹手。

人员到齐之后，多吉洛苯头戴熊皮帽，身穿黑袍法衣，摇着单面钹，右手持金刚杵做着各种动作，或是用金刚杵击打着单面钹，摇动着身体。两位堪卓玛右手握着镰刀，途布右手拿弓与箭，相布右手拿着长矛，一起叫着“索和，索和，拉加啰”，再发出各种可怕的怪叫声。多吉洛苯先是对着竹席的某个角落扔出一个火梭，然后把它捡起来，插上松明，用石盘的火点燃后，走出房屋，把火梭抛掷出去。抛掷火梭时，玛米亚也要跟着出去，堪卓玛走出房门时，须用木勺舀一勺放在屋旁的酒醪带出去。法师把火梭抛掷出去后，途布按此方向射出一支竹箭，相布把长矛对此方向刺杀，堪卓玛向此方向洒出勺子里的酒醪。之后洛苯与玛米亚回到房子，洛苯拿起另一个火梭，走到房外，与玛米亚如法炮制地重复着上面抛掷

按照法师抛掷火梭的方向，堪卓玛抛洒酒醪，玛本射出一支箭　2014 年

在安置“堪布瓦锝”中，法师用石盘上的松明火点燃火梭　2017 年

火梭的流程。

如此这般朝着东南西北四个方位重复四次。第五个火梭要放在酥油灯上点燃，然后在每个仪式参与者的头上放一下，再走到屋外扔出去。回来后，相布的长矛要摆到祭坛上，由多吉洛苯拿起，在竹席上做出各种刺杀动作之后，走到参与者的前面，用矛头在每个人的头上肩上各放一下，放的时候，要大叫一声“嗨”，然后走到房外，朝着某个方向用力掷投出去。相布把长矛捡回来，握在手中，继续与他人扮演玛米亚。之后，洛苯把拉达盘放到主妇的头上，再走到祭坛拿起古瓦壶，用嘴给主妇喷洒酒。再后，洛苯把两个点燃的火梭放在一起，在每个人的头上放一下，扔出去。回来后拿起贲巴壶，对着祭坛喷洒。此时有夏玛把石盘端出屋外，灭掉上面的火，而男主人则拿起祭坛上方的堪布瓦锝，在夏玛的帮助下，把它放置在天花板上。之后，玛巴取出扎侣，按上文的仪轨把它抛出去后，就进入赤垛赤匈碗加持环节了。

把“堪布瓦锝”放置在天花板上　2017 年

赤垛赤匈碗加持

这个环节与拉及夏呀等仪式上的赤垛赤匈碗加持流程十分相似，只是在室外进行，而且仪式受益者众多，可视为其扩大版。开始时，先吹响董钦长号，通知相关人员到现场，此时夏玛已搬来数条木柱，在场地上摆放着。此环节的受益者多为家庭主妇，她们不是直接到达加持现场，而是带着一盘粮食，送到仪式举办方家中，对着祭坛磕三个头，把粮食送给主人后，再到房内的各位法师面前请他们加持，最后去加持现场。

当绝大部分人员到齐后，先是由夏玛两手各捧一个从堆垛仪式祭坛上拿来的赤匈碗，根据标

按碗中的标记，把赤匈碗送到主人手中　2017 年

给受益者贴上酥油　2014 年

赤匈碗加持现场　2014 年

赤垛加持现场　2014 年

男性代表神灵把布列孔当或藏装交给它的主人　2015 年

抱出仪式参与者的羌达彩箭，并分发到其主人手中　2015 年

识送到其主人手中。当赤匋碗送到所有人手中后，由法师助手给每人的头上贴酥油，开始煨桑。多吉洛苯头戴熊皮帽，身着藏袍，腰围斥热围巾，双手像卡淇仪式那样抓着念珠，开始诵经，他把念珠挂回脖子后，左手摇着单面钹，右手握金刚橛，橛尖向外，用力地向着人群抛掷青稞数次。

这时场外的男性（无论年龄、长相、身体情况），来到场内，左右手各托着一个赤匋碗，放在其主人的头上，当多吉洛苯念诵完经文后，妇人们念道："阿拉拉～吽"，男人再把赤匋碗还给主人。接下来要把祭坛旁的赤垛像赤匋碗一样送还给它的主人，法师念诵完经文后，妇人们也要念道："阿拉拉～吽。"

解读赤匋碗的"卦相" 2014 年

如此这般，妇人们接过称为赤各的布列孔当或藏袍后，把它穿上。这时，法师助手还会分发给大家一小包在堆垛仪式中抛掷出来的称为赤内的吉祥青稞。羌达彩箭也须先由男人们持着，在法师念诵经文的同时，摇动着，并不时用彩箭在其主人头上肩上放一下。把彩箭给妇人们时，她们也要念"阿拉拉～吽"。

接下来，多吉洛苯摇动着单面钹，右手握着金刚杵，端着拉垛拉夏拉羌盘，念诵一段经文后，把此盘送给端坐在他面前的某个指定受益者。再从怀中掏出拉冈，放在嘴边念诵一段经文后，把它在这位受益者的头上放一下，再挂到他／她的身上。此人在接拉垛拉夏拉羌盘及拉冈时，口中也要念"阿拉拉～吽"。在最后，多吉洛苯手握金刚橛，向人群抛掷青稞粒，他的助手一一向妇人们献哈达，结束此环节。接受了哈达的妇女就可以找法师，让他拨开赤匋碗上的酥油，卜算新一年的运势及忌讳。

驱鬼

多吉洛苯回到堆垛仪式现场，头戴熊皮帽，

制作“米格侣” 2014 年

身着藏袍与斥热围巾，一边击鼓一边用洒酒器给垛坚、拉侣及赞嘎锝供酒，开始驱鬼环节。此时堪卓玛及途布、相布等人也须在现场，鼓钹手按洛苯的节奏击打乐器，不时有人吹着长长的尖锐的口哨。

古时的拉萨在藏历新年时也会举办驱鬼仪式：“据说这种仪式是由五世达赖喇嘛创立的。目的是使拉萨的所有居民免受他们自己在过去的一年所犯罪衍造成的邪祟的影响，特别是禳除由七厉鬼引起的邪力，因为厉鬼七兄弟被认为是雪域和藏地佛教寺院最强大的敌人。在送鬼仪式中，所有的邪祟恶力都被转移到他们扮演替罪羊的角色中，称作‘替死鬼’的人身上。……扮演替死鬼的两人通常是从位于布达拉宫脚下的雪勒空雇佣的仆人中挑选的。……挑选的两位仆人要穿上破旧的皮袄，戴上圆锥形的帽子，并将脸孔一半涂成黑色。……在这一天，由于他们身上装满了象征性罪愆，因此就要被赶出拉萨市。”[367] 堆垛仪式的驱鬼环节与此十分相似，也有被称为“米格”(མི་རྒོད) 的“替死鬼”角色。在开始前，先要找到一个志愿者作为替死鬼，并准备好米格侣，然后他在却苯的帮助下，在鼓钹声中，头戴称为夏郭（ཞྭ་གོག）的旧帽子，脸戴用红笔画出歪瓜裂枣式的五官、眼部掏出两个小孔的藏纸面具，穿上称为可郭（གོས་གོག）的黑山羊皮制成的衣服，左脚系上称为孜郭（འཛར་གོག）的旧鞋子，右手拿着画满红叉的称为米格巴当（མི་ག་པ་དམ།）的大刀及乌尔多，左手握着用木头雕成的涂成红色的男根米格杰（མི་

ཙོད་ཛེ།)。

当替死鬼从里屋走到祭坛时，鼓钹声大作，米格侣也被搬到祭坛的竹席上。这时多吉洛苯扮演护法神的角色，左手摇动单面钹，右手握金刚橛及金刚杵与鬼进行各种打斗，并令它离开房屋，旁边的其他法师念诵着宁玛派三大根本护法神中具誓护法神淌金·多吉林巴的经文[368]。在经本上，先是祈请淌金·多吉林巴的到来："您头上缠白色的头巾，头巾之上为饰有丝带的铠甲帽（藤帽），手上拿着心脏，骑着白色的狮子，空中燃烧着熊熊的火焰，身上穿着精美的袈裟法衣，袈裟直拖在地上，用吐着毒信的毒蛇做腰带……"[369]

在屋内装扮好了的替死鬼　2017 年

不久，替死鬼跟在一个身穿布列孔当抱着米格侣的仪式举办方主妇的后面走出房门，背后跟着鼓钹手、拉苯、却苯、堪卓玛、多吉洛苯及其他法师等数人，一起来到达谷玛附近的悬崖边上。在路上，替死鬼要不停地挥舞着左右手上的武器，并用它给有要求的人或强行拥抱进行"吸秽"加持，所以所到之处，惊叫声一片。当主妇放下大竹盘，替死鬼与多吉洛苯的"打斗"会更加剧烈，有其他法师一起参与进来并拿着经书念诵经文。如何让在空中游荡无形的鬼能显现，并被驱赶出去，经书上有一套淌金·多吉林巴与替死鬼之间

法师扮成淌金护法神，与替死鬼打斗　2017 年

类似剧本的对白：

鬼：我没有形状。

淌金：用干草给你做个米格。

鬼：我出行没有脚。

淌金：给你做一只脚。

鬼：我没有心脏。

淌金：用一个三角形的朵玛给你做一个心脏。

鬼：我身上没有衣服穿。

淌金：给你黑色的羊皮，做成衣服吧。

鬼：没有鞋子。

淌金：给你鞋子，你走吧。

鬼：我没有布料。

淌金：给你黑羊毛，当作布料吧。

鬼：我没有利刃。

淌金：给你三角形的“孜制”当作武器。

鬼：我没有手。

淌金：用“旺布”给你做一个。

……

如此，淌金护法神用各种不吉祥的物品，把虚空无形的鬼的身躯、四肢、各种内脏、衣服等装扮好，让鬼变成“有形”了。然后淌金护法神

替死鬼做出与法师打斗的模样　2014 年

倒覆“米格侣”　2014 年

就要求鬼离开陈塘："路上没有食物，我供给你；我再给你各种财富，各种金银宝石；不要在路上停留，速速离开。其他的护法神呀，一起把鬼赶走。我已经摆好神坛，你快快离开此地。"

在法师们念诵经文时，现场围着越来越多的观众，此时替死鬼会用男根放在众人的头上进行加持，若是成年女性，还要抱着她加持，并用男根在她的下体顶一下。多吉洛苯与拉苯念诵着经文，并不停地从米格侣中扔出爆玉米花、破瓦罐及其他物品。之后，替死鬼身上的装扮将被其他法师依次取下：脸上的面具被揉成一团，丢到米格侣里，再被扔出去；鞋子被解下，扔出去；羊皮衣被脱掉，扔出去；最后他的大刀与男根也被扔出去。当米格侣只剩"米格"草偶时，替死鬼要被斥热围巾包着，而此时，拉苯抱着米格侣，把它用力倒覆在地下，这意味着所有邪祟被扔了出去，供养品也被给鬼怪接受了。回去时，裹在斥热围巾里的替死鬼及法师不能回头地往前走。

有法师认为："驱鬼环节中驱的鬼是'米格'鬼，是古代林芝工布的鬼，它胃口很好，不仅吃人还祸害四方。洛苯白玛炯乃知道后，十分生气，引诱它吃最差、最烂、最糟糕的食物，最终把它杀了。驱鬼时，米格一开始因为吃人吃多了，所以特别开心，后来给它吃米格侣上的不好食物，所以慢慢地就变得没有力气了，脚也吃烂，所以只在左脚上系一只鞋子。"

焚毁垛坚

除了多吉洛苯、拉苯、却苯等法师，焚毁垛坚还需要尽可能多的其他洛苯法师参与，他们穿着与上节"展舞"时一样的法衣法帽。参与安置堪布瓦锝的四位玛米亚也要被请过来，盛装的两个击鼓手及两个铜钹手也必须参与。

在一个铁锅里放入动物脂肪与炭火使其燃起烟，并把这铁锅放在垛坚的一旁。多吉洛苯坐在

众法师到达仪式现场，参与焚毁垛坚环节 2015 年

竹席上，面对着祭坛击鼓诵经，不时用洒酒器在垛坚上洒酒，玛米亚在一旁叫着“索和，索和，拉加啰”，并扭动着身体，摇动着兵器。不久，鼓钹声变得急骤，四位玛米亚的喊叫声也加大，所有的法师摇动单面钹，手持金刚橛对着垛坚的方向进行刺杀。现场的气氛骤然紧张起来。多吉洛苯左手摇单面钹、右手握金刚橛与金刚杵站起来，先是对垛坚用力地抛掷青稞数次，再在垛坚前蹲下，左手摇动着单面钹，右手放下金刚橛与金刚杵后，拿起一把小刀，先把盖在裸体合俑侣直巴上面的纸片翻开，再在侣直巴上面划、刺，并挑一些出来分食给其他法师。之后，所有法师再用金刚橛对着垛坚的方向进行刺杀，有的还吹着尖锐的口哨，整个垛坚被法师们围得水泄不通。

焚毁垛坚时，乐手们最先从屋里走出来，跟在后面的是拿着装有猴颅骨的竹筐、拉侣、赞嘎锝的妇女，然后是把垛坚扛在肩上戴着口罩或用哈达把嘴蒙上的男子，随后是拿着垛坚铁架、垫毯的男子，再后是四位玛米亚，最后才是法师们。

垛坚都是在陈塘镇南边，对着尼泊尔的达谷玛进行焚毁。在到达此地之前，须找一个空地，在茹居旗下面对所有的法物及猴颅骨进行最后的“调伏”。此时，垛坚还是要放在垫毯上方的铁架之上，一名男子手持茹居旗紧邻着垛坚站在它旁边，其他法师口诵着经文，右手摇动着单面钹，左手持金刚杵与金刚橛做着各种手势，与乐手、

法师取出垛坚下的裸体合俑侣直巴，并分食给其他法师　2015年

把“垛坚”等法物搬到焚毁现场　2014年

法师们在茹居旗下对所有的法物及猴颅骨进行最后的“调伏” 2017 年

多吉洛苯与拉苯一起给“垛坚”供洒 2014 年

玛米亚等人围成一圈站在外面，而圈内的拉苯用洒酒器在各种法物上面供酒，多吉洛苯用金刚橛对着垛坚及其他法物抛掷青稞。

把垛坚及其他法物搬到达谷玛之前，靠近尼泊尔那侧早已放置着一堆干草垛。多吉洛苯念诵着经文站在垛坚后面，并用洒酒器不停地往垛坚洒酒。鼓点及铜钹节奏快速，玛米亚“索和”的声音也变得急促高亢。不久，在多吉洛苯的示意下，途布从垛坚中拔出一支鹰羽竹箭射向尼泊尔方向，再拔出垛坚的另一支鹰羽竹箭射向干草垛。然后，多吉洛苯取出垛坚上的扎嘎利，把插在里面的五彩哈达拔出。把干草垛点燃后，将垛坚里面的 21 个朵炯一一扔出去，再用火把把垛坚点燃。然后抓起垛坚下面的铁盘，用力把它倒覆在草垛上。最后，多吉洛苯把拉侣倒覆在燃烧的草垛上面，把赞嘎锝上的线板向四个方向抛掷，垛坚焚毁完毕。

回去的时候，要茹居旗打头，然后是举办方家庭成员、乐手、四位玛米亚，最后是参与仪式的法师们。很多信众站在路旁，煨着桑，给法师们敬酒或是敬献哈达，并要求给他们加持。把猴头骨埋在达谷玛旁进入镇里的街道后，这将近四十个小时的仪式圆满结束。仪式之后，洛苯将分得献祭给颇拉的公鸡，一个羊脖与羊左腿，拉苯将分得献祭给堪布瓦的公鸡及一个羊脖与羊左腿，献祭给交布神的鸡由洛苯与拉苯平分，却苯

点燃松明，焚毁垛坚　2015 年

焚毁“垛坚”后，在路上等待法师们进行加持的妇人　2015 年

分得两根夏干玛上的肉及部分其他祭品，玛巴分得五只祭鸡的脖子和鸡头，献祭给喜布达的母鸡给仪式举办方，献祭给锝真玛的鸡为夏玛共享。

陈塘夏尔巴相信通过堆垛仪式，能使参与的村民免受在过去一年里因犯下的罪愆而产生的晦气、污秽、邪祟及不好运势的影响，并能为村庄及村民带来繁荣、幸福、健康及好的运势。这每年一次的堆垛仪式给夏尔巴带来心灵上的慰藉，为面对喜马拉雅生活的种种困境提供了动力，这梵呗已经响彻几百年了。

哈玛仪式

哈玛仪式，也可以叫“钢索”仪式，它也是大众参与的仪式，也分却苯、拉苯、多吉洛苯及普刚法师，下面就结合堆垛仪式，以不同之处为重点，进行简要的介绍。

与堆垛仪式相比，哈玛仪式需要的法师及参与的人数相对少，也没有堆垛仪式的展舞、安魂等流程，在拉苯献祭各种物品后，由堪卓玛与多吉洛苯进行夏呀仪式上的神灵赐食与驱赶楠备的流程。此时的祭坛摆在屋内，祭坛中央须插着茹居旗，神灵赐食与驱赶楠秘就在这茹居旗下进行。之后，开始堆垛仪式中的放置垛的流程，只是次序稍微不同：堆垛仪式上是格隆锝、哈玛锝、交普锝、夏本锝、堪布瓦锝，而哈玛仪式则是哈玛锝、格隆锝与交普锝一起放置，再放置夏本锝、堪布瓦锝，而且所做的格隆锝、交普锝及哈玛锝的上层锝都要多一块黑色的锝版。在迎请哈玛锝进屋时，也有一男子头戴五佛冠，身穿布列孔当，肩披云肩，扮成哈玛女神，把它抱进屋内。在钹鼓声的伴奏下，抱哈玛锝请进屋后，还要继续哈玛洛舞蹈。在放置堪布瓦锝时，也要请二男二女扮玛米亚，两位男性的身份与堆垛的一致，分别为途布与相布，而两位女性不需要由堪卓玛来扮演，普通女性即可。

与堆垛仪式一样，放置好堪布瓦锝后，由玛巴抛扎侣木偶，之后在屋内举行赤垛赤匈碗加持环节，最后在屋外驱鬼、焚烧垛坚。根据主人介绍，举行这仪式需耗资五万余元，有人说不需要这么多，但是二万是必须的。

据介绍，还有一种叫“扎拉”（དགྲ་ལྷ།）的仪式，这仪式需要把高达五个成年男子臂长的柏树（拉薪秀巴）砍回家，在仪式中把它原封不动地按照被砍时的状态立在仪式现场，有人说这是陈塘夏尔巴最大的仪式，已有多年没人举行了，2020 年听闻有村民举行此仪式。

纵观洛苯的这些林林总总的仪式，从某种意义上来说，若把小的仪式当成积木，进行组合，就变成大的仪式了。不同的积木组合，对应着需要达到的功效。从陈

在哈玛仪式中，交普锝、格龙锝及哈玛锝的上层锝都要多一块黑色的锝板　2015 年

在“夏呀”环节中，摆放“神灵赐食与驱赶备”所需的祭坛　2015 年

驱赶“楠备”环节　2015 年

塘夏尔巴的角度来看，各种仪式都有某种言说不明的实际功效的，但从科学技术角度来看，这实际功效又似乎那么的模糊，只是它存在了几百年，存在就是合理的吧。它是精神上的颇羌，给艰难困苦的陈塘夏尔巴带来生存的信心、勇气及期盼。

【田野纪实：尼玛兄弟】

陈塘与尼泊尔一衣带水，隔河相望，两国之间的通婚并不罕见，我的“御用”翻译及兄弟尼玛就是其中一例。尼玛全名叫尼玛泽仁，和我同龄。我与他相识于 2005 年，在徒步嘎玛沟时曾受过他无私的帮助。2010 年在爬藏嘎到陈塘的台阶路时，又巧遇，而且他还认出我，后来在他热情及强烈的邀请下，我住进了他家里。

尼玛的汉语不错，他是陈塘第一批小学毕业生。陈塘镇的小学建校于 1972 年，只负责一至

兄弟尼玛　2005 年

尼玛与洛苯老法师　2015 年

三年级的教学工作，1993 年之前，学生读到三年级后就只能辍学。1993 年，定结县为陈塘夏尔巴特别设立四年级到六年级的班级，地点在定结县小学。当时陈塘镇有 21 名学生在那里就读，尼玛就是其中一位，虽然已是 20 岁的“高龄”了，这么大的小伙子读小学四年级，在现在是不可思议的事，却是当年真实的写照。尼玛小学毕业后就被林芝地区的武警部队招为内卫。三年期满复员后，在拉萨建设银行当保安，那时月工资有 800 元，后来辞职回到陈塘。修筑萨陈公路时，他曾做过一天赚 50 元工资的代办员。36 岁的时候，他承包了陈塘镇边防警务室的建设工程，在结算工程款时，他说他把对方开的现金支票遗失，赚到的钱转眼而失。

在以前，空气清新剂是每次夏秋两季到陈塘时，尼玛总要我带给他的“高科技”，那时陈塘还买不到。晚上，虽然很热，但大多数人的门窗是关着的，即使再昏暗的火塘，也能听到被微光吸引来的飞蛾拍打着玻璃窗的声音。拿到空气清新剂后，临睡前与早上起来，在房里喷洒是尼玛必做的功课，于是每天醒来，床边、睡袋旁、窗户下，都是蚊子苍蝇飞蛾的遗骸。尼玛说以前的陈塘没有这么多蚊子苍蝇，大家都认为是流动人口带过来的。

尼玛桑姆与儿女　2013 年

尼玛家中的正室没有夏尔巴家中常见的火塘，为了干净，他把火塘移到进门的侧室，所以整个主室显得十分清爽，尼玛也常自夸他家是陈塘夏尔巴最干净的。这些都拜尼玛的尼泊尔老婆尼玛桑姆所赐。她是个身体微胖、心直口快、大嗓门的勤快女人，一得空就打扫房子，两个孩子在房中奔跑嬉耍，使房子充满了浓浓的幸福之味。

那时的尼玛桑姆不会说汉语，见到我只能微笑。她也是夏尔巴，为冲巴茹居，籍贯是距陈塘徒步两天路程的尼泊尔堪得巴日县塘木区乡地方，也位于阿龙河流域的“斯巴瓦龙部门”区域。尼玛桑姆在陈塘贩卖尼泊尔手工打制的金银首饰时与尼玛相识，双方一见钟情，在尼玛狂热的追求下，尼玛桑姆也就半推半就嫁给他。结婚后，她在尼玛家中继续贩卖产自尼泊尔的金银首饰及其他饰品、手表、弹弓、廓尔喀弯刀等工艺品。

尼玛桑姆的手机开通国际漫游，每天与在尼泊尔的家人通电话似乎是必做的功课。那时候移动的信号不好，她接通电话后，就保持原先的姿势，一动不动地直到通话结束。陈塘人开玩笑说，移动的手机不能移动，必须静止才有信号，而且还受到风的影响，一阵阵的，时有时无，风向对了，就把信号吹过来了。如今信号已经塞满陈塘镇的各个角落，在相对偏远的“九眼温泉”里，也能泡着温泉刷微信了。

国境线及两日的徒步路线，并没有阻隔尼玛桑姆与家人的联系。2011 年我住尼玛家中的那段时间，她的弟弟背着两头活蹦乱跳的小猪送来尼玛家。在我离开陈塘的时候，她的哥哥正赶着一只犏牛从尼泊尔走到陈塘，由于行程不顺利，哥哥的到来延后了两天，我想看尼泊尔人杀犏牛的愿望也为之落空。

尼玛家的火塘上，挂着一些犏牛肉，就是上次宰杀犏牛时吃到现在的剩余。尼玛桑姆烧的土豆犏牛肉十分好吃，虽然有种特殊的味道。可能是吃多了，全家大小都不太喜欢吃犏牛肉，土豆倒更受欢迎。有一次看到火塘上的犏牛肉上长满了白色的肉蛆，再仔细看土豆烧犏牛肉中，也有被炸成黑乎乎的肉蛆，就再也不敢吃这牛肉，也学起他们多吃土豆了。这些肉蛆尼玛一家已习惯，并不会影响他们的食欲。

时间长了，我也发现了规律，长了蛆虫的牛肉有一股刺鼻的尿酸味，它们尤其喜欢待在牛关节与肉的缝隙间，看过的最大的一只有小拇指粗细。夏尔巴很淡定地把牛肉切下一坨，在水中浸

尼玛一家人在开垦荒地 2018 年

泡一二小时，蛆虫缺氧后从肉里爬出来，再冲洗一两次就能开火炒或炖了。

尼玛在参军时，兄弟们分家分田地，他没有在现场，因此分到的田地很少，少到不足一百平米。由于一家人中只有尼玛有陈塘户口，其他人享受不到边民的福利，所以尼玛经常戏谑说，“用不到一百平米的田地养活一家人”，这也说明压在尼玛身上的生存压力有多大。现在，他除了与尼玛桑姆一起贩卖首饰、工艺品与犏牛，还利用家里的一楼开了个小卖部，每年五六月份也会上山挖冬虫夏草及倒卖它们。虽然陈塘的虫草质量不是太高，产量也少，在现今虫草价格年年暴涨的情况下，上山挖草或是倒卖还是能得到一些收入。

尼玛的嗜酒比作为酒鬼的我有过之而无不及，每年的收入有很大部分在朗玛厅和家中变成啤酒消费了。尼玛桑姆对此很生气，但也无可奈何，恨铁不成钢的她在生气的时候，常拿起大木棒子满世界地追打醉酒的尼玛，可是第二天尼玛醒来，继续喝酒，继续醉。尼玛桑姆也好酒，她信奉藏传佛教，所以转山节“珠巴次喜”是她重视的节日。有一年，她与四个朋友在朗玛厅一共喝了二十多箱拉萨啤酒（一箱二十四听，一听十元），当夜我与尼玛在家看着她数次取钱去买单。宿醉之下的尼玛桑姆在第二天任凭尼玛如何打她踢她都醒不过来，一直睡到下午六点多钟。两个小朋友饿着肚子可怜巴巴地站在床前，等她起来做饭吃。

在我疯狂地在陈塘问“陈塘在夏尔巴语中是什么意思”时，尼玛桑姆很郑重地向我介绍她所

尼玛的女儿南萨　2017 年

认知的陈塘，可惜被尼玛取笑，向她吼叫说“一个尼泊尔人也配得说陈塘，而且还在自小生于此的陈塘人面前班门弄斧”。于是，我就无缘听到她的高见。几天过后，尼玛发现爱人的话也有几分道理，只是不好意思让老婆再次讲述，对我说了几次后，我鼓动他再进行采访。对于面薄的人来说，酒是最好的勇气，于是一番觥筹交错后，他终于鼓起勇气，可惜老婆太困准备睡觉了。

但好像为了雪耻似的，尼玛一开口，她立即从床上坐起，穿着睡衣，语速急促，声音洪亮，滔滔不绝地说起了。尼玛感到不好意思，所以翻译也有些词不达意。惊醒了睡梦中的小儿子次仁，从床上爬起来，像猫一样瞪着大眼睛，迷茫地看了一下，又蜷到妈妈身上了。尼玛桑姆讲得兴起，把次仁放到一边，又坐起来，手舞足蹈。不一会儿，次仁还是被吵醒，赤着脚上厕所去了。

尼玛的自尊心还是作祟，不愿意翻译，一直说这个是错的，这个是不对的，对于想知道“尼

陈塘镇全景与尼玛的新房 2019 年

泊尔人对陈塘的认知”的我来说，心情十分急躁和无奈，可惜他不会了解。这感受在陈塘采访的日子里，多次出现。

某天尼玛喝醉了，搂着我说，大女儿迟早要嫁给别人，是别人的，儿子将来会为他养老送终。尼玛最大的梦想是等儿子长大了，他用积蓄买个车，让儿子带他去想去的地方。“这就是幸福”，尼玛很是陶醉的样子。

2018年，想不到一年半没有见面的尼玛悄无声息地盖了一座大“House”：上下三层占地面积一百多平方米的大别墅。在随后我爬到木如塔瓦山口拍的陈塘全景中，能清楚地看到房子的模样，这个发现让尼玛和家人都兴奋不已，他连着说了几遍：“范师，这个相片一定要传给我。”

尼玛的宅基地因为修马路被征用，这大房子的地基是亲戚转让给他的，地段不错，位于马路下方，其高大的挡水墙让房子的一二层都位于马路之下，只有第三层与马路持平。虽然没有隔断，也没有自来水和卫生间，都是木地板，且二三层的楼梯在室外，但凭着地段好，又是新房等优势，没盖好就被一个甘肃人预订了，他准备在第三层开餐厅，第二层开家庭旅馆。尼玛对租金还是比较满意，即使按第一年的租金算计，不到十年就能收回建房成本了。他对新房唯一的苦恼是不知道如何使用作为地基的四面无墙的一楼，他曾多次带我去“实地考察”，种青菜、养鸡、养猪、圈牛都是他的想法。

“过几年你就可以按月收‘工资’了，还想着一楼那一点地干什么呢？”我坐在新房三楼的阳台上，晒着冬日的暖阳，吸着鸡爪谷酒，和尼玛开玩笑式地说道。微醺的尼玛说：“范师，我们刚认识的时候我穷呀，你给了我很多帮助，现在到处借钱才把这房子盖得差不多，而且这房子比你拉萨的房子还大，我还是有点开心的，不过现在孩子长大了，压力更大，要努力呀。”不久，喝得有点高的他去房内看木匠钉地板——房子的框架及墙面完工了，内部的地板与窗户正在安装；我则眯着眼，继续享受这难得的安逸，只是阳台的栏杆还没有安装，站起来的时候让人感觉两股战战。

突然间，房子内部一阵混乱，有人高呼“尼玛”。我赶忙起身快速来到里面，一个木匠蹲在地板旁拽着尼玛的手，而此刻的他正悬在半空，下面没钉地板的二楼及他念念不忘的一楼正等着他，像张开大嘴的怪兽。赶紧上前一把抓着尼玛的另一只手，与木匠一起把他拉上来。平放到三楼地板时，尼玛已昏迷不醒了。原来喝醉的尼玛到房内，向木匠“指示”工作，步伐不稳的他不小心一脚踩到三楼未装地板的空处，所幸木匠灵活，一把抓住他的衣服，但没有抓稳，尼玛的腰在木梁上重重撞了一下，木匠又抓住他的手，这样就形成了刚才的局面。

被救回一命的尼玛被人背到家中后，家人为他上三层下三层盖上厚厚的被子，等卫生院的医生闻讯赶来时，他已经清醒了，但一说话就上气不接下气。医生为他检查身体时，龇牙咧嘴的表情令人不禁担忧。医生的意见很明确，到日喀则市或至少到县上去检查身体，可能有骨折，甚至内脏出血，有极大的生命危险，若在陈塘镇，只能进行简单的治疗，最多是外喷“云南白药喷雾剂”，内服消炎药。

到了晚上，吃了药，喝过特意为他杀鸡炖的汤后，尼玛的精神好多了。藏医群培为他检查身体后，大家一起商议治病的事，此时的尼玛桑姆有点六神无主了。我建议趁这几天陈塘公路畅通，包车去县城检查，尼玛是家中顶梁柱，可大意不得，如今受伤了更是如此。群培也建议去医院检查。尼玛一口否决了我们的提议，说道：“我的身体我知道，这伤没有大碍，我在家看藏医并静养

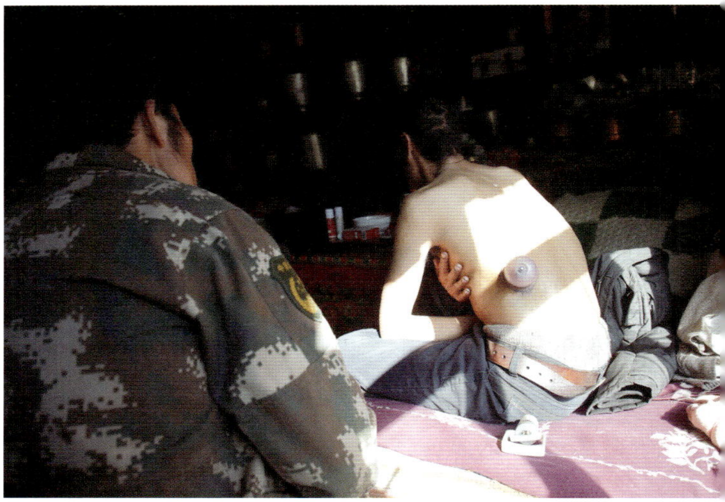

藏医群培为尼玛进行火疗　2019 年

一段时间就好了。去县上或者市里，太劳师动众了，而且公路时通时断，路况又不好，若我坐车颠簸到县上，说不定颠出骨折了。我们夏尔巴生活中经常摔的，砍柴时候摔，提水时候摔，走过悬崖边上摔，种陡坡地时摔、树上采果子摔。我摔得不重，况且醉酒多了摔在自家新房里，也是个快乐的事呀。”

于是自此尼玛在家静养伤，他是酒鬼与烟鬼，在这段时间不仅喝了不酒，烟也抽不成了，他抽了一口就咳得不行，只能把烟给灭了，这样一根烟可以反复抽个大半天的。在家人细心的照料下，

尼玛恢复得很快，能下地走路，到屋外晒太阳了，不久，就能到新房的三楼阳台上晒太阳了。

藏医群培不时过来观察，给药。为了让尼玛更快地好起来，他开始有间隔地给尼玛做藏式火疗。一次火疗就是一次炙灼皮肤的痛苦过程。群培先用藏纸把藏药包成锥形，再用双手把它搓成夯实的圆锥体，观察尼玛背上的伤势并确认痛点，然后用大拇指在牙齿上“擦”出牙垢，放到痛点上，再把圆锥体的藏药放在上面，用打火机点燃，这时他要口诵经文，在藏药快要烧到皮肤时，拿起竹管不停地吹气让其燃烧得更加充分，直到藏药在皮肤上化为灰烬。在此过程中，尼玛的痛苦无疑是巨大的，女儿南萨全程紧紧地抱着他，口中不停地说道，“爸爸坚持，爸爸不能乱动，不然药会掉下来”。然而这只是第一步，休息几分钟后，群培取出顶端装有“活塞”装置的拔罐，以刚才的痛点为中心，放入拔罐并用活塞抽出里面的空气。很快，尼玛鼓起的皮肤布满拔罐，他忍不住叫出比刚才还痛苦的声音。二三分钟后，群培拿下拔罐，用小针快速地刺扎刚才位于拔罐内的皮肤，在尼玛的“惨叫”声中，又把拔罐重新“安装”回之前的位置。慢慢地可以看到拔罐内的皮肤渗出污黑的血水，越来越多，取下拔罐，这才结束了一次藏式火疗。

经过数次藏式火疗后，尼玛的身体有所恢复，不仅行动自如，还开始喝酒甚至白酒，也能抽完一支烟。他与家人开始张罗安宅的“萨内”仪式及亲友们的“康索”歌舞联欢，由于想让急于回家过春节的我也能参加仪式，尼玛先是定在2019年1月5号，藏历十一月三十，但被法师群培否决，那天正好是星期六，法师不能举办任何仪式，改到6号，藏历十二月初一，即夏尔巴新年那天举行，又被尼玛的姐夫否决了，他说在

尼玛一家　2019年

所有人都休息的初一举行仪式，没有先例，所以又推到8号，藏历初三，而9号就是我离开陈塘的最后期限。

法师群培即上面的藏医群培，他与尼玛的茹居都为梯格巴下的贡布日松巴，从小一起玩耍长大，当群培成为洛苯法师后，也成为尼玛最信任和倚仗的法师。虽身兼洛苯法师与藏医，但群培性格随和，也是我的一个好兄弟，若有懂汉语的“翻译”在场，他可以随时随地解答我的问题，也常在电话中解答有关夏尔巴民间信仰的问题。

7号，尼玛家人去新房打扫卫生，因为即将租给他人，新房内没有安置火塘。为了第二天的仪式与聚会，尼玛桑姆在北面靠门的墙边做了一个简易的火塘：先是在地板上铺上一块房顶用的铁瓦板，用铁钉固定后，再倒上一层厚厚的沙子，放上煮饭用的铁架，似乎就成为家中的火塘了。在铺设火塘的时候，谁也想不到，第二天的仪式中，到了半夜，薪火的热气透过沙子与铁皮，把下面的地板给焖烧了，浓烟从铁皮缝隙中冒出来，看着心痛。但是由于要烧着加入鸡爪谷酒的开水，不能停火，只能不停地想办法往铁皮底下杯水车薪式地注水。

因为尼玛的受伤，在举行“萨内”仪式前，还要先举行“拉薪”仪式。7号晚上，尼玛桑姆兴高采烈地熬夜制作用于措盘与拉加盘的饼子，每种措盘的大小两块饼子看起来是叠在一起的，但实际上是黏合成整体的，拿起来后两块饼子不会分开，拉加盘上的三块饼子也是如此，这着实考验主妇的烙饼技术。我拿起烙好的饼子，叠在上面的小饼子掉了下来，尼玛桑姆看到了也不生气。

8号中午，玛巴把群培请过来，一起在旧屋外做“拉薪”仪式上的各种法物。尼玛刮了胡子，清洗一番再穿上干净的藏袍，面貌焕然一新。尼玛的小茹居为贡布日松巴，在拉薪仪式中不需要进行与“夏本”神有关的祭祀，所以晚上九点群培就完成了此仪式，之后他马不停蹄地赶到新房，准备安宅仪式。此时房内已有不少到贺的亲友，还有一些人没有过来，尼玛的阿亚楠玛又派出数位小孩去请他们。

“萨内”仪式有条不紊地按预定的“剧本”进行着，前来道贺的亲友越来越多，让人感觉仪式是在拉亲友贺礼上梁的“秀嗦”声中进行的。盛装的尼玛全家精神抖擞，在与亲友的送来迎往中，似乎又看到初识他时的模样，看不出是大病初愈的。只可惜在仪式的最后环节，群培宣讲神谕时，尼玛不知道哪根筋给触动了，与他发生了争吵，这让亲友们面面相觑：这尼玛怼天怼地，也不应该在这个时候怼犯神灵的代表呀。大家都说，“尼玛又喝多了”。

仪式之后的“康索”歌舞联欢持续了一整夜，天亮时也是我此行离开陈塘的时候了。把尼玛推醒，向他告别，宿醉的尼玛有些清醒了，兄弟俩说了几句话后，他说：“范师，我不能送你了，群培昨天说我一个星期不能出门，我让女儿南萨送你，送你到下面的藏嘎村，你自己找车吧。”

走在陈塘到藏嘎村的台阶路上，通宵摄影和摄像让我疲惫不堪，终于亲历了一次完整的康索仪式了，这还是要感谢尼玛的成全呀。十二岁的南萨费力地拖着我的拉杆箱，在台阶路上发出咣咣的声音，又打碎了我的思绪。

第八章　堪卓玛及其仪式

陈塘夏尔巴的女性法师俗称桑玛，尊称堪卓玛，分为居必堪卓玛与咕汝堪卓玛两类。堪卓玛汉语一般意为空行母，为以女性形象示现的天人，具有明净的虚空本性，在天空中游走自如，为护持藏传佛教密宗及教法的女性护法，也是对修行密宗的女性的尊称。

居必堪卓玛可直译为“秘密空行母”，意为秘密传承的堪卓玛，只在陈塘境内传承；咕汝堪卓玛可直译为“上师的空行母”，其创始人来自尼泊尔。关于这两类堪卓玛，当地人认为居必堪卓玛之间是师徒之间的秘密传授，所以叫居必堪卓玛。她更多是出于个人的原因，如爱好、慈悲心、父母选择等原因，主观想成为居必堪卓玛，然后又被老一辈的堪卓玛所看中，并愿意成为她的老师，通过学习，能让神灵附体，最终成长为居必堪卓玛，也有被神灵附体之后再经过学习而成为居必堪卓玛的情况。而咕汝堪卓玛更多的是“神灵选择”或者说“神授”的结果，这样她可以不通过学习而能让神灵附体。神授（ལྷན་སྐྱེས། 或 ཐོག་སྐྱེས།）的过程大致是神灵主动附体于某妇女身上，产生了某种奇特的“巫病”，经检查不是癫痫及其他神经类的疾病，经看上她的师父点拨，传授相关仪轨，经学习成为咕汝堪卓玛。夏尔巴老法师们似乎能很好地区别是“神经类”疾病的发作，还是因神灵附体产生的各种“异常”的状态。若是前者，就要去找医生治病；若是后者，则要举行一些特殊的仪式，进行正确的引导。还有一种情况是由于精怪作祟引起的，就要举行相应的祛除或禳解仪式。

无论哪类堪卓玛，似乎都必须掌握两种“技能”才能成为夏尔巴眼中合格的堪卓玛，一是能召请神灵，知晓神灵的名称、特征、功能，然后

咕汝堪卓玛次仁（右一）与邻居　2010 年

咕汝堪卓玛次仁在仪式上击鼓　2015 年

让神灵“附”于其体内并能让其离去；二是掌握符合仪式的仪轨，各种器物的合规使用。

除了长柄鼓，居必与咕汝堪卓玛在仪式上所使用的法物几乎一致，如责巴壶、五佛冠、柱那盘、瑟内盘、拉达盘、恰尔多洒酒器、古瓦壶、措盘、朵玛、恰古与日觉伦布披交等，还有长弓、箭筒、长矛、弯刀等。在仪式的过程中，咕汝堪卓玛大都是用一种特殊的诵唱来祈请神灵或请其附体，“神谕”也是“唱诵”出来的，而居必堪卓玛大都是快速念诵，所以很多人认为，她们不是姐妹之间的相似关系，而是类似于不同教派之间的区别。

咕汝堪卓玛在仪式上必须使用长柄鼓，在鼓点变化中进行各种动作，代表不同神灵“附体”的进程。只是不知道是其附体的神灵需要鼓点的节奏，还是咕汝堪卓玛需要鼓点来表现神灵的附体呢？当一些神灵附体时，鼓点急促，鼓声响彻，这时咕汝堪卓玛的表情如醉酒的暴怒之人，其动作幅度之大，力量之猛，难以想象。现场此时会有种狂风暴雨般神秘的气氛，塞满空间，占据着参与者的心头，让人窒息。尤其堪布瓦山神附体时，咕汝堪卓玛要拿弓箭及长矛射杀房中藏匿的恶鬼精怪。此时大家的手心都会紧张得出汗——怕误伤到自己。若误伤到自己，那应该由谁负责任呢？是堪卓玛还是附体的神灵呢？是误伤还是自

信众在仪式上问居必堪卓玛彭松亡者的问题　2017 年

居必堪卓玛彭松赤脚踩在炭火盘上　2017 年

己的恶业所致呢？之所以在仪式中出现这样的误伤情况，通常被认为依附在堪卓玛身体上的神灵伤害这些人，是为了惩罚他们所犯的恶业。这时堪卓玛在半迷幻的状态下，若其弓箭或长矛不停地摇晃，就是以她的身体为暂驻地的神灵引起的——它们在寻找鬼怪并伺机猎杀之。所以有的人在进行这个环节时，会走出房间躲避。

有的陈塘夏尔巴认为咕汝堪卓玛的仪式太吵太闹了，“像疯子一样请神灵”，这些人不会请咕汝堪卓玛来举行法事，也不会去参加。还有人认为，咕汝堪卓玛源自尼泊尔的纳堪巴隆地方，没有经过系统的学习，而且附体的神灵等级都不高，都是世间护法神或当地的神灵，虽然现在神灵能进入她的体内宣讲神谕，但是当她们死后，得不到高等级神灵的帮助。

而在居必堪卓玛仪式上，因为没有鼓声的喧闹，则清静很多。在同样的凶神附体时，也只是用长矛矛尖在信众身上进行碰触加持。但安静只是表面的，仪式也呈现出某种不一样的张力。这张力来自居必堪卓玛的深厚“功力”，尤其在她用力抛撒青稞粒时，喊叫“嗨”，其声果断、决绝，似乎带着来自远古神秘的洪荒之力，杀气十足，让人感觉单凭她的吼声已足以把鬼怪全部赶走。与咕汝堪卓玛一样，居必堪卓玛附体的神灵等级也都不高，也为世间护法神或当地的神灵。

对于堪卓玛们的法力，陈乃文先生至今还记忆犹新："堪卓玛法师能赤脚踩在炭火盆或火塘之上，里面都是燃烧着的火红炭火，她赤脚踩进去后，还要在上面做各种动作，出来后，双脚丝毫无损。她们特别厉害，其他法师降伏不了的神灵，她们都能降伏得了。"

居必堪卓玛的成长

陈塘镇的居必堪卓玛如今只有互为师徒的比塘村的米玛与边巴，她们的仪式流程与附体的神灵都基本一致。相传能舌舔烧红的钢刀铁矛且毛发无损的米玛是最有法力的。在采访中，她没有否认这传闻，但她解释说那是在仪式上被神灵附体后才拥有的"法力"，在平时根本不可能做到。其弟子边巴说老师还没有传给她这法术——她正在学习中。

米玛介绍说，最早的居必堪卓玛为阿必参嫫(ཨ་ཕི་བཟང་མོ།)[370]，她是阿尼[371]，依次在次久神山与温泉查曲玛修行后，最终在陈塘定居。直至现在，居必堪卓玛也会去查曲玛里修行、举行仪式，当

身着法衣的居必堪卓玛米玛　2014 年

然泡温泉的次数更多。也有人说阿必参嫫是来自内地五台山的尼姑，她来到陈塘后，由于能让神灵附体，在它的指引下找到了多处"钦定"的圣地，后来她把这些圣地告诉洛苯，于是洛苯在一些圣地上建造了房子，修成了被称之为"贡巴"[372]的小房子，其中有洛苯的闭关地：角嘎日贡巴、玛贡贡巴、赤烈林贡巴，及米那林贡巴、南萨贡

巴、述色贡巴等。陈塘镇的北边准觉玛原来有个孜玛贡巴（བཙུན་མ་དགོན་པ།），是为阿尼贡巴，旧时堪卓玛学经的时候，可以在那里跟着阿尼学，现在只能在家中跟老师或洛苯学习了。

由于与洛苯结下法缘关系，居必堪卓玛与洛苯的神灵体系是相通的。她们可向洛苯请教修行中出现的问题，甚至可以直接师从洛苯而成为一名合格的居必堪卓玛。2017 年故去的居必堪卓玛彭松[373]就是一个例子，她 25 岁时因为神灵或其魂魄进入体内，通过她的嘴巴说出奇怪的话，而且身体颤抖不已，进入如癫痫发作的疯狂状态。洛苯多吉平措发现她的病因后，收其为徒，取梅朵孔玛为法名，并教她调伏神灵的方法，最终成为一名合格的居必堪卓玛。她在仪式上，她可神色自若地赤脚踩在铁盘上的红炭上，念诵经文，宣讲神谕。

居必堪卓玛彭松在“桑”仪式上　2017 年

居必堪卓玛的传承一般是师徒相传，而不是母女相承。米玛说，居必堪卓玛的法脉十分清晰，以前的阿必奶奶都被后辈牢记，若不计祖师尼姑参嫫，传到米玛已有十三代了，她们的名字分别是（按时间顺序）：阿必丹玛、阿必英玛、阿必班宗、阿必桑姆、阿必小桑姆、阿必彭松、阿必普赤、阿必尊尊、阿必彭觉、阿必卓玛、阿必桑索、阿必次次，最后一个就是米玛。而咕汝堪卓玛则没有阿必奶奶，其传承是混乱的。在十三个居必堪卓玛中，有八个是贡布日松巴茹居，分别是：阿必丹玛、阿必班宗、阿必桑姆、阿必彭松、阿必普赤、阿必彭觉、阿必卓玛与米玛。米玛的老师阿必次次茹居是向令啊，徒弟边巴茹居是差巴江玛，如上文所述，都为梯格巴大茹居下的小茹居。

1976年出生的米玛已经是四个孩子的母亲了，平素身着夏尔巴盛装，双手戴尼泊尔做的银手镯，除了嗓音沙哑，与那些勤快的夏尔巴居家妇女并无异处。她家中设有一个简易的神龛，上层最里面是莲花生大师的印刷画像，其前面摆放着贲巴壶、酥油灯、两个大海螺等，下层摆有在仪式中用过的竹箭，一个日觉伦布披交，还有一束刚采下来供奉给神灵的怒放的杜鹃花。米玛6岁时拜阿必次次为师，她说："那时候我才6岁，什么都不懂，不知道是阿必次次想把法脉传给我，还是洛苯的爸爸希望我成为居必堪卓玛，在懵懂中，就开始跟随阿必次次学习了。现在爸爸老了，敲不起鼓，已经不能做大的仪式了。徒弟边巴拜我为师的目的很明确：她因为家里修房子触犯了土地神'喜布达'，然后鬼神作祟，让她右手无名指与小指不能活动，而且糜烂得很厉害。久治不愈后，她家人让我治疗。因为边巴的病是触犯神灵所引起的，在医院当然治不好，需要用正确的禳解方法，她痊愈后就拜我为师了。"

居必堪卓玛米玛与其女儿在仪式上　2015年

洛苯多吉平措认为，居必堪卓玛的本领都是通过长时间的学习才达到的，她的修行与洛苯低等级的修行基本上是一样的：初学给神灵敬酒新，然后是挂经幡、卡淇等小的仪式，再就是与神灵、亡魂沟通的内容和方法，还有超度亡灵等等。米玛也介绍说："我们居必堪卓玛没有经书，所有的经文、法事与仪式统称为'却'（ཆོས།），这些都是老师在耳边告诉徒弟，徒弟在心中默记，然后回家学习。老师阿比次次是这样教我的，我也这样传给徒弟边巴。边巴刚开始学习的时候，我只是教授最粗浅的经文，过段时间对她进行'考试'，若考不好，让她再回去学。第二次还不会的话，就会给更大的压力。若第三次还是没有进步的话，就可能放弃这个徒弟了。"

米玛学习7年，在13岁的时候学到了所有的“却”，经过长时间的摸索与修行，在她25岁，神灵“拉”终于进入体内了。“那年夏天，陈塘水电站附近的拿当曲的水面还是很宽的，那时我初为人母，刚出生的孩子还只能在地上爬。我在拿当曲边上走，忽然我直接从河这边边‘飞’到四米宽的对面，又飞了回来。这是神灵‘拉’第一次进入我的身体，我已不是我了。在这一刻，所有的‘功课’融会贯通，有种什么都知道的奇妙感觉。神灵‘拉’终于接受我的祈请，开始进入我的身体了，这也意味着我终于成为一个合格的堪卓玛了。”米玛回忆起这二十多年前的往事，脸上似乎还能看到当年“顿悟”时的愉悦。

在仪式上，当米玛神灵附体时，信众就会向她提出如何祛病、消灾、避难、招财、祈福、求富贵甚至亡者转世等各式问题，这时她会用一种特殊的腔调来一一解答。米玛说这些“答案”都是神灵的旨意，神灵掌控着她的头脑，她只是一个供神灵进出的躯壳，神灵宣说“神谕”时的载体。当时她如做梦一样，等神灵离开，就如在梦中醒过来，什么都记不得了。

米玛说：“祈请不同的神灵念颂的经文与腔调都是不一样的，如果掌握不了，神灵就不会进入

居必堪卓玛米玛与其弟子边巴　2014 年

身体，进不了身体，就不能根据每一个人的情况，宣讲神谕。如果我的徒弟边巴学不会，念不出经文，神灵就不会被祈请过来的。”祈请的神灵有多种，其中也有从甲纳日吾增阿即内地的五台山过来的哈玛女神。因为哈玛行踪无影，故其到达陈塘的路线不是常规路线，自萨迦、定日之后，所经过的桑桑、却吉颇不让、穷哥尔等地只是空有

地名，再难以寻觅具体的地望所在。

米玛的徒弟边巴出生于1991年，身材瘦小，如今已生育有三个孩子。她家中也供着一个神龛，分两层，下层是高低两格的矮柜，上层是柜子，摆着花、长矛、短刀、哈达等物。矮柜下格摆有一排共六个[374]供水碗，其最外侧供有一瓶白酒；上格供有十世班禅的画像，前面点着一盏酥油灯，并放着一个白色海螺。她家虽小，可是相对整洁，火塘两侧的藏柜还未被熏黑，还能看出手绘的图案用了相对复杂的沥粉堆金工艺，摆在柜内的锅碗被擦得亮亮的，看得出来她平素对它们的细心呵护。

相对于米玛的“被动选择”，边巴则主动多了，米玛给她治病时，借此深入接触到居必堪卓玛，病愈后喜欢上它，加之亲朋好友的支持与鼓励，所以在2006年拜米玛为师，开始学习。刚开始学习的时候，她在米玛家住了四年，之后在自己家里也学了四年，总共学了八年。边巴说每个梯格巴女人如果愿意的话都可以去学，看各人的天分，有能力就学得快一点。居必堪卓玛没有经书，也不需要闭关修炼，平时要多复习，比如在干活的时候，若周边无人，则可以悄悄地把经文念出来。除了自学，跟着师父，在仪式上观察她的做法，回来再慢慢消化回味也是很重要的方法。边巴说虽然学了八年，也能独自做一些简单的仪式，但师父米玛还有一些法术没有传授给她。她们都年轻，所以也不着急，机缘合适时师父就会传授给她。虽然现在边巴备了一些常用的法器，但若米玛过世，她的法器将传给边巴，边巴将来也会传给徒弟。

边巴认为成为一个合格的居必堪卓玛必须有

居必堪卓玛边巴在夏呀仪式的“驱赶楠备”环节中　2015年

发自内心的喜欢，若不喜欢不要去勉强自己，这似乎是个必要的条件，复杂的仪轨与主持仪式时的艰辛，不是一般女人所能忍受的。举办一个仪式耗时费力，它一般是从下午四点到凌晨的三四点，有时还更长。每次仪式的报酬一般是120元，主要是看仪式主办方的心意，就像给寺院的布施，随心随意。当然还要有随时随地为他人祛病驱鬼的慈悲心，这样大家才会相信她的能力。她们治病时基本上把人身体上的不适分成两种：一种是“自然”的病，这是指人的身体上的病痛，这种“真实”的病症，她们没有办法治，只能去医院；一种是触犯神灵后，神灵暗中做了“手脚”，或是鬼怪作祟的情况，她们才有办法“救治”。

在藏族的一些女巫师中，相传有用哈达对着病灶，吸出各种污秽之物的法术，边巴说居必堪卓玛没有这种能力，她们都是祛除那些“看不见，摸不着”的精灵鬼怪。如果有人家遇到不幸的事或者闹鬼，若要请边巴去举行相关的仪式，需提前二三天给她送桶鸡爪谷美酒，当晚边巴喝过这酒后，会梦到此人家是什么鬼在闹事，然后再去其家中举行相关仪式。在仪式上，神灵会附着在边巴的身上，她相当于神灵的“替身”。根据神灵不同，有时必须穿上布列孔当，头戴五佛冠。“是什么鬼在闹腾，这是主人与我的事情，是一个秘密，不能说，而且仪式上所附的神灵也是一个秘密，不能与外人说。”边巴还说：“就像唐卡中所画的一样，有的是鬼，有的是神，有好的，也有害人的，但我们堪卓玛有这个权力与能力，让神灵降于身上，从而拥有驱除鬼怪的能力。”

边巴介绍说经文里有三个堪布瓦神是经常附体的，它们合称为“日巴普松”（རིད་པ་ཕུ་གསུམ།）：一个在珠峰东坡“巧木的瑟”地方，其附近有次久圣地；一个是修修玛村的堪布瓦山；一个就是日觉伦布，即珠峰山神。当念起祈请文的时候，这些堪布瓦神就会进入体内。当问她堪布瓦神的形象时，她避而不答，说这是一个秘密，不能说出来。不知道是否可以这样理解，若神灵附体是真实的，当神灵进入边巴身体时，也“占据”了她的感知，所以她不能感知它的形象，也就是说她其实也不知道山神的形象。

居必堪卓玛的仪式

居必堪卓玛主持的最主要及最重要的仪式叫“桑”（བསང་།），除去准备阶段，可分为桑、拉、拉达、夏呀、拉、夏布颠、赤等环节。下文以2015年3月在比塘村安多家举行的由居必堪卓玛米玛主持的桑仪式为母本，进行描述。此仪式中附体的神灵，是由现场的夏尔巴兄弟介绍，但如上文所述，在仪式上召请的一些神灵为堪卓玛在梦中所得，所以并不一定准确，有的神灵也不得而知。

16：30　开始制作法物及摆设祭坛。米玛穿着暗红色点缀着苹果商标的藏装，她先是做出一个恰古披交与日觉伦布披交，再制作出120个锥形朵玛，其顶部都贴着一片酥油，并把它们放置在朵玛盘里，没有制作拉嘉神鸟。她的法座位于佛龛下面，侧着佛龛正对火塘的方向，摆放一个大矮柜，是为祭坛。矮柜铺上布后，把贲巴壶、酥油灯、两个披交、朵玛盘及几个青稞碗[375]一一摆上。米玛右手佛龛下面的矮柜上摆着颇羌酒桶、装着饼子鸡蛋等食物的瑟内盘、拉达盘、系着黑白羊毛的长矛、弯刀、将决、长弓、箭筒、羌达彩箭、酒醪碗、恰尔多洒酒器等仪式上需要的法物，它们都要一一贴上酥油。还需置放两个铜盘，分别装着青稞及爆青稞花，供米玛在仪式中抛掷。

矮柜的前面摆着一个用脸盆装的措盘，三个中央粘有一个小饼子的大饼子贴着盆沿内侧围成

居必堪卓玛的“措盘”　2017年

一圈儿，圈内放着插有四支箭的糌粑团、鸡蛋、橘子、苹果等物。插在糌粑团上的四支箭与洛苯的措盘有细微的区别：颇拉箭的小刀换成了男主人的戒指；喜布达箭上的黄色丝线换成了黑白羊

毛，变为堪布瓦箭；松玛箭与夏本箭则相同。在糌粑团中还要插入两根分别为帕桑与将决的坎巴草。措盘旁边放有着一个古瓦壶。它们都放在一个更低矮的凳子上。

①神龛及与之相连的藏柜。

②神龛下的矮柜。

③长矛、弯刀、长弓、箭筒、羌达彩箭。

④酒醪碗与恰尔多洒酒器。

⑤瑟内盘，其数量与仪式的主要受益者相同。

⑥颇羌酒桶，其数量与仪式的主要受益者相同。

⑦拉达盘。

⑧装着供抛掷的青稞与爆青稞的二个铜盘。

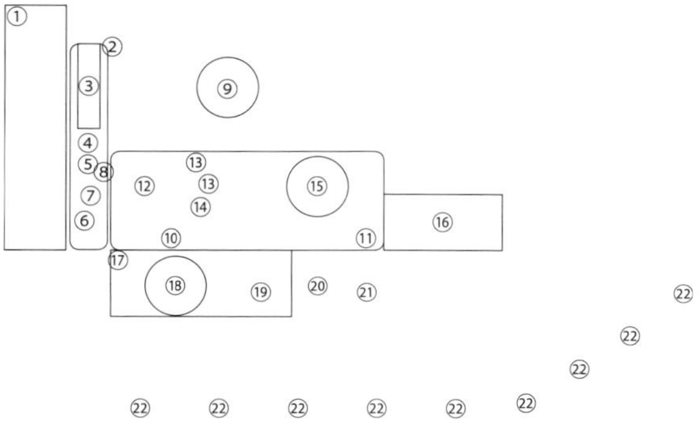

居必堪卓玛仪式法物摆放图

⑨法师位，在藏式卡垫之上。

⑩日觉伦布披交。

⑪恰古披交。

⑫责巴壶。

⑬酥油灯。

⑭朵玛盘。

⑮多个用来占卜的青稞碗。

⑯比祭坛稍低的矮柜，用来放置一些不重要的物品，比如给堪卓玛的食物、茶水等。

⑰比祭坛稍低的矮柜。

⑱措盘。

⑲古瓦壶。

⑳装在瓶子内的森玛酒。

㉑煨桑炉。

㉒信众位。

18：20　米玛摆好供台，当仪式参与者基本到齐后，示意主人煨桑。桑烟燃起后，她拿起责巴壶，走下法座，先用责巴壶对祭坛喷洒三次水，再走到房间的不同方位，用责巴壶喷洒水，然后来到供台前，颤抖着身体，时而合十躬身，时而胸前抱着责巴壶，念诵着经文。这个洒水净化的环节叫“桑”。

米玛向祭台供酒，开始“拉”环节 2015年

在“拉”环节中，米玛用贲巴壶与弯刀加持受益者 2015年

放下贲巴壶，米玛开始了“拉”环节，她把双手放在头顶，大叫一声“嗨”，再盘腿坐到法座上，再用洒酒器给祭坛的朵玛供酒，双腿慢慢开始快速地剧烈抖动。这抖动的力量是如此之大，能听到供台上的青稞碗之间相互碰撞。抛掷出一把青稞后，米玛不停地发出“嗞，呼”的声音，站了起来，对着神龛躬身合十，然后拿起棋刀，走下法座，再对着法座躬身合十后，平握弯刀原地高速旋转几圈。停下后，她来到众人前，口中喊着急促的“嗨”，把刀分别先在每人的头上、肩上放一下，再在他们的身上快速地转一下。弯刀很锋利，米玛的速度又快，令人担心是否会伤害到人。米玛回到法座，抛掷青稞后，站起来，从神龛中取下一条哈达，放在盛有供她抛掷的青稞的青稞盘上，然后捧起此盘，走到男主人跟前，放到他头上，并用刀在他肩上、身上放一下。

之后米玛回到供台，左手握弯刀，右手握着贲巴壶，颤抖着身体念诵经文。不久，她来到女主人旁，把贲巴壶放在她头顶，见贲巴壶放稳后，用弯刀在她头上肩上各放一下，口中大叫“嗨”。

再取下责巴壶依次放到其他人头上，进行同样的动作。此时米玛附体的神灵是颇拉，得到它加持护佑的象征是当责巴壶放到受益者的头顶时，不用扶着也能稳固地顶在头上，并在随后的弯刀“加持”中不倒下、不滑下、不掉下。其他人都很成功，到一个小女孩时，米玛放了几次都不稳当，

米玛代表神灵依次“赐予”受益者瑟内盘、酒桶、衽那盘等物 2015年

移动一番后，还是不行，这似乎意味着神灵对这女孩有“意见”，不加持她。随后米玛快速走到供台，把刀与责巴壶放好，拿出将决坎巴草给女孩握着。然后回到法座上念诵经文，右手抓把青稞，大声叫道“嗨”后，用力地抛掷出去，她用同样的动作抛掷爆青稞后。再拿着责巴壶与刀来到这女孩面前，把责巴壶往她头上一放，成功了——它在孩子的头上“稳固如山”，米玛继续加持其他人。当米玛快要结束此环节时，可以在她面前盘腿坐下向她问一些问题，尤其是亡者在阴间或转世等方面的，米玛则站立着，摇晃着身体，唱着回答问题。

19：30 休息十多分钟后，米玛开始“拉达”加持环节，她边念诵经文，边往供台抛掷青稞，之后，捧着拉达盘走下法座。她先把拉达盘在其他人头上放一下，再放到男主人的头上，最后放到女主人的头上。拉达盘放到男女主人，尤其是女主人的头上时，也要像责巴壶一样，最好是第一次就稳固地立在头上。最后要把拉达盘放到家中最小的孩子的怀中。此时米玛附体的神灵是拉迦·旺布坚参，在它的眷顾下，能多生育子女，并且母子平安。相传大龄及不孕妇女在它加持下，都能如愿生育。这时可向米玛问与小孩相关的问

题，曾经有以下回答：小孩子命大，什么都不用担心；某某小孩要给他（她）竖拉薪；某某小孩要给他（她）戴某种护身符；要关爱某小孩一点，使其开心等等。之后，米玛再手握赍巴壶，挥舞着羌达彩箭来到众人面前，这时候的赍巴壶也是验证羌达彩箭的“达达米诺参那”神是否“加持”成功的器物。彩箭加持后，把赍巴壶立在头上，若稳固，说明“加持”成功；若不成功，再放一次。

21：25　接下来为夏呀环节，受益者为男主人及其两个儿子，有人说此时附体的神灵为颇拉，也有人说是精灵楠秘。在供台前摆一个小矮柜，上面放着三个柱那盘、两碗森玛酒及措盘。受益者依次坐定后，主人把柱那盘的酥油灯点亮。米玛先是在每人的头上贴三片酥油，再回到法座上，边念诵经文边抛掷青稞，之后她站起来，拿着弯刀与赍巴壶，快速念诵经文。接着，她把弯刀与赍巴壶放下，拿起弓与箭筒，颤抖着身体念诵经文，然后代表着神灵把弓与箭筒“赐予”男主人。接下也是做着同样的动作，把另一副弓与箭筒给了大儿子，再下来是把长矛给小儿子。之后，米玛右手托着瑟内盘，左手托着颇羌酒桶，这时有个男性助手替她托着两碗森玛酒。她摇晃着身体念诵完经文，再把瑟内盘与颇羌酒桶递给主人，助手把两碗森玛酒也递到两个儿子手中，米玛再托着柱那盘念经，再交到主人手上。

之后，米玛拎着冒着桑烟的煨桑炉，站在法座上念诵经文，拿起古瓦壶，念诵经文后，把瓶中的酒倒在手上，用嘴吸后，再向四面八方喷洒。再后，她躬着身体，双手握着古瓦壶，在法座上跳着，不停地把酒壶里的酒喷洒出去。然后她一句一句地叫道：“巴韩啊嗦韩，玛韩啊嗦韩，腋给达拉南巴嗦韩，云给索朗南巴嗦韩，帕给扎起南巴嗦韩，甲给怡当南巴嗦韩，屯给曲炯南巴嗦韩。”其大意为通过巴韩啊与玛韩啊把楠备赶出去，持箭的右手洗干净了，持弓的左手洗干净了，身上的全部武器都干净了，后面站着的怡当也被洗干净了，我们的全身都干净了。同时众人要一句一合地叫道“嗦韩，嗦韩”。有人介绍说此即为洛苯夏呀仪式中的驱赶楠备环节的简化缩小版。

22：25　米玛开始“拉”环节，给祭坛供酒后，抖动着身体，用力地抛掷着青稞。然后左手持长矛，右手拿着从措盘上拔出的颇拉箭，站在供台前。这时附体的是山神堪布瓦，需用一个铁锅燃起动物脂肪，如酥油、肥肉等，用以供养山神。她左手的长矛在地板上一声一声地击打着，嘴上发出“嗞，呼”的声音，右手的颇拉箭举到头上，箭竿向外，似乎用它来找寻鬼怪的踪影。突然间，米玛大叫一声“嗨”，快速地走向某个角落，再用长矛刺向某处。之后，她用长矛像上文中的弯刀那样，加持每一个人。

之后，有人问道，某某某生病一年多了还治不好，是为什么呢。米玛不停地用长矛敲击着地板，颤抖着身体，快速回答说：“前几年你们在山下挖土砍树，得罪了神灵，而且现在还在不停地挖土。”

“那病会好吗？”

“只要你们不挖土了，对神灵有敬畏心，多吃点药，就没有事了。”

米玛说完之后，颤抖着身体，面对大门，把长矛用力地抛掷出去。

22：50　米玛坐在法座上，开始“夏布颠”环节，她手持一只长坎巴草，念诵经文，祈请“喜布达”及其他神灵，让鬼怪不要捣乱下面的仪式现场。放下坎巴草后，米玛戴上五佛冠，念诵着冗长的经文，时而双手合十，时而手心向上放在双腿之上，双腿时而抖动，时而静止。有帮工在摆有三个柱那盘的矮柜旁，再摆个稍矮的柜子并将两个柱那盘放在上面，这两个新摆上的柱那盘是给下面参加仪式的两位老人的。此时卡垫的座位之上，用青稞撒出一个雍仲符号。主人的父亲穿白色藏袍坐在卡垫上后，米玛左手握贲巴壶，右手挥舞着羌达彩箭，念诵着经文，并不时用它们给老人加持。米玛像之前代表神灵赐予物品那样，“赐予”老人瑟内盘、酒桶、柱那盘。之后，米玛走到房门前，把由两位十多岁的男女扮演的巴普（པ་ཕུ།）、巴姆（པ་མོ།）[376] 从门外“引”进屋内，领到供台前。这时，主人在米玛的脚下铺一条哈达，让她踩着走上法座。米玛走到法座上后，颤抖着身体念诵经文，摇动着羌达彩箭——此时她是被哈玛女神附体了。

有人问道：“为什么我家里一直在吵架？”

米玛回：“自己的心里不正常，对神灵不尊重，所以家庭不和。”

“某某失踪了好久，他是什么情况？”

“他疯了，跑到尼泊尔了，在一座山上，死了好久了。”

“为什么某某还不怀孕？”

“不要急，她最迟到四十岁就有孩子了。”

……

大家一起向米玛跪拜三次后，男主人的母亲被请到矮柜前，米玛先给她头上贴酥油，然后分别“赐予”了布列孔当衣服及漂亮的首饰；右手端起盛有白米饭、肉及放有一个朵玛盘中的朵玛的铜盘，左手端酒杯，一起给妇人。之后，拿起羌达彩箭，在她头上加持，又拿起了祭坛上的青稞碗，放在老妇人的头上，进行加持。此时现场的男人们也要如堆垛仪式中的“赤匈碗加持”环节一样，把其他的青稞碗放到其主人的头上。把每个碗递给其主人后（老妇人的碗由他人抱着），米玛抛掷青稞，挥舞羌达彩箭，结束此环节。之后，米玛坐下来，开始解读青稞碗里所蕴含的“秘密”。

1：00　米玛把屋门关上，用责巴壶为大家进行最后的加持与清秽的“赤”环节。把门关了一是让致病的鬼怪进不来；二是让导致人生病或家中不干净的污秽没有办法跑出去，或者说让“病秽”无法游走出房屋，从而被责巴壶中的药水所净化或消除。

1：30　仪式结束。

咕汝堪卓玛及其仪式

有人说，咕汝堪卓玛中的“咕汝”两字为“咕汝仁波切”，即莲花生大师之意。居必堪卓玛边巴认为“咕汝”是个看不到摸不着的神仙，他以前搬过石头，变过木头，有过经典，不过都只是传说，没有人亲眼见过，在次久神山，他用手托出一个山洞，留下手印，并在那里修行，次

咕汝堪卓玛次仁　2005 年

咕汝堪卓玛次仁　2010 年

咕汝堪卓玛巴姆在“夏呀”仪式中，持镰刀与坎巴草站在抱着“巴韩啊”公鸡的途布后面，驱赶“楠备”　2015 年

久寺内有他的形象，当然，咕汝神仙也是洛苯的神，他们有很多关于他的唐卡。

咕汝堪卓玛传入陈塘只有近百年的历史，第一个咕汝堪卓玛叫阿必吉巴，1911 年出生于尼泊尔纳堪巴隆地方，茹居为“茹巴”。相传她 8 岁时被神灵附体，经过自学，于 13 岁时掌握了咕汝堪卓玛的所有本领。她有瞬间飞到雪上、大树上、在河水中取灵石而身体不湿的各种法术。14 岁嫁入陈塘后，收徒传艺，让陈塘夏尔巴接受了咕汝堪卓玛，93 岁时逝世。[377] 然而其衣钵弟子次仁提供了另一个版本：吉巴 13 岁嫁到陈塘后，师从洛苯法师贡布，在学习的三年期间，经常与师父一起在贡巴拉神山上的角嘎日地方闭关修行，她们的仪式受洛苯影响甚深，其仪式内容也与居必堪卓玛极为相同。

目前陈塘的咕汝堪卓玛一共有三人，分别是巴姆、次仁与拉姆；巴姆是次仁的徒弟，拉姆不仅师从阿必吉巴，还向身为洛苯法师的其父学习。2018 年次仁收有徒弟吉巴，其徒弟巴姆也参与到对吉巴的“教学”当中，假以时日，陈塘咕汝堪卓玛就要新添一员了。陈塘夏尔巴认为她们与居必堪卓玛最大的区别在于传授与“神授”。居必堪卓玛要经过学习，才能让神灵附体，而咕汝堪卓玛都是在一场大病或某种特殊的情况后，获得神灵附体的能力，老师也只是教一些仪式上的仪轨。从这个角度来考虑，若居必堪卓玛彭松的师父不是洛苯多吉平措，而是某个咕汝堪卓玛的话，那她可能就是咕汝堪卓玛了。

在陈塘，笔者所见的第一位宗教人士就是咕汝堪卓玛次仁。那是 2005 年的经历：漫步在陈塘的青石板小巷内，听到有鼓声，像是有人家在做法事。循声寻去，上到二楼，看见一个头戴五佛冠身着绣花法衣的少女坐在墙边，口中念念有词，面前摆着盛有青稞的铜盘和贲巴壶的小桌子。她左手拿着一个鼓槌，有节奏地击打着一面长柄鼓，右手边上是一个佛龛，上面摆着朵玛和几个供水碗。在她的对面，也就是火塘的边上，躺着一个面色灰暗的老人，身上盖着厚厚的被子，他一边虔诚地听少女的诵经，一边不停地咳嗽——法师正为他祛病。她念着经，站起来，抓一把盘中的青稞，走到房子的中央，一边跳，一边念，一边往四周与老人身上撒青稞。撒完青稞后，走到桌前，拿起桌上的贲巴壶，再次来到老人身边，把壶中的水往他头上洒。少女的年龄并不大，可是念经的样子与做法时的动作却十分熟练。这就是夏尔巴的“堪卓玛”。

这堪卓玛的本名叫次仁，出生于1980年，在1995年因被精怪附体上身，昏迷了好几天，家人用尽办法也不能让她清醒，最后请了阿必吉巴过来施法，终于让她恢复正常。之后次仁拜阿必吉巴为师，取法名叫拉姆次仁，学习相关的仪轨，召唤神灵附体，经过了20多场仪式，她终于成为合格的堪卓玛。虽然只跟了师父三年的时间，但吉巴师父在离世之前，把所有的法器、法衣送给了次仁，让她传承了自己的“衣钵”。

上文笔者在2005年偶遇的病人，在仪式之后病愈，到现在都很健康，而他的身体健康的老伴，却过世了——这更增添了咕汝堪卓玛的神秘。次仁的丈夫十分乐意向我分享妻子的种种神奇之处。当93岁的吉巴老师无疾而终后，因次仁心地纯净，传承了老师的两套已有几百年历史的法衣与五佛冠。这五佛冠中的各个部分都有说法：五冠叶的材质分别为柳木、柏木、核桃木、檀香木、红皮桦木，分别代表着东南西北中五个方位的堪卓玛；法冠前下垂的缨珞能让次仁看到空中的鬼怪，耳边的扇形冠结能使她听到四面八方的声音。有一次次仁被咕汝仁波切附体，飞入朋曲藏布的急流中，不仅身体与衣服都没有被打湿，还在河水的中央把一个妖怪点化成怪石，这时水面上自然涌现出美丽的花朵。这妖怪变成的怪石如今还藏在家中，一般人是看不得的。

次仁说她只记得仪式中的环节，可是具体的过程都记不起来了，可以说，她主持的每一场仪式都是不同的。被神灵附体后，次仁就成为神灵暂时的“载体”，这时能念出她平时没有学过的经文，做出她不知道的举动。一次仪式一般要进行12个小时，从下午三四点持续到凌晨三四点，但对于这样高强度的体力支出，次仁并不感觉累，第二天还要负起主妇之责，从事家务劳动。“为什么不累，因为作法的不是我，而是神灵通过我的身体来进行，所以我不累。”次仁如是说。

本文以次仁在2015年3月份举行的一次“桑”仪式为脚本进行描述，可分为祛（འགྲུས།）、夏布颠、查烈、拉、达拉、夏呀及赤等环节。

16：00　次仁开始制作仪式上所需的物品，并把它们摆放好。祭坛在其右手边，为一神龛下的矮柜，上面铺一层布，再铺上青稞粒，放入装满顶端贴有酥油的锥形朵玛的朵玛盘，其中央插着一只贴着酥油的拉嘉神鸟。朵玛盘两旁各放一个恰古与日觉伦布披交，背后倚靠一把弯刀，前面放着一个贲巴壶，再前面放有四个锥形、顶端贴有酥油的朵玛，它代表神灵的四个随从：占学、底学、曼学、顿布。供台矮柜一旁放着长弓、箭筒、长矛、古瓦壶、森玛酒、铜锅及措盘；措盘内要插上两根长的坎巴草，一支为帕桑，一支为将决。在这个矮柜上面，还摆放有数个用来占卜的青稞碗，矮柜内，也要放瑟内盘、颇羌酒桶等，其数量与受益者人数相同。法座前面摆着洒酒器恰尔多、抛撒用的青稞盘及一桶供次仁享用的颇羌，长柄鼓悬挂在她左手边，方便她在仪式过程中击打。

①佛龛及相连的藏柜。

②佛龛下的矮柜。

③颇羌酒桶。

④瑟内盘。

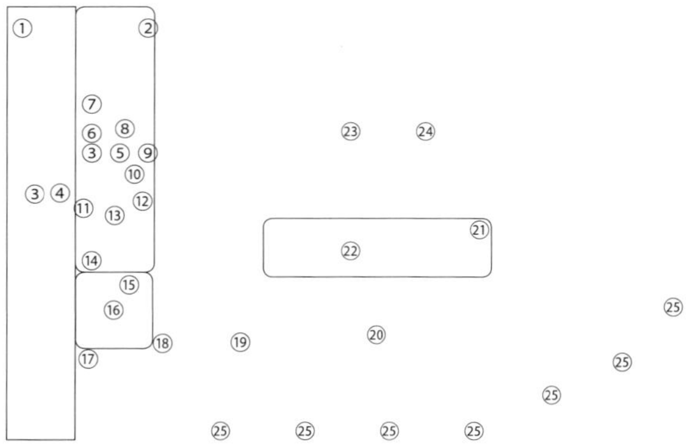

咕汝堪卓玛“桑”仪式法物摆放图

⑤朵玛盘。

⑥贴着酥油的弯刀。

⑦恰古披交。

⑧拉达盘。

⑨装酒醪的酥油灯。

⑩贲巴壶。

⑪日觉伦布披交。

⑫四个神灵随从朵玛。

⑬用来占卜的青稞碗。

⑭一盘瑟内盘，一碗肉及一碗酥油组合。

⑮更矮的矮柜。

⑯措盘。

⑰靠在藏柜上的长弓、箭筒、长矛。

⑱古瓦壶及森玛酒。

⑲铜锅。

⑳煨桑炉。

㉑矮柜。

㉒用于抛撒青稞及爆青稞的两个铜盘与洒酒器。

㉓法师位，在藏式卡垫之上。

㉔鼓手位，无鼓手时，鼓悬挂着。

㉕信众位。

20：10　仪式参与者陆续到场。仪式举办方的男主人煨好桑后，次仁盘腿坐在法座上，先在头上包条头巾，再戴上五佛冠，套上吉巴师父传下的古老云肩，给供台上的朵玛供酒，开始“祛”环节。她左手握鼓柄，右手持鼓槌击鼓，双腿微微颤抖着，前后左右摆动着身体或是头部，合着鼓点，唱诵经文。十多分钟后，她拿起贲巴壶，走向参与仪式的信众，把贲巴壶一一放到他（她们）的头上，与居必堪卓玛一样，也必须放稳固。之后她或是双手叉腰，或是双手向外平伸，面对信众抖动着身体，念诵着经文，在原地转数圈，同时把贲巴壶里的水向外喷洒后，来到供台前，继续抖动着身体，念诵经文，然后回到法座。

男主人把矮柜前的铜锅装上大半锅清水，并在次仁面前的矮柜上放一把坎巴草后，次仁开始击鼓，念诵经文，抛掷青稞，之后，把鼓交由助手击打，拿着坎巴草，赤脚走下法座，先是蹲在铜锅前用坎巴草蘸铜锅里的水，再往自己的身上、头上，尤其是脸上泼水。当她抱着铜锅站起来时，男主人快速地走到其面前盘腿坐下。次仁抖动着身体，把在铜锅里蘸过水的坎巴草用力地向他头上身上洒去。男主人缩着头，双手在脸上像洗脸一样搓着，让冰冷的水从头上流下，打湿衣服。把坎巴草在男主人头上放一下后，次仁走到他人面前，用坎巴草把铜锅里的水泼洒到他们头上。这水有洁净污秽的功效，所以很多人，包括小孩子，都心甘情愿让次仁把自己浇成“落汤鸡”。

次仁又来到供台前，向供台洒水后，再向四

在“祛”环节，清净信众　2015年

面八方泼水，用以清净场地。把铜锅放回原位，她回法座盘腿坐下，击鼓诵经片刻后，助手把悬挂鼓的绳子解开，次仁站起来击着鼓走下法座。然后她在铜锅前蹲下，唱诵着经文，往铜锅内扔三把青稞。此时男主人也在铜锅一旁蹲下，打着手电筒照着铜锅，与次仁一起看青稞在锅底形成的“图案”，这幅图案预示了主人家庭、牲畜及收成等情况，若是呈现出金刚杵、雍仲符、花朵等吉祥形状是为最好。

之后男主人抱起铜锅，把它放到高处，次仁回到法座，击鼓唱诵经文，念完经文，她把鼓交给助手，由他用绳子将其悬挂起来。

22：20　在次仁的矮柜的前方，再摆上一个矮柜，上面放着数个柱那盘及一盘瑟内盘[378]，其对侧放有卡垫，上面用青稞撒出莲花的图案。把柱那盘的酥油灯点燃后，次仁击鼓诵经，盘起的双腿上下摆动着。不一会儿，她站了起来，助手接过她的鼓继续击打着。此时的环节叫“夏布颠”，有人说，次仁附体的神灵为颇拉。

次仁挥动着羌达彩箭，对着供台唱诵经文，用彩箭挑起供台上方的一条哈达，走下法座，站在放有柱那盘的矮柜前挥动着彩箭唱诵经文。然后走到门边，有个早已准备在门边的男子[379]随之抓住彩箭上哈达的一端。次仁再摇着神箭，把此男子“引”进屋内，并让他坐在卡垫的吉祥图案上。放下羌达彩箭后，她左手持鼓，右手握鼓槌，隔着矮柜面对此男子，唱诵经文，其中有一句“次仁古修，洒当旺达修舍”，有祈愿你寿命长，吃穿不愁，身体好之意。此时，信众在矮柜前围成一圈，开始对着次仁磕头，这时也有人给男子献上哈达。之后，次仁击着鼓绕着矮柜唱诵经文，再拿起贲巴壶，对着男子喷洒，并转动着身子，向四周喷洒，结束此环节。把矮柜及放在上面的瑟内盘及柱那盘撤下，一旁的卡垫也要拿开，清理场地，为下一环节做准备。

23：55　开始“查烈”环节，此时附体的神灵为堪布瓦山神，主人须在平底铁锅中燃起献给它的动物脂肪。次仁坐在法座上击鼓诵经，鼓点开始时比较慢且小声，突然之间加快加重，她盘着的双腿开始随着鼓点剧烈地上下摆动。如此重复几次后，她突然停止击鼓，歪着头，紧闭双眼，似睡着了地倚坐在卡垫中，助手从她手里拿出鼓槌与长柄鼓，继续快速击打。仁次很快就“醒”了过来，长“嘘”一声，从助手手中接过鼓与鼓槌，快速地击打着。然后她又身子前倾“睡”着了，其五佛冠几乎要挨到她面前的矮柜上，助手又拿起次仁手里的鼓与鼓槌，快速地击鼓，并示意他人拿走燃着脂肪的铁锅。之后她又“醒”来，接过鼓与鼓槌，又快速击打着——如此几次“睡”和“醒”都是在祈请堪布瓦山神附于其体内。

当次仁击着鼓站起来，说明堪布瓦山神已经附于其体内，助手把挂鼓的绳子解开，方便她能赤脚走下法座。之后，助手接过她的鼓与鼓槌，继续击打。次仁双手合十后，拿起了洒酒器，给祭坛施酒。然后双手合十或两食指相勾，退到了门边。此时有人关了屋内的电灯，整个屋子除了火炉中燃烧的柴火光外，陷入了黑暗之中，所有的人鸦雀无声，只有次仁苍凉的唱经声与急骤的鼓点声。与此同时，要把仪式举办方家中的女主人用围巾包着，意为“藏”起来，有人说，这样做能让鬼怪看不到女主人，不能附于其体内，因为在黑暗中，家中的恶鬼精怪跑不出去，很容易附于人体内。

次仁走到火炉前，拽出一根正在燃烧的柴火，举着它在黑暗中“游走”一番。把柴火扔下后，她拿起洒酒器沾一下酒，吹着尖锐的口哨，在房屋四周给鬼神供施酒。把洒酒器放到祭坛后，她又拿起一个铁盘，走到火炉前，把烧得火红的炭火装到铁盘里，放到地上，赤脚踩了几下，再把铁盘中的炭火往地板撒去。然后，拿起弓箭，把箭搭在弓上，拉满弓，在洒落着红炭火的地板上游走着，转动身体，吹着口哨，似乎在寻找黑暗中的猎物。忽然间，她大叫一声，把箭射出。箭落在天花板上，咣咣作响。放下弓后，她又拿起长矛，先是用矛杆在地板上一下一下地敲打着，然后吹着口哨，用长矛寻找黑暗中的鬼怪，又是大叫一声，把长矛[380]掷到房间的某个角落。最后她又来到火炉前，拽出两根熊熊燃烧的木柴，并把两根木交叉并反复拉动，让炭火四射。如此这般，次仁或在屋内游走，或在人们面前制造“火星”；她走在这火红的炭火上，神色自若。

在踢倒一个事先准备好的桌子后，次仁把灯打开，回到法座上，击打着鼓。这时，信众会在她的前面跪下，向她问问题，她用一种特殊的腔调唱着回答，此时据说回答问题的是附于次仁体内的堪布瓦山神。亡者在阴间的状况似乎是比较热门的问题，虽然修修玛村的尼玛从不参与咕汝堪卓玛的仪式，但在一次仪式上，其亡母托言说她转世为女孩了，要他为她多挂经幡，点酥油灯，并要保持房屋的干净。有些神谕也很有意思，比如三天之内不能经过某地，要绕道而行；不能穿别人的衣服；今年内不能杀牛；别人给的东西不

次仁与主人一起观看铜锅中的青稞图案　2015 年

在“赤”环节中，次仁用青稞碗加持受益者　2015 年

能要，也不能给别人东西；遇到有人吵架，不要过去看热闹等等。

0：40　开始“拉”环节，次仁击鼓诵经之后，祈请哈玛神，但也有人说是其他神灵。女主人双手合十坐在次仁前面的矮柜前，附于次仁体内的哈玛神一开始似乎对女主人不满，脚踢矮柜，这时有两个妇人上前，帮女主人说好话求情，说道：我们只有这样的条件，虽然差了一点，但已经是竭尽全力供养您了，请您不要太在意。之后，次仁用鼓槌的顶端挑起一串事先放在矮柜上的珠宝串，给女主人，并让她戴上，又分别给她羌达彩箭与一束塑料花，让她抱于胸前，唱诵着给女主人的“神谕”。

1：45　开始“拉达”环节，次仁击鼓诵经，祈请神灵拉迦·旺布坚参的降临。然后在助手的鼓声中，先是向四处撒着青稞，口中叫道“嗦韩”，再把拉达盘依次放到人们头上加持，其过程与米玛的“拉加”盘加持过程差不多，只是多了鼓声。

2：40　开始“夏呀”环节。有人说此时附体的是颇拉，但也有附体为夏本或精灵楠秘的说法。在次仁的法座前又摆上一个矮柜，放上数个柱那盘与一个瑟内盘。矮柜旁的卡垫用青稞撒出吉祥图案后，男主人身穿白色藏袍，双手合十，坐在上面。次仁给每个仪式参与者的头上贴片酥油后，盘腿坐在法座上击鼓诵经，祈请神灵附体，助手把挂鼓的绳子解开后，她拿起鼓，边击鼓边诵经走到矮柜前，绕着主人与矮柜转了一圈，之后把鼓交与助手击打，她右手托着柱那盘，左手托着瑟内盘，唱诵着经文，代表神灵将手中的盘赐予男主人。又拿起长弓与箭筒，唱诵一番后，赐予男主人。之后，次仁拿起点燃的煨桑炉，在男主人的身上转绕一下，用桑烟清净男主人。把煨桑炉放下，次仁右手拿起供台旁边的古瓦壶，跳完一段“神舞”后，把壶上的苞谷叶酒塞拔开，把壶里的酒倒入左手手心，用嘴吸入后，对着男主人喷了三下，再按逆时针方向对着每个人喷洒三下，炉灶及屋内的角落也要喷三下。回到矮柜前，次仁又对男主人与祭坛用嘴喷酒，然后躬身站到男主人前面，唱诵经文，双手不停地摆上摆下，没拿古瓦壶的左手手掌不停地摇动着，又或是转着身子，前进或后退，双手不停地舞动着。突然间，次仁走到措盘前，用力地拔出里面的颇拉箭，把它递给随之站了起来的男主人，由他抓着颇拉箭上的哈达，跟着她绕转矮柜。此时，有几个男青年，快速地抱起措盘、柱那盘及瑟内盘，他们和着次仁念的咒语[381]，口中也“嗦韩、嗦韩”地叫着，并紧跟在次仁与男主人后面一起绕转。之后把矮柜收到祭坛边上，再把措盘、柱那盘及瑟内盘放到上面。跳了一段神舞之后，次仁把古瓦壶放到原处，坐在法座上休息。

4：10　开始“赤”环节，次仁击鼓诵经，然后双手举着供台上的青稞碗，把它放到两位妇女的头上进行加持，其他男人也如此操作。之后用羌达彩箭对着抱青稞碗的妇女们进行加持，这与其他仪式上的赤匈碗加持环节如出一辙。当然，仪式之后对青稞碗的解读也是必需的。

4：35　开始次仁玛环节，有人说此时为珠峰长寿五姐妹中的老大扎西次仁玛附体。次仁左手击鼓，长柄鼓由助手抓着。接着，她抓起帕桑坎巴草唱诵经文，此坎巴草可抵挡鲁神对仪式举办方家庭成员及牲畜的侵犯。把坎巴草给主人后，次仁继续念诵着经文，右手不停地向四面八方抛掷青稞，再右手握着长柄鼓，左手握着鼓槌击鼓，对着祭坛唱诵经文，然后走下法座，用贲巴壶加持众人及喷洒清净场地。

5：20　仪式结束。

第九章　喇嘛及其仪式

喇嘛是陈塘夏尔巴对他们的一种宗教及其法师的称谓，与普通意义上的喇嘛有所不同。陈塘的喇嘛可以结婚，不脱离世俗生活，平时与常人一样参加生产劳动；举行仪式时，着僧衣（有时也不穿僧衣）为信徒祛病禳灾、增福添寿。有喇嘛说，其他地方的高僧大德学习修炼佛法不能留下血脉，陈塘喇嘛不仅可娶妻生子，而且逝后投胎转世的情况也是很好的。在财产分配上，按惯例，喇嘛会分得比其兄弟多的财产。

相对于洛苯和堪卓玛，喇嘛有活动场所伟萨确林寺，接受民宗部门的管理与认证，“寺内有僧人 2 名”[382]，如今编制在册的是拉巴丹增与达娃两人。不过陈塘夏尔巴认可的喇嘛远超此数，据不完全统计，1981 年时，有 12 位[383]喇嘛，2009 年为 4 位；2013 年为 6 位；2017 年为 8 位。2018 年有一位喇嘛车祸去世，如今陈塘人认可的喇嘛只有 7 位，分别是拉巴丹增（冲巴的哒咕瓦小茹居）、达娃（冲巴的嘛呢崩巴小茹居）、达琼罗布（冲巴的哒咕瓦小茹居）、扎西（冲巴的嘛呢崩巴小茹居）、米玛扎能（冲巴的哒咕瓦小茹居）、吉巴（梯格巴的孔玛小茹居）、拉加（梯格巴的向令啊小茹居）。从 2018 年喇嘛的茹居可以看出，梯格巴与冲巴茹居都可以成为喇嘛，以冲巴茹居为主。在冲巴茹居里，又以哒咕瓦与嘛呢崩巴小茹居为多。相对于洛苯法师的快速增长（从 1980 年 16 人，到 2013 年的 44 人），近年喇嘛人数虽有增长，相对于 1981 年的 12 人，其人数是减少的。

喇嘛的传承有师徒相授及血脉相传。伟萨确林寺的堪布拉巴丹增于 14 岁时师从其父，后再拜边巴喇嘛为师，在他们的指导下，学习经典，闭关修行。而今年 33 岁的达娃则在 7 岁时师从爷爷边巴喇嘛，在尼泊尔基玛塘卡的扎西确林寺

吹“甲铃”唢呐的喇嘛　2015 年

藏历六月初四，信众们在伟萨确林寺前广场举行歌舞荟供　2013 年

闭关深造。其学习的过程与洛苯相似，也是从学习藏文开始，掌握经典；与师傅一起参与仪式，熟悉仪轨；闭关修行，直至成为陈塘夏尔巴认可的喇嘛。

其经书既有手抄的，也有印刷的，念诵的经文多与洛苯不同。有喇嘛说洛苯最重要的神灵，如颇拉、堪布瓦、喜布达等也是他们祈请的神灵。但也有不同之处，乌金咕汝（莲花生大师）是为其最重要的神灵，其次为无量寿、金刚手、四臂观音、文殊菩萨、度母、多吉普巴、淌金 · 多吉林巴、桑东玛等神灵。此外，拥 · 帕母多吉（ཡུམ་ཕག་མོ་རྡོ་རྗེ།）[384] 及拥·措姆那姆（ཡུམ་མཚོ་མོ་ནག་མོ།）[385] 也是仪式中重要的祈请对象，她们各有 108 个头，能杀害任何的厉鬼恶灵。

在宗教法器或法物上，金刚铃、金刚杵、金刚橛、长柄鼓、火梭、羌达彩箭、赤匈碗、拉达盘等与洛苯基本上相同。也有与唢呐相似的甲铃（རྒྱ་གླིང་།）、海螺号（དུང་།）[386]、达玛茹鼓、胫骨号筒（རྐང་གླིང་།）[387]、朵玛、拉侣锝（ཟླ་སྒྲུད་མདོས།）、阻垛（གཙུག་གཏོར།）等不同的法器。

相对于洛苯用糌粑捏成不同的形状，而且只摆放在一个平面上的简单的朵玛，喇嘛的朵玛讲究复杂。有的朵玛与藏传佛教寺院的“酥油花”

一样，先按仪轨制作出各种形状，然后贴上混有红、黄、蓝等颜色的不同形状（以桃形为多）的酥油片，再高低错落地摆放在祭坛上。有时制作好的朵玛要插上对应的绘有佛像或本尊的扎嘎利，代表或象征着佛或本尊的加持。

拉侣锝似为洛苯的玛米锝与拉侣的混合体：也置于方形竹筐之内，其四边插有缠着丝线贴上酥油的竹条；中间插着一根将决坎巴草，周边放置有各种绿叶；锝的内部要放入朵玛、弓、箭、两块用黑炭绘着简单的男女图案分别代表男女的羌普木板及一个缠着五彩丝线的木质纺锤。

阻垛的形制与洛苯的却炯法物基本相同，附于阻垛上面的神灵为桑旺明巴拉、措卓白玛等二十一个度母，她们通过阻垛加持信众，在仪式中焚毁后，能带走信众身上所有的污秽、病痛。插在阻垛上的白伞，也可以阻挡小人的恶言乱语。

每年的藏历六月初四，所有喇嘛都要到伟萨确林寺举行帕杰然松（བར་ཆད་ལམ་སེལ།）仪式，它有三个环节：一是“主巴次喜”，诵经纪念佛祖初转法轮；二是“塔金古夏”（དར་ཆེན་སྐུ་བཞེངས།），因为此日也是莲花生大师的诞辰[388]，要诵经祈请莲师，相传当天大师会来到陈塘，告诫陈塘的山神、土地神等神灵，不要欺负陈塘的老百姓，要给大家带来好的福运等等；三是“望果堆金”（འོང་སྐོར་དུས་ཆེན།），它相当于藏族的望果节，祈请神灵保佑庄稼获得好收成，避免恶劣天气如冰雹、大风、暴雨对它们的破坏。当天，所有喇嘛在寺院里制作朵玛，吹起海螺号、甲铃，击打长柄鼓，摇动金刚铃与达玛茹，挥动金刚杵等法器，按仪轨念诵各种经文。仪式完成后，信众们在寺庙广场举行歌舞荟供。

在平时，喇嘛们或各自为政，或两两联合举行各种仪式，如为亡者超荐的觉做、亡古、颇瓦等仪式，如赤鲁查旺（ཚེ་སྒྲུབ་དྲག་དབང་།）长寿灌顶仪式，如祈请莲花生大师加持的拉米古令（བླ་མའི་སྐུ་རིམ།）仪式等等。据说最困难或者说最特殊的仪式是“烘坚”，它举行的背景是人死后化成赞（བཙན།）或厉鬼。为了降服及消除它对陈塘带来的各种危害，就会举行此仪式。仪式上需要两名道行高深的喇嘛，把酥油、白酒、菜籽油及糌粑混合在一起做成朵玛，借此吸引厉鬼来到屋内，之后把屋子的门窗全部关严实，把灯关了，并把厉鬼引到（或依附在）特制的木偶上，再把此木偶焚毁。据说，这时屋内伸手不见五指，阴森恐怖，黑烟滚滚，让人透不过气，呼吸困难。

伟萨确林寺及喇嘛的传承

喇嘛唯一的宗教活动场所——伟萨确林寺曾经被毁坏，恢复于 1982 年。定结县政府提供的资料上说 :“贯彻中发（1982）19 号文件，由国家财政先后拨款 79450 元，加上群众集资筹劳，恢复了扎西群培寺、贡巴强寺和陈塘拉岗等宗教活动场所。批准了住寺 18 名喇嘛从事宗教职业，以寺养寺，改变了‘文革’破四旧以来全县无一座寺庙，信教群众无宗教活动场所的状况。”资料中的陈塘拉岗即为伟萨确林寺。

2010 年笔者曾在伟萨确林寺内对已故去的边巴喇嘛进行采访，下文是当时的记录 :

伟萨确林寺十分普通，与周边的民房没有区别。它坐落在镇政府的大门前面，之前我们每一次进出政府时，都要从寺门口经过，可是就没有发现这紧锁着门的房子竟是一座寺院。寺庙门前有一个巨石，上面经常坐满了晒太阳的夏尔巴，有老有小，有男有女。在巨石与寺院之间竖有一根旗幢，上面的经幡已褪成白色，破旧不堪，它旁边有块一人高的石碑，上部刻着日月的图案，日月下面是三个藏文咒语。

边巴喇嘛　2013

边巴喇嘛是伟萨确林寺中最年长的喇嘛，寺里的钥匙由他保管。老人家头戴老式的瓜皮帽，梳着康巴式的尾梢缠有红绳的辫子，脖子上挂着念珠，明黄色的衬衣外面套了件油亮油亮的红色抓绒夹克。他赤着脚，拄着拐杖从家中赶到寺院为我们开门。老人家得了一种病，双手颤抖得厉害，没有一刻是静止的。

伟萨确林寺有两道门，内门上装饰着铜皮，门框上还有彩绘，透露出一丝威严。可打开门以后，里面空空荡荡，犹如一处民房。边巴喇嘛坐到最里面的卡垫上，等待我们对他的采访，他面前的桌子上布满厚厚的灰尘，让桌面变成怪异的白色。他十分健谈，有时为了加强语气，还用手指敲打桌面，让上面的尘土飞扬。

翻译成汉语的内容始终十分简单，尤其是出现宗教术语的时候，坐在边巴喇嘛老人家面前，面对着尘封的历史却不得其门而入。采用这样困难的交流方式，周围是空荡荡的布满灰尘的环境，让我感觉像是一场梦游，而不是在做采访。

陈塘的喇嘛平时在家中娶妻生子，生产劳作，与老百姓一样，78 岁的边巴喇嘛也如此。他膝下有两个女儿和一个儿子，5 个孙子辈的后代，可谓子孙满堂。陈塘解放后一直没有进行民主改革，所以老人在‘文革’的时候并没有受到冲击。伟萨确林寺据说有 700 年的历史了，资料上关于它的教派有多种说法，有人认为是萨迦派的，有人认为是宁玛派[389]的，不过老人说他们现在对外称为格鲁派，在内部，说是“桑阿巴”。

“桑阿巴”是一个陌生的名词，是否是西藏

喇嘛与家人　2015 年

手持插着扎嘎利朵玛的喇嘛　2015 年

宁玛派一种叫“阿巴”密咒师的夏尔巴称谓？边巴喇嘛介绍，寺内原先供有莲花生大师像、观世音菩萨像，还有一个叫定巴仁波切的上师像。所有这些现在都不存在了，只有自治区民政厅发的三尊释迦牟尼像孤零零地坐在角落里。原先寺中还有一些经书，被淋湿后，就放在寺院的阁楼上。除了每年的藏历六月初四寺院要举行最重要的仪式之外，边巴喇嘛与其他喇嘛（其中一个是他儿子）平时是不到寺院的，一些常用的法器和佛像都在家里放着。

在其他地区，喇嘛的身份会给僧人披上一层神圣的外衣，而在陈塘，它与其他宗教人士处于平等的地位。喇嘛们更多地体现了世俗化、平民化的概念。

如今的寺院堪布喇嘛拉巴丹增介绍“桑阿巴”为萨迦派的一支。其在陈塘的传承如下：萨迦寺的仁钦·贡桑多吉传于朗章喇嘛；他传于益西喇嘛；益西喇嘛传白玛喇嘛；白玛喇嘛传智古喇嘛；智古喇嘛传喇嘛朗加；喇嘛朗加传于两兄弟（喇嘛丹萨及喇嘛将曾）；兄弟俩又传于如今居住在尼泊尔基玛塘卡村的喇嘛达娃。

这样算下来，从朗章喇嘛到现在的喇嘛达娃，喇嘛已经传承了七代，若按一代人以 20 年计，共计 140 年，所以伟萨确林寺的历史不超过 200 年。相传朗章喇嘛在陈塘传法时，受到了很大的阻碍。他从萨迦经定日到达陈塘境内，先在温泉曲真玛的朋曲藏布上方，修了一个叫乔康（ཇོ་ཁང་།）的小寺院。不久，陈塘夏尔巴在乔康附近进行“刀耕火种”，不小心把它烧毁了——由于温泉曲真玛附近没有耕地，周边为传统的狩猎场所，所以不能排除是故意烧毁的可能。朗章喇嘛为此与陈塘夏尔巴打官司，赢得了三张金叶子（有人说是三个金章嘎[390]）的赔偿。他用这笔钱在陈塘镇修筑了伟萨确林寺，然而不久，有人把寺中值钱的贵重物品全偷了。受此影响，传法不顺的朗章喇嘛离开陈塘去尼泊尔，当他走到主康拉之时，给陈塘夏尔巴下了个诅咒——无论如何辛勤劳作，陈塘人也只能在温饱线下，穷困潦倒。然而他又发现陈塘的贡巴拉神山是“无量寿佛”的化现，因此陈塘夏尔巴都比其他地方长寿。朗章喇嘛最后到达尼泊尔弘传佛法了，所以喇嘛拉巴丹增认为：“尼泊尔邦多的佛法也是从中国的萨迦经陈塘传过去的，后来因为划定边界，从而中断了联系。”这个传播路线是：萨迦寺→陈塘伟萨确林寺→尼泊尔邦多。

不过朗章喇嘛也终于让“喇嘛”在陈塘落地

生根了，并传承至今，在陈塘镇与那塘村都有相传与他有关的遗迹。喇嘛信徒的印记也随处可见，走在陈塘去修修玛村的羊肠小道上，就不时能见到信奉喇嘛的信众去世后，家人为其积攒功德而修缮路面所立的“功德碑”。如陈塘镇的公共养猪场下面的路是个叫布达里的妇女亡故后由其家人修缮的，有一块石头刻着“嗡、啊、吽”三字真言及她的名字。过了养猪场，有一块刻着“六字真言”咒语的石头，咒语旁边的藏文提示这段路由 2016 年亡故的叫“加参”的老人的后辈为其修缮的。

图中的藏文记载了“喇嘛”的信徒亡后，亲友为其修路以积攒功德 2015 年

喇嘛达娃认为，伟萨确林寺的历史要比朗章喇嘛还早，为宁玛派的桑阿巴（རྙིང་མ་གསང་སྔགས་པ）。达娃说宗颠顶（བཙོམ་ལྡན་འདས།）上有佛祖释迦牟尼，传法给四个像兄弟一样的人，最后形成了四个派别：格鲁派、萨迦派、宁玛派、噶举派。陈塘喇嘛就属于宁玛派，其传承源自定结县萨尔乡的普贵寺（དྭག་སྤུང་།）[391]。除了朗章喇嘛是定日宗的宁玛派寺院纳索拉康（གནས་སོ་ལྷ་ཁང་།）的僧人之外，他修筑伟萨确林寺的故事与拉巴丹增的版本大致相同，他去尼泊尔阿龙河流域传法后，在尼泊尔基玛塘卡地方修了吉玛塘寺，在当塘玛姆地方修了巧龙卡学寺，这三个地方的佛法是一样的。其传播路线为：定结普贵寺→朗章喇嘛→伟萨确林寺→吉玛塘寺→巧龙卡学寺。喇嘛达娃还介绍说，朗章喇嘛出走后，西藏的噶厦政府有意接管伟萨确林寺，就派人到陈塘，并问如今陈塘还有没有僧人学得佛法，能否主持此寺院？寺院中的僧人达娃琼达曾患天花，治愈后虽行动不便，但还是写了一本讲述念诵《般若波罗蜜多心经》各种益处的经文，那人见后，只好作罢，此经文如今还保存在伟萨确林寺内。普贵寺的僧人也介绍说陈塘喇嘛的法脉是从此寺传过去的，当时去陈塘传法的僧人都是有大法力的密咒师，一般人从普贵

那塘村相传为朗章喇嘛出资所刻的嘛呢石刻　2017 年

寺到陈塘要走三四天，而他们只需半天就可到达。若从桑阿巴能娶妻生子的角度来考虑，似乎陈塘喇嘛为宁玛派传承更为合理。

据介绍，西藏和平解放之前，由于害怕受到不公正的待遇，伟萨确林寺大部分老经书、古旧精美的佛像及法器都搬迁到尼泊尔境内的阿龙河流域及其他地方，相传珠峰北坡下的绒布寺也藏匿有一些。所以现在喇嘛举行大型仪式时需要的某些特殊法器，都要越境去尼泊尔那边借过来。2012 年，国家拨款 60 万，对伟萨确林寺进行修缮改造，所以从 2015 年后，它就以金碧辉煌的面貌耸立在镇政府的旁边，不仅寺顶修成高规格的镀金瓦顶，寺内也画有色彩鲜艳的壁画。寺内正对着大门的藏式佛龛里面安放着萨迦上师、文殊菩萨、释迦牟尼、无量寿等佛像，另三面墙上绘有萨迦五祖、莲花生大师及数位坐佛。

喇嘛的仪式

陈塘夏尔巴常说：“喇嘛希瓦，洛苯扎布”，大意为在仪式上喇嘛动作慢幅度小，而洛苯动作快且狂野。下面介绍喇嘛的出关、赤鲁查旺及拉米古令这三个仪式。

出关仪式

如洛苯一样，闭关静修也是喇嘛修行的一种重要方式，其入关与出关，信众都会自发性地迎送。2015 年 3 月吉巴、达琼、拉加等四个喇嘛在尼泊尔基玛塘卡村的扎西确林寺[392]向寺主达哇喇嘛学习超荐亡者的相关仪轨，进行历时一个月的闭关，回到陈塘后，信徒们自发地组织了出关仪式。

由于是从尼泊尔徒步过来，中间要经过“乌布其”中尼友谊桥，所以闭关的喇嘛们到达的时

出关的第三天，有所有闭关者都参与的集体“出关”仪式　2015 年

间比预期晚很多。欢迎的人们拿着森玛酒、白酒及哈达等候在达谷玛的亭子里，观察着基玛塘卡与陈塘之间漆黑的山体，当看到一队人马打着火把及手电筒在山体上穿行时，信徒们开始激动起来。二个小时后喇嘛们快到达亭子时，人群沸腾了，唢呐吹起来，长柄鼓击打起来，整个场面热闹且嘈杂。

四位喇嘛都戴着红色蓝边的尖顶法帽旺夏（དབང་ཞྭ།），身穿黄底镶绛红衣衽的上衣与绛红色僧裙，右耳都戴着一个特殊的称为“查隆”（དྲག་སྲུང་།）的青稞耳环。此耳环用蓝线串着五粒青稞及几片圆形的布块，据说可防止麻风天花等传染病。到达亭子后，喇嘛们右手握金刚杵，左手摇动着金刚铃，站成一排念诵经文，与此同时，信徒们依次上前向他们敬献哈达，妇女们不停地把酒碗送到他们嘴里，向他们敬酒。

离开达谷玛后，在进自家房屋前，吉巴[393]喇嘛先来到压有其先祖杀死的野人及纳嘎水怪头骨的石块旁，举行一个小型的仪式。此仪式可让野人及水怪的鬼魂不能出来危害陈塘夏尔巴。围在石块旁的几位

出关者戴的“青稞耳环”，据说防止麻风天花等传染病　2015 年

喇嘛向信众抛洒混有“梅朵占巴嘎”的青稞　2015 年

男子持各种物品：有擎茹居旗的；有手捧燃着桑烟的煨桑炉的；有一手捧森玛酒、一手捧颇羌酒醪的，还有钹手、鼓手及唢呐手等人。妇人们则站在更外边的田地上观望。吉巴右手握金刚杵，左手摇动金刚铃，念诵着经文，在钹、鼓、唢呐声中，围绕着石块跳起了“神舞”，依次把森玛酒与酒醪洒向石块后，结束仪式。

回到家中，吉巴先是跳了一段类似羌姆的神舞，再接受家人的庆祝——主要还是无穷尽地喝酒。第二天，吉巴家中还要举办一个隆重的出关仪式。他把放在闭关处的朵玛及其他圣物与糌粑混合，为信徒们制作称为“赤鲁查叱”的朵玛。此朵玛装在写有主人名字的碗中，由一个顶端贴着酥油的锥形朵玛及周围数十个圆形小朵玛组成，

喇嘛吉巴为出关仪式的参与者分发“赤鲁查旺”朵玛碗　2015 年

喇嘛吉巴及在他家举行的出关仪式　2015 年

此圆形小朵玛数量以 108 个为最佳。此朵玛有闭关的法力及无量寿佛的加持，有长寿祛病强体之功效，在仪式结束后，由信众带回家分食。

制作好的赤鲁查旺依次摆在吉巴法座前面的矮柜上，他身穿僧衣，头戴旺夏法帽念诵着经文。前来参加仪式的信众都会带着一个粮食盘，摆在放着赤鲁查旺的矮柜上后，密密麻麻地坐在地板上。吉巴先是左手握着金刚杵，右手摇动羌达彩箭诵经，然后再左手摇着金刚铃，右手持赍巴壶诵经，不时有人上前讨要赍巴壶中的圣水，他来者不拒，一一给予。之后他走下法座，右手握金刚杵，左手摇金刚铃，身后跟着两位手上拿有赤鲁查旺碗的男人，吉巴按碗上的名字，把它递到其主人手中。递交此碗时，须先从碗里拿出一颗圆形小朵玛放到其主人手里，再把碗送出去。

送出赤鲁查旺碗后，吉巴左手摇金刚铃，右手握着金刚杵及羌达彩箭，把手上的法器一一放到信众的头上、肩上加持，然后回到法座休息。此时有男子棒着一大盘赤鲁查旺，把上面的圆朵玛分给没有赤鲁查旺碗的其他人，还要拿着吉巴加持过的一瓶森玛酒，倒一点到信众的手心中，由其享用。

出关的第三天，吉巴及一起闭关的喇嘛还要参加一个仪式。它由一位老喇嘛主持，先在室外摆一个矮柜，上面放着两个插有扎嘎利的与却炯相似的红色朵玛，还有放置着法器的青稞盘、贲巴瓶等物品。信众围着矮柜在其三侧盘腿而坐，鼓手、钹手、唢呐手也是必须有的，他们站在矮柜旁击打着乐器。

先是由老喇嘛为信众的眉心点上些许红颜料[394]，再由一位喇嘛端着一盘青稞，与他一起走到人群中。老喇嘛右手握金刚杵与金刚橛，向人群中抛撒青稞。此青稞混有“梅朵占巴嘎”[395]，若能捡到它，会带来好运气。所以老喇嘛抛撒的时候，身体灵巧的小孩子都会跑过去抢。

由闭关的喇嘛分别跳一段类似羌姆的舞蹈后，老喇嘛再握着他们的金刚橛跳一段神舞。之后，老喇嘛左手摇着金刚铃，右手握着金刚杵，摇动羌达彩箭，给每个信徒加持。最后用插着扎嘎利的红色朵玛给大家加持后，仪式结束。

赤鲁查旺仪式

赤鲁查旺仪式可理解为无量寿佛灌顶仪式，与洛苯的堆垛仪式一样，也是个由众多信徒参加的仪式：当仪式举办者确定举办时间后，其他人带上一点供养就可以参加。整个仪式耗时三天，需由却香巴、叫翁则的诵经师与喇嘛一起举行，还需一位铜钹手、两位鼓手两位甲铃手及数位帮工。

喇嘛拉巴丹增用哈达给信众编“金刚结” 2015 年

仪式开始的第一天，喇嘛与帮工们须制作大量的朵玛：有些朵玛须按仪轨贴上圆形、水滴形或弧形的酥油片，有的酥油片上还要再贴上黄、红、蓝等色的小酥油片；有些朵玛要几个合在一起，放在盘子上，上面插着不同的扎嘎利——这朵玛一共有四种，其中三种扎嘎利的造像分别是

装在碗中的赤鲁查旺及放在佛龛上的朵玛　2015 年

喇嘛用插着无量寿佛扎嘎利的朵玛给受益者加持，左上角的翁则抱着羌达彩箭摇着金刚铃　2015 年

在仪式现场，举办方的阿亚向所有人致谢　2015 年

无量寿佛、莲花生大师、马头明王，还有一种最为复杂，其中间一排从上到下分别是蓝色身形的大鹏金翅鸟、金刚手菩萨、蛇，两侧分别为红、黄身形与白、绿身形的大鹏金翅鸟。制作好的朵玛分数层摆放在佛龛上，其中插有扎嘎利的朵玛都摆放在最上层。此外还要在信众送过来的碗内制作赤鲁查旺朵玛及为仪式主要受益者制作数个赤匈碗。

仪式的第二天为喇嘛与翁则诵经师念诵经文。最精彩的为第三天下午在室外进行的环节，当喇嘛在屋内诵经时，帮工须在屋外的空地上，面对着西方摆上两个藏柜，下面放置卡垫，前面置数根厚木板，后面用竹席围出屏风做隔断，并在竹席中央挂上无量光佛的唐卡。之后，把插有扎嘎利的朵玛搬出房外面对西方摆放在藏柜上，再把赤鲁查旺碗搬出来放在藏柜前的木板上。最后在藏柜上摆数瓶森玛酒、泡有藏红花的白酒、插在木座上的被哈达围住的马头金刚橛等物，仪式的现场才算摆放完毕。

喇嘛与翁则在乐手们的伴奏下来到仪式现场并在藏柜后的卡垫上就座。他们的左侧是乐手，右侧坐着仪式举办方的家人，其前面坐着面对着他们信众。场地上还有两位类似于“铁棒喇嘛”的手持竹条的秩序维持者。

帮工依次为所有的仪式参与者的眉心点上红颜

料后，两位喇嘛起身跳了一段类似羌姆的舞。之后，他们回到座位上，帮工把赤鲁查旺碗一一递给其主人。喇嘛又左手摇金刚铃，右手握着金刚杵及羌达彩箭，来到仪式参与者旁，把手上的各种法物一一放到他们头上、肩上加持。之后，帮工拿着藏柜上的森玛酒与藏红花白酒，来到仪式参与者中间，把酒依次滴在他们手中，让他们饮用，再由三个帮工在空地上跳一段令人发笑的舞蹈，其他帮工再把特意多制作的装在纸箱中的赤鲁查旺朵玛分给现场的其他观众。这期间，不停地有人给喇嘛磕头，敬献哈达。

不久，观众散去，有一部分仪式参与者面对着喇嘛表演着夏尔巴歌舞，其他帮工把藏柜上的物品搬回屋内并按原位放好后，喇嘛右手握金刚杵左手抱羌达彩箭，与右手握金刚橛左手持金刚杵的翁则从法座上走下来，跳了一段法舞后回到房内。此时，屋内已坐满了仪式参与者，喇嘛先在法座上就座，翁则再两手抓着斥热围巾向佛龛鞠躬顶礼，把斥热围巾搭在肩上，跳一段法舞后，坐到喇嘛右侧藏柜下的法座上。仪式进入休息时间。

帮工把赤匈碗搬到喇嘛法座前的矮柜上，此矮柜上还有放着喇嘛法器的法器盘。喇嘛把插着

在仪式上同时击铜钹及鼓的“却香巴” 2015 年

无量寿佛扎嘎利的朵玛拿到矮柜上，再戴上四方形的门扎夏帽（མན་དྲ་ཞྭ་མོ།）[396]，左手摇着金刚铃，右手挥动羌达彩箭念诵经文。当喇嘛把羌达彩箭递给翁则后，仪式举办方的受益者穿上藏装或布列孔当，依次来到左手抱着彩箭的翁则面前，由他在手上倒森玛酒或贲巴壶里的水[397]，受益者把它喝掉后，再来到喇嘛面前蹲下。喇嘛左手摇着金刚铃，右手先是拿起插有无量寿佛扎嘎利的朵玛

在受益者头上肩上加持，再拿起此人的赤匈碗，在其头上加持后，送给他（她）。

之后翁则把羌达彩箭给喇嘛，喇嘛用它加持在其面前蹲下的主妇后，再把羌达彩箭给她。再由却香巴和着伴奏的乐器，右手握胫骨号筒吹了几声，开始在房内跳着胫骨号筒法舞，结束后，他向佛龛磕了几个头。（下面仪式过程因主人不允许记录，缺失）

拉米古令仪式

有喇嘛认为拉米古令（བླ་མའི་སྐུ་རིམ།）仪式又能称为咕汝·夏布颠，其中的咕汝是咕汝仁波切，即莲花生大师，所以此仪式可以理解为恭请莲花生大师加持及接受他的“神食”，但似乎大部分人包括喇嘛不这样认为。下面记录的仪式[398]因为笔者是在晚上9点钟才到达现场，所以只能从此时开始。

此时，喇嘛内穿着黄色衬衣，头戴四方形的门扎夏帽，盘腿坐在紧靠佛龛的藏式矮床的卡垫上。其前面放有一个矮柜，上面放着装有海螺、胫骨号筒、达玛茹鼓及青稞的法器盘，一个拉侣铒摆放在矮柜前面的地板上。他右侧的佛龛里摆着数十个朵玛与一盏点亮的酥油灯，左侧有助手盘腿与喇嘛一起坐在藏式矮床上，为他击打铜钹及鼓。因为击打铜钹需要双手，所以助手把长柄鼓悬挂在半空，并在鼓柄下面系一袋沙土，用以固定鼓面，这样他双手击铜钹时，也可用右手握鼓槌敲击长柄鼓。

喇嘛面前的矮柜前放有几个矮凳，上面摆着数个酥油灯点燃的柱那盘。矮凳与矮柜之间，放置有数个插着坎巴草的绵扎盘。矮凳的另一侧，摆着一个卡垫，上面有用青稞画着的雍仲符及一

“巴普”与“巴姆” 2015 年

个五个尖顶都贴着酥油的堪卓日阿（མཁའ་འགྲོ་སྣ་ལྔ་།）朵玛[399]。卡垫一侧的地上平铺着一条白色的哈达，它与矮凳平行，一端靠着卡垫，一端向房门的方向。在卡垫的上空，悬挂着一把打开的雨伞，伞沿挂有五条分别为红、黄、白、蓝、绿的五色哈达，向下垂着。有人说这雨伞上的哈达代表着五个方位的堪卓玛，叫堪卓日阿塔各（མཁའ་འགྲོ་སྣ་ལྔ་དར་ག）。

此时两个男女青年[400]分别扮成巴普、巴姆。巴普身穿藏袍，头戴宽檐帽，肩绕斥热围巾，手摇达玛茹鼓。巴姆穿布列孔当，右手握着羌达彩箭，左手举着煨桑炉。喇嘛念诵经文，左手摇着金刚铃，右手摇着达玛茹鼓。在急骤的钹鼓声中，巴普、巴姆走到门边，把身穿白色藏袍的男主人迎进屋。进屋后，男主人踩着哈达走到卡垫旁，把堪卓日阿朵玛拿起，坐到雍仲符上面。巴普摇着达玛茹鼓，巴姆挥动着羌达彩箭跟在男主人后面，男主人入座后，站在其身后。在钹鼓手及巴普的达玛茹的伴奏下，喇嘛摇动着金刚铃，吹数次胫骨号筒，再拿起金刚杵，念诵经文，有时也用金刚杵击打着金刚铃。这时，旁人把男主人卡垫旁的哈达收起，再放入一张卡垫，再由巴普、巴姆把男主人的两个儿子引进屋内，在此卡垫上盘腿坐下。

喇嘛摇动着金刚铃，念诵着经文，从法座上走下来，在男主人及其儿子的头上贴酥油后，又回到法座上继续着仪式。此时，有老者为男主人及其儿子的右耳夹上一支白色的鲜花。接下来是与洛苯及堪卓玛仪式类似的神灵赐予各种物品的环节，有人说此环节祈请的神灵是莲花生大师。此时，巴普左手捧颇羌酒桶，右手摇达玛茹鼓；巴姆左手捧瑟内盘[401]，右手握羌达彩箭，两人面对着男主人站在矮柜前。喇嘛念诵着经文，摇动着金刚铃，钹鼓手按他的节奏进行伴奏。先是由巴姆代表神灵把瑟内盘赐予男主人，巴普代表神灵把颇羌酒桶赐予男主人。接下来是巴姆赐予男主人嘎乌盒及手抄经书，巴普把海螺吹响，把它送到男主人的手中。

之后，巴普摇着达玛茹鼓，巴姆挥动着羌达彩箭站在男主人身后，钹鼓手从卡垫上走下来，把挂在雨伞上的五色哈达分别解下来，把白色的哈达挂到佛龛上，把黄、红、绿三色的哈达献给男主人，再把蓝色哈达系在羌达彩箭之上献给达达米诺参那神。巴普巴姆再回到矮柜前，放下达玛茹鼓及羌达彩箭，然后巴普抱起两桶颇羌酒，在喇嘛念诵完经文后，分别把它们赐予两位小孩，

喇嘛把“拉侣铎”上的丝线与受益者左手的无名指相连，并不停地滑动　2015 年

喇嘛用羌达彩箭加持女性受益者　2015 年

巴姆端着插有坎巴草的绵扎盘递给男主人。再后，喇嘛摇着金刚铃，挥动着羌达彩箭，在男主人头上加持一下，再把羌达彩箭赐予男主人。最后喇嘛端起放在祭坛上的瑟内盘，给两小儿，抛撒数次青稞后，结束这个代表神灵赐物的环节。

把矮凳及上面的物品撤下，在喇嘛的矮柜前再摆一张矮凳及卡垫，卡垫上面须用青稞撒出代表“东南西北中”五个方位的小青稞堆。这环节的受益者为仪式举办方的媳妇或女儿，她须穿上布列孔当，坐在卡垫上。喇嘛摇着金刚铃，念诵经文，对她抛撒青稞后，吹响胫骨号筒数声，再抱着羌达彩箭，左手摇金刚铃，右手摇动达玛茹鼓，念诵经文。把达玛茹鼓放下，拿起怀中的羌达彩箭，挥动着并念诵经文。站起身，把羌达彩箭放到摇着金刚铃的左手胳膊上，右手端起拉达盘，口中念念有词。然后走下法座，站在女子的面前，把右手的拉达盘换到左手，右手握着羌达彩箭，放在女孩的头上，念诵经文为她加持。再把左手的拉达盘换到右手，把它放到她头上。这时，拉达盘也要被顶在头上不能滑下，意味着神灵对她进行加持了。把拉达盘在女子头顶上放稳后，喇嘛把羌达彩箭递到她右手，回到法座上，左手持金刚杵，右手摇金刚铃，念诵着经文，一边向女孩撒青稞，一边回答女孩的问题。对于此女孩关于前途的问题，喇嘛回答说："你有好福气，要注意不要乱吃别人给的东西。"

把拉达盘与羌达彩箭放到藏柜的高处，开始抛拉侣锝的环节。有法师介绍说，在此环节中女主人将在金刚手菩萨的帮助下，带走不好的运势及身上所有的病痛。在矮柜前，置有一个上面放有一碗森玛酒的矮凳，矮凳一侧放有卡垫，女主人在卡垫上就座后，喇嘛摇动金刚铃诵经。此时，

取下宝伞，结束代表神灵赐物的环节　2015 年

在抛掷阻垛前，喇嘛需点燃火梭，并慢慢熄灭火梭　2015 年

有人把拉侣锝里面纺锤上缠着的五彩丝线解开，放到矮柜上面，然后喇嘛让女主人伸出左手，把五彩丝线套挂在她的无名指之上。喇嘛一边口诵经文，一边双手拿住丝线的一端，不停地打着绳结，又一一地把它们解开，最后一个绳节解开后，他上下拉动着绳子，让它在女主人的无名指上滑动一番，然后示意钹鼓手加快节奏。猛然间，他把绳子从无名指上拉出，马上缠绕在拉侣锝上的四根竹条上。

玛巴须马上抱着拉侣锝把它移到矮凳靠门边的一侧，然后用面粉撒出一条拉侣锝到房门的白色路线，此时喇嘛不断地抛撒着青稞。在强烈的钹鼓声中，玛巴抱着拉侣锝踩着白色的路线走出房门，他人立刻把门关住，并快速把这条白色的路线擦掉了。玛巴要把拉侣锝倒覆在喇嘛指定的地方，在倒覆前把里面的坎巴草拔出来，带回家插到门口，可阻挡鲁神的侵犯。

扔完拉侣锝后，由喇嘛手握羌达彩箭，依次赐予女主人瑟内盘；一个装在铜盘内贴有三片酥油的红色锥形朵玛，其各边都贴有一圈酥油；一件红色的衣服及布列孔当。女主人套上布列孔当后，向喇嘛询问她身上的病痛，他问答说，这病痛过几天就会好了，不要担心。

稍做休息，喇嘛吹起了胫骨号筒，开始了最后的抛阻垛环节。此时，有一个男子扮演上文安宅仪式上的武士，其茹居成分与装扮都与安宅仪式一样，他挥动着弯刀，配合着鼓点，口中叫道“嗦～，拉加啰”或“喔～哈，喔～哈”。在武士的叫声与钹鼓声中，喇嘛摇着金刚铃，念诵着经文。十多分钟后，长柄鼓被解下来，交由他人击打，喇嘛与双手击打铜钹的助手站起身，他左手拿着金刚橛与金刚铃，不停地摇动着，右手拿起一个火梭。念诵咒语后，再把火梭点燃。点燃的火梭并不像洛苯法师那样抛掷出去，而是让它慢慢地燃灭。与此同时，喇嘛须用左手握着的金刚橛的橛尖在火梭上刺着。火梭灭了后，他走下法座，拿起阻垛把它放到每个人的头上进行加持吸秽，再交给一男子拿着。然后，喇嘛左手握着金刚橛与金刚铃，走出屋外，后面跟着武士、鼓手、铜钹手、拿火把的、拿阻垛的等一干人马，来到与抛却炯相同的地方，把阻垛点燃，念诵经文，再把阻垛用力抛掷出去。整个过程与洛苯的抛掷却炯十分类似。

回去的时候，大家喊着“嗨Q，嗨Q，拉加啰”，意为“回家了，回家了，神胜利了”。

这声音在漆黑的喜马拉雅山谷中，并不会产生任何的回音。但他们认为，这声音能通达“三界”，它响彻几百年了，带着梦想与希冀，现实与魔幻，是喜马拉雅秘境生存中一剂心灵良药。

作者在仪式现场　2017 年

【田野纪实：仪式与节日】

要了解夏尔巴，其民间信仰的仪式是绕不开的，这些仪式不仅是功利及独特的，还充满着神秘色彩。对于让一个“来历不明”的汉族参与并拍照记录，大家都会有些顾虑，一是不知他带来是好运还是霉气，二是不知“生辰八字”相投与否，三是怕神灵不悦。这时能否进行记录，还需看仪式举办方与其阿亚楠玛的“思想觉悟”，或者说你的人品是否通过他们的考核。

如今拍仪式已经不是难事，若我在陈塘，有

些人举办仪式时还会特意通知我，若不去拍摄，还会让他们不开心。这其中的转变固然需要时间，其中的思量也特别有意思，第一，你不能喧宾夺主，要尽量地藏在仪式参与者的人群中，除了快门声，最好不要发出其他声音；第二是不能提额外的要求，比如2014年因陈塘的电灯瓦数普遍不高，为了更好地照亮现场，我带了一些200瓦的灯泡，要求仪式举办方换此灯泡，有人说这么亮的灯泡与他们熟悉的环境不一样，最终没换成；第三是尽量不要改变现场氛围，比如在拍摄时闪光灯是绝对禁止的，法师在神灵附体时，被突如其来的强光照射，神灵可能会受到惊吓；第四是

第一次让作者融入的夏呀仪式现场　2015年

夏呀仪式上的堪卓玛　2015

放低心态，以前的我常认为，我在记录夏尔巴快要消失的文化，他们应给我一些便利或照顾，其实这是种带有优越感的高高在上的自以为是的狗屁想法，夏尔巴才不要一个说着福建普通话的外来者打破他们的宁静。

第一次让我感到融入的是一个夏呀仪式。那是个下雨天的晚上，仪式正在房边的田地中举行，为了让仪式顺利进行，帮工们特意用塑料布搭了个帐篷，挡着雨水。雨点很大很密，落在上面发出嗒嗒的声响。这塑料布只能挡住头上的雨，脚下的田地被法师及里外忙碌穿行的人弄得十分泥泞，但这些并没有阻挡仪式的进程。

当时堪卓玛站在持鸡者的后面，拿着镰刀与蒿草，“癫狂”地念着听不懂的梵呗，在这仪式上，蒿草能除掉污秽之物，而镰刀代表着“斩断”的力量。随后，在她的指示下，持鸡者用刀背砍鸡背，一大串鲜血从鸡的口中喷出，这代表主人身上的“楠备”也随鸡血喷出。有堪卓玛认为，驱赶“楠备”需要陈塘传说中的精灵“楠秘”，它一共有360种，存在于陈塘的山山水水之中，居无定所，又了无形象，绘画和玛尼石上都找不到它们的形象。而有位朋友认为，纵观仪式过程、脚本及藏文含意，“楠备”合理的解释可能为主人在轮回中产生的“业障”。

见此吉兆，人们拥向仪式中供奉的森玛酒，扒掉上面的苞谷叶，一边往嘴里灌，向人群中喷洒，一边围着祭台转圈，叫着“嗦行，嗦行”。持鸡者高举着鸡，任狂热的人们扯出翅膀上的羽毛，夹在右耳上。不知是谁，把一支羽毛插到我的耳

在夏呀仪式中进入“亢奋”状态的人们　2015年

边，希望作为外乡人的我也能得到护佑。

几圈过后，在人流的推搡下，堪卓玛来到坐在房屋中的主人面前，她的脸在酥油灯的照耀下呈现出圣洁的光彩。人们安静下来，听她毫无表情地用镇静的腔调“复述”着“神谕”:“头痛头晕是难免的，也是让人伤心的，无论如何，在三天内不能出门，你的命已交给了神灵，不会有事的。”

“精确及良好的谕示”让大家瞬间亢奋起来，带着更强烈的节奏，又喊叫着“嗦行，嗦行”，身体摆动的幅度让整个房屋都开始“震荡”。

突然，身处其中的我被人抓起，抛向半空，落下又被抛到半空，像在人群中上上下下的“波浪”里颠浮。这是一波又一波的“排山倒海”，充满灵敏的触觉与充沛的满足。抓抛我的那些手，有着野性的无尽的力量，我怕手里的相机掉在地上，于是求饶，在听到我越来越大的求饶声后，我终于落地了，坐在角落，虚脱一般。

这是至今我经历过的最狂野最“魔幻”的仪式，那是被夏尔巴兄弟们认可后的终极快乐。日子久了，想不到我也能成为仪式上的成员，2018年的一次拉薪仪式，有夏尔巴兄弟要求我作为拉薪仪式上的“武士”，为仪式助力。其实在陈塘的日子里，也多次充当“武士”，但那只是采访之余或走过路过时的“即兴”之举，如此正式、全程地作为仪式的“武士”，还是第一次。那天，诚惶诚恐的我换上他送我的印度棉麻藏式白衬衣，当我和着法师的鼓点，拘谨地与大家举着弯刀，摇着身体，晃着脚步时，一开始还有人取笑我，重复几次后，动作熟练了，有种说不清的感觉，我与他们产生了莫名其妙的联系，好似融合在一起了，成为一个整体，尤其在高举着刀，高声叫着“滴滴索索，拉加啰”时。

作者（右二）作为“玛米亚”为仪式助力　2018 年

对于一个汉人，那些颇拉、相拉与扎拉也在

眷顾我吗？我由此再也不拘泥于动作和步伐。在鼓声的引导下，我似乎看到远古的夏尔巴，那种天地两茫茫，独身一人四顾无他的无助，他只能依靠自己，依靠自己体内的神灵颇拉，不屈不挠地去面对生活中的艰难困苦。在孤舟式的生活中，这神灵与仪式是酒，带来狂热与迷幻，生存的信心、勇气及期盼。

尼泊尔最盛大的节日是德塞节，此节犹如中国的春节，举国同庆，热闹非凡，陈塘虽与尼泊尔的基玛塘卡村一水相隔，却没有过德塞节的习惯，但大家都知晓这个节日。

2016年10月，我徒步走完夏尔巴“生存圈”回到陈塘，“我那个朋友”多吉平措得知我要回拉萨，特意杀了一只大公鸡为我送行。多吉平措是陈塘著名的洛苯法师，多年来的交往让大家成为好朋友，每次见到我，他都会用粗糙得有点硌人的手紧抓着我的手，笑着的眼睛眯成细缝，然后说出他会说的唯一一句汉语，“我那个朋友”。可能他想说，我那个朋友，见到你很高兴；我那个朋友，你来陈塘了；我那个朋友，你好吗？他坚定地认为我的前世一定是个陈塘夏尔巴，甚至希望我能在陈塘定居，以免来回舟车劳顿。“我有地，你去盖，盖了的房子就是你的”，他要求朋友把这句话明确地转达给我。

洛苯多吉平措的眼睛　2010年

那时正是鸡爪谷的收获季节。收割此作物是一个极其烦琐，细致又辛苦的活儿，在风吹日晒下，用镰刀把谷穗一支支割下来，再放到用头部顶着背带的背篓内，若成熟的鸡爪谷被暴雨和大风，冰雹侵袭，当年的收成将所剩无几，所以还必须尽快采割，入仓为安。如今有些陈塘人因种种原因，或是赶时间，或是不想让自己太过辛劳，或是人手不足，在收割时就会请尼泊尔帮工。来陈塘的尼泊尔帮工大都为手脚麻利的年轻人，日工资人民币100元，按日现结，雇主需为他们提供三餐。其实不只是收割粮食，还有一些重体力活，如建房，打石头，背薪柴等，都会出现尼泊尔帮工的身影。很多陈塘夏尔巴老人对此十分感慨，都说以前我们去尼泊尔打工，世界变化太大了，如今尼泊尔人给我们打工，以前尼泊尔人看不起陈塘人，现在在共产党的帮助下，我们成为他们的老板了。多吉平措家中堆放杂物的侧室就住着三位来此打工的尼泊尔少女，都是他的远房亲戚。

多吉平措亲手为我们烹饪咖喱鸡，配上米饭是为陈塘一绝，这咖喱味道独特，是尼泊尔亲友特意为他配制的。饱餐一顿后，宾主吸着鸡爪谷酒在朋友的翻译下，有一句没一句地闲聊着。这时，三位少女收工后吃饱了饭叽叽喳喳地回来了，见到正厅有客人，吐了一下舌头，都回到侧室的床上嬉闹了。很快，房中就弥漫着一股特殊的异味。朋友说，这些尼泊尔人又没洗脚了，虽然他们都穿着人字拖，但脚底奇臭无比，有时比猪圈还臭。

聊着聊着，一个身材矮小，穿着短裤凉鞋的尼泊尔男子走进房里，态度恭敬地向多吉平措说了一大通话。原来今天是尼泊尔的德塞节，他过来向多吉平措问好。

今天过节，那为什么不热闹一下呢？于是，从小卖部扛了一箱拉萨啤酒与几瓶白酒，就在多吉平措的家里与尼泊尔人进行德塞节的联谊了。

在陈塘过德塞节的尼泊尔帮工　2016 年

刚进来的尼泊尔男子多才多艺，甚至在不需要酒精的帮助下，表情夸张地跳了段迈克·杰克逊的一段“太空步”，赢得了大家的一片笑声。喝了几口拉萨啤酒后，他再接再厉，不仅表演各种霹雳舞、机器人舞，还唱起藏歌和尼泊尔流行歌。有些听到房里热闹的路人，也来到屋内火塘边，一起享受这难得的热闹时光。

多吉平措叫洗好脚的少女们过来，一起参加“聚会”，叫了几次后，她们才怯怯地过来，坐在火塘对面的藏式卡垫上，表情生动地看“表演”。在再三要求下，她们终于唱了几首尼泊尔民歌，这民歌感觉与陈塘民歌相似，因为大家都是夏尔巴呀。

在最后，多吉平措为我唱起吉祥的“雅各”，这歌曲一般只在陈塘夏尔巴新年的时候吟唱，朋友说，在歌曲的最后，他加了祝我父母吉祥如意，祝我一路平安，身体健康，不要过得太累，自在一点的内容。是的，那段时间我的确比较焦虑，有点抑郁，也不知语言不通的朋友是如何看穿我的内心状态的呢?

回去的时候，朋友介绍说，尼泊尔人的德塞节就如汉族春节一样，大家都要回家团聚，这个节日要过10天，今天是第6天，节日最后两天要杀牲祭祀，大户人家杀牛，中等人家杀猪，最穷的人也要杀一只鸡。而这些节日期间在陈塘打工的尼泊尔人想必也是为了能让家人更体面地过好节，所以选择了放弃团聚。

朋友开玩笑地说 :“投胎在贫穷的尼泊尔，生活不容易呀。还是共产党好呀，关心我们夏尔巴；现在的尼泊尔政府不行，没有能力，所以人民也过得差”，朋友感慨地说道，我也深以为然。

附录一：陈塘大事记

750年前兴建萨迦南寺时，从陈塘境内的萨基塘伐取木材。在陈塘夏尔巴语境中，那时他们还没有定居在陈塘。

约300—400年前，尼泊尔夏尔昆布的一群夏尔巴在“爷爷”甲本嘎玛的带领下，沿阿龙河上溯，因打猎发现陈塘，开始定居于此，形成了陈塘夏尔巴的梯格巴茹居。之后，一群来自康德格地方的人群，在头人多吉玉登的带领下，辗转来到陈塘、慢慢定居下来，形成了冲巴茹居。梯格巴与冲巴彼此尊重，相互通婚，并延续至今。

200年前，为了抵御尼泊尔廓尔喀军队的入侵，清中央政府在陈塘周边修筑了一些防御工事，陈塘夏尔巴也受到了影响。

130年前，陈塘归定日县卡达豁卡管理。

约100年前，土豆传入陈塘。

1957年，陈塘夏尔巴暴力抗税，杀死卡达豁卡的收税官强本尼玛顿珠。

1961年，陈塘划归定结县管辖。

1962年，“中国—尼泊尔联合划界团”划定了中尼边境有争议的地段，中尼边境正式划定。

1970年，政府对陈塘公路实行勘测，拟出了公路走向和“进行投资概算”。1975年发生特大泥石流，公路被完全冲垮，公路建设被暂停。

1971年，人民解放军进驻陈塘，行使管辖权，开始履行保卫祖国边疆的神圣使命。

1973 年成立中共陈塘区委，1975 年建立陈塘区政府，没有建立人民公社。陈塘是西藏日喀则地区唯一的没有经历真正意义上的民主改革、人民公社的一个边境地区。

1984 年，成立陈塘乡人民政府，1989 年被划入珠峰国家自然保护区，2002 年撤乡设镇。

2001 年，国家再度投入巨资重修到陈塘的公路，2011 年修至藏嘎村。

2017 年 1 月，第一辆汽车开到陈塘镇。

2017 年 3 月，陈塘镇入选第二批中国少数民族特色村寨。

2018 年 6 月，藏嘎村到陈塘镇的水泥路修通，陈塘全面通车指日可待。

2019 年 1 月，陈塘镇入选第七批中国历史文化名镇。

附录二：仪式图集

夏尔巴人婚礼

①迎亲人“玛觉巴”在过独木桥

②孔桑仪式

③给新郎送上玛巴柯达竹箭

④新娘收礼现场

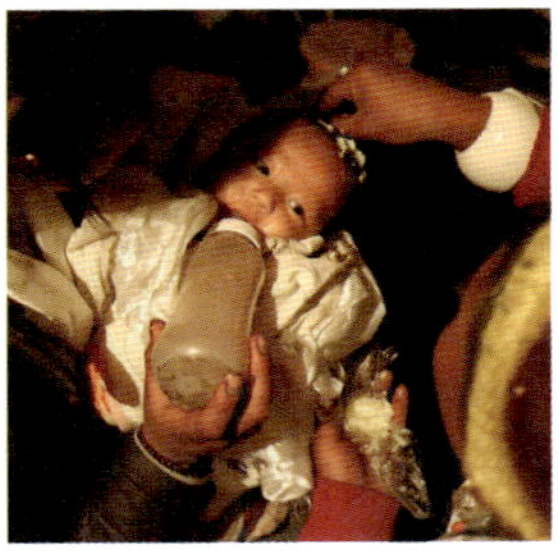

⑤给婚前所生的子女贴酥油

⑥姑姑驻着竹杖与新娘及迎亲人一起往新郎家走

⑦拉吉玛仪式

⑧新娘进门之前，其婆婆对其进行招“恰”与“央”

⑨扎西玛各仪式

⑩新娘头上的“山”字形酥油

* 本组照片来自两场婚礼仪式，拍摄时间分别为 2015 年 2 月及 2017 年 2 月，详细介绍见正文第 157 页 - 175 页。

神灵赐食的夏呀仪式

①夏呀祭坛一角，与拉薪仪式十分相似

②玛米亚在法师侧挥动着武器，口中叫着“索和，拉加啰”

③在神灵赐食环节中，洛苯法师给武士侧的人倒一点贲巴壶里的水

④驱赶楠秘之后，堪卓玛在给仪式受益者宣说神谕

⑤途布、相布、明沃等人用弓挑祭坛上的羊腿

⑥途布右手握着挑下来的羊腿，带着天兵们绕转祭坛

⑦射“扎岗”之前，洛苯带着玛本等人一起绕转祭坛

⑧洛苯把经他“加持”过的弓箭交给途步，由他来射“扎岗”

⑨洛苯用铜锅加持男主人

* 本组照片来自 2015 年 3 月及 2018 年 12 月举行的两场夏呀仪式，详细介绍见正文第 309 页 – 323 页。

驱鬼焚垛的堆垛仪式

①拉苯祭祀鸡

②洛苯法师在仪式中点燃火梭

③展舞环节的敬酒

④在放置"夏本锝"环节中，法师用贲巴壶加持信众

⑤在安置"堪布瓦锝"时，法师向外抛掷火梭

⑥在赤垛赤匈碗加持环节，法师手持金刚橛诵经

⑦从赤匈碗中得到好兆头的开心妇女

⑧作出各种打斗动作的“替死鬼”

⑨垛坚、拉侣等法物搬出屋外后，在焚毁前需找个空地进行最后的“调伏”

⑩拔出“垛坚”上的两根竹箭，一根射向尼泊尔方向，一根射向草垛

* 本组照片来自三场堆垛仪式，分别拍摄于2014年1月、2015年2月及2017年4月，详细介绍见正文第323页-346页。

兴盛家族的哈玛仪式

①拉苯祭祀鸡

②仪式开始后，洛苯击鼓抛掷青稞

③在“夏呀”环节之前，法师跳起法舞

④在“夏呀”环节中，堪卓玛代表神灵赐“瑟内盘”

⑤驱赶“楠秘”环节

⑥跳“哈玛洛”舞的男子

⑦放置哈玛锝时，右手摇羌达彩箭，左手托着“五台山”面团铜盘的主妇

⑧安置堪布瓦锝也需途布、相布及两位女性的帮助

⑨驱鬼环节中被“打败”了的“替死鬼”

⑩焚毁垛竖时的“玛本”

*本组照片拍摄于 2015 年 12 月，详细介绍见正文第 346 页 - 347 页。

咕汝堪卓玛巴姆的“桑”仪式

①堪卓玛巴姆在“夏布颠”环节中，“引”进屋的是洛本法师

②堪卓玛巴姆被“堪布瓦”附体

③堪卓玛巴姆被“堪布瓦”附体

④亡者通过巴姆的身体回答亲友问题，激动的亲友紧紧抱住巴姆

⑤堪卓玛巴姆在“夏呀”环节中，代表神灵给受益者赐“柱那盘”与“瑟内盘”

⑥巴姆在“夏呀”环节手持古瓦酒瓶在受益者前舞动

⑦在“夏呀”环节中，巴姆拔出“措盘”上的“颇拉”箭，带领家持物绕转矮柜一圈后，又把各式物品放回原处

⑧解读青稞碗所显示的“卦相”

* 本组照片拍摄于 2015 年 2 月，此仪式相关详细介绍见正文第 373 页 - 381 页。

附录三：主要受访者

多吉平措：1955年生，比塘村村民，其茹居为梯格巴的贡布日松巴。有多种身份：藏医、制帽师、裁缝及洛苯法师等，是民间组织“陈塘镇洛苯联合会”的会长。其父扎西次仁是陈塘的著名人物，人称“陈塘扎西”，曾为陈塘治疗骨伤最好的藏医，他自1976年开始在定结县统战部工作，1990年病逝于任内。

笔者在调查中受到他无私坦诚的帮助，虽然言语不通，但每次见面时，他那句雷打不动的第一句问候语：“我的那个卓布（好朋友）”，总是让我体会到兄弟般的厚爱。

尼玛泽仁：1973年生，修修玛村村民，其居为茹梯格巴的贡布日松巴。20岁小学毕业后被林芝地区的武警部队招为内卫。三年期满复员，在拉萨建设银行当保安，后回陈塘当代办员、承包小工程、做小生意。娶尼泊尔籍老婆后，一起贩卖来自尼泊尔的首饰、工艺品及犏牛等，曾利用家里的一楼开了个小卖部。现开垦有荒地逾两亩。

昂给：1975年生，比塘村“参根加姆”组村民，其茹居为冲巴的嘛呢崩巴。藏文好，常在婚礼或其他仪式中担任记账师。曾在陈塘中心小学当老师，后辞职。本书中的藏文即由他撰写。

尕米：1943年生，比塘村参根加姆组村民，其茹居为冲巴的嘛呢崩巴。1985年陈塘撤区建乡时，被选为陈塘乡第一任乡长。20世纪八九十年代，在他的大力劝说下，陈塘的婚礼进行了一些简化。

尼玛桑姆：1981年生，尼泊尔王国人，其茹居为冲巴，出生于距陈塘徒步二天路程的尼泊尔堪得巴日县塘木区乡地方。

朗嘎：1964年生，塘村村民，其茹居为冲巴的优领巴。陈塘国家级非物质文化遗产《陈塘夏尔巴歌舞》的传承人。

拉旺：1969年生，比塘村村民，其茹居为梯格巴的向令啊。

石达：1999年生，比塘村村民，其茹居为梯格巴的向令啊，摄影爱好者。

米玛：1976年生，比塘村村民，其茹居为梯格巴的贡布日松巴。为陈塘居必堪卓玛法师，6岁开始师从老师“阿必次次”，收有徒弟边巴。

拉巴：1978年生，比塘村村民，其茹居为冲巴的基姆参玛，具有丰富的野外狩猎经验。

拉巴丹增：1972年生，沃雪村村民，其茹居为冲巴的哒咕瓦。他出身于喇嘛“世家”，14岁开始学经，现为伟萨确林寺的堪布。

巴桑：1986年生，沃雪村村民，其茹居梯格巴的龙牧马。2010毕业于河北师范大学，是为陈塘第一代大学生，现供职于陈塘镇中心小学。

边巴：1991年生，比塘村村民，其茹居为梯格巴的差巴江玛，为居必堪卓玛法师。

彭松：1952年生，那塘村村民，其茹居为梯格巴的贡布日松巴，居必堪卓玛法师。

巴桑：1976年生，比塘村村民，其茹居为梯格巴的差巴江玛，是位洛苯法师。

塔杰：1952年生，修修玛村村民，其茹居为梯格巴下的贡布日松巴，是位洛苯法师。

吉阿：1940年生，沃雪村村民，其茹居为梯格巴的龙牧马。洛苯法师，和平解放前有去尼泊尔的邦多、堪得巴等地打零工的经历。

次仁：1980年生，修修玛村村民，其茹居为梯格巴的向令啊，是位咕汝堪卓玛法师。

拉加：1958年生，那塘村村民，那巴茹居，当了多年的陈塘镇镇长。

云丹诺布：1953年生，比塘村村民，其茹居为冲巴的优领巴，为陈塘夏尔巴嘛呢戏传承人。

边巴：1932年生，比塘村村民，其茹居为冲巴的嘛呢崩巴，是位喇嘛法师。

普琼：1946年生，萨里村村民，其茹居为梯格巴的孔玛，为打死野人的宗巴旺久的第九世孙。

洛坚：1944年生，藏嘎村村民，其茹居为梯格巴的贡布日松巴。1977年，参加了自治区党委、自治区革命委员会组织的一个由边境少数民族组成的参观团，赴内地参观学习，那是陈塘夏尔巴第一次以代表的身份去首都北京参观。

多布吉：1949年生，定日县曲当乡优落村村民。是卡达豁卡最后一任秘书“冲英”的后代，藏族。

热丹：1927年生，定结县日屋镇人。藏族。

阿旺洛丹：1950年生，男，定日县扎西宗乡人，绒布上寺僧人，藏族。42岁出家后，一直在绒布上寺修行。

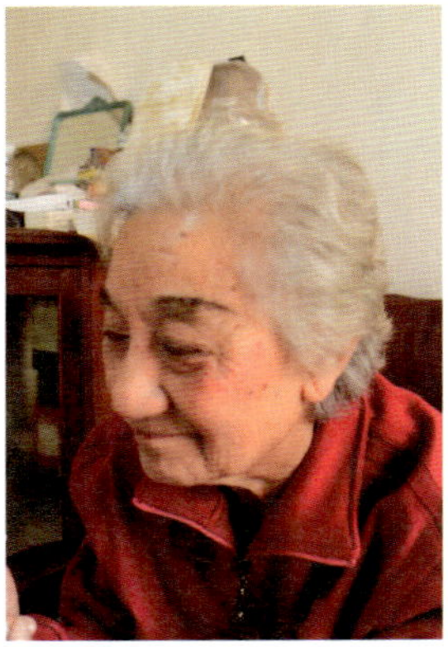

陈乃文：1933年生，汉族，退休前供职于中国社会科学院民族学与人类学研究所，藏学学者。1980年夏至1981年秋，她与张国英先生受中国社会科学院的委派，对陈塘夏尔巴进行了细致的调查。

刘光福：1952年生，土家族，重庆市石柱土家族自治县人。1972年12月应征入伍，曾在驻西藏日喀则定日县长所、定结县日屋、岗巴原部队戍边，计16个春秋，历任战士、排长、政治指导员等职务。

附录四：专有词汇藏汉对照及释义

本专有词汇中的藏文撰写者为比塘村的昂给先生，大部分宗教用语经过相关法师的确认，由于陈塘夏尔巴的口音比较重，且有些读音在汉语中找不到对应的词汇，故汉语音译难免出现偏差，敬请读者留意。

A

阿必玛 ཨ་པི་མ།：陈塘夏尔巴种植的一种鸡爪谷品种。

阿吉帮根吉玛 ཨ་ཅི་སྤུང་དགོན་རྩི་མ།：地方神灵，为山神亚云巴的女儿。

阿妈拉拉 ཨ་མ་ལ་ལྷ།：小儿久病后，进行帕差玛差仪式后，对“新”母亲或干妈的称谓。

阿玛垛玛 ཨ་མ་གཏོར་མ།：为参加仪式的人员提供饭菜及进行分配的女性帮工。

阿玛羌玛 ཨ་མ་ཆང་མ།：为参加仪式的人员管理酒类比如添加酒醪及开水的女性帮工。

阿让白酒 ཨ་རག：用粮食酿造的高度酒。

阿让觉就 ཨ་རག་བསྐྱལ་རྒྱུ།：陈塘夏尔巴婚姻习俗的提亲环节。

阿桑巴智 ཨར་ཟང་ཐ་གྲུ།：尼泊尔产的一种蒸馏白酒的工具。

阿亚 ཨ་ཡ།：陈塘夏尔巴内部只限于同一小茹居及兄弟茹居内部的一种特殊的“帮扶”关系，也只限于男性之间。

阿亚楠玛 ཨ་ཡ་ནང་མ།：为当事人最重要的阿亚，阿亚楠玛只有一个，与当事人为叔侄，其权力与责任最大，主要协调各种关系。

阿亚琦玛 ཨ་ཡ་ཕྱི་མ།：为当事人相对次要的阿亚，可由一人或多人担任。

阿龙河 ཨ་ལུང་གཙང་པོ།：朋曲藏布在尼泊尔境内的英文名称。

阿干巴日 ཨར་ཁམ་པ་རི།：产自尼泊尔的一种辣椒。

阿必 ཨ་པི།：奶奶，是对年老妇人的尊称。

阿必吉巴 ཨ་པི་སྐྱིད་པ།：陈塘夏尔巴第一个咕汝堪卓玛。

阿古 ཨ་ཁུ།：即叔叔。

阿妈流仁 ཨ་མ་ནུ་རིན།：新郎在婚礼上送给其岳母的表示感恩之意的一桶酒。

啊领巴 ཨོ་རིམ་པ།：旧时陈塘管理机构的一种职务，其职能类似于治安协管，任期为一年。

爱嗦朴姆 ཨད་ཟོར་ཕོ་མོ།：陈塘洛苯法师的野牦牛咒角法物，有两只，分别为5岁公、母野牦牛角制成，有法师说角内装藏有仁钦达鲁、密咒纸片、珠宝饰品、高僧圣物等。

B

巴当 སྦ་ཏམ།：位于嘎玛藏布的上游，海拔约4350米，为珠峰东坡下的高山营地。

巴尔嘎 སྤར་ཁ། : 用白纸或藏纸在俗称“巴嘎”的木雕印板拓印出来的符咒，有各种功能，以防御与抵挡为主。

巴韩啊 པ་འང་ང་། : 特指一种在陈塘夏尔巴民间信仰中用来驱赶不洁物“楠备”的公鸡。

巴若 ཟ་རོ། : 指以前陈塘的富人家庭。

巴沃钦布 སྤ་འོག་ཆུ་སྤུག : 瀑布名，为陈塘民间信仰中的重要神灵。

巴沃桑贝咕汝 སྤ་འོག་ཚངས་པའི་དགུ་རུ། : 比塘村的神山。

巴沃塔各 པ་འོག་དར་ག། : 比塘村每年藏历十月初八举行的一种祭祀巴沃钦布的仪式。

巴普 པ་བུ། : 男性，在仪式上助力，把举办者家中的病秽及不好的都带走，带来好的运势及生育等等，根据仪式的不同，对年龄要求也不一样，但都必须父母双全、身体健康。

巴姆 པ་མོ། : 女性，在仪式上助力，把举办者家中的病秽及不好的都带走，带来好的运势及生育等等，根据仪式的不同，对年龄要求也不一样，但都必须父母双全、身体健康。

白热白玛 དཔེ་ར་པད་མ། : 比塘村的传统火葬点。

班・多吉许努 དཔལ་རྡོ་རྗེ་ཞུ་ནུག : 从图案分析，为藏传佛教宁玛派尊崇的马头金刚。

班学瓦 སྤོང་ཞུ་བ། : 陈塘民间传说中的恶人，是为梯格巴茹居的死敌。

邦典 སྤང་གདན། : 为藏族妇女喜爱的系在腰间的饰品，用各色细横条纹的氆氇制成的布块。

邦多 དཔང་རྟོག : 尼泊尔地名。

邦给巴 སྤང་སྐྱིད་པ། : 陈塘镇的传统火葬点。

邦锦梅朵 སྤང་རྒྱན་མེ་ཏོག : 花名，其生命力顽强。

爆楠备 ཁྲག་ཉམ་པ།(ཁྲག་རྣམ་དཔེ།) : 为一种存在血管中的不洁或不好的物质。

陂加巴 བོད་སྐྱ་པ། : 茹居名，指古时从尼泊尔基玛塘卡迁徙到那塘村的尼泊尔人。

孛酒 ཟད། : 指陈塘夏尔巴的一种特殊的喝酒方式。

贲巴壶 བུམ་པ། : 也叫礼瓶或净水瓶，是陈塘各类法师的重要法器。

本布 དཔོན་པོ། : 特指镇政府与村干部及其家属，也包括护林员等人员。

苯波 བོན་པོ། : 信仰苯教的人，苯教是先于佛教的西藏本土宗教。

必垛 སྤྱིར་ཏོག : 陈塘镇地名，其山形神似人的头部。

必薪 པིད་ཤིང་། : 指吸鸡爪谷酒的吸管，一般用竹子制作。

闭关 མཚམས་སྒོ། : 夏尔巴称为仓果，它是指法师独居一处，根据要求静心修法，不与任何人交往，满一定期限才外出的修行方式。

勃地拉 སྤོ་རྡི་ལ། : 尼泊尔与中国的边界，嘎玛藏布的南边，为两国人民的传统通道。

博洛巴 སྤོ་ལོག་པ། : 把鸡爪谷酒醪放在锅中加热后再饮用的酒。

布列孔当 སྤུ་རས་གོང་ཐང་། : 指成年女性的一种白色棉麻制长袖无领长衣，多在仪式时穿着。

比塘村 པི་ཐང་།

C

擦擦 ཚ་པར། : 它是指一种用凹型模具捺入软泥等材质，再压制成型脱范而出的模制泥塑，是为藏传佛教的一种方便的修行法门。

擦隆 ཚ་ལྡུང་། : 为亡者修筑的塔形建筑，其内部装有用亡者骨灰制成的擦擦。

参根加姆 བཟང་སྟོམ་སྐྱིག་མོ། : 比塘村下的组，位于中尼边境上。

参兑 ཚེ་མདུད། : 用哈达编出的金刚结。

仓康 མཚམས་ཁང་། : 闭关修行的房子。

茶其姆 དུ་ཆེན་མོ། : 修修玛村的传统火葬点。

查曲玛 ཚ་ཆུ། : 温泉名，如今汉族多称其为九眼温泉。

查曲美隆加姆 ཚ་ཆུ་སྨན་ལེན་རྒྱལ་མོ། : 查曲玛的温泉神。

差巴江玛 ཚོད་པ་ཅན་མ། : 陈塘夏尔巴梯格巴茹居下的小茹居。

斥热围巾 ཚོས་རིས། : 藏语称为“整匝”。它是一种长达两米有红白相间条纹的大围巾，宽近一米，棉麻制，两端饰有缀有小穗。

赤 ཚེ། : 在夏尔巴语境中，有生命、生命力、甘露等意思。

赤巴查垛 ཚ་པ་དྲག་རྟོག : 伟萨确林寺南面的一巨石名。

赤巴美 ཚེ་དཔག་མེད། : 即无量寿佛，为西方莲花部的怙主。

赤本尼 ཚེས་པ་གཉིས། : 指年节多罗洛萨的十一月初二。

赤得拉 དྲིལ་ཏ་ལ། : 尼泊尔与中国的边界，在廓让遗址的南面，为两国人民的传统通道。

赤垛 ཚེ་གཏོར། : 用糌粑捏制的一种法物，顶上捏有拉嘉神鸟。

赤嘎瓦 ཚེ་ཀ་བ། : 赤垛法物的一部分。

赤几 ཚེས་གཅིག : 指年节多罗洛萨的十一月初一。

赤嘉 ཚེ་བྱ། : 拉嘉神鸟在赤垛中的别称。

赤烈林 ཁྲི་ལན་གླིང་། : 陈塘镇地名，上有洛苯闭关修行处。

赤日 ཚེ་རིལ། : 赤垛法物的一部分

赤匈 ཚེ་གཞོང་། : 陈塘民间宗教中的一种装在碗中的法物，常与赤垛法物一起使用，可占卜受益者的运势福祸等情况。

赤鲁查旺 ཚེ་སླུབ་དྲག་དབང་། : 陈塘喇嘛一种用糌粑制成的法物，也是一种仪式的名称。

赤内 ཚེ་ནས། : 法师在仪式中抛掷出来的“吉祥青稞”。

赤各 ཚེ་གོས། : 经仪式加持后的布列孔当长衣或藏袍。

冲英 དྲུང་ཡིག : 记账师。

楚鲁塘卡 གྲུ་ལུ་ཐང་ཁ། : 为陈塘夏尔巴冲巴茹居下的小茹居。

次久 ཚོ་ཆུ། : 神山名，位于珠峰东坡，相传莲花生大师在此修行过。

次仁玛 ཚེ་རིང་མ། : 陈塘夏尔巴民间信仰中的一个女性神明。

措盘 ཚོ། : 陈塘夏尔巴民间信仰中的一种重要法物，用一个竹盘或木盘装不同粮食做的饼子，根据不同的仪轨，再放入其他物品。

措凶 མཚོ་གཞོང་། : 在仪式中，用糌粑捏制成女性的生殖器，然后在上面放块酥油，是为鬼神进入坛城的通道。

长柄鼓 ཟ་། : 是为洛苯、喇嘛及咕汝堪卓玛最重要的法器之一，有相连的木手柄与鼓体两部分。手柄常雕刻有精美图案，鼓体直径约 50 厘米，鼓框上绷着牛皮，用交叉的绳索缝在木框上将鼓面固定。

陈塘 འདྲེན་ཐང་།

陈塘却吉颇章 འདྲེན་ཐང་ཆོས་ཀྱི་ཕོ་བྲང་། : 尼泊尔人对陈塘的一种尊称，有尊贵法师的住所之意。

冲巴 ཁྲོམ་པ། : 陈塘夏尔巴的二大茹居之一，相传自康德格之地迁徙至陈塘。

查隆 དྲག་སྔང་། : 陈塘喇嘛戴的一种用蓝线串着五粒

青稞及几片圆形布块的耳环。

D

哒咕瓦 སྟར་ཀུ་བ། : 陈塘冲巴茹居下的小茹居。

达巴 སྟག་པ། : 红皮桦树，为男性的“神树”。

达巴甲布 སྟག་སྔོར་རྒྱལ་བུ། : 萨里村的神山名。

达布利箭 ལྡེབ་མདའ། : 仪式中使用的一种箭头宽平的竹箭。

达东 མདའ་དོང་། : 箭筒。

达多萨山 རྟ་རྫོག་ས། : 神马山，位于修修玛村内。

达嘎热索 སྟར་ཁ་དྲུག་ཟོད། : 陈塘镇中心的小广场。

达谷玛 རྫིག་དགོང་མ། : 陈塘地名，位于陈塘镇南侧。

达甲就 མདའ་རྒྱག་རྒྱུ། : 表演藏戏嘛呢时的一种动作名称。

达孜 མདའ་རྩེད། : 年节多罗洛萨时举行的射箭比赛。

达玛茹 ཌ་མ་རུ། : 一种类似于“拨浪鼓”的藏传佛教法器。

丹巴塔觉 བསྟན་པ་དར་ལྕོག : 藏戏嘛呢表演时，制作的嘉赦器物的最中央系的哈达竹竿。

单面钹 ཤང་། : 夏尔巴语称“向”，为洛苯法师最重要的法器之一，也是苯教特有的法器。

当塘玛姆 གདམ་ཐང་དམར་མོ། : 尼泊尔地名。

得赞玛 བདུད་བཙན་མ། : 夏尔巴民间信仰中的一种女性神。

锝 མདོས།(རྫོས) : 灵器，供施代替品。用彩线绕成或用糌粑捏成日用品、牲畜、房屋的摹似物。用以供神者称为上供灵器，用以布施鬼类者称为下施灵器。

底吉瑟金 ལྡིབ་ཆད་གསེར་སྐྱེམས། : 一种给神灵“献新”的仪式。

底学 བདུད་ཤོས། : 神灵的一类随从。

第夏 ཐིག་ཤ། : 把牛宰杀好后，分给帮工的包括膈肌、脾、肾、肝、肺、心及肉的谢礼。

点酥油 སྨོ་ལམ། : 樟木夏尔巴婚礼中为新人贴酥油祝福的仪式。

东雄浦 སྟོང་ཤོང་ཕུག : 陈塘地名。

董钦 ར་དུང་། : 藏传佛教的一种铜质法器及乐器。

堆垛 དུས་གཏོར། : 由全体洛苯法师在藏历新年前举行的一种重大仪式。

顿布 ལྡུམ་བུ། : 神灵的一类随从。

多吉林啊 རྡོ་རྗེ་གླིང་ང་། : 白土豆名。

朵炯 གཏོར་ཆུང་། : 在垛坚法物内放置的一种朵玛，共有 21 个。

多罗洛萨 གཏོགས་ལོ་ལོ་གསར། : 陈塘夏尔巴的一个年节，在藏历十一月一日进行，为最早的年节。

多吉玉登 རྡོ་རྗེ་འོས་ལྡམ། : 带领冲巴茹居从康德格迁徙到陈塘的头人。

朵格儿 འདུ་དཀར། : 一种外方内圆的形制中写满经咒的坛城唐卡。

朵玛 གཏོར་མ། : 是糌粑与酥油混制而成的锥状物，依所供奉的神灵类型，用不同的方式对它进行着色与装饰。它们可以当作祭品、抚慰怨敌的供品和某些神灵能量的依处等。

垛坚 གཏོར་ཆེན། : 意为大的重要的朵玛，它的主体为牛魔王，在仪式的最后，它将被降伏并焚烧。

垛令 རྡོ་རིང་། : 一种刻有经咒的石碑。

垛期鲁 རྡོ་ཅི་རུ། : 一种仿珊瑚的红色料珠。

大蒜税 སྒོག་ཁྲལ། : 古时卡达豁卡向陈塘人收取的一种税差。

得踢树皮 འདས་ཐག : 做藏纸的一种原料，用它制成的白绳是仪式上的一种用品。

底箭 ཐིལ། : 仪式中使用的有尖锥铁制箭头的竹箭。

定拉帕赞卧鲁 སྟེང་ལྷ་བར་བཙན་འོག་ཀླུ། : 陈塘夏尔巴的三界观，意为拉神在天界，下界为鲁神，中界为赞鬼。

E

二牛抬杠 ཟ་ཐོང་གཉའ་ཤིང་། : 一种利用牛力进行耕地的生产方式。

F

法器盘 ཐིམ་གདན། : 夏尔巴语中称为迟垫，是为放置仪式上所需要的小件法器的铜盘。

方形木烤架 རབ། : 位于火塘上方的木烤架。

佛眼大佛塔 ཡམ་བུ་མཆོད་རྟེན། : 为位于尼泊尔加德满都市中心以东 8 公里的博达哈大佛塔，其白色覆钵上的方形塔四面都绘有巨大的佛眼，陈塘夏尔巴故称其为佛眼大佛塔。

蜂蜜税 སྦྲང་རྩིའི་ཁྲལ། : 旧时卡达豁卡向陈塘人收取的一种税差。

G

嘎过 སྐ་ཀོ། : 仪式名，有施救、救赎与治疗之意。

嘎乌盒 གཝུ : 也叫护身佛盒，具有私人佛龛的功能。

嘎玛藏布 སྐར་མ་གཙང་པོ། : 陈塘境内发源于珠峰东坡的一条河流。

嘎夏 ཀར་ཞྭ། : 为一种黄色圆盘式的帽子，拉萨藏语叫“宝垛”，西藏地方政府的官帽。

干楠备 ཀང་ནམ་པ།(ཀང་རྣམ་དཔེ།) : 为一种存在骨髓中的不洁或不好的物质。

格隆 དཀས་སྲུང་། : 家庭保护神，保护未成年孩子的神灵。

给涩巴 དགེ་བསམས་པ། : 洛苯法师在出殡之前为亡者举行的一种仪式。

贡巴拉 དགོན་པ་ལ། : 陈塘山名，陈塘镇位于其山体内。

贡布日松巴 དགོན་པ་རིགས་གསུམ་པ། : 陈塘夏尔巴梯格巴茹居下的小茹居。

贡萨 དགུན་ས། : 冬营地陈塘镇。

咕汝堪卓玛 གུ་རུ་མཁའ་འགྲོ། : 陈塘夏尔巴民间信仰的一种女性法师。

古日加机杰布 སྒོ་ར་སྐྱ་རྗེ་རྒྱལ་པོ། : 陈塘镇南侧一个刻有经咒的大石。

古瓦壶 གུ་བ། : 把干葫芦内部掏空后做成的盛酒器，为陈塘民间信仰中的重要法物。

郭觉玛 སྐོ་རྩོག་མ། : 即小雀瓜，原产地为南美洲和中美洲。

果塘啊 སྒོག་ཐང་ང་། : 茹居名，指藏嘎村中的祖先是从定结琼孜乡果塘地方迁徙过来的藏族。

根布 དགེན་པོ། : 古时陈塘管理机构的职务，为陈塘当地最高管理者。

根薪 དགེན་ཞིང་། : 旧时管理者根布的田地，享有特权，每年每户需派 1 人为其义务耕作。

耕作税 རྨོས་ཁྲལ། : 旧时卡达豁卡向陈塘人收取的一种税差。

噶羌 དཀའ་ཆང་། : 仪式上的一种酒，由村民自发送给仪式举办方。

H

哈达 ཁ་བཏགས།

哈玛 འ་མ། : 家庭保护神，为源自山西五台山的女性神灵，为家庭成年女性保护神。

哈玛洛 འ་ནྨ་གླུ། : 在仪式中，男性扮演哈玛神时所跳的舞蹈。

海螺手镯 དུང་སྒོར། : 它由白海螺制成，戴在右手，螺口朝身体，螺底向外。

黑袍法衣 ཆོས་གོས། : 洛茶法师的一种法衣。

嘿夏 ཧེ་ཤ། : 把牛宰杀后，分给隔壁邻居及亲朋好友的一盘肉。

《哈玛》འ་ནྨ། : 洛茶法师的一种手抄经本。

J

基玛塘卡 སྐྱིད་མ་ཐང་ག། : 尼泊尔地名，与陈塘一水相隔。

基姆参玛 སྐྱིད་མོ་ཚང་མ། : 陈塘夏尔巴冲巴茹居下的小茹居。

嘉赦 རྒྱར་ཟན། : 嘛呢藏戏中供养人制作的一个锥形物，上面饰有代表各种含义的物品。

甲本却甲 རྒྱ་དཔོན་ཆོས་རྒྱལ། : 把嘛呢藏戏从江孜传到陈塘的藏族人。

甲本嘎玛 རྒྱབ་དཔོན་སྐར་མ། : 带领梯格巴茹居从夏尔昆布迁徙到陈塘的头人。

甲嘎日 རྒྱ་ག་ར། : 位于贡巴拉神山的一个神灵，传说中陈塘镇被他所怀抱。

甲纳日吾增啊 རྒྱ་ནག་རི་བོ་རྩེ་ལྔ་། : 即内地五台山。

甲热 རྒྱ་རམ། : 在每年青稞将成熟之即，采青稞青禾编织成的一种装饰品。

甲铃 རྒྱ་གླིང་། : 即唢呐。

甲亦阿嘎则玛 རྒྱ་ཡི་ཨ་ཀར་རྫིས་མ། : 曲真玛的温泉神，意为来自远方的漂亮女人，相传其祖籍为尼泊尔。

甲意思达旺炯 རྒྱ་ཡི་རྩུད་ཐག་སྟོན་ཆུང་། : 即汉族的茹居名。

绛托 འཇང་ཐོ། : 在婚礼仪式中进行的新娘财产公示。

角嘎拉 རྒྱ་ག་ར། : 陈塘镇地名，上有洛茶闭关修行处。

将参彭琼 རྒྱལ་མཚན་ཕྱུང་ཆུང་། : 为下端去除枝叶只保留树冠的并挂有白色经幡杉木经杠。

将决 རྒྱང་མཆོད། : 给亡者送的 108 盏酥油灯。

交多拉 བརྒྱ་ལྟོར། : 是一个“平衡”朵玛盘的神灵。

交普 རྒྱལ་པོ། : 家庭保护神，为家庭成年男性保护神。

金刚杵 རྡོ་རྗེ། : 夏尔巴语称“多吉”，洛茶与喇嘛的重要法器。

金刚橛 ཕུར་པ། : 夏尔巴语与藏语中称“普巴”，洛茶与喇嘛常用的法器之一，下端为三棱尖状，上端装饰佛头或金刚，也称为独股三棱降魔杵。

久玛 སྦྱུ་མ། : 有“阿妈朵玛”之意，即为在仪式上做成男性生殖器（男根及两个睾丸）的羊血肠。

久薪玛 སྦྱུག་ཤན་མ། : 鸡爪谷酒的酒桶。

居必堪卓玛 བརྒྱུད་པའི་མཁའ་འགྲོ། : 陈塘夏尔巴民间信仰的一种女性法师。

吉拉 སྐྱེས་ལྷ། : 位于身体的一种神灵，分管生命力，也可称为生命神。

K

康德格 ཁམས་སྡེ་དགེ : 指如今的四川省甘孜藏族自治州德格县及其周边的一些地方。

卡达豁卡 ཁ་རྟ་ཞིང་ཁ། : 位于定日县曲当乡优落村内，旧时陈塘人须向其支税差。

卡纳郭夏措 ཪ་ནག་སྒོར་ཤ་མཚོ། : 次久山脚下的一个小湖，俗称眼睛湖。

卡淇 ཁ་ཆིས། : 与净化有关的一种仪式。

卡意内 ཁ་ཡི་ན། : 尼泊尔产的嚼烟。

开古所玛 ཁེ་ཁུར་གསུམ་མ། : 指陈塘夏尔巴婚姻习俗的定亲环节。

堪布瓦 གིན་སྤུ་བ།：陈塘民间信仰里的最重要神灵之一，既是山名，也指所有山神的总管。

堪布瓦锝 གིན་སྤུ་བ་ཡི་མདོས།：为祭祀给堪布瓦神的供品，有时也为其驻栖地。

堪布瓦神山 གིན་སྤུ་བ།：修修玛村的一座神山。

堪得巴日县 ཁ་རྗོ་པ་རི།：与陈塘接壤的一个尼泊尔县城。

堪隆玛 མཁན་ལུང་མ།：地名，位于陈塘镇东北侧，为婴幼儿的岩葬点

堪卓玛 མཁའ་འགྲོ་མ།：即空行母，意为以女性形象示现的天人，为陈塘的女性法师的尊称。

堪卓日阿 མཁའ་འགྲོ་སྣ་ལྔ་།：喇嘛仪式上制作的一种五个一套的朵玛，有五种堪卓玛分别驻于其内。

堪卓日阿塔各 མཁའ་འགྲོ་སྣ་ལྔ་དར་ག：指放在堪卓日阿朵玛上面的系有五色哈达的雨伞。

恳给 གན་རྒྱ།：即为婚姻的契约，是新郎及其家人对新娘的保证书或约定。

坎巴草 ཁེན་པག：白叶蒿。

孔定玛 ཀུང་ཏིང་།：地名，曾为伐木场。

孔玛 ཀོང་མ།：陈塘夏尔巴梯格巴茹居下的小茹居。

孔桑 ཀུང་བསང་།：在婚礼中举行的一种意为半天就能做完的仪式。

廓尔喀 གོ་དཀལ།：为尼泊尔的一个部落，建有廓尔喀王朝，于 1788 年和 1791 年入侵西藏。

廓让 གོ་ར།：古遗址，距日屋镇 3 公里，为古时防御尼泊尔廓尔喀人而修的工事。

可郭 གོས་གོག：在驱鬼仪式中，替死鬼所穿的黑山羊皮制成的衣服。

L

拉 ལྷ།：一般指位于天界对人类保持善意的那一类神灵。

拉苯 ལྷ་དཔོན།：在仪式中负责祭祀动物及沟通神灵的洛苯法师。

拉苯甲义特嘎 ལྷ་དཔོན་རྒྱ་ཡི་ཐོད་དཀར།：拉苯在仪式中所戴的一种用白色羊毛制成的特殊帽子。

拉卜羌 ལབ་ཆང་།：为婚礼中的一大桶插有竹条为新娘直系亲属专享的鸡爪谷酒。

拉卜则 ལབ་རྩེ།： 一种建筑，被认为是神灵尤其是拉神的居所。

拉章丁沃 བླ་བྲང་སྟེང་འོག：指旧时可以举行堆垛仪式的四户人家。

拉达盘 ལྷ་དར།：陈塘夏尔巴民间信仰里的一种法物，是为神灵拉迦·旺布坚参的暂驻地。

拉迦·旺布坚参 ལྷ་རྒྱལ་དབང་པོ་རྒྱལ་ཆེན།：陈塘夏尔巴民间信仰里管理生育及小孩成长的神灵。

拉垛拉夏拉羌 སླ་ཏོ་སླ་ཆང་སླ་ཤ།：陈塘夏尔巴民间信仰里的一种法物，盛有肉、酒及米饭或糌粑团的铜盘。

拉冈 བླ་ཀང་།：陈塘夏尔巴民间信仰里的一种法物，有各种神灵安驻在里面，不仅能避邪祛病，还可将受益者的魂灵安驻于体内或把它招回来。

拉加啰 ལྷ་རྒྱལ་ལོ།：意为神胜利了。

拉嘉 ལྷ་བྱ།：意为拉神之鸟，在陈塘夏尔巴民间信仰中，是为一种能沟通神灵，净化污秽的鸟类。

拉米古令 བླ་མའི་སྐུ་རིམ།：喇嘛的一种仪式。

拉侣锝 བླ་སླུད་མདོས།：喇嘛的一种法物，为洛苯的玛米锝与拉侣的混合体。

拉领呗 བླ་ལེན་པ།：仪式名，借助神灵的力量，禳解受益者身上的邪秽、障魔及病患等，并获得它们的护佑。

拉侣 བླ་སླུད།：陈塘洛苯法师的一种法物，主要功能是防治各种麻风、哑巴等病害及祈福六畜兴旺等。

拉薪 ལྷ་ཤིང་། ：沟通神灵之树，仪式中借助树与神灵交流沟通，来得到它们的护佑。

拉仪式 བླ་ལེན་པ། ：即为拉领呗仪式的异称。

喇嘛 བླ་མ། ：是陈塘夏尔巴对一种宗教及其法师的称谓，与普通意义上的喇嘛有所不同。

喇嘛古鲁 བླ་མ་གུ་རུ། ：嘛呢藏戏中的一种表演动作。

喇嘛恰当啊 བླ་མ་ཆ་བདང་ང་། ：为一僧人，相传在陈塘出资刻有嘛呢石刻及建佛塔。

喇嘛钦布 བླ་མ་ཆུ་སྦུག ：瀑布名。

腊 བླ། ：指在身体内的一种魂灵，与生俱来，对人身有保护作用。正常情况下，它可以离开人体，并可寄留于他物中。

朗达尔 ལམ་དར། ：出殡时，亡者的领路人。

朗达玛 གླང་དར་མ། ：吐蕃赞普世系中的最后一位国王，传说他形如黄牛，在位时灭佛。

朗郭却炯 གླང་མགོ་ཆོས་སྐྱོང་། ：意为牛魔法物，在仪式的最后将被降伏并焚烧。

朗章喇嘛 གནམ་བྲང་བླ་མ། ：伟萨确林寺的创建者。

雷米亚 ལས་མི་ཡ། ：在超荐亡者的歇将仪式中对帮工的称谓。

累楠备 ཀླད་ཉམ་པ།(ཀླད་རྣམ་དཔེ།) ：为一种存在人体头部的不洁或不好的物质。

利吉玛 རག་གཅིག་མ། ：在婚礼中欢迎新娘的一种仪式。

莲花生大师 གུ་རུ་རིན་པོ་ཆེ། ：亦称乌金大师或莲花生大师，8 世纪印度僧人，应吐蕃赞普赤松德赞的邀请入藏传播佛法。

莲师八相 གུ་རུ་མཚན་བརྒྱད། ：莲花生大师的根据所行之事业不同而显现的八种变化身，也叫莲师八名号。

林琼 ལིང་ཆུང་གོང་། ：陈塘地名。

菱形线板 ལིབ་ཐ། ：法物锝的一个组成部分。

龙牧马 ལོང་མོག་མ། ：陈塘夏尔巴梯格巴茹居下的小茹居。

隆达 རླུང་རྟ། ：经幡，它大都为当地印制，以白色为主，有经咒及各种图案。

隆堆玛 ལུང་སྡོད་མ། ：陈塘夏尔巴种植的一种鸡爪谷品种。

隆家曲 ལུང་གྱི་ཆུ། ：地名，修修玛村的一条小河名。

隆羌累曲 རླུང་ཆང་ལ་མཆོད། ：挂隆达时请隔壁邻居一起过来喝的酒。

鲁神 ཀླུ། ：是栖息在大海、森林、沼泽、神山、古树、遗迹等地的各种生灵的总称。

录玲折巴 སླུ་རིན་སྤྲད་པ། ：有关非婚子女的一种仪式。

洛苯 སློབ་དཔོན། ：陈塘民间信仰的一类法师，自称为苯波。

洛苯白玛炯乃 སློབ་དཔོན་པདྨ་འབྱུང་གནས། ：传说中最早的洛苯法师。

洛赞仪式 སློག་ཚབ། ：用鸡的“腊”与神灵交换患者的“腊”的一种仪式。

洛卓瓦 ལོ་འགྲོ་བ། ：天气咒师。

侣 གླུད། ：有替身、替代、赎救之意，为陈塘宗教仪式上的一种法物。

侣楠备 རུས་ཉམ་པ།(རུས་རྣམ་དཔེ།) ：为一种存在于人体骨头里面的不洁或不好的物质。

侣直 ལུས་འདྲིས། ：用糌粑制作而成的一种男女裸体俑。

琅觉泉眼 གླང་ཇོག ：陈塘地名。

《囊萨文波》སྣང་ས་འོད་འབུམ། ：藏戏名称。

M

米炯 མི་ཆུང་། ：在垛坚法物内放置的一种糌粑人俑，

共有 21 个。

米格巴当 མི་ག་པ་དམ། ：“替死鬼”手上拿的画满红叉的大刀。

米格杰 མི་ག་རྒོད་རྗེ། ：“替死鬼”使用的涂成红色的男性生殖器。

米格扎嘎 མི་རྒོད་དགྲ་འགལ། ：用糌粑制成的男女生殖器法物。

米格侣 མི་རྒོད་སྲུད། ：在仪式驱鬼环节里使用的一种法物。

米罗钦布洛萨 མི་ལོ་ཆེན་བུ་ལོ་གསར། ：陈塘夏尔巴的一个年节，在藏历正月初一进行。

绵扎盘 མན་གྲ། ：陈塘夏尔巴的一种法物，在盘中放入粮食，中间再放入鸡爪谷或玉米及时令鲜花。它代表着美好的事物，有时会插上白叶蒿。

明沃 མི་ངོ་། ：是与当事人小茹居相同或先祖是兄弟茹居的男性，为各种仪式中的重要角色。

姆直 མོ་གྲིབ། ：女野人。

木如塔瓦 མུ་རུ་ཐ་བ། ：陈塘地名。

嘛呢崩巴 མ་ནི་བུམ་པ། ：陈塘夏尔巴冲巴茹居下的小茹居。

嘛呢 མ་ཎི། ：陈塘夏尔巴对其藏戏表演的称谓。

曼然巴 སྨན་རམ་པ། ：药师佛。

曼学 དམན་ཤོས། ：神灵的一类随从。

芒羌 མང་ཆང་། ：萨尔、日屋等地的藏族对鸡爪谷酒的称呼。

马攸拉 མ་ཡུལ་ལ། ：尼泊尔与中国的边界，在廓让遗址的南面，为两国人民的传统通道。

玛巴 མག་པ། ：陈塘夏尔巴对某类家庭成员特定的称谓，特指直系亲属中女性的配偶，如女婿，姐夫、姑夫等，为各种仪式中的极其重要的角色。

玛巴柯达 མག་པ་ཁོས་ཐག ：在婚礼上给新郎的一支竹箭，上面挂着代表新郎缺点的各式物品。

玛巴萨巴 མག་པ་གསར་པ། ：即新郎

玛本 དམག་དཔོན། ：军事头人，在夏尔巴语境中，有将军之意。

玛觉巴 མག་རྒྱབ་པ། ：婚礼上的迎亲人。

玛贡 མ་དགོན ：陈塘镇地名，上有洛苯闭关修行处。

玛韩啊 མ་འང་ང་། ：特指一种在陈塘夏尔巴民间信仰里用来驱赶不洁物“楠备”的母鸡。

玛米锝 མ་མོས་མདོས། ：陈塘夏尔巴民间信仰中的一种法物。

玛米亚 དམག་མི་ཡ། ：意为“军人、士兵”，引申为“天兵天将”。

嘛呢石刻 མ་ཎི་རྡོ་བརྐོད། ：指将宗教经文、各种经咒及图像镌刻于石板、石块或卵石上的一种石刻艺术。

玛夏 དམག་ཞྭ། ：仪式中武士扮演者戴的一种圆帽。

门扎夏帽 མན་དྲ་ཞྭ་མོ། ：喇嘛的一种法帽。

嫫拉 མོ་ལྷ ：陈塘夏尔巴民间信仰中的重要神灵，有母神及阴神等概念。

《麻呗夏热》མ་མོའི་ཞལ་རས། ：洛苯法师的一种手抄经书。

《麻必》མ་དཔེ། ：洛苯法师的一种手抄经本。

《米兴败恰》མི་ཤི་དཔེ་ཆ། ：洛苯法师的一种手抄经本。

N

那巴 ནགས་པ། ：茹居名，指那塘村中其祖先是从定日县卡达谿卡迁徙过来的藏族

那贡扎西拉 སྣ་གོང་བཀྲ་ཤིས་ལ། ：山名，位于陈塘北面。

那塘村 ནགས་ཐང་།

那鲁 ན་ལོ། ：一种法物，中间压有植物叶子及花的两

块石头，它能挡住跟在行人后面的鬼与邪祟。

那绿录瓦 ན་ལི་སླུ་བ། : 非婚子女。

那玛萨巴 མནའ་མ་གསར་པ། : 新娘。

纳堪巴隆 གནས་ཁེན་པ་ལྷུང་། : 尼泊尔地名。

纳索拉康 གནས་སོ་ལྷ་ཁང་། : 古时定日宗的一座宁玛派寺院。

纳嘎玛 ཉ་ཁ་མ། : 水怪名。

南抗 གནམ་གང་། : 多罗洛萨年节中对十月三十那天的称谓。

腩秘 (རྣམ་སྨིན།) ནམ་མིན། : 陈塘夏尔巴民间信仰中的好的精灵，有 360 种。

拿当曲 ནགས་ཐང་ཆུ། : 陈塘河流名。

O

哦学玛 ཨུར་ཤུ་མ། : 树名。

欧格令玛 ཨོ་གེ་ལིང་མ། : 类似于耙子的小型铁制工具。

P

帕巴热萨 ཕག་པ་རིད་ས། : 萨里村的传统火葬点。

帕布 ཕ་བུ། : 与当事人茹居相同或兄弟茹居的年轻男性。

帕差玛差 ཕ་ཚབ་མ་ཚབ། : 陈塘夏尔巴中给小儿“替换”父母的仪式。

帕错 ཕ་ཚོ། : 古时陈塘管理机构的一种职务。

帕令 བག་ལེན། : 婚礼。

帕帕拉拉 པ་ཕ་ལ་ལྷ། : 小儿久病后，进行帕差玛差仪式后，对“新”父亲的称谓。

帕杰然松 བར་ཆད་ལམ་སེལ། : 每年的藏历六月初四喇嘛在伟萨确林寺举行所有仪式的总称。

彭纳给度瓦　བེ་ཉེག་གི་ཏོ་བ། : 用鸡爪谷糌粑制成的一种食物。

披交 ཕུད་མཆོད། : 陈塘夏尔巴民间信仰的一种法物。

皮子参组 བི་ཙེ་ཚང་། : 修修玛村下的组。

颇举瑟金 ཕུད་རྒྱུད་གསཆར་སྐྱེམས། : 一种给神灵“献新”的仪式。

颇拉阿亚亚云巴 ཕོ་ལྷ་ཨ་ཡ་གཡུ་གཡོན་པ། : 亚云神的尊称。

颇拉嗦巴 ཕོ་ལྷ་བསོས་པ། : 拉薪仪式的别称，有给颇拉供神食之意。

颇羌 ཕུད་ཆང་། : 鸡爪谷酒的夏尔巴称谓。

颇瓦 ཕོ་བ། : 一种超荐亡者的仪式。

普刚 ཕུར་ཁང་། : 有能力使用法器金刚橛的洛苯法师。

普直 ཕོ་གྲིབ། : 男野人。

朋曲藏布 ཕོང་ཆུ་གཙང་པོ། : 陈塘地区最大的一条河流。

《帕多》བར་དོ། : 藏戏名

《颇拉扎拉赞颂经》ཕོ་ལྷ་དགྲ་ཡི་བསྟོད་པ་བཞུགས་སོ། : 洛苯法师的一种手抄经书。

Q

棋 གྲི། : 弯刀，又称廓向。

棋勒 ཟླིན་རླབས། : 闭关者在闭关时所制作的朵玛。

恰 ཕྱྭ། : 是指一种准则或力量，它涵盖了藏文中用财富、福德、圆满、福分势力、吉祥等词表达的一切积极方面。

恰尔多 ཆབ་ཏོར། : 竹制拂尘，在仪式上专门用来洒供酒。

恰古披交 ཕྱྭ་འགུགས་ཕུད་མཆོད། : 在小圆盘上放上用糌粑、鸡爪谷粉及麦粉混合一起做出圆锥形，顶上贴着酥油的法物，在很多仪式上用来招“恰”与“央”

恰拉 ཕྱྭ་ལག : 祭羊的左前腿，可给仪式举办方带来好的运势。

羌必 ཆང་ཕུད།：一种混合各家森玛酒的仪式用酒。

羌达 ཆང་དར།：一种顶端挂着五色丝带的竹箭或铁箭，有时也用五色哈达来缠绕。

羌哥 ཆང་གི།：用森玛酒、鸡爪谷粉、奶渣及豌豆一起熬煮成的粥品。

羌姆 འཆམ།：一种用来驱鬼逐邪的宗教舞蹈。

羌杂 ཕྱག་འཚལ།：嘛呢藏戏中的一种表演动作。

强曲玛 བྱམ་ཆུ་མ།：陈塘地名。

乔克培东 བྱ་ཁ་འབོད་སྟོང་།：一些仪式上对祭羊的尾巴的称谓。

乔木所嘎 བྱ་མོ་ཟུར་ཁ།：陈塘地名。

乔康 ཇོ་ཁང་།：朗章喇嘛在陈塘最早修的寺院。

巧甲贝穆 ཆུ་ཀ་དཔེ་མོ།：地名及山神名，位于尼泊尔基玛塘卡村附近。

切嘎拉 བྱད་ཀ་ར།：沃雪村的传统火葬点。

切姆措 ཇོ་མོ་མཚོ།：陈塘湖名。

切星借玛 བྱིད་ཤིང་ཅན་མ།：陈塘夏尔巴梯格巴茹居下的小茹居。

青稞碗 ཚེ་ཕོར།：堪卓玛仪式上用来占卜的一种法物。

秋曲瓦河 ཕྱུག་ཆུ་བ།：尼泊尔的一条河流名称。

曲登果加 མཆོད་རྟེན་མགོ་ཆག：廓让遗址附近的佛塔名。

曲果德庆寺 ཆུ་མགོ་བདེ་ཆེན་དགོན།：萨尔乡的一座寺院。

曲真玛 ཆུ་ཚན་མ།：温泉名。

全佳 ཚོན་རྒྱལ།：在达嘎热索广场举行的一种歌舞聚会。

却 ཆོས།：所有的经文、法事与仪式的统称。

却巴 མཆོད་པ།：仪式中的祭坛的夏尔巴名称。

却炯 ཆོས་སྐྱོངས།：陈塘夏尔巴民间信仰里的一种法物，也是护法神名。

却密 མཆོད་མེ།：酥油灯。

却羌 མཆོད་ཆང་།：新娘回家省亲时，男方家送的一桶鸡爪谷酒名称。

却夏索地祖达 མཆོད་ཞལ་གསོལ་སྡེར་འབྲུ་དར།：礼品称谓，为一碗粮食、一盘粮食加一根哈达的总称。

却香巴 མཆོད་ཤོམ་པ།：也称为却苯，为仪式中主管陈设坛城和祭品的法师。

却拉 ཇོ་ལགས།：古时陈塘管理机构的一种职务。

强本 ཕྱག་དཔོན།：古时西藏的一种官职称谓。

祛 འབྲུས།：堪卓玛仪式上的一个环节名。

《诺桑王子》ཆོས་རྒྱལ་ནོར་བཟང་།：藏戏名称。

R

热达 རག་ཛ།：指在特定仪式中，一种将祭鸡的鸡血及脾肺盛于勺体中，并使勺体表面都染有鸡血的长柄木勺。

热章玛 ར་ཙང་མ།：陈塘夏尔巴民间信仰中的一种女神。

仁钦达鲁 རིན་ཆེན་ཛ་ཏུ།：它是对几种金属的特定称谓，常用在藏传佛教及苯教的开光仪式上。

日觉伦布 རི་རྒྱག་ལྷུན་པོ།：尼泊尔人对珠峰的称谓。

日屋 རི་འོག：地名。

日巴普松 སྲིད་པ་ཕུ་གསུམ།：居必堪卓玛对其附体的三个堪布瓦神的总称。

茹 རུས།：与汉族广为流专的血缘纽带观念相似，是一种特殊的重要的遗传物质。

茹居 རུས་རྒྱུད།：为按血缘关系划分的族群，有宗族、家族、骨系等意。

绒果博秀 རོང་མགོ་བོད་མཇུག：意陈塘地望为介于尼泊

尔农业区头部和西藏自治区尾部之间。

绒巴 རོང་པ། : 陈塘及陈塘以北的藏族对陈塘夏尔巴的称谓。

绒堆 རོང་སྟོད། : 尼泊尔人对陈塘的称谓。

《日呗》ཧྲི་དཔེ། : 洛苯法师的一种手抄经书。

S

洒羌 ཟ་ཆང་། : 婚礼上供大家享用的一桶鸡爪谷酒。

洒益巴嘎 ཟ་ཡིག་སྤར་ཀ། : 用巴嘎木雕板印出的一种专门用来治病的口服符咒。

洒益祈麦 ཟ་ཡིག་ཆི་མ། : 按经文手写的一种专门用来治病的口服符咒。

撒却 ཟ་ཚོད། : 植物名，可食用。

萨内仪式 ས་མནན། : 新房建成后举行的安宅仪式。

萨基塘 ས་ཆེ་ཐང་། : 地名，建萨迦南寺时曾在此处取木材。

萨里村 ས་ལི།

桑阿巴 གསང་སྔགས་པ། : 陈塘喇嘛认为其所属的教派。

桑仪式 བསང་། : 堪卓玛举行的最主要及最重要的仪式。

桑多杰 བསམ་རྡོ་རྗེ། : 红土豆在陈塘的名称。

桑东玛 སེང་གདོང་མ། : 狮面空行母。

桑玛 སང་མ། : 堪卓玛法师的俗称。

瑟金 གསེར་སྐྱེམས། : 为神灵“献新”的仪式。

瑟内 ཟས་སྣ། : 一种法物，意为丰食盘，为放有各种不同种类食物的铜盘。

森玛 སིང་མ། : 鸡爪谷酒醪用手或其他设备捣碎烂，再用细筛子过滤出酒渣后的酒。

十字金刚杵纹 རྡོ་རྗེ་རྒྱ་རམ། : 是由四个带有莲花座的金刚杵组成，四个金刚杵从中心点向四大方位散射，象征着绝对的定力。

石隆 ཧྲི་ལུང་། : 陈塘地名，有泉眼。

弑侣 ཧྲིའི་སྤྱད། : 陈塘夏尔巴民间信仰中的一种法物，为高约 15 厘米的人偶俑。

松玛 སྲུང་མ། : 神灵名，有人认为其即为嫫拉。

松玛措 སྲུང་མ་ཚོ། : 献给松玛女神的祭鸡肝串。

苏羌玛 བསུ་ཆང་མ། : 在婚礼中，在半途上用青稞酒欢迎新娘的妇女。

梭尔 ཟོར། : 火梭。

索朗洛萨 སོ་ནམ་ལོ་གསར། : 陈塘夏尔巴的一个年节，在藏历十二月一日进行。

索夏 སོག་ཞྭ། : 一种为旧时西藏地方大贵族、官员随从们戴的帽子。

思列多多 སི་རི་ཐོག་ཐོག : 陈塘夏尔巴梯格巴茹居的标志或象征物。

斯巴瓦龙部玛 སིར་པ་ཨ་ལུང་ལྦུ་མ། : 陈塘夏尔巴对阿龙河流域的称谓。

神授 ལྷན་སྐྱེས།(ཐོག་སྐྱེས།) : 谓神明授予。

《桑呗》བསང་དཔེ། : 洛苯法师的一种手抄经书。

《瑟金》གསེར་སྐྱེམས། : 洛苯法师的一种手抄经书。

《松阿查扎》སྲུང་ང་ཙག་གྲུ། : 洛苯法师的一种手抄经书。

《松阿麻呗》སྲུང་ང་མ་དཔེ། : 洛苯法师的一种手抄经书。

T

塔金古夏 དར་ཆེན་སྐུ་བཞེངས། : 喇嘛法师祈请莲花生大师的一种仪式。

塔多 ཐབ་རྟོག : 一种木门框，有驱鬼避邪之功效。

塔各 དར་ག : 陈塘夏尔巴民间信仰中的一种法物，

为最上端置有箭羽，其下绑有哈达或小白布条的竹箭。

塔觉 དར་ལྕོག：陈塘夏尔巴在仪式中使用的一种旗子，其旗面多为白色。

塔钦 དར་ཆེན།：一种旗幡。

塔谢 དར་བཤད།：司仪

塔邀 དར་གཡོག：司仪助手

塔增那啊 དར་མཚོན་སྣ་ལྔ།：陈塘夏尔巴民间信仰的一种法物。

梯格巴 ཐིད་ཀོད་པ།：陈塘夏尔巴的二大茹居之一，相传自尼泊尔夏尔昆布迁徙至陈塘。

听屯刚除 ཐེམས་བདུན་ཁང་དྲུག：七户房子六户人家。

图孜 དུ་སྒྲ།：一种丧歌。

土地税 ས་ཁྲལ།：旧时卡达豁卡向陈塘人收取的一种税差。

特林贡姆 ཐི་ལིང་སྐོར་མོ།：旧时的一种铜币，可能是印度卢比的一种辅币。

唐东杰布 ཐང་སྟོང་རྒྱལ་པོ།：是明代著名高僧，著名建筑师，也是藏戏创始人。

忒部 ཐོ་པོ།：仪式中，对呈十字形相互叠压的三块长条形石头的称谓。

突巴益日 ཐུག་པ་ཨི་རི།：一种与面疙瘩汤相似的藏族传统食物。

途 དུག：雪山一枝蒿，有毒。

途布 ཚོད་པོ།：指男性当事人的叔叔及他们的男孩子，为各种仪式中的极其重要的角色。

途玛 དུག་མ།：一种毒箭。

途日 དུ་རུད།：陈塘地名。

吐哇 དུ་བ།：一种食物名。

托桑 ཐོར་བསང་།：孩子出生后的三天内为其举行的一种仪式。

W

亡古 དབང་བསྐུར།：喇嘛在出殡之前为亡者举行的一种仪式。

旺久玛 དབང་ཕྱུག་མ།：陈塘夏尔巴民间信仰中的一种重要女神。

旺夏 དབང་ཞྭ།：喇嘛的一种法帽。

温巴 རྔོན་པ།：嘛呢藏戏中的一种角色。

温觉 སྔོན་ལྡོག：黄土豆

乌布其桥 ཟམ་པོ་ཆེ།：位于嘎玛藏布下游的中尼边界桥。

乌羌 ཨུ་ཆང་།：宰牛时给帮工提供的一桶鸡爪谷酒的称谓。

五守舍神 འགོ་བའི་ལྷ་ལྔ།：陈塘夏尔巴民间信仰中最重要的一组神灵。

伟萨确林寺 འོད་གསལ་ཆོས་གླིང་དགོན།：陈塘喇嘛的道场，目前是陈塘镇唯一的寺院。

沃雪村 འོག་ཤོད།

乌尔多 འུར་རྡོ།：是西藏的一种古老的武器，

望果堆金 འོང་སྐོར་དུས་ཆེན།：喇嘛祈祷神灵保佑庄稼获得好收成，避免受到恶劣天气如冰雹、大风、暴雨破坏的一种仪式。

X

希多刚姆 ཤིང་རྡོ་དཀར་མོ།：陈塘夏尔巴种植的一种鸡爪谷品种。

希热仪式 བཞི་རོལ།：喇嘛的一种仪式。

喜布达 གཞི་བདག：土地神、当方神。家乡神祇。

夏尔昆布 ཤར་གུར་བུ།：尼泊尔的地名，为夏尔巴最重要的聚居地。

夏布卡德 ཤར་བུ་ཁ་སྟོན།：古时陈塘夏尔巴的一种村民

代表会议的名称。

夏布颠 ཞབས་གདན། : 一种仪式名称。

夏呀措必 ཤ་ཡ་ཚོ་ཕུད། : 仪式上的一种法物。

夏本 ཤར་དཔོན། : 陈塘夏尔巴民间信仰中的一种重要神灵。

夏尔巴歌舞 ཤར་པའི་གླུ་དབྱངས།

夏干玛 ཤ་ཀ་མ། : 串有祭祀动物的一小部分膈肌、脾、肾、肝、肺、心的祭品。

夏郭 ཞྭ་གོག : 旧帽子。

夏玛 ཤ་མ། : 各种仪式或活动中的男性帮工。

夏帽玛江玛 ཞྭ་མོ་དམར་རྐྱང་མ། : 陈塘夏尔巴成年男性的传统帽子。

夏帽宗谐 ཞྭ་མོ་སྔོང་ཞྭ། : 陈塘夏尔巴女性的传统帽子。

夏纳法帽 ཞྭ་ནག : 洛苯法师的最尊贵的一种法帽。

夏热巧纳甲布 ཤ་རབ་བྱ་ནག་རྒྱལ་པོ། : 地名及山神名，位于日屋附近。

夏呀 ཤ་ཡ། : 洛苯法师的一种仪式。

相布 ཞང་པོ། : 即舅舅、表舅、姑舅等，为各种仪式中的极其重要的角色。

相拉 ཞང་ལྷ། : 即舅神。

向令啊 ཤར་ལིང་ང་། : 陈塘夏尔巴梯格巴茹居下的小茹居，因房子建在最东边而得名。

晓英巴 ཞོ་ཡན་པ། : 一种野菜。

歇将 ཤ་སྐྱབ། : 洛苯法师的一种超荐亡者的仪式。

歇羌 ཤས་ཆང་། : 宰牛时给帮工提供的一瓶白酒的称谓。

谢替 ཤ་ཁྱི། : 猎狗。

雄啊 སྲུང་ང་། : 护身符

熊皮帽 དོམ་རས། : 洛苯法师的一种法帽，用狗熊脖子皮制作而成。

循巴那就玛 གཞོན་པ་ན་ཚུང་། : 指经商的生意人。

修修玛村 ཤུ་ཤུ་མ།

雪冈 ཞོ་གང་། : 西藏地方政府发行的一钱铜币，也叫索冈麻布。

肖容啊 ཤོ་རོང་ང་། : 20 世纪初，尼泊尔鲁当地方的一强盗名。

Y

雅各 ཡག་བགོད། : 在多罗洛萨期间举行的一种活动及歌名。

亚夏嘎巴 གཡག་ཤ་ཀ་པ། : 插在嘉赦上串有牦牛肉的竹签。

亚云巴山 གཡུ་ཡོན་པ། : 陈塘山名，也为其民间信仰中的重要神灵。

央 གཡང་། : 可解释为昌盛、财富、荣耀等。

洋布玛 ཡམ་བུ་མ། : 陈塘夏尔巴种植的一种鸡爪谷品种。

洋琼 ཡང་ཚུང་། : 一种野菜。

耶萨 དབྱར་ས། : 夏营地。

直 གྲིབ། : 野人

怡当 ཡི་དམ། : 本尊，护法神（佛）。

怡当通羌 ཡི་དམ་གདོང་ཆང་། : 仪式中请本尊神喝的酒。

益章 ཨིར་ཙང་། : 一种裹缠仪式中所用的猴颅骨的方式。

拥多穆德玛 ཡུམ་རྡོ་རྨུག་ཏིག་མ། : 亚云神山的配偶，陈塘夏尔巴民间信仰的重要神灵。

拥・帕母多吉 ཡུམ་ཕག་མོ་རྡོ་རྗེ། : 喇嘛的一种重要神灵。

拥・措姆那姆 ཡུམ་མཚོ་མོ་ནག་མོ། : 喇嘛的一种重要神灵。

雍仲符 གཡུང་དྲུང་། : 卍字雍仲符是最古老最常见的象

征符号之一。

优拉 ཡོ་ལ། : 裹尸体的白布。

优领巴 གཡུ་རིན་པ། : 陈塘夏尔巴冲巴茹居下的小茹居

域拉 ཡུལ་ལྷ། : 为与地域有关的神灵，也可称为地域神。

云丹诺布 ཡོན་ཏན་ནོར་བུ། : 陈塘嘛呢藏戏团的负责人。

烟火税 མེ་ཁྲལ། : 古时卡达谿卡向陈塘人收取的一种税差。

益西措 ཡེ་ཤེས་མཚོ། : 夏呀仪式上的一种法物。

Z

藏列颇堆 གཙང་ལྷ་ཕྱུད་སྟོད། : 陈塘夏尔巴冲巴茹居的标志或象征物。

藏嘎村 གཙང་ཁ།

赞鬼 བཙན། : 妖精、妖怪，迷信所说的一类厉鬼，常藏在岩石中。

赞达尔 བཙན་དར། : 缚绑赞鬼的红布条。

赞嘎锝 བཙན་གྱི་མདོས། : 陈塘夏尔巴民间信仰的一种法物，有保护陈塘镇全体人员幸福安康及村落安稳的功能。

赞尖 ཙམ་རྒྱན། : 在器物沿口用糌粑或酥油贴上三点的装饰方式。

增巴 འབྲིང་པ། : 对中等人家的称谓。

扎拉岗吉巴 དགྲ་ལྷ་རྐང་གཅིག་པ། : 在仪式中献祭给神灵扎拉的羊，藏语有战神独脚者之意。

扎拉旺堆 དགྲ་ལྷ་དབང་འདུས། : 拉薪仪式的异称，意为祈请扎拉等神灵助力。

扎嘎利 ཙ་ཀ་ལི། : 一种尺寸较小的布质、纸质或皮质的宗教绘画品，其上绘有各种法器或造像，多用于灌顶、超度、观想、供奉及其他各种目的的宗教仪式上。

扎嘎曲 བྲག་དཀར་ཆུ། : 发源于珠峰北坡的一条河流。

扎岗 དགྲ་རྐང་། : 陈塘夏尔巴民间信仰中的一种法物。

扎拉 དགྲ་ལྷ། : 即战神。

扎侣 ཙ་སྐྱུད། : 陈塘夏尔巴民间信仰中的一种法物，为女性的替身偶或赎身物。

扎绒布寺 རྫ་ལུམ་བུ་དགོན། : 位于珠峰北坡大本营的一座寺院。

扎西玛各 བཀྲ་ཤིས་མར་བསྐོད། : 婚礼中最为重要的一种仪式。

扎西惹嘎 བཀྲ་ཤིས་རབ་ཀ། : 地名，距日屋 3 公里。

扎协 དགྲ་ཤ། : 意为仇敌或鬼怪的肉。

扎伊喇嘛 ཙ་བའི་བླ་མ། : 有秘密上师与根本上师之意。

扎拉 དགྲ་ལྷ། : 即战神。

占学 བཙན་ཤོས། : 神灵的一类随从。

章嘎蛤玛 སྦྲང་གི་འ་མ། : 野乇悬崖蜂蜜。

障孜 སྦྲང་རྩི། : 蜂蜜。

折归巴 འབྲས་སྐྱིད་པ། : 茹居名，祖先是从定结县琼孜乡折归地方迁徙过来的藏族。

中阴救度 དགེ་ཐག་ཆོད་པ། : 一种超荐仪式。

竹哨 ཅོབ། : 猎人在森林中交流的常用工具，常挂在箭筒上。

主巴次喜 དྲུག་པ་ཚེས་བཞི། : 藏历六月初四纪念佛祖初转法轮的节日。

主康拉 སྒྲུག་ཁང་ལ། : 位于陈塘的东南方向，为中国与尼泊尔的界山，有季节性的小路通往尼泊尔比布村。

主布薪 འགྲིབ་ཤིང་། : 一种特殊的经咒，可以避免火葬时各种鬼怪的侵害。

柱那盘 འབྲུ་སྣ། : 陈塘夏尔巴民间信仰中的一种法物，把大米或青稞等粮食装入一个大铜盘上，在中央放一盏酥油灯，然后在酥油灯旁边用其他粮食穗、土豆或时令鲜花围绕一圈，即为柱那。

准觉玛 འདྲེན་ཆེན་མ། : 陈塘镇地名。

孜玛贡巴 བཙུན་མ་དགོན་པ། : 寺院名，已毁。

子母贝手镯 ལག་སྒྲོན། : 用子母贝制成的手镯，有避邪之功用。

宗巴旺久 འཛོམས་པ་དབང་ཕྱུག : 古时陈塘的洛苯法师，杀死过野人。

总本 རྫོང་དཔོན། : 歌舞聚会“全佳”中管酒的人。

阻垛 གཙུག་གཏོར། : 喇嘛的一种法物。

砖茶 ཇ་བག་ཚུང་། : 以茶叶、茶茎、茶末压制成的块状茶。

宗颠顶 བཙོམ་ལྡན་འདས། : 佛教地名。

《知美更登》དྲི་མེད་ཀུན་ལྡན། : 藏戏名称。

注释

1 《夏尔巴人资料汇编》，中国社会科学院民族研究所民族学室编，中国社会科学院印，1979 年，第 1 页。

2 位于日喀则萨迦县，按元代帝师八思巴的旨意于 1268 年开始修筑，为藏传佛教萨迦派的祖庭之一。

3 陈塘夏尔巴的一种民间信仰，下文将详解。

4 男，1955 年生，比塘村村民，梯格巴茹居下的贡布日松巴。有多种身份，藏医、制帽师、裁缝等等，著名的洛苯法师，是民间组织“陈塘镇洛苯联合会”的会长。

5 男，1940 年生，沃雪村村民，梯格巴茹居下的龙牧马。洛苯法师。

6 男，1943 年出生，比塘村人，冲巴茹居下的嘛呢崩巴，1985 年陈塘撤区建乡时，被选为陈塘乡第一任乡长。

7 陈塘的藏名(འདྲེན་ཐབ།)意为“引灶。厨师的异名”。结合“陈塘却吉颇章”的词意，陈塘地名可能与名词（འདྲེན་པ།）有关，意为引导者住的地方。“འདྲེན་པ། 引导者，带路人、导师。”张怡荪主编，《藏汉大辞典》，民族出版社，2009 年，第 1428–1429 页。

8 国家测绘地名研究所编，武振华主编，《西藏地名》，中国藏学出版社，1996 年，第 71–72 页。

9 鸡爪谷是一种耐旱谷类作物，为禾本科草本属；谷秆高 1 米左右，叶鞘有脊，叶片较宽。籽粒为圆球形，红褐色，直径 1–1.8 毫米。穗状花序 3–10 枚，呈指状排列于茎顶，常作弓状弯曲，形似鸡爪，因而得名鸡爪谷。也是尼泊尔阿龙河流域的重要农作物。起源于非洲，有很长的栽培历史。

10 张国英著，《珠穆朗玛峰东南麓陈塘藏族及其宗教习俗》，载《民族学研究第八辑》，中国民族学会编，民族出版社，1986 年，第 294 页。

11 《定结县志》编纂委员会编撰，《定结县志》，中国藏学出版社，2013 年，第 855 页。

12 出处同 11，第 851 页。

13 本节的数据除标注之外，均为定结县及陈塘镇政府提供的资料。

14 《定结县志》编纂委员会编撰，《定结县志》，中国藏学出版社，2013 年，第 4 页。

15 出处同 14，第 852 页。

16 出处同 14，第 851 页。

17 出处同 14，第 862 页。

18 张国英著，《珠穆朗玛峰东南麓陈塘藏族及其宗教习俗》，载《民族学研究第八辑》，中国民族学会编，民族出版社，1986 年，第 294 页。

19 此书没有汉文版，感谢龙虎林先生为我下载了电子版，陈明桃先生与西藏大学的其他学生翻译了一部分的书稿，文中引用的《珠峰考察》中的资料，都是他们的翻译成果。

20 为 1921 年英国远征队（珠峰）成员，在他的率领下，远征队首次尝试攀登珠穆朗玛峰，并到达海拔 7000 米，确定了北侧登山路线。在西藏期间，考察了嘎玛沟及陈塘。

21 豁卡即封建农奴制下的庄园。

22 大意为：“现在我们很后悔离开嘎玛沟，我们去过很多喜马拉雅的河谷，但是没有哪一个比得上它。它的美景和植被都是最令人难以忘怀的。我们不会轻易忘记长满微笑着的龙胆花草地，以及生长在冰川边沿的山花和被冰雪覆盖的道路，还有从森林边斜坡流下来的冰川。”

23 卡达豁卡最后一任秘书“冲英”的儿子多布吉的介绍，

他生于 1949 年，定日县曲当乡优帕村人，藏族。
24 张国英著，《珠穆朗玛峰东南麓陈塘藏族及其宗教习俗》，载《民族学研究第八辑》，中国民族学会编，民族出版社，1986 年，第 293 页。
25 出处同 24，第 294 页。
26 出处同 24，第 294–295 页。
27 男，1935 年出生，修修玛村人，冲巴茹居，1951 年在尼泊尔、印度等地经商，1969 年回陈塘定居。
28 西藏地方政府发行的一钱铜币，也叫索冈麻布，从 1918 年到 1938 年生产，流通面积很广，夏尔巴生活区域也多有流通。
29 陈塘梯格巴茹居下的小茹居。
30 为按血缘关系划分的族群，有宗族、家族、骨系等含义。
31 陈塘梯格巴茹居下的小茹居，与上面的贡布日松巴茹居为兄弟茹居。
32 当地人说是印度的一种土邦铜币，可能是印度卢比的一种辅币，在印、中、尼边境上流通。
33 现今陈塘唯一的寺院，为喇嘛的道场。
34 是西藏的一种古老的武器，它的使用可追溯到聂赤赞普时代，是用毛线编织而成的长约一米半的绳状物，腰部为小兜状。使用时，在小兜装上石子并以其为中心对折，再将有小环的一端套在中指上，末端捏在手中。然后挥舞乌儿朵，待惯性加大后，趁势松开末端，把石子投向目标，以驱赶羊群或打向猎物。
35 以茶叶、茶茎、茶末压制成的块状茶，价格低廉，是西藏、尼泊尔等不产茶之地的主要茶品。
36 《定结县志》编纂委员会编撰，《定结县志》，中国藏学出版社，2013 年，第 113 页。
37 陈塘镇的老乡长尕米当时 14 岁，是为亲历者。镇上的其他老人，比如修修玛的老支书仁增旺扎也有相同的说法。
38 《定结县志》编纂委员会编撰，《定结县志》，中国藏学出版社，2013 年，第 105 页。
39 出处同 38，第 962 页。此建议为《关于定结县陈塘地区开展工作的请示报告》。
40 刘光福，1952 年生，土家族，重庆市石柱土家族自治县人。1972 年 12 月应征入伍，曾在驻西藏日喀则定日县长所、定结县日屋、岗巴原部队戍边，计 16 个春秋，历任战士、排长、政治指导员等职务。
41 营房最初建在陈塘传统火葬场“邦给巴”的上方，视线良好，可一览无余地观察四周。如今已废弃不用。
42 2016 年的冬季，感谢陈乃文先生以八十三岁的高龄接受笔者连续三天的采访。
43 现在此泉眼依旧清泉长流，树木葱郁，只是白玉兰树没有了。
44 《定结县志》编纂委员会编撰，《定结县志》，中国藏学出版社，2013 年，第 113 页。
45 出处同 44，第 113，114 页。
46 萨尔乡为古代交通要冲：沿叶茹藏布江至岗巴县昌龙乡向南，经曲登尼玛寺和楚坦尼玛拉山口，即可进入锡金；向西翻过尼拉山后，有数条通道连接尼泊尔；向东翻越种拉山，可至萨迦寺。
47 第悉·桑结嘉错著，《格鲁派教法史黄琉璃宝鉴》，西藏人民出版社，2009 年，第 226 页。
48 尼泊尔的廓尔喀部族分别于 1788 年与 1791 年入侵西藏。第一次清军失利后，西藏地方政府接受屈辱条件与尼方议和；第二次，清军重创廓尔喀军队，尼泊尔投降，成为清朝的藩属国。
49 （清）方略馆纂，《钦定廓尔喀纪略》，全国图书馆文献缩微复制中心出版，1992 年，第 210 页。
50 《定结县志》编纂委员会编撰，《定结县志》，中国藏学出版社，2013 年，第 958 页。
51 出处同 50，第 644 页。
52 1997 年 7 月 17 日西藏自治区第六届人民代表大会常务委员会第 25 次会议及 2002 年 1 月 20 日西藏自治区第七届人民代表大会常务委员会第 24 次会议，分别对《西藏自治区实施（中华人民共和国野生动物保护法）办法》进行了第一次与第二次的修正，西藏自治区进入了全民禁猎阶段。
53 男，1969 年出生，梯格巴茹居，比塘村村民。
54 用砖茶加盐煮成的茶水。
55 “1988 年 2 月 1 日，因陈塘区边民边巴不慎将手中火把抖落地下，引起失火，加之刮大风，致陈塘区孔定玛一带林区发生特大的森林火灾（涉及范围有 667 公顷）直接经济损失初步估计约 500 万元。”《定结县志》编纂委员会编撰，《定结县志》，中国藏学出版社，2013 年，第 489 页。
56 尼泊尔与中国的边界，在廓让遗址的南面，为两国人民的传统通道。
57 尼泊尔与中国的边界，在陈塘镇与尼泊尔的基玛塘卡之间，嘎玛藏布的南边，为两国人民的传统通道。《珠峰考察》中描述道："这是当地的交通要道。其顶端有一个用一堆小石头覆盖了一半的大石头，上面用中文写着中国和尼泊尔的分界。翻过最高处是一面长长的墙，上面布满了划痕，很明显，这里曾被当做防御墙。由于云很低，我们看不到最高处，但是在我们下面的尼泊尔边界上有一片黑湖，大约有半英里长，湖中有个小岛。"

58 格鲁派寺院，在日喀则市内，为班禅大师的驻锡地。

59 军事头人，在夏尔巴语境中，有将军之意。

60 是一种神圣的佛教建筑。"佛塔代表佛的'意'（法身）并存有他的灵骨。"罗伯特·比尔著，向红笳译，《藏传佛教象征符号与器物图解》，中国藏学出版社，2007，中国藏学出版社，2007 年，第 195 页。

61 为树立在佛像或佛塔中央的木柱。

62 卡达谿卡通往嘎玛沟的一个山口，经此可至陈塘，并前往尼泊尔，如今多写为晓乌拉。

63 （清）松筠撰，《西藏研究》编辑部编，《西招图略》，西藏人民出版社，1982 年，第 12 页。

64 《定结县志》编纂委员会编撰，《定结县志》，中国藏学出版社，2013 年，第 465 页。

65 （清）方略馆纂，全国图书馆文献缩微复制中心出版，1992 年，第 213 页。

66 旧时尼泊尔首都加德满都的别称。

67 （清）方略馆纂，全国图书馆文献缩微复制中心出版，1992 年，第 370 页。

68 出处同 67，第 374 页。

69 出处同 67，第 370 页。

70 （清）黄沛翘撰，《西藏图考》，《西藏研究》编辑部编，西藏人民出版社，1982 年，第 210 页。

71 出处同上，第 58 页，图四擢拉标为吉拉山。

72 距定日县曲当乡约 1-2 天的徒步路程，位于朋曲藏布东岸，为日屋镇至曲当乡的山道及沃雪村至曲当乡山道的必经之处。

73 《定结县志》编纂委员会编撰，《定结县志》，中国藏学出版社，2013 年，第 599 页。

74 出处同上，第 93 页。

75 出处同上，第 963 页。

76 出处同上，第 599 页。

77 以 2009 年为例，一块水泥砖从藏嘎背到陈塘，运费是 13 元，一根 5 米长 8 毫米直径的罗纹钢是 10 元。赚运费的有犏牛和以前陈塘没有藏驴。人群中各种年龄段都有，很多小学生在放学后，还会下到藏嘎背上一块重约 30 斤的水泥砖，以补贴家用。2015 年，陈塘镇修建中心小学，沙石、水泥从藏嘎镇运到陈塘，每斤运费是 0.4 元，过秤量重后，雇主需马上算出报酬，然后结清费用。

78 《定结县志》编纂委员会编撰，《定结县志》，中国藏学出版社，2013 年，第 114 页。

79 出处同 78，第 958 页。

80 出处同 78，第 425 页。

81 过境放牧是中尼两国边民的一个历史传统，中尼边境划定后，为了照顾双方牧民的习惯，经协商，允许尼泊尔牧民来中国边境特定的地方放牧。

82 《定结县志》编纂委员会编纂，《定结县志》，中国藏学出版社，2013 年，第 475 页。

83 尼泊尔王国的货币，陈塘人称它为"峡谷钱"，2018 年 12 月 1 元人民币可换 18 元卢比。

84 王宏纬主编，《列国志：尼泊尔》，社会科学文献出版社，第 102 页。为 1991 年数据。

85 《夏尔巴人资料汇编》，中国社会科学院民族研究所民族学室编，中国社会科学院印，1979 年，第 22 页。

86 即塞、穆、董、东、查、楚。

87 所谓"董氏部族"之名，是因为该部族中有一个"那董艾"的人（意为塌鼻梁），就把这个部族起名为"董氏"。古印度阿底峡尊者发掘，《柱间史——松赞干布的遗训》，中国藏学出版社，2010 年，第 35 页。

88 西藏传说中的英雄人物，民间有史诗《格萨尔》的说唱艺人。

89 意为东方康巴后裔之地。

90 《夏尔巴人资料汇编》，中国社会科学院民族研究所民族学室编，中国社会科学院印，1979 年，第 26-27 页。

91 1978 年撤销邓柯县，将原辖 4 区 13 乡分别划入石渠、德格两县。

92 黄颢著，《夏尔巴人族源试探》，载《西藏民族学院学报》，1980 年 03 期，第 23 页。

93 出处同 92，第 24 页。

94 陈乃文著，《夏尔巴人源流探索》，载《中央民族学院学报》，1883 年 04 期，第 46 页。

95 王森著，《西藏佛教发展史略》，中国社会科学出版社，

1997 年，第 244 页。

96 日卧切应是如今的日吾其乡，为唐东杰东的出生地。

97 唐东杰布是明代著名高僧，著名建筑师，也是藏戏创始人。他将佛教经典中的传记同民间传说、神话故事等内容融在一起，创作出一种具有人物性格和舞蹈、唱腔相结合的表演艺术，使过去那种单一的跳神舞逐渐地戏剧化，表现手段也不断加强，并从宗教仪式中分离出来，形成了藏剧艺术的雏形。

98 位于卓奥友峰东侧的山下，有通向南北的小路，为季节性的商道，旧时夏尔巴基本垄断了此路的商业来往。

99 周娓著，《高地宗教》评述，载《藏学学刊》第七辑，四川大学中国藏学研究所编，四川大学出版社，2011 年，第 252–253 页。

100 应是如今定日县的岗嘎镇附近的洛林及协嘎等地。

101 [英] 克·冯·菲雷尔一海门道夫著，陈乃文译，《尼泊尔夏尔巴人的氏族及其功能》，载《民族译从》，1987 年 05 期，第 59 页。

102 陈乃文著，《夏尔巴人源流探索》，载《中央民族学院学报》，1883 年 04 期，第 47 页。

103 《夏尔巴人资料汇编》，中国社会科学院民族研究所民族学室编，中国社会科学院印，1979 年 11 月，第 6 页。

104 在陈塘夏尔巴的民间传说中，班学瓦是一个十恶不赦之人，关于他的来历有几种不同的说法，如他是尼泊尔人，他来自卫藏地区或康区等不同的说法。

105 可能是陈塘森林中常见的桦树。

106 张国英著，《珠穆朗玛峰东南麓陈塘藏族及其宗教习俗》，载《民族学研究第八辑》，中国民族学会编，民族出版社，1986 年，第 295 页。

107 沃雪村村民，1972 年生人，为陈塘伟萨确林寺的堪布。

108 [英] 亚历山大·w·麦克唐纳著，翟胜德译，《西藏研究》，1988 年第四期，第 133 页。

109 [英] 克·冯·菲雷尔—海门道夫著，陈乃文译，《尼泊尔夏尔巴人的氏族及其功能》，载《民族译丛》，1987 年 05 期，第 59 页。

110 出处同 109。

111 从日屋镇琼孜乡的果塘地方迁移到陈塘，故称果塘啊。

112 夏尔巴民间信仰中最重要的神灵，对于个人来说，它有阳神、战神、体神等多重属性；对于集体而言，又是代表茹居的神灵。

113 在夏尔巴语境中，མཛད་སྒོ། 有指集体参与的盛大庆典之义，在本书中特指举行典礼的形式及为特定目的而举行的宗教活动、法事、法会等。

114 怙主可以理解为保护者、护佑神灵等。雪域三怙主指的是观世音菩萨、文殊菩萨和金刚手菩萨三尊组合。

115 在旧时西藏，铁匠被认为其骨头是黑的，屠夫因杀生过多而有极大污秽，都被视为下等人，不能同桌吃饭、同碗喝酒、喝茶。

116 喇嘛在藏语中意为“上师”，泛指藏传佛教僧人。本文特指陈塘夏尔巴的一种宗教信仰及其法师。

117 “也叫空行母，证得殊胜成就的瑜伽母。”曲杰·南喀诺布著，向红笳、才让太译，《苯教与西藏神话的起源——“仲”、“德乌”和“苯”》，中国藏学出版社，2014 年，P73。本书特指陈塘夏尔巴的一种女性法师，分为居必堪卓玛与咕汝堪卓玛，当地人也称她们为桑玛。

118 夏本与下文的格隆神都是陈塘夏尔巴重要的神灵。

119 有的人的阿亚远超此数量，萨里村向令啊茹居的顿珠最多，有 15 个阿亚。

120 指男方叔叔及他们的男孩子，为各种仪式中的极其重要角色。

121 即舅舅、表舅、姑舅等，为各种仪式中的极其重要的角色。

122 玛巴是陈塘人对某类家庭成员特定的称谓，特指直系亲属中女性的配偶，如女婿，姐夫、姑夫等，为各种仪式中的极其重要的角色。

123 甲嘎日为洛苯的神灵，全称为甲嘎居必喇嘛。

124 在藏传佛教中，是西方莲花部的怙主。

125 位于藏嘎村背后的山上，是古时陈塘至日屋的要道，比陈塘镇高出二百米。

126 位于陈塘的东南方向，为中国与尼泊尔的界山，有季节性的小路通往尼泊尔比布村。山中原有小寺院，现已废弃。

127 也叫坛城供，“盛载全宇宙财富的坛城供是表示供奉的最高礼仪”。罗伯特·比尔著，向红笳译，《藏传佛教象征符号与器物图解》，中国藏学出版社，2007 年，第 90 页。

128 藏传佛教史上最伟大的大成就者之一。公元 8 世纪，应藏王赤松德赞之请入藏弘法，创立了西藏第一座佛、法、僧三宝齐全的佛教寺院桑耶寺。其心咒为嗡、阿、吽、班、杂、咕、噜、叭、嘛、悉、地、吽。

129 朵玛“是糌粑与酥油混制而成的锥状物，根据供奉之神灵的类型用不同方式进行着色与装饰。它们可以当作祭品、抚慰怨敌的供品和某些神灵能量的依处等”。曲杰·南喀诺布著，向红笳、才让太译，《苯教与西藏神话的起源——“仲”、“德乌”和“苯”》，中国藏学出版社，2014年，第104页。

130 即小雀瓜，原产地为南美洲和中美洲。陈塘人戏谑它为“乌鸦嘴”，久而久之，就成为“标准”汉名。其果实狭长椭圆形，基部狭粗，前端具喙。在果实青绿时采下，去除内部的种子，就可以随意烹饪，口感清甜，又带一点韧性。把晒干的小雀瓜，与牛羊肉一起炖烧，也别有一番风味。

131 “在西藏，经幡也叫‘风马旗’，为五佛的五种颜色，上有符咒、祈祷词和吉祥符号，是用木制雕版印刷印在方形布上。”罗伯特·比尔著，向红笳译，《藏传佛教象征符号与器物图解》，中国藏学出版社，2007，第72页。“隆达”意为插在山顶等处象征运气的小旗。经幡大都为陈塘本地印制，以白色为主，有经咒及各种图案。

132 “作为和平的标志，旗幡飘扬在整个佛地，成为佛陀教法的标识。在西藏，在传统上，要在庙宇、寺院、佛塔、桥梁、山口和其他吉祥地附近的圣地挂上旗幡。旗杆很高，是用松树、柏树或杉树的细树干制成。用钉在地上的绳索将旗杆竖起，绳上挂满印制的经幡。”罗伯特·比尔著，向红笳译，《藏传佛教象征符号与器物图解》，中国藏学出版社，2007年，第183页。

133 明沃是男方小茹居相同或先祖是兄弟茹居的男性，为各种仪式中的重要角色。

134 指将宗教经文、各种经咒及图像镌刻于石板、石块或卵石上的一种石刻艺术。

135 三字明又叫金刚诵，是藏传佛教一切咒语的根本咒，在藏传佛教很多艺术品的背后，都会写上这三个咒语，以示开光、加持。

136 主要品种有尼泊尔的嚼烟，高压锅，廓尔喀弯刀，各种铝质与不锈钢的生活小器皿等等。

137 藏传佛教中，信徒集合在一起做供奉的一种方式。

138 佛祖释迦牟尼成道后初次宣传他的学说，称之为初转法轮。

139 在夏尔巴语称之为“雄阿”，它是用写有或印有祈愿文、咒语、魔符等图案的纸片包上各种藏药及猛兽如豹、熊骨头，折叠成正方形，再用不同颜色的丝线包扎成形的一种护身符。戴在身上或挂在门前，具有祛病避邪挡灾之功效，若戴在身上，必须用绳子挂在脖子上，贴身而戴。

140 用白纸或藏纸在俗称“巴嘎”的木雕印板拓印出来的符咒，有各种功能，以防御与抵挡为主。若需要某种符咒时，向拥有这印经板的法师送一盘粮食及少许的现金，并告知要请多少张，过几天后法师就会把它送过来。

141 一种多年生草本植物，叶子长有毒肉刺，人手接触叶子后，瘙痒难受，可食用。

142 “原意为‘天’或‘天趣’是苯教传统中很古老的一种神祇，亦是各种神祇的统称。佛教传入后，又将佛教中的神译为‘LHA’拉。”曲杰·南喀诺布著，向红笳、才让太译，《苯教与西藏神话的起源——“仲”、“德乌”和“苯”》，中国藏学出版社，2014年，第27页。

143 “年神，亦称‘年’。一种在山沟谷中游荡、在石缝和森林中安家的神。”曲杰·南喀诺布著，向红笳、才让太译，《苯教与西藏神话的起源——“仲”、“德乌”和“苯”》，中国藏学出版社，2014年，第27页。

144 《定结县志》编纂委员会编撰，《定结县志》，中国藏学出版社，2013年，第418页。

145 克里斯托夫·冯·菲尤勒—海门道夫著，吴泽霖译，《尼泊尔舍尔巴的经济生活》，油印本，第62页。

146 巴伯若·尼姆里·阿吉兹著，翟胜德译，《藏边人家：关于三代定日人的真实记述》，西藏人民出版社，2001年，P19-20。

147 呈四方形，麦穗朝下，中部的麦秆编有纹路，青稞根部在上方。

148 在仪式及活动中的男性帮工也称为夏玛，也为仪式中不可或缺的角色。

149 一种藏式火枪，枪管下方装有一副铁质的叉子，叉子立于枪管上时可做刺刀，立于地面时，相当于枪架，可有效地提高射击精度。陈塘旧时有五六把这种火枪。

150 林冠群著，《唐代吐蕃政权属性与政治文化研究》，载《中国藏学》杂志。2013年第S2期，第12页。

151 《定结县志》编纂委员会编撰，《定结县志》，中国藏学出版社，2013年，第986页。

152 因为在夏尔巴火葬时，最后留下两个烧尸人，此时在一个酒桶中插上两根吸管供他们享用，若平时插两根吸管，被视为此场景重现，对家中老人有不吉之意。如今大家已不太在意这点了。

153 是指供神用的第一口食物和饮品。曲杰·南喀诺布著，向红笳、才让太译，《苯教与西藏神话的起源——“仲”、“德乌”和“苯”》，中国藏学出版社，2014 年，第 104 页。

154 也叫护身佛盒，“是用来盛放圣物和其他物品的圆盒、方形小盒或拱形灵骨盒。它是藏族珠宝物之一，具有私人佛龛的功能，通常都戴在脖子上，置于胸前，宛如一个圆形的雕饰”。罗伯特·比尔著，向红笳译，《藏传佛教象征符号与器物图解》，中国藏学出版社，2007 年，第 225 页。

155 藏族妇女喜爱的系在腰间的饰品，用各色细横条纹的氆氇制成的布块。

156 1977 年，西藏自治区党委、自治区革命委员会组织了一个由边境少数民族组成的参观团赴内地参观学习。这个参观团由中印、中尼、中锡边境接壤地区的藏族、门巴族、珞巴族、怒族和僜人、夏尔巴人组成，洛坚老人就是他们中的一员。参观团参观了北京、天津、河北、成都等地，受到了陈永贵、阿沛·阿旺晋美等领导的接见。

157 夏尔巴称为“利”。

158 指的是海龙或水怪。“作为古印度的神话象征，摩羯是一个杂交动物，是几种都有鳄鱼特征的动物结合的产物。鳄鱼具有天然的力量和韧性。”见罗伯特·比尔著，向红笳译，《藏传佛教象征符号与器物图解》，中国藏学出版社，2007 年，第 82–83 页。

159 它是对几种金属的特定称谓，它们常用在佛教的开光上。“‘仁钦达’是用金、银、铜、青铜、铁五种金属组成的合金（金属棒），当给神灵制作供品时，用锉刀从‘仁钦达’上锉下一些金属粉末。到了为神灵举行法事的时候，这些金属便表示敬献给神灵的贵重财物。”勒内·德·内贝斯基·沃杰科维茨著，谢继胜译，《西藏的神灵和鬼怪》，西藏人民出版社，1996 年，第 435–436 页。

160 民歌以重复演唱曲调为主，与隔水相望的尼泊尔基玛塘卡的夏尔巴民歌十分类似。

161 《定结县志》编纂委员会编撰，《定结县志》，中国藏学出版社，2013 年，第 805 页。

162 出处同 161。

163 出处同 161，第 805–806 页。

164 在藏历新年前举行的重大仪式，全体洛苯法师都将参加。

165 夏尔巴称为他们为多罗洛萨的阿亚，也有阿亚楠玛与阿亚琦玛之分。

166 倒三角形可能与“增、息、怀、诛”四业中的诛业有关。

167 也叫《诺桑王子》，传说发生在阿里普兰地方。讲述仙女云卓拉姆在湖中洗澡，被渔夫所获。渔夫把她献给诺桑王子。王子与云卓拉姆的恩爱缠绵遭到其他嫔妃的嫉妒，设计使王子去北方征战，再逼云卓拉姆回到天宫。王子回来后，经过重重磨难，到达天宫，把云卓拉姆找回的故事。

168 其内容主要讲后藏有一个民女叫囊萨文波，遭当地的官员强娶为妻，被官员家人虐待致死，还魂人间后，出家修行，并感化官员一家皈依佛教的传说故事。

169 其内容主要讲述有个叫知美更登的王子，天性好施，因把国宝如意宝施于敌人而被放逐于魔域，在流放过程中，又把自己的眼睛和妻儿布施给婆罗门。王子的善举获得了诸佛的怜悯，于是双眼复明，妻儿也被送了回来，国王最后把王位传给王子后，国家繁荣昌盛，百姓安居乐业。

170 常用皮、纸、木等制作的一种宗教帽子，为五叶形，并连缀在一起，每叶上装饰五方佛或其他宗教图案。

171 扎伊喇嘛原指给自己传授灌顶、教导和诀窍的特殊上师。在陈塘夏尔巴语境中常指主持大型仪式的法师，为其尊称，在这里泛指宗教人士。

172 一种供神器物，是放在小圆盘上放上用糌粑、鸡爪谷粉及麦粉混合一起制成的金字塔形朵玛。

173 夏尔巴语称“贲巴”，是陈塘各类法师的重要法器。“也叫礼瓶或净水瓶，是用金属制成的小圆壶，形状宛若一只僧钵，其瓶基向外逐渐变薄，壶颈长，壶口宽，壶嘴从瓶体垂直向上延伸，……上瓶口口沿中间有一个可以移动的金属瓶口花。这个锥形管体上饰有一把捆在一起的孔雀翎或孔雀翎和拘莎草，管体上塞着一条缎带。在作为洒水掸子使用的孔雀翎前面可以画上一块装饰华丽的如意宝。礼瓶的颈口系有一条彩色的丝带代表着佛部中的一位，也符合正在举行之仪式的智慧活动。多色丝围幔也披在净水瓶的瓶颈上，用于一般目的或一切目的。礼瓶中的灌顶水或“甘露”是有色的，发出藏红花的香气，代表混在一起的二十五种宝瓶药。”罗伯特·比尔著，向红笳译，《藏传佛教象征符号与器物图解》，中国藏学出版社，2007 年，第 207–208 页。

174 夏尔巴语称为“多吉”，洛苯与喇嘛的重要法器。“金刚杵是密宗佛教中使用的一种法器，由三股、五股或九股叉及与之相连的中心杆两部分组成。它象征着人在无限示现方面的初始状态。古代印度的一种武器，坚固无比，能打碎任何东西，故冠以金刚之名，在密教中，它象征摧破烦恼的菩提心”。曲杰·南喀诺布著，向红笳、才让太译，《苯教与西藏神话的起源——“仲”、“德乌”和“苯”》，中国藏学出版社，2014年，第87页。

175 夏尔巴语称“啊”（第四声）是为洛苯、喇嘛及咕汝堪卓玛最重要的法器之一，有相连的木手柄与鼓体两部分。手柄常雕刻有精美图案，鼓体直径约50厘米，鼓框上绷着牛皮，用交叉的绳索缝在木框上将鼓面固定。常见为两面都蒙皮革，有的只有一面蒙有鼓皮，因而称为“半面鼓”。这种鼓用弯曲的木槌击打，击打它的最主要方式是：将鼓握在左手上，把鼓竖直贴近脸孔，然后右手用木槌向左击打鼓面。

176 夏尔巴语称“向”，为洛苯法师最重要的法器之一，也是苯教独有的法器。它是一种铜质圆形的打击乐器，有一中间圆弧鼓起的圆铜片，绳条穿于中心孔道用于持握，另一面系有铃舌。把绳条夹在左手拇指和中指之间，并晃动之，有藏传佛教的金刚铃叮叮的清亮声。

177 意为“喔，神胜利了，神胜利了”，这种形式在各种仪式中多次出现。

178 此仪式只能由洛苯法师举行。

179 夏尔巴语中的达巴树为红皮桦树。

180 一种美丽具光泽的贝壳，为一种海洋腹足类软体动物，古时大量用于装饰品或作为货币，夏尔巴语叫“准多”，手镯叫“拉准”。

181 这白酒叫“阿让觉独”，是为提亲酒，瓶口贴上赞尖，并用哈达包起来。

182 为一种黄色圆盘式的帽子，夏尔巴叫“噶夏”，拉萨藏语叫“宝垛”，为旧时西藏地方政府官员的帽子。

183 为平底圆盘大毡帽，帽顶的红丝线经帽沿垂下约十厘米，为原来西藏大贵族、官员随从们戴的帽子，它近些年才在陈塘流行，多为阿亚佩戴。这些帽子作为仪式性的服饰，平时少用，所以经常是有事时互相借穿，随着岁月流逝，有的磨损严重，色泽也不鲜艳了。

184 在切排及桑代吉先生发表在《西北民族研究》杂志2006年第一期的《夏尔巴人的历史与现状调查》里，指明这段资料来源于美国学者巴伯若·尼姆里·阿吉兹所著的《藏边人家：关于三代定日人的真实记述》一书，但在西藏人民出版社2001年出版的此书中找不到相关资料。刘志群先生发表在2003年《雪域风情》杂志冬季号的《夏尔巴人生活习俗及其婚俗》中，指明这段资料源自古子文先生的《舍尔巴试婚楼》。

185 为下面婚礼进程中的各种仪式的主法师。

186 与新郎大茹居相同的男性，此大茹居下的每个小茹居必须出席一位。比如新郎为冲巴大茹居，则其下的楚鲁塘卡、优领巴、嘛呢崩巴、基姆参玛及哒咕瓦五个小茹居必须各有一个或多个代表出席。

187 做成男性生殖器（男根及两个睾丸）的羊血肠，有“阿妈朵玛”（母亲的供品）之意，它将大茹居不同的男性夏玛送到举办仪式的女主人的手中，如茹居为冲巴的女主人，送久玛的须为梯格巴男性。

188 在现今的尼泊尔夏尔巴婚礼中，雨伞也是迎亲人必备的一个重要的物品。而且在喜马拉雅地区，可遮阳挡雨的雨伞也是生活中的重要用品。

189 张国英著，《珠穆朗玛峰东南麓陈塘藏族及其宗教习俗》，载《民族学研究第八辑》，中国民族学会编，民族出版社，1986年，第298页。

190 一种摔到地上就会爆炸的鞭炮。

191 可请洛苯或喇嘛，也可以两者同请过来。

192 与新娘茹居相同或兄弟茹居的年轻男性。

193 把干葫芦内部掏空后做成的盛酒器，外面有用竹篾编成的外壳，为陈塘民间信仰中的重要法物。

194 其次序从东到西是：明沃、相布、新娘、新娘姑姑、途布、阿亚。

195 “十字金刚杵是由四个带有莲花座的金刚杵组成，四个金刚杵从中心点向四大方位散射，象征着绝对的定力。……水平十字金刚杵则代表神灵之坛城宫所在的金刚地具有不可摧毁的稳定性。”罗伯特·比尔著，向红笳译，《藏传佛教象征符号与器物图解》，中国藏学出版社，2007年，第102页。

196 “‘卍’字雍仲符是最古老最常见的象征符号之一……‘卍’字符基本上象征着四大要素之一‘地’及其不可摧毁的稳定性。”出处同195，第104–105页。

197 燃烧蒿草、松柏、高山小叶杜鹃等香料向神灵供香的仪式。陈塘有三种植物可用于煨桑，夏尔巴语叫“怕如”“坎巴”“秀巴”；指松柏、蒿草及高山小叶杜鹃这三种植物。有的夏尔巴利用铁罐头制成煨桑炉：把上方的铁皮留出大部分，向后折叠后形成一个把手，把着它煨桑，方便移动。

198 在小圆盘上放上用糌粑、鸡爪谷粉及麦粉混合一起做出圆锥体，顶上贴着酥油，几乎每个陈塘夏尔巴的佛龛中都会供着一个此披交，它能给家庭带来好的运势，如粮食丰收、牲畜兴旺、家人平安等。在婚礼及很多仪式上用来招“恰、央”或让它们不离去。有法师认为有分管财富运势力的“交布”神驻于其内。

199 为夏尔巴一种顶端挂着五色丝带的箭，有种说法是五色丝带代表着五大要素。在仪式上，它用来招财和延寿等，为陈塘夏尔巴民间信仰中的重要法器。

200 “‘恰’是指一种准则或力量，它涵盖了藏文中用‘财富’、‘福德’‘圆满’‘福分势力’‘吉祥’等词表达的一切积极方面。当涉及人时，可将它们归入‘个人运道’这样的词组中。”曲杰·南喀诺布著，向红笳、才让太译，《苯教与西藏神话的起源——“仲”、“德乌”和“苯”》，中国藏学出版社，2014年，第123页。

201 “‘央’一词可解释为‘昌盛’‘财富’‘荣耀’等，但与‘恰’一词有别，‘恰’是‘央’的基础或必要的条件。……‘恰’意指不可摧毁的生命力，而‘央’是其功能的示现。”出处同200，第124页。

202 张国英著，《珠穆朗玛峰东南麓陈塘藏族及其宗教习俗》，载《民族学研究第八辑》，中国民族学会编，民族出版社，1986年，第298页。

203 刘洪记，《夏尔巴习俗述略》，载《中国藏学》杂志，1991年第三期，第146页。

204 出处同203，第154页。

205 下文记载的仪式于2017年3月举行，笔者只亲历半场，余下的内容为采访所得。

206 特指为参加仪式的人员提供饭菜及进行分配的女性帮工。

207 特指为参加仪式的人员管理酒类比如添酒醪及开水的女性帮工。

208 曲杰·南喀诺布著，向红笳、才让太译，《苯教与西藏神话的起源——“仲”、“德乌”和“苯”》，中国藏学出版社，2014年，第186页。

209 颇瓦的意思为神识迁移，类似于汉语中的“往生”。

210 “轮回图”在西藏比较常见，也是藏族葬仪中不可或缺的图案。“它以图解的形式阐述了佛陀关于无常、苦难、羁磨、死亡和转世进入六道轮回及十二因缘等教法。图中央绘有一头黑猪、一只小红鸽子和一条绿蛇，它们相互咬着尾巴，象征着痴、贪、嗔‘三毒’。图右白色部分的第二圈画有升至上三界的人，左边黑色部分画有降至下三界的人。第三圈被轮辐分成五个或六个部分，畜生、饿鬼及各种地狱界的下三界都画在较低的部位。人、阿修罗和天神的上三界画在上面或其他两、三个地方。轮的外层顺时针地绘有十二因缘的图解。阎王或红色恶魔的爪子持轮，象征着无常。阎王或红色恶魔用置人死地的尖牙啃咬并吞食着轮子。释迦牟尼化身站在轮的上方和轮的外缘，他举着右臂，指向月亮，象征着佛教教义将指引众生免受轮回之苦。”罗伯特·比尔著，向红笳译，《藏传佛教象征符号与器物图解》，中国藏学出版社，2007年，第273页。

211 “鲁（KLU）是栖息在大海、森林、沼泽、神山、古树、遗迹等地的各种生灵的总称，对它们的冒犯可能招致灾害、瘟疫、皮肤病等各种大自然的报复。因此，针对各种‘KLU’有着繁杂的宗教仪式。”曲杰·南喀诺布著，向红笳、才让太译，《苯教与西藏神话的起源——“仲”、“德乌”和“苯”》，中国藏学出版社，2014年，汉译本前言三，第6页。当地夏尔巴说是游荡于山间的厉神。

212 为亡者进行颇瓦仪式为洛苯法师的情况，若是喇嘛为亡者进行颇瓦仪式，则走在最前面的是洛苯法师。

213 一种用来驱鬼逐邪的宗教舞蹈，用舞蹈的形式来宣传宗教教义，既娱神又娱人。

214 “其伞下阴影使人免受热带阳光暴晒之苦。阴凉象征着保护人们免受酷热之苦，避开欲、障、疾病和邪恶力量。”罗伯特·比尔著，向红笳译，《藏传佛教象征符号与器物图解》，中国藏学出版社，2007年，第4页。

215 五部佛或叫五方佛，它们占据着中央点和四大基本方位，蓝色不动如来佛（中央或东方）；白色大日如来佛（东方或中央）；黄色宝生佛（南方）；红色无量光如来佛（西方）；绿色不空成就如来佛（北方）。出处同214，第245-246页。

216 擦擦是指一种用凹型模具捺入软泥等材质，再压制成型脱范而出的模制的泥塑，如各种造像、塔、经咒等。也是藏传佛教的一种方便的修行法门。

217 亡者的头七、二七、三七、四七、五七、六七、七七。

218 人死后至往生轮回某一道为止的一段时期，共有四十九天，此时期亡者的灵体叫中阴。“据说，从象征意义上来看，死亡与转世之间阶段要持续四十九天，达到中阴要经过三个阶段，第一阶段叫作‘临终中阴’，是经历死亡的阶段。第二阶段叫实相中阴，是善相神和怒相神显现的主要阶段。第三阶段是寻求转世的投生中阴。‘生命本体’的经历也可以进一步分为醒分际、梦分际和禅定三个中阴状态。”罗伯特·比尔著，向红笳译，《藏传佛教象征符号与器物图解》，中国藏学出版社，2007年，第256页。

219 一种尺寸较小的布质、纸质或皮质的宗教绘画品，其上绘有各种法器或造像，多用于灌顶、超度、观想、供奉及其他各种目的的宗教仪式上。

220 “密教修行中所用的某些具有神秘力量的字音。”曲杰·南喀诺布著，向红笳、才让太译，《苯教与西藏神话的起源——“仲”、“德乌”和“苯”》，中国藏学出版社，2014年，第6页。

221 “苯教是先于佛教的西藏本土宗教或‘萨满教’。……自从公元8世纪佛教传入以来，苯教吸纳了许多佛教教义和教法，扩充了神殿的神灵。”罗伯特·比尔著，向红笳译，《藏传佛教象征符号与器物图解》，中国藏学出版社，2007年，第257页。

222 又称为静命论师，早于莲花生大师进藏的印度高僧。

223 曲杰·南喀诺布著，向红笳、才让太译，《苯教与西藏神话的起源—“仲”、“德乌”和“苯”》，中国藏学出版社，2014年，第18页。

224 密宗修行里的女性伴侣。

225 为印度国的公主，为莲花生大师重要的明妃之一。

226 原为藏王赤松德赞的藏族妃子，供养给莲花生大师后，开始师从他学习密法，为其重要的明妃之一。

227 位于嘎玛藏布的上游，海拔约4350米，为珠峰东坡下的一个露营点，再往上为高山牧场。

228 经过朗巴拉山口到达尼泊尔是中尼传统通道之一，山上有为防御尼泊尔军队而修筑的工事，周边有众多莲花生大师降伏女魔的印记。

229 此段为居必堪卓玛米玛的讲述。

230 洛苯法师多吉平措的讲述，有些观点与传统的莲花生大师的传记不符合。

231 莲花生大师的根据所行之事业不同而显现的八种变化身，也叫莲师八名号。

232 亚历山大W·麦克唐纳著，翟胜德译，《佛教在尼泊尔夏尔巴人地区的出现》，载《西藏研究》，1988年第四期，第135页。

233 出处同232，第136页。

234 为尼泊尔加德满都的博达哈大佛塔，位于加德满都市中心以东8公里，是尼泊尔境内藏传佛教的重要圣地，其白色覆钵上的方形塔四面都绘有巨大的佛眼，陈塘夏尔巴称其为佛眼大佛塔。

235 洛苯法师多吉平措的讲述。

236 恰白·次旦平措、诺章·吴坚、平措次仁著，陈庆英、格桑益西、陈宗英、许德存译，《西藏通史——松石宝串》，西藏社会科学院、《中国西藏》杂志社、西藏古籍出版社联合出版，1996年，第182页。

237 出处同236，第184页。

238 勒内·德·内贝斯基·沃杰科维茨著，谢继胜译，《西藏的神灵和鬼怪》，西藏人民出版社，1996年，第8页。

239 张国英著，《珠穆朗玛峰东南麓陈塘藏族及其宗教习俗》，载《民族学研究第八辑》，中国民族学会编，民族出版社，1986年，第297页。

240 居必堪卓米玛的讲述。

241 守舍神是指：“经常守护人体及各种器官与寿命共存亡的一类鬼神。”张怡荪主编，《藏汉大辞典》，民族出版社，2009年，第498页。此辞典认为五守舍神是指：乡土神、父族神、母族神、战神和生命神。

242 有母神、母族神及阴神等概念。

243 域拉为与地域有关的神灵，如当方神、家乡神祇等。

244 也可称为战神，它“通常是指那些被认为是专门保护其崇拜者免受敌人伤害，并能帮助他们增加财富的一类神灵”。勒内·德·内贝斯基·沃杰科维茨著，谢继胜译，《西藏的神灵和鬼怪》，西藏人民出版社，1996年，第381页。

245 “生神。俗谓各人生日的值日神或出生地方的土地神。”张怡荪主编，《藏汉大辞典》，民族出版社，2009年，第165页。在夏尔巴语境中，为分管生命力的神灵，也可称为生命神。

246 “某些苯教有供奉公鸡这一古老习俗。”曲杰·南喀诺布著，向红笳、才让太译，《苯教与西藏神话的起源——“仲”、“德乌”和“苯”》，中国藏学出版社，2014年，第184页。

247 在本书中，朵玛盘特指在一些仪式中，把108个朵玛放置于一个金属盘子上的法物，这些朵玛主体大多为下粗上尖的圆锥形，然后再贴上各种糌粑条，形状不一，对应着特定供奉的神灵。放置朵玛盘时，须在祭台上面铺上一层青稞，再把朵玛盘放在上面。

248 李永宪著，《西藏原始艺术》，河北教育出版社，2001年，第239页。

249 曲杰·南喀诺布著，向红笳、才让太译，《苯教与西藏神话的起源——“仲”、“德乌”和“苯”》，中国藏学出版社，

2014年，第126–128页。

250 谢继胜著,《战神杂考——根据格萨尔史诗和战神祀文对战神、威尔玛、十三战神和风马的研究》，载《中国藏学》杂志，1991年第4期，第66页。

251 曲杰·南喀诺布著，向红笳、才让太译,《苯教与西藏神话的起源——“仲”、“德乌”和“苯”》, 中国藏学出版社，2014年，第129页。

252 勒内·德·内贝斯基·沃杰科维茨著，谢继胜译,《西藏的神灵和鬼怪》，西藏人民出版社，1996年，P383页。

253 曲杰·南喀诺布著，向红笳、才让太译,《苯教与西藏神话的起源——“仲”、“德乌”和“苯”》, 中国藏学出版社，2014年，第126页。

254 出处同253，第128页。

255 张怡荪主编,《藏汉大辞典》，民族出版社，2009年，第1387页。

256 勒内·德·内贝斯基·沃杰科维茨著，谢继胜译,《西藏的神灵和鬼怪》,西藏人民出版社,1996年,第444–445页。

257 最上端置有箭羽，其下绑有哈达或小白布条的竹箭。常为鲁神或瀑布巴沃钦布的武器或供品。

258 在拉仪式上，喜布达神享受第五只献祭的鸡。

259 “土地神、当方神。家乡神祇。”张怡荪主编,《藏汉大辞典》，民族出版社，2009年，第2420页。

260 曲杰·南喀诺布著，向红笳、才让太译,《苯教与西藏神话的起源——“仲”、“德乌”和“苯”》, 中国藏学出版社，2014年，第114页。

261 尼泊尔人对珠峰的称呼。

262 “赞神（bTsan），妖精、妖怪，迷信所说的一类厉鬼。”曲杰·南喀诺布著，向红笳、才让太译,《苯教与西藏神话的起源——“仲”、“德乌”和“苯”》, 中国藏学出版社，2014年，第86页。.

263 交普的藏文有“皇帝，国王，君主，土司及人王”之意，张怡荪主编,《藏汉大辞典》，民族出版社，2009年，第551页。

264 此竹筐需在仪式开始前现编而成，装上泥土，上面要铺着草皮。

265 有洛苯法师解释说，陈塘民间信仰有一部分源自五台山，所以哈玛女神从五台山过来是十分正常的。

266 有法师认为，这五姐妹不是珠峰周边藏传佛教的神灵“长寿五姐妹”，珠峰周边有七座金光闪闪的雪山及独一无二的七个冰湖，各有专属神灵。

267 或者其他身体之物，有延长此女性的寿命功效。

268 琼鸟（相当于印度的金翅鸟）是鹰一样的神圣化身，象征着控制着来自各类不同非人生灵的消极活动。曲杰·南喀诺布著，向红笳、才让太译,《苯教与西藏神话的起源——“仲”、“德乌”和“苯”》，中国藏学出版社，2014年，第107页。

269 出处同268，第300页。

270 出处同268，第203页。

271 勒内·德·内贝斯基·沃杰科维茨著，谢继胜译,《西藏的神灵和鬼怪》，西藏人民出版社，1996年，第452页。

272 在夏尔巴语境中,“赤”有“生命”“生命力”、甘露等意思。它可能与源于象雄的“赤”有关：“在探究了象雄语中的‘赤’的含义后,就目前的了解,我们能够肯定的是它（赤）可能具有多层含义,如:‘心’或‘心境’‘命’或‘长寿’。”曲杰·南喀诺布著，向红笳、才让太译,《苯教与西藏神话的起源—“仲”、“德乌”和“苯”》，中国藏学出版社，2014年，第52页。

273 出处同272，第200页。

274 勒内·德·内贝斯基·沃杰科维茨著，谢继胜译,《西藏的神灵和鬼怪》，西藏人民出版社，1996年，第440页。

275 “据说是试图阻止莲生大师入藏的众多神灵中的一位，但事实上被莲师降伏，变成了佛教的护法神。……根据宁玛派的教义，善金刚既是最高等级的世间护法神之一，而且是称作‘誓愿三玛萨’神灵中的一员。”勒内·德·内贝斯基·沃杰科维茨著，谢继胜译,《西藏的神灵和鬼怪》，西藏人民出版社，1996年，第175–176页。善金刚即为淌金·多吉林巴，为陈塘夏尔巴民间信仰中的重要神灵。

276 曲杰·南喀诺布著，向红笳、才让太译,《苯教与西藏神话的起源——“仲”、“德乌”和“苯”》, 中国藏学出版社，2014年，第26页。

277 谢继胜著,《藏族萨满教的三界宇宙结构与灵魂观念》，载《中国藏学》杂志，1988年第4期，第101页。

278 苯教祖师辛饶米沃将所有苯教分为“四门五库”九乘(类)，其中四因本即是其中的“四门”。

279 南喀诺布著，褚俊杰译,《苯教研究两题》，载《中国藏学》，1995年第1期，第78页。

280 为简化了的代表男性与女性的替身木俑。“为男性举行仪式时，木牌必须用‘阳木’或柏木制成；为女性举行仪式时，必须用‘阴木’制成。”曲杰·南喀诺布著，向红笳、才让太译，《苯教与西藏神话的起源——“仲”、“德乌”和“苯”》，中国藏学出版社，2014 年，第 174 页。夏尔巴的阳木为达巴树，阴木为柳树，在制作羌普时，并没有严格对应树的品种。

281 夏尔巴语中纺锤称为“达这纺锤”。“‘纺锤’在西藏的宗教仪式中被认为是女性的标志。西藏解释供品及供法名称的文献都把纺锤叫‘杂色纺锤’。”勒内·德·内贝斯基·沃杰科维茨著，谢继胜译，《西藏的神灵和鬼怪》，西藏人民出版社，1996 年，第 441 页。

282 罗伯特·比尔著，向红笳译，《藏传佛教象征符号与器物图解》，中国藏学出版社，2007 年，第 225 页。

283 为鬼的替身，是用稻草制成的三叉戳形，中间的叉顶部有糌粑做的头；叉顶两侧稍低，顶端有糌粑捏成的手掌，叉的中部中央塞着糌粑心脏，底部有双糌粑脚掌。

284 一种天然的植物颜料，可以用来染僧衣。

285 勒内·德·内贝斯基·沃杰科维茨著，谢继胜译，《西藏的神灵和鬼怪》，西藏人民出版社，1996 年，第 605–606 页。

286 在喇嘛举行的仪式上也有这种法物，称之为“阻垛”。

287 夏尔巴直称为“措”，为了更好地辨识，借用“措盘”之名，以下其他法物同理。

288 “腊”为人体的一种特殊的“魂灵”，它与身体与生俱来并不离不弃，如同汉族的“魂”。

289 勒内·德·内贝斯基·沃杰科维茨著，谢继胜译，《西藏的神灵和鬼怪》，西藏人民出版社，1996 年，第 6 页。

290 杨化群，《西藏苯教祖师辛饶弥沃且的一生——兼论有关吐蕃的几个历史问题》，《拉萨藏学讨论会文选》，西藏人民出版社，1987 年，第 34 页。

291 夏尔巴语与藏语中称“普巴”，洛苯与喇嘛常用的法器之一，下端为三棱尖状，上端装饰佛头或金刚，也称为独股三棱降魔杵，夏尔巴常在中部握手处系上五色的彩布。它是许多宁玛派传承大师或伏藏师常用的器物，手持金刚橛能刺杀十方障魔，有效地灭除一切障。

292 以上的分析建立在 2013 年多吉平措提供的数据之上，近年可能会有变化。

293 此房是茹居为贡布日松巴的洛苯尼玛多吉的祖房，有人说这是闭关者前往仓康的第一道“门”，必须在此处举行欢送仪式。

294 从下文分析，其供碗即为赤匈碗，酥油不是凝固在水面，而是酒里。

295 张国英著，《珠穆朗玛峰东南麓陈塘藏族及其宗教习俗》，载《民族学研究第八辑》，中国民族学会编，民族出版社，1986 年，第 297 页。

296 “经文模仿传统的印度贝叶经，为长型横散页，将散页夹在扁平的木经板之间或用布包裹加以保护。”罗伯特·比尔著，向红笳译，《藏传佛教象征符号与器物图解》，中国藏学出版社，2007 年，第 189 页。

297 他的经书超过一百年，是为陈塘最古老的经书。

298 就职于西藏自治区文联，著有《西藏本教经文集》一书。

299 就职于《西藏日报》社。

300 就职于西藏大学藏文古籍研究所，考古学专业。

301 雅木塘为吐蕃的一个古老的地名，一般认为是在康区的可能性更大，陈塘洛苯法师认为在尼泊尔佛眼大佛塔附近。

302 象征着印度的中心，佛教从那里传到西藏，也可说是佛教的中心。

303 原文写成人间，应为新疆的古代称谓。

304 原文有错，写成达贵，应为大食，如今伊朗等地。

305 也称为玛哈嘎拉，常见的有二臂、四臂及六臂的造型，是藏传佛教中著名的护法神。

306 古时阿里地区的一个王国，创造了灿烂辉煌的象雄文明，相传苯教就是发源于此。

307 梵天是印度万神殿中最重要的神灵之一，但他在藏传佛教中仅占一个次要的位置。勒内·德·内贝斯基·沃杰科维茨著，谢继胜译，《西藏的神灵和鬼怪》，西藏人民出版社，1996 年，第 165 页。

308 东西南北八个方位再加上天地的十个方位的护法。

309 可能是宁玛派三根本护法之一的女性护法神“一髻佛母”。

310 苯教的重要神灵，为苯教五大本尊之一，在神话故事中他曾因弑母而污染了世间。

311 与藏传佛教的班丹拉姆形象很相似，常见的为四臂的形象。

312 长寿五姐妹都是山神。“她们的居地据说是珠穆雪山或拉几康雪山（珠穆朗玛峰的别名），在雪山的脚下有五个冰雪湖。每个湖都有不同的颜色，并与五位女神联系在一起。”勒内·德·内贝斯基·沃杰科维茨著，谢继胜译，《西藏的神灵和鬼怪》，西藏人民出版社，1996 年，第 202 页。

313 “这些非人生灵称作‘八部’，分别是：魔、赞神、鲁神、拉神（年神）、鬼女（Ma-mo）、阎王、杰波神（食肉罗刹）、施碍鬼（恶鬼）。”曲杰·南喀诺布著，向红笳、才让太译，《苯教与西藏神话的起源——“仲”、“德乌”和“苯”》，中国藏学出版社，2014 年，第 145 页。

314 辛巴玛本是霍尔国的大将，归降格萨尔后，成为格萨尔手下的一员猛将。

315 应是燃烧动物脂肪后产生的烟雾。

316 有可能是四世班禅。

317 也称萨迦巴姆，为恐怖狰狞的女妖，在萨迦南寺一殿堂有供奉。

318 陈乃文、张国英著，《西藏“野人”之谜》，载《今日中国（中文版）》，1984 年 06 期，第 40 页。

319 出处同 318。

320 是西藏四大主要佛教教派中最古老的一个，宁玛意为古旧。“可以将其追溯到公元八世纪，当时，莲花生首次将佛教教义从印度传到西藏。”罗伯特·比尔著，向红笳译，《藏传佛教象征符号与器物图解》，中国藏学出版社，2007 年，第 266 页。

321 也有人说这法师叫丁桑群培，但经法师的世孙确认，应为宗巴旺久。

322 最高处纬度为：27.90217，经度为 87.265546，海拔高度约为 4300 米。

323 详见笔者的《忠玉：猎人谷传奇》一文。

324 这几个仪式献祭时都需在室内献祭。

325 南喀诺布著，褚俊杰译，《苯教研究两题》，载《中国藏学》，1995 年第 1 期，第 78 页。

326 必须是没有破裂与缺口的完整的碗，最好是银碗或新碗。

327 可能是狮面空行母。

328 为仪式举办方的茹居颇拉。

329 有法师认为此时的怡当为金刚手菩萨“恰那多吉”。虽然怡当（ཡི་དམ།）在藏传佛教或苯教中，是指“本尊”“护法神（佛）”的那一类高等级的神明，但在很多洛苯法师的理解中，与上文的松玛（སྲུང་མ།）一样，它只是一个名叫“怡当”的神明。

330 “真言芥子，亦称‘真言砂’，宗教徒诵咒后用以驱魔的芥子、砂粒等物。”罗伯特·比尔著，向红笳译，《藏传佛教象征符号与器物图解》，中国藏学出版社，2007 年，第 30 页。

331 有法师认为，得赞玛即为班丹拉姆护法神。也有人说，她是一类女鬼，或凶猛的女性护法神。

332 为仪式上的男性帮工夏玛在歇将仪式上的称谓。

333 从藏嘎出发沿台阶路往上走，过了第五个亭子后，有个岔路口，往西通向陈塘镇的南入口，往北经过田地后，到达陈塘镇的位置就是搭建棚屋之地。

334 在正常的情况下，法师是在亡者的耳边念诵颇瓦经文，可让亡者在往生转世的过程中不会陷入或迷失于无边的黑暗之中。对于失踪者，只能面对失踪的方向念诵。

335 “淌全负责把亡者的灵魂抓回来”，有法师这样解释为什么给他供奉鸡心的意思。

336 它特指一种将鸡血及鸡肺盛于勺体中，并使勺体表面都染有鸡血的长柄木勺。有法师解释说，在仪式中，热达木勺里面的血能吸引鬼怪过来享用，在仪式的最后再把附于里面的鬼怪“杀死”。

337 在仪式中，男性用的是猕猴颅骨，女性用红猴颅骨或猪颅骨。猴颅骨购自尼泊尔，2018 年的价格是 120 元一个，在歇将仪式后，将埋在亡者家门口前面的路中央上。

338 得蹋树皮也是做藏纸的一种原料。

339 此仪式也可以独立举行，这时需有一人扮演武士，为仪式助力，仪式结束后，洛苯法师不是把铁夹子放到门边，而是插向仪式举办方中身体最不好的人的屁股一下，之后此人在睡觉时要把此铁夹压在身下，过三天还给洛苯法师，并告知这三天的梦境，法师为其解梦。此仪式由比塘村石达讲述。

340 此铁夹子最后将由洛苯带回去。

341 此仪式上抛掷的火梭为 3-7 个，法师按附体的神灵的指示进行抛掷。

342 勒内·德·内贝斯基·沃杰科维茨著，谢继胜译，《西藏的神灵和鬼怪》，西藏人民出版社，1996 年，第 652 页。

343 曲杰·南喀诺布著，向红笳、才让太译，《苯教与西藏神话的起源——“仲”、“德乌”和“苯”》，中国藏学出版社，2014 年，第 172 页。

344 弟吴贤者著，许德存译，《弟吴宗教源流》，西藏人民出版社，2013 年，第 112 页。

345 举办方为冲巴茹居，故有祭祀夏本神的环节。此次仪式由法师举巴主持，兄弟巴桑以玛巴身份全程参与。他在仪式之余，十分热心地为笔者讲解仪式的过程及法器的内涵，在此表示感谢。

346 意为“喔，来吃供酒”，供奉给上文提到“八部”神灵及游荡的饿鬼精灵等。
347 却苯，在大型仪式上主管陈设坛城和祭品的法师。
348 青稞盘上的现金，法师只会取一部分，2018 年法师的酬金为 150–200 元。
349 这丝线是从玛米锝上面的五根分别缠有红、白、黄、绿及黑色的竹条上抽出的。
350 此帽先用竹条编个圆环，以红或蓝的布条为帽顶，戴上后，剩下的布条从后脑垂到背上。帽前竹环中部须插一根细干草，否则对法师不利。这干草可能是代表古时士兵头盔缨饰。
351 若没有公羊而用母羊代替的话，则要献祭 4 只公鸡一只母鸡。
352 此羊腿将由洛苯制成叫“扎岗”的法物，夏尔巴认为右前腿相当于人的右手，最有力量。
353 古时的苯教有分食生肉的传统：“此时，称作‘悉苯’的一些苯教徒将肉及其他东西切成块，称作为‘赛苯’的苯教徒将肉切成更小的碎块并分发给在场的所有人。”曲杰·南喀诺布著，向红笳、才让太译，《苯教与西藏神话的起源——“仲”、“德乌”和“苯”》，中国藏学出版社，2014 年，第 312 页。
354 有人说它代表五谷丰登，也有说祈请五谷丰登之意。
355 一种类似于汉族“拨浪鼓”的藏传佛教法器。
356 为陈塘世袭的天气咒师担任，现在的传人是沃雪村的洛苯法师却参，其父为石达，在下节堆垛仪式的展舞环节中，他为维持现场次序的铁棒喇嘛。
357 由堪卓玛米玛讲述。
358 咕汝堪卓玛次仁认为，此时附体的神灵是咕汝仁波切即莲花生大师，他指使精灵楠秘驱赶楠备；也有人认为，此时是颇拉（扎拉）及村拉附体，它们再指使精灵楠秘驱赶楠备。
359 它代表着敌人或妖魔鬼怪的替身，胸前的口袋里也要放入一块鸡内脏。
360 把这意味着把仇敌、鬼怪或赞鬼最有力的右手砍断了，将不会再来祸害了。或者说，用射断扎岗的力量来威胁震慑鬼怪仇敌。
361 此仪式所需要的时间近四十小时，囿于单兵作战，而且在不喝酒就不能拍照的善意“要挟”之下，笔者记录一半后就必醉无疑，所以每次都记录不了全程。2017 年在任传龙先生的坚守之下，仪式拼图终于完整。
362 有能力使用法器金刚橛的洛苯法师，因为仪式冗长，所以需要他们替代拉苯或多吉洛苯进行相关环节。
363 藏传佛教的一种铜质法器及乐器，可收缩，底部为喇叭筒状，号嘴在顶端。
364 有法师介绍此锝为献给桑耶寺的大公鸡的。桑耶寺规模宏大，殿塔林立，修筑自然也不是件易事，据说建寺人员多达 6 万名之多。而在建寺期间，每天清晨都有一只白公鸡按时打鸣，6 万工人听到鸡鸣后，便起床上工。也许是为了感念白鸡报晓、催人上工的恩德，僧人们便把这只白公鸡的雕像放在乌孜大殿入口的玻璃龛内。此大公鸡俨然为桑耶寺的护法神，又传桑耶寺曾经遭到火险，是这只公鸡发现火情后大声鸣叫，才引得僧人起床救火。大公鸡还是民歌的主角，有首民歌这样唱着：“桑耶寺的白公鸡，请你不要过早的报晨。我和心爱的情人，还有许多情话没说完。”
365 此野牦牛咒角有两只，分别为 5 岁公、母野牦牛角制成，它们一般同时出现，分别由两位法师捧着，前行时，持母牦牛咒角的走在前面；就座后，持公牦牛的坐于左边。由于从未被打开过，有法师猜测角内装藏有仁钦达鲁、密咒纸片、珠宝饰品、高僧圣物等。
366 不需要单独祭鸡，其鸡血取自于上面祭祀的鸡。
367 勒内·德·内贝斯基·沃杰科维茨著，谢继胜译，《西藏的神灵和鬼怪》，西藏人民出版社，1996 年，第 598–599 页。
368 有幸承蒙洛苯巴桑提供仪式所用的法本，然后在西藏文联德庆多吉老师的帮助下，大致翻译了经书的相关内容，在此向他们再次致谢。由于陈塘洛苯的经书都是手抄经本，所以可能与其他的经书有区别。
369 有资料描述为：“骑着一头白狮，穿黑白斑的法衣，头戴有宽沿白毡帽，帽前有一粉色的骷髅。他右手挥舞金制金刚杵，左手拇指竖起，持宗教之敌的心脏送向嘴边。”勒内·德·内贝斯基·沃杰科维茨著，谢继胜译，《西藏的神灵和鬼怪》，西藏人民出版社，1996 年，第 179 页。
370 “阿必”在夏尔巴语中意为奶奶，在居必堪卓玛语境中，更多的是表示对老一辈居必堪卓玛的尊敬。
371 陈塘夏尔巴对出家女性僧人的称谓，即尼姑。
372 意为寺院，在米玛的语境中，可能只是指小的圣地或圣迹。
373 生于 1952 年，贡布日松巴茹居，2017 年过世。
374 在藏传佛教里，供水碗一般以七碗为多。
375 它一一对应着不同的女性仪式参与者，类似于简化的赤匈碗。碗沿都贴着酥油赞尖，青稞突出碗沿并呈半圆形。酥油赞尖把青稞碗分成三个区域，分别代表人、畜生与总体的运势。仪式中，由于抛撒青稞、摇动及磕碰等原因造成碗内青稞的形状出现了变化，仪式后根据形状及青稞粒的方向进行解读，比如碗中有竖立的青稞粒，是为最好的运势。

376 巴普为肩挎斥热围巾的男性，巴姆为女性，身着鲜艳藏装，选自8岁到15岁父母双全、身体健康的青少年。在仪式中，巴普站在右边，巴姆站在左边，相当于左右手，助力仪式，类似于汉族的“金童玉女”。

377 此段讲述人为吉巴老人的小儿子巴桑，萨里村人，梯格巴茹居，1965年生人。

378 此份瑟内盘装着苹果、橘子、核桃、饼子、土豆、白米饭、肉等物品。

379 此男子身绕斥热围巾，为主人家同茹居的直系亲属中“过得比较好的”，比如地位高、富有及身体健康的。此次的男子是为政府机关干部，为男主人的兄弟。而在另一次仪式中，迎请的男子是洛苯法师，为男主人的侄儿，他身着法衣，由“巴普、巴姆”引入屋中。堪卓玛次仁介绍说，巴普有500个，巴姆有500个，他们都为神灵助力。

380 在另一个咕汝堪卓玛巴玛姆主持的仪式上，在掷长矛时，灯是亮的，她用长矛给大家的肩上、头上“加持”后，再扔出去。

381 与居必堪卓玛在桑仪式的夏呀环节念的一样，即：“巴韩啊嗦韩，玛韩啊嗦韩，腋给达拉南巴嗦韩，云给索朗南巴嗦韩，帕给扎起南巴嗦韩，甲给怡当南巴嗦韩，屯给曲炯南巴嗦韩。”

382《定结县志》编纂委员会编撰，《定结县志》，中国藏学出版社，2013年，第871页。

383 张国英著，《珠穆朗玛峰东南麓陈塘藏族及其宗教习俗》，载《民族学研究第八辑》，中国民族学会编，民族出版社，1986年，第295页。

384 可能为藏传佛教神灵“多吉帕姆”，意为猪面空行母。陈塘喇嘛介绍说，朋曲藏布岸边的打索寺有从地上天然显现的多吉帕姆像，它不吃肉与血，但可供给青稞酒、牛奶，此神相貌平和寂静，讲究众生平等。

385 可能为藏传佛教中的“卡雀玛”空行母，其左臂倚着“天杖”，双手持钺刀与颅碗在胸前。陈塘喇嘛介绍说，位于尼泊尔纳堪巴隆地方的黑白两色湖是为其驻地之一，此神吃肉喝血，爱恨分明，是为怒相神。

386 右旋白螺是古印度护法神的器物，巨大的海螺号宣告他们战争的胜利。早期佛教把吠陀时期的海螺看作宣讲佛教教义的一种象征物，象征着他无所畏惧地向十大方向弘传佛法。作为佛陀“语”之力量的象征，海螺具有穿透力的声音欣喜地宣称佛法的统治、殊胜的“三界”和对一切魔鬼和邪恶精怪的恫吓力。罗伯特·比尔著，向红笳译，《藏传佛教象征符号与器物图解》，中国藏学出版社，2007年，第180页。

387 “藏式胫骨号筒是用人的大腿骨制成的带孔号筒。据说，它发出的声音可以取悦一切怒相神，也能恫吓一切邪恶精灵和恶魔。”罗伯特·比尔著，向红笳译，《藏传佛教象征符号与器物图解》，中国藏学出版社，2007年，第117页。

388 莲花生大师诞辰应为六月初十。

389 张国英著，《珠穆朗玛峰东南麓陈塘藏族及其宗教习俗》，载《民族学研究第八辑》，中国民族学会编，民族出版社，1986年，第295页。

390 章嘎为古时西藏流通的货币。

391 普贵寺，也叫共巴强寺，全称为“贡强桑旦曲布寺，位于萨尔乡普贵村龙山下，元至治三年（1323年，藏历第五饶迥水猪年）由仁钦白玛群培创建，属宁玛派，曾有僧人60名”。《定结县志》编纂委员会编撰，《定结县志》，中国藏学出版社，2013年，第870页。

392 相传扎西确林寺是由比塘村参根加姆组的一位喇嘛创建的，其创始人年代与事迹不详。

393 吉巴出生于1993年，已经成婚。曾问他先祖为陈塘著名洛苯法师宗巴旺久，他为什么不做洛苯而去当喇嘛呢？他回答说主要是喜欢，学成了还能举办仪式，可以帮助别人。

394 据介绍这红颜料代表着两位身形为红色的无量寿佛与马头明王的加持，以上师火化后的心舍利中的血为最佳。

395 为热带亚热带的一种叫木蝴蝶的植物种子，喜马拉雅山脉周边国家如印度、尼泊尔也有产，果实像长豆荚。它为蝶形薄片，作为寺院或佛龛的装饰物或供品，经常被串成一串挂起来。苯教的火供仪式上也会使用此物品。

396 为圆底尖锥的法帽，圆锥形红色帽顶，最高处缝着一个半截“五股金刚杵”；褐色的圆形帽沿有两块向上翻起的布片，正前方的布片像一块牌子，红底，其边框用金线绣成“门”形，另一块几乎把帽子的三分之二包起来，也是红色，与正前面一样绣着金线。

397 男性倒森玛酒，女性倒贲巴壶中的水。

398 仪式举办时间为 2015 年 2 月 27 号，主持者为喇嘛拉巴丹增。

399 有五种不同的堪卓玛分别驻于五个朵玛里。

400 巴普巴姆在仪式上助力，把举办者家中的病秽及坏的事物都带走，带来好的运势及生育，都为父母双全、身体健康的不满 21 岁的人员。巴普茹居与主人家一样，巴姆为另一个大茹居，如男性为冲巴，女性则为梯格巴。

401 此瑟内盘装着土豆、肉、米饭、饼子、曼恰团及放在最上面的一个朵玛。

后记

本书出版之时，公路终于直达陈塘镇了。2005 年，因为户外穿越徒步来到了陈塘，机缘巧合之下，生平第一次见到夏尔巴堪卓玛的仪式，深感神秘莫测。随着日后的深入接触，陈塘夏尔巴隐藏的精彩逐渐展现出来，经过这十多年来的坚持，对他们终于有了一些粗浅的了解。

在调查中，一直把自己当作一个旁观者而非参与者，希望能客观如实记录陈塘夏尔巴的当下，尤其是陈塘镇未通公路之前的状态——这是本书最大的初衷。我认为民俗并不是一种需要被定义的哲学观念，而是存在于生活中的一再出现的元素。正是对民俗的接受程度以及由它所产生的影响之强弱，证明了这种文化是否依然存在于世。陈塘夏尔巴因长期封闭的自然人文环境，而保存相对完整，或者说相对弱势的文化，在逐渐加快的现代化进程中，在通公路之后，将受到的巨大的冲击；所以想必其变化、变异，抑或某个环节、某个方面的消失也是有可能的，也是正常的。希望能通过本书，抛砖引玉，吸引更多的人来参与对陈塘夏尔巴的记录与研究。

我想让这本书打开一扇窗，透出陈塘夏尔巴在喜马拉雅秘境中有关于生存、斗争、力量、和谐、粗暴及很多很多的其他。在生存的层面上，并没有好与坏、善与恶、对与错。这里的夏尔巴没有贴着珠峰向导、背夫的标签，珠峰的喧嚣与他们无关。在有关于狩猎、刀耕、火种、试婚、巫幻、血祭、神谕等传统中，在喜马拉雅的“封印”之下，他们生存了数百年。虽然是藏族的分支，但他们在喜马拉雅山脉的原始林海与珠穆朗玛峰的崇山峻岭所形成的恶劣与封闭的环境下，没有外界的侵扰，用太阳般的热情、坚韧的双手和嘹亮的歌喉在这里顽强的生存着，并保持及创造着神秘的独特的夏尔巴文化。

奈何天资愚钝，理论匮乏，若此书有些方面

让人感到迷惑，那是因为我笨拙的笔触没能写出夏尔巴万分之一的精彩，及浑浊的眼睛没有看到其博大精深文化中的沧海一粟。就如有人说，我直到现在还没有找到打开陈塘夏尔巴文化大门的钥匙，谢谢他们中肯的评价。话虽如此，但我想在河边走多了，鞋子难免也会被打湿，这点又给了我写这本书的勇气。

此书谨献给陈塘的夏尔巴兄弟姐妹，谢谢你们的信任、无私帮助及甜美绵长的颇羌，感谢你们敞开心怀并给予我人生中最好的时光。它是我生命中最深的烙印，在每一个无眠的深夜，你们与我共舞。

感谢给我帮助的所有人：谢继胜、冯良、洪涛、郭虹、卢颖、尚涛、羽芊、陈兵、金琳、杨柳松、陈乃文、陈明桃、和靖、冯丽、王海燕、任传龙、郭星星、龙虎林、仝海明、李勤璞、夏吾卡先、德庆多吉、穷达、李应强、焦虎三、叶伟雄等诸多给我无私帮助的师长、好友及WEMOVE 旅家科技公司。

感谢陈塘洛苯多吉平措、巴桑、群培，堪卓玛米玛、边巴、次仁、彭松，喇嘛拉巴丹增、达娃、吉巴，及所有对我坦诚相待的采访对象。还有兄弟尼玛、巴桑、昂给、石达、拉旺等，谢谢你们耐着性子给我做翻译、我与他们中的大多数人一直保持联系和友谊，感谢他们同意我将他们的名字和故事写入书中。那些已经无法取得联系的受访者，书中提及他们的时候已经进行了处理，也遗憾未能在此一一列出他们的名字。

感谢默默支持的家人，尤其是我的母亲吴玉珠女士，她的教诲“世上无难事，只怕有心人”，一直是我坚持的动力。

限于本人的知识背景，书中肯定还存在这样那样的问题，敬请各位专家学者批评指正。

作者，2022 年 3 月

图书在版编目(CIP)数据

喜马拉雅深处：陈塘夏尔巴的生活和仪式 / 范久辉著 . -- 北京：中国藏学出版社，2022. 9
ISBN 978-7-5211-0324-3

Ⅰ . ①喜… Ⅱ . ①范… Ⅲ . ①夏尔巴人 – 民族历史 – 研究 Ⅳ . ① K350.8

中国版本图书馆 CIP 数据核字（2022）第 061366 号

喜马拉雅深处：陈塘夏尔巴的生活和仪式

出 版 人　洪　涛
责任编辑　张荣德
特邀审稿　冯　良
装帧设计　翟跃飞
出版发行　中国藏学出版社
印　　刷　中国电影出版社印刷厂
版　　次　2022 年 9 月第 1 版第 1 次印刷
开　　本　889 毫米 ×980 毫米　1/16
字　　数　445 千字
印　　张　29
定　　价　130.00 元
书　　号　ISBN 978-7-5211-0324-3

图书如有印装质量问题　请与本社发行部联系
E-mail: dfhw64892902@126.com　电话: 010-64892902